U0932517

感受英国

张　文 编著

中国社会科学出版社

图书在版编目（CIP）数据

感受英国/张文编著．—北京：中国社会科学出版社，2009.1
ISBN 978－7－5004－7426－5

Ⅰ．感…　Ⅱ．张…　Ⅲ．英国—概况　Ⅳ．K956.1

中国版本图书馆 CIP 数据核字（2009）第 189987 号

策划编辑　卢小生（E－mail：georgelu@vip.sina.com）
责任编辑　卢小生
责任校对　李　莉
封面设计　杨　蕾
技术编辑　李　建

出版发行　中国社会科学出版社
社　址　北京鼓楼西大街甲 158 号　　邮　编　100720
电　话　010－84029450（邮购）
网　址　http://www.csspw.cn
经　销　新华书店
印　刷　北京新魏印刷厂　　装　订　丰华装订厂
版　次　2009 年 1 月第 1 版　　印　次　2009 年 1 月第 1 次印刷
开　本　710×1000　1/16
印　张　24.25　　印　数　1－6000 册
字　数　388 千字
定　价　38.00 元

目　录

上篇　认识英擘

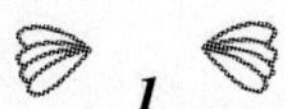

感受英国

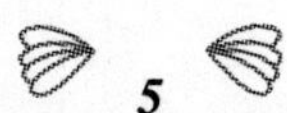

下篇 品味英伦

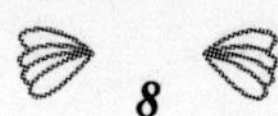

前　言

亲爱的朋友，一提起英国，你会首先想到什么呢？是高高飘扬、迎风招展的米字旗？是彬彬有礼、温和谦逊的绅士风度？还是那古典唯美而又融合进了现代元素的独具特色的英伦风情？的确，这个曾经称霸世界的日不落帝国，曾经是那样遥遥领先地坐着特快列车，在人类文明进步与经济发展的快车道上，疾驰飞奔，他们曾经是离太阳最近的人。

曾经沧海难为水，昨天的辉煌虽然已是明日黄花，但是古老的英伦依然风韵犹存。英国早已是一个成熟的经济实体，它现在努力做的不过是如何才能让它运转得更加优美，更加协调，你看那风调雨顺，国泰民安，到处都是一派欣欣向荣的景象，今天的英国，依旧令世界瞩目，令来自五湖四海的朋友迷恋和疯狂。

由于学习和工作的原因，我在英国生活了十多年，这些年来，旅居英国的点点滴滴，所见所闻，所思所想，无不敲打着我的心灵，令我心潮澎湃，浮想联翩，如果能用手中的画笔，把我眼中和心中的英伦一一勾勒、描绘，然后奉献给广大读者，让他们的心灵也来一次英伦之旅，那该是一件多么美妙的事情啊！于是，这本书便在我的殷殷期望和不懈努力下，终于出炉了。

首先要说明的是，有关英国风土人情介绍的书，在中国的书店里比比皆是，20 世纪“文化大革命”后期，就有大批中国留学生远渡重洋，去英国留学和生活，他们也在那里享受到了在当时的中国极度匮乏的富裕和自由，成为中国最早睁眼看英国的人，当然，每一个去那里的人，对英国的感受都是不一样的，英国不是有句著名的谚语吗：一千个人，就有一千个哈姆雷特。

所以，本书所记录和描述的，就是用我的眼睛所感受到的英伦，在这里，有我的酸甜苦辣和喜怒哀乐，岁月是最不动声色的，也是最解风情

的，我在这里的每一段记忆、每一段歌声，都被岁月小心地收藏着，尘封在心灵的最深处；而我依然在中国和英国这两片我都钟爱的沃土上，以一个文化使者的形象，继续风尘仆仆，用我的智慧和力量，为中英两国之间架起一座沟通和交流的桥梁，这就是我所倾心的事业。花开花落，春去春回，在每一次的来去中，我都会欣喜地发现变化，古老的英伦的变化，腾飞的中国的变化，我就在这样的日新月异中，欢欣着，鼓舞着，努力着，收获着……

英国，这个我生活多年的国度，她的一笑一颦，一举一动，还是会让我动容，让我迷恋，让我的心中泛起阵阵涟漪。就是现在，有时一下飞机，脚刚刚踏上英国的土地，我的眼睛就会在瞬间变得迷蒙，仿佛她就是一个我多年的好友，不论我何时回来，她都在那儿，静静地伫立，似乎在说：Hi！my dear friend，I will be here，for you ，for ever. 这真的是一种很曼妙的感觉，我醉心于这种感觉。

亲爱的朋友，打开本书，你会发现一个五彩缤纷、美丽无比的现代英国。其实，英国是一个很怀旧的国家，英国人不喜欢变革，对新事物的接受也很缓慢，要不怎么到了今天，欧洲大部分国家都流通欧元了，英国依然对她的英镑情有独钟呢。他们就是这样，总是静默地观看这个世界的变化，而自己也能在自己的领地，玩出另一种别样的精彩。

英国人的性格也以保守著称，他们做事小心谨慎，崇尚公平，但内心深处总交织着深深的“英国情结”，有些狂妄和自大。一方面，他们冷漠，人与人之间喜欢保持；另一方面，他们又彬彬有礼，风度翩翩，谦和忍让，自觉维持良好的社会秩序，处处给别人提供便利，让你感觉他们的内心，其实是汹涌澎湃的，只是被他们自己，很好地隐藏了，于是你由衷地发出感叹：这真是一个奇怪的民族啊！

说到英国，就不能不提起牛津和剑桥，提起英式教育的辉煌成就。牛津和剑桥，是世界上无数学子心中拜谒的圣地，千百年来，康河的盈盈柔波，款款深情，不知俘获了多少人的芳心。

记得有一次，我站在牛津教堂尖塔的展望台上，在阳光下放眼望去，整个牛津城悠然静卧在典型的英国田园中。这景致像极了《桃花源记》中的人间仙境，美不胜收。我想，各种各样的思潮就在这个宁静国度的背后涌动吧。在这样一个多元化的社会里，没有人让你相信什么，或者让你

不相信什么。只有人跟你说：这个东西的优势是什么，劣势又是什么。学子们学会的是批判性地看待任何事情，而这个其实对于所有人的人生都很重要。

今天的英国街头，充斥着古典与现代的水乳交融，空气里仿佛都有一种流光溢彩的味道，时尚和优美的因子在不停地跳跃，让你目不暇接，到处都是开花的身体，那是美丽时装的罗曼蒂克；而一年一度的伦敦时装周，是最能展现古老典雅的英伦风情的，漫步在这里，你会觉得置身于花的海洋，自己也成了一朵别致的小花呢。

风靡全球的哈利波特，他的故乡就在英国苏格兰的爱丁堡，魔法妈妈J. K. 罗琳为我们编织了另一个神奇的世界，那个戴着眼镜、大难不死的男孩，他骑着飞天扫帚，把英国的文化和魅力带到了全世界，这场魔法风暴，空前绝后，到爱丁堡一看，你就会释然了，为什么会是这里？其实，也只有这里的想象与信仰的激情相拥，冲动与理智的珠联璧合，才能够孕育出J. K. 罗琳和她的哈利波特式的传奇，这里的一草一木与青山秀水，这里的格洛斯特与安尼克堡，早已定格成为一张张永不褪色的照片，镶嵌在英伦的历史长廊中，闪烁着灼灼的光芒。

人类的发展，最可宝贵的是什么？是人！尤其是那些杰出的、为社会做出过巨大贡献的名人！在本书里，你将领略到一个个真实的英国名人的风采。

我们从小就被这样教育：诸如培根、牛顿等等，是他们这样的人为人类的历史作出了巨大的贡献，久而久之，名人头上的光环愈加璀璨、耀眼；我们所感知的与他们之间的距离，也在渐行渐远……

我们看过的太多的书籍，都是在大谈特谈他们伟大的贡献，他们超于常人的智慧，仿佛他们生来就注定了不平凡的一生，会有不平凡的作为。

果真是这样的吗？当然，我们不否认他们伟大光辉的一面，我们只是说，他们其实还有另外的一面，温柔、鲜活，充满了别样的生命力。

在这本书中，你将看到他们这样的伟大人物的普通本色和真实的禀性，他们也会犯错误 ，也曾经历过许多的逸闻趣事，我的初衷，是要把他们率真的性情、真实的灵魂，原原本本地展现在广大读者面前。这里有培根的美丽心灵，法拉第的淳厚朴实，莎士比亚的浪漫情怀，牛顿的智慧与偏执，撒切尔的铁骨柔情，还有哈耶克的万千风情……他们每个人，都

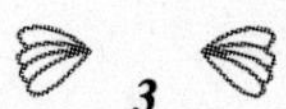

是那样的独特、优秀、卓尔不群，都值得我们用心去细细品读，去探索，并且在这样一个充满探索的旅途中，你也会不由自主地思考生命的意义、人生的真谛，茫茫人海中，我从何而来，又将去向何方？

………

还有，精彩的英国足球，诚实守信的英国文化，大大小小庄严肃穆的英国教堂……关于英国的故事，还有许许多多的精彩，都有待读者自己去翻阅，去感悟，去品味，去怀想……

又是一年中秋时啊！远方依稀传来缥缈的歌声……

在这安安静静的黄昏，谁弹起叮叮咚咚的琴，把我牵牵挂挂的问询，托付给飘飘漾漾的云，你好吗，真的思念你，我最亲最近的人，知音隔不断，天各一方月共一轮；深深地想念你，我最疼最爱的人，让平安的祝福永远伴随我们，甜甜蜜蜜的一生。

是的，月亮在天上，我在地上，就像你在海角，我在天涯，月亮升得再高，也高不过天啊，你走得多么远，也走不出我的思念。

后天，我就又要启程，飞往我熟悉的英伦了，那么，亲爱的读者，打开它罢，就让我们一起，在心灵相遇，浪漫无边，带着我魅力东方之恋……

张　文

于2008年9月14日

戊子年的中秋之夜

上　篇　认识英擘

哲人培根：科学新时代的先驱

知识就是力量。
——弗朗西斯·培根
(Francis Bacon)

据报道，美国女作家弗吉尼娅·菲罗斯的《莎士比亚密码》一书日前大胆宣布，莎士比亚目不识丁，其所有作品均出自弗朗西斯·培根之手。作者在研究了伊丽莎白一世时期大量的历史文献、书信、笔记和传记之后，认为莎士比亚的所有作品均出自弗朗西斯·培根之手，莎士比亚真名叫“莎士比尔”，没受过什么教育，还曾经因为偷猎了别人家的鹿而被一路通缉。

菲罗斯还大胆宣布，自称一生保持童贞的伊丽莎白女王，事实上有过婚姻经历，而弗朗西斯·培根就是她的长子——次子埃塞克斯伯爵，后来被母亲下令处死。作者称，正是伊丽莎白女王与弗朗西斯·培根的“母子不和”造就了伟大的莎士比亚。

对于上述观点，外交部翻译室专家裘克安有不同看法：“当年的女王、国王、剧团经理、出版商、米尔斯、海明、康德尔、本·琼森以及几位伯爵怎么可能合谋设下一个骗局，把他人的剧本冒称是莎士比亚写的，并且守口如瓶，直到莎士比亚死了将近四百年后才有个什么聪明人出来翻这个案?”

那么，数千年来一直被世人所誉为“科学之光”和“法律之舌”的弗朗西斯·培根究竟有着怎样的人生和多少鲜为人知的故事呢？上面的说法，是耶？孰耶？其实并不重要。重要的是，伟人曾经的生活与过往，对他的成就产生了怎样的影响，以及他的成就又对人类的历史发挥了怎样的作用。现在，就让我们轻轻地翻开这本书，伴随着缕缕油墨的清香，我们会带着你和你的思绪，一起回到那个久远的中世纪，去发现、去感悟、去聆听：一代伟人的生活印记和他独特的心路历程……

走近培根

“真理是时间的女儿，不是权威的女儿。”

“合理安排时间就是节约时间”……这么多脍炙人口的至理名言，以至于今天的我们信手拈来，朗朗上口。哲人培根平凡而又不平凡的一生，他的生活、他的经历、他的闪光的哲学思想、他的经典著作，都在人类历史的最深处，闪耀着最初的光芒。漫长的中世纪，神权的压抑，人性的禁锢，真理都躲在了太阳的背后，就在这一片混沌之中，我们看见远远的，走过来一个人，他的眼睛，清澈如水，明亮而又深邃；他的话语，掷地有声，简洁而又犀利；他的智慧，独树一帜，是一面昭示着真理、文明与进步的猎猎作响的光辉的旗帜。他就是弗朗西斯·培根。

闪光的哲学思想

培根的哲学思想是与其社会思想密不可分的。他是资产阶级上升时期的代表，他主张发展生产，要求发展科学。他认为是经院哲学阻碍了当代

科学的发展。因此，他极力批判经院哲学和神学权威。他还进一步揭露了人类认识产生谬误的根源，提出了著名的“四假象说”。他说这是在人心普遍发生的一种病理状态，而非在某情况下产生的迷惑与疑难。

第一种是“种族的假象”，这是由于人的天性而引起的认识错误。

第二种是“洞穴的假象”，这是个人由于性格、爱好、教育、环境而产生的认识中片面性的错误。

第三种是“市场的假象”，这是由于人们交往时语言概念的不确定产生的思维混乱。

第四种是“剧场的假象”，这是由于盲目迷信权威和传统而造成的错误认识。

培根认为，当时的学术传统是贫乏的，原因在于学术与经验失去接触。他主张科学理论与科学技术相辅相成。

虽然培根是一位忠实的英国人，但是他的洞察力远远地超过了他自己的国界。他划分出三种雄心：

其一类者，朝思暮想，惨淡经营，在本疆之内，得陇望蜀，觊觎青云；

其二类者，宵衣旰食，机关算尽，图他人之邦，扩己国之势，拜倒称臣者愈多愈善，此辈虽贪婪无度，然却至尊至贵；

其三类者，披荆斩棘，努力登攀，以求人类享有经天纬地之略，驾驭宇宙之才，此实属雄心大志……尽臻尽善。

培根并不是最先认识到归纳推理用途的人，也不是最先理解科学会给社会带来各种可能利益的人。但是，在他以前没有人如此热情而广泛地发表这些思想。1662 年，为了促进科学知识的增长而创建伦敦皇家学会时，创建者们称培根为他们的启灵人。并且当在法国启蒙运动期间编纂大部头的《百科全书》时，主要的编纂者们如狄德罗和阿朗贝尔赞誉培根是他们作品的启灵人。如果说《新工具》和《新亚特兰提斯岛》今天比过去一度曾有的读者少了，这是因为它们的寓意已被广泛地接受。

浮光掠影之培根的一生

弗兰西斯·培根（Francis Bacon，1561 年 1 月 22 日至 1626 年 4 月 9 日）是英国律师、政治家、散文作家、哲学家和现代科学家，被马克思

称为“英国唯物主义和整个现代实验科学的真正始祖”。培根 1561 年出生于伦敦的一个显赫的贵族家庭，父亲尼古拉·培根是伊丽莎白女王的掌玺大臣，曾在剑桥大学攻读法律，他思想倾向进步，信奉英国国教，反对教皇干涉英国内部事务。母亲安妮是一位颇有名气的才女，她娴熟地掌握希腊文和拉丁文，是加尔文教派的信徒。良好的家庭教育使培根成熟较早，各方面都表现出异乎寻常的才智。12 岁时，培根被送入剑桥大学三一学院深造。在校学习期间，他对传统的观念和信仰产生了怀疑，开始独自思考社会和人生的真谛。

在剑桥大学学习三年后，培根作为英国驻法大使埃米阿斯·鲍莱爵士的随员来到了法国，在旅居巴黎两年半的时间里，他几乎走遍了整个法国，接触到不少新鲜事物，汲取了许多新的思想，这对他的世界观的形成起到了很大的作用。1579 年，培根的父亲突然病逝，他要为培根准备日后赡养之资的计划破灭，培根的生活开始陷入贫困。在回国奔父丧之后，培根住进了葛莱法学院，一面攻读法律，一面四处谋求职位。1582 年，他终于取得了律师资格，他的政治生涯就是在此后不久开始的。23 岁时他被选为下议院议员。虽然他有高朋贵亲和显赫的才华，但是，伊丽莎白女王却拒绝委任他任何要职，或有利可图之职。其理由之一是他在议会中果敢地反对女王坚决支持的某项税务法案。他生活奢侈，挥霍无度，“借”债累累，无所顾忌（实际上他曾因欠债而被捕一次）。

培根成为一位踌躇满志、深得民心的青年贵族埃塞克斯伯爵的朋友和顾问，而埃塞克斯也成了培根的朋友和慷慨的捐助人。但是，当埃塞克斯野心膨胀，阴谋发动一场推翻伊丽莎白女王的政变时，是培根告诫他，要把忠实女王放在首位。尽管如此，埃塞克斯还是发动了政变，但却未遂。培根在起诉伯爵犯有叛国罪中起到了积极的作用，埃塞克斯被斩首。整个事件，使许多人都对培根产生了恶感。

伊丽莎白女王于 1603 年去世，培根成为她的继承人詹姆斯一世国王的顾问。虽然詹姆斯拒不采纳培根的劝告，但是他却赏识培根，在詹姆斯统治期间，培根在政府步步高升。1607 年培根成为法务次长，1618 年被任为英国大法官，一个与美国法院院长大体相等的职务；同年被封为男爵；1621 年被封为子爵。

但是，乐极生悲，培根随后便大难临头。作为一个法官，培根当面接

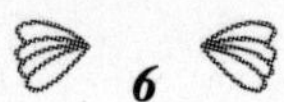

受诉讼当事人的“礼物”，虽然此事非常普遍，但是却显然违反法律。他在议会中的政敌正想抓住这个机会把他赶下台去。培根招供了，被判了徒刑，关押在伦敦塔，终身不得担任任何公职，同时，还被罚了一笔巨款。国王不久就将培根从狱中释放出来，免除了对他的罚款，但是他的政治生涯已告终结。

现在，到处都有高级政客因受贿或以其他手段来践踏公众的信任而被捕的例子。当这样的人被捕时，他们往往起诉为自己辩护，声称每个其他人也都在行骗。如果认真地对待这种辩护，那就意味着行骗的政客会逍遥法外，除非惩罚事有先例。培根服罪的话却与众不同：“我是这五十年来英国最正义的法官，但给我的定罪却是这两百年来议会所做的最正义的谴责”。

有这样一种积极而充实的政治生涯，似乎就无暇去做任何其他事情。但是，培根不朽的名气和在本书中占有的名次皆因他的哲学著作，而不是他的政治活动。

1626 年 3 月底，培根坐车经过伦敦北郊。当时他正在潜心研究冷热理论及其实际应用问题。当路过一片雪地时，他突然想做一次实验，他宰了一只鸡，把雪填进鸡肚，以便观察冷冻在防腐上的作用。但由于他身体孱弱，经受不住风寒的侵袭，支气管炎复发，病情恶化，于 1626 年 4 月 9 日清晨病逝。

培根死后，人们为怀念他，为他修建了一座纪念碑，亨利·沃登爵士为他题写了墓志铭：

圣奥尔本斯子爵

如用更煊赫的头衔，则应称之为“科学之光”、“法律之舌”……

培根与英国教育

说到培根，就不得不提起英国的教育了。毋庸置疑，身处中世纪与文艺复兴过渡时代的培根，对英国教育从形式走向实用的转变起了至关重要的作用。他的教育思想，恰似一阵及时雨，滋润了这个时代这个国度的改

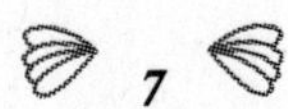

革与发展。

16 世纪末，英国封建制度腐朽没落，资本主义迅速发展。文艺复兴时期创办的文法学校的教学内容和方法也开始流于狭隘和形式主义，与时代要求脱节。当时，科学技术的进步、工商业的发展、哲学上的新的觉醒、伟大文学作品的出现，对学校都很难产生影响。于是培根对学校教育提出了尖锐的批评。他认为，大学和中学只注意学习文字而不研究事物，教育为过去的权威所统治。中学毕业生多数升入大学，其他方面的教育受到轻视，因而牧业和商业方面的人才缺乏。而文法学校设置过多，他设想建立一种有天文台、实验室、发动机、熔炉、解剖室和实验园地的所罗门宫。

在培根的鼓励和呼吁下，第一个讲授科学的“格雷沙姆学院”建立。1631 年，定居英国的哈克，就科学问题与英国知识界进行广泛的交流。“牛津试验性俱乐部”终于在 1648 年诞生，这就是 1660 年正式成立的“皇家学会”的前身；“皇家学会”一开始就声称遵循培根的训诫，皇家学会对科学追求的宗旨开创了一个新时代，也影响了 17 世纪以后的英国教育。

17 世纪英国教育的另一主题是“改革”，即“重组”教育观念。本来改革的教育观念应当反映社会变化，即深刻地反映在科学革命和培根对“西欧文明伟大修复”的呼吁上。但是，由于本身的局限性和英国传统教育的弊病，这时的教育家没有从深远的经济、人口和科学变化的角度来认识问题，反而把自己的思想囿于基督教新柏拉图主义的体制内。他们寻求维护旧的“优秀”的东西，把精力倾注于乌托邦理想化运动中；乌托邦主义成了 17 世纪英国教育改革的主要内容。

斯图亚特王朝 1660 年复辟后，崇尚国教，开始新的宗教迫害，要求学校教师必须信奉国教，不信奉国教的教师被撤职。于是许多受迫害的非国教派的大学教师创办了一种称为学园的新型学校，为非国教派培养人才，也招收其他学生。这些学园能享受办学的自由，把培根等人的教育理论和主张付诸实施。学园不像旧大学那样单纯强调古典教育，而是设置了自然科学和商业方面的学科，这是符合时代要求的。早期的学园，如伦敦的纽因顿·格林学园（1675）的课程除古典语外，还有法语、意大利语、西班牙语、数学、自然科学、历史、地理、逻辑和政治。后期的学园，如沃灵顿学园（1757）学制三年，开设算术、代数、几何、三角、法语、自然科学、天文、化学、伦理、绘图和设计、簿记、地理等课程 。神学家与教育家J. 普里斯特利曾任该学园讲师。17—18世纪英国的文法学校和大学的教育、教学活动刻板而无生气，唯有非国教派的学园生机勃勃。英国教育史家J. W. 亚当森曾说，英国教育史如果没有非国教派的学园的历史，将成为单调而贫乏的记录。

经典著作——智慧的结晶

1597年，培根发表了他的处女作《论说随笔文集》。将自己对社会的认识和思考，以及对人生的理解，浓缩成许多富有哲理的名言警句，受到了广大读者的欢迎。该书文笔言简意赅、睿智夺目，它包含许多洞察秋毫的经验之谈，其中不仅论及政治，而且还探讨许多人生哲理。以下是一些具有代表性的话：

> 青年人更适之发明而非为判断，更适之实干而非为商议，更适之创新之举而非为既定之业……老年人否定之多，磋商之久，冒险之少……若青老两结合，必将受益匪浅……因为彼此可以取长补短……
>
> ——《谈青年和老年》
>
> 有妻室儿女者已向命运付出了抵押品……
>
> ——《谈婚嫁与单身》

1605年，培根完成了两卷集《论学术的进展》。这是解释他的见解的最早的一部通俗读物，同时也是以知识为其研究对象的一部著作，是培根声称要以知识为其领域，全面改革知识的宏大理想和计划的一部分。在这本书中，培根提出了一个有系统的科学百科全书的提纲，对后来18世纪的狄德罗为首的法国百科全书派编写百科全书起了重大作用。

1609年，在培根任副检察长时，他又出版了第三本著作《论古人的智慧》。他认为在远古时代，存在着人类最古的智慧，可以通过对古代寓言故事的研究而发现失去的最古的智慧。

但是，培根最重要的作品还是论述科学哲学的。他计划分六个部分来

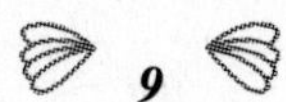

写一部巨著——《伟大的复兴》。打算在第一部分重申我们的知识现状；第二部分描述一种新的科学调查方法；第三部分汇集实验数据；第四部分解释说明他的新科学工作方法；第五部分提出一些暂定的结论；最后一部分综述用他的新方法所获得的知识。可想而知，这项宏伟的计划——可能是自从亚里士多德以来最有抱负的设想——从未得以完全实现。但是，可以把《学术的进展》（1605）和《新工具》（1620）看做是他的伟大著作的头两个部分。

《新工具》也许是培根最重要的著作。这部著作基本上是号召人们采用实验调查法。由于完全依靠亚里士多德演绎逻辑方法的荒诞可笑，因而需要一种新的逻辑方法——归纳法。知识并不是我们推论中的已知条件，而是要从条件中归纳出结论性的东西，更确切地说，是我们要达到目的的结论。人们要了解世界，就必须首先去观察世界。培根指出，要首先收集事实，然后再用归纳推理手段从这些事实中得出结论。虽然科学家在每一个细节方面并不都是遵循培根的归纳法，但是，他所表达的基本思想对观察和实验有重大意义，构成了自那时起科学家一直所采用的方法的核心。

马克思在评价培根的方法论时说：科学是实验的科学，科学的方法就在于用理性的方法去整理感性材料，归纳、分析、比较、观察和实验是理性方法的重要条件。

培根在结束其政治生涯后，仅用几个月时间就完成了《亨利七世本纪》一书，这部著作得到后世史学家的高度评价，被誉为是“近代史学的里程碑”。

大约在1623年，培根完成了他的最后一部著作——《新西特兰提斯岛》，该书描写了太平洋的一个虚构的岛上的乌托邦国家。虽然书中的背景令人想起托马斯·摩尔爵士的乌托邦，但是其整个观点则截然不同。在培根的书中，他的理想王国的繁荣和幸福取决于而且直接来自于集中精力所从事的科学研究。当然，培根是在间接地告诉读者科研的明智应用可以使欧洲人民与他的神秘岛上的人民一样繁荣幸福。这是培根毕生所倡导的科学的“伟大复兴”的思想信念的集中表现。

此外，培根在逝世后还留下了许多遗著，后来，由许多专家学者先后整理出版，包括《论事物的本性》、《迷宫的线索》、《各家哲学的批判》、《自然界的大事》、《论人类的知识》，等等。

培根在科学史上的地位

虽然弗朗西斯·培根在他一生的很多年中都是一位主要的政治家，但是，他被列入本书却只是因为他的哲学作品。这些作品表明，他是科学新时代的先驱：认识到科学和技术可以改变世界的第一位伟大的哲学家，一位科学调查的得力倡导者。

他是一位理性主义者而不是迷信的崇拜者，是一位经验论者而不是诡辩论者。在政治上，他是一位现实主义者而不是理论家。他渊博的学识连同精彩的文笔与科学和技术相共鸣。这是属于培根独有的精彩。

认识你所不知道的培根

按照威尔·杜兰特的说法："这个时代在等待着一个代言人，一个具有综合力的人来总结她的精神和决心，这个人就是弗朗西斯·培根。"《剑桥近代史》也宣称，培根是"近代史上最强有力的思想家"，他"敲响的钟声召集了所有的哲人"，并且庄严而又骄傲地宣告：欧洲已经成年。

长期以来，我们对于培根的了解，一直局限于他是一位哲学家，对近代唯物哲学及科学的思想方法曾有过重大贡献；他的代表作，就是《培根论说文集》；他还说过"知识就是力量"，这句话后来成了人人皆知的格言。据说，他出身贵族，父亲是伊丽莎白时代的大印守护者，母亲也是当时的才女。他在12岁那年被送进剑桥三一学院，在那里学习三年，深受经院哲学烦琐争论之苦，决心使哲学走上一条更富有成果的道路。他后来在哲学上的成就证实了这一点。他还想在政治上有所作为，但他仕途多舛，始终得不到伊丽莎白女王的重用，直到新王詹姆斯一世上台，他的抱负才得以施展。他积极参与过对埃塞克斯伯爵的起诉，埃塞克斯伯爵曾有恩于他，他也因此得了"忘恩负义"的恶名。他在晚年担任大法官期间被指控犯有受贿罪，但国王最终还是赦免了对他的判决。他生命中的最后五年，是在隐居的安宁中度过的。

事实上，弗朗西斯·培根究竟是个怎样的人？他的身世如何？在他近乎悲剧性的命运中究竟深藏着怎样的秘密？他的前世今生都受到过哪些误解、误会或误读？这些都是历史上争论不休的问题，有支持他的观点，也有反对他的观点，他们为此撰写了数百本专著。著名传记作家斯特莱切（Strachey）在《伊丽莎白女王和埃塞克斯伯爵》一书中，就把培根描写成一个道德败坏的大恶人。罗素则明确反对斯特莱切的观点，他在《西方哲学史》中鲜明地指出："这是十分不公正。"而最近出版的《莎士比亚密码》则更加耸人听闻地向我们揭示，几百年来，整个世界都缺少对于弗朗西斯·培根的真正深刻的了解。整个秘密在历史的另一个空间里藏匿了数百年，终于在21世纪被有识者公之于众了。

美国女作家弗·菲罗斯所著《莎士比亚密码》，是一本有别于"正统"历史，对培根其人的人生际遇和悲剧命运重新解读的传记作品。无论是系统详尽地介绍培根的个人史，还是揭示培根个人史中包含的秘密，对中国读者来说都是第一次。作者有两点最重要的发现：其一，弗朗西斯·培根不是大印守护者的亲生儿子，他的生身之母其实是伊丽莎白女王。不仅如此，伊丽莎白还是埃塞克斯伯爵的生身母亲，弗朗西斯·培根是他的亲哥哥。其二，莎士比亚全部作品的著作权都应归于弗朗西斯·培根所有，他是那些脍炙人口的戏剧和诗篇的真正作者。这两点都具有极大的颠覆性，对习惯于"正统"历史讲述的读者来说，是很难接受的。但作者显然有充分的准备和耐心，她是有备而来，希望能说服她的读者。

菲罗斯所讲述的弗朗西斯·培根的故事，就从他的出生开始，然后追溯亨利八世以来英国王室的秘密和伊丽莎白继承王位的传奇经历。培根没有准确记录的出生日期，而1561年1月25日是他受洗的日子，后人据此推定他的生日，是前三天的22日，并且推算出生的时间为早晨七点钟。有好事者还画出一个星象图：太阳处于水瓶座，正在上升，而月亮的位置在白羊座，同时出现在天空。生于这个时辰的人，将成为一个"超凡的人"。据说，大科学家伽利略、大诗人拜伦、美国总统林肯等人都出生在这个时刻。这当然说明不了什么，但他来到这个世界的最初时刻还是给人们留下了许多疑惑。作者感到奇怪的首先是培根的相貌，根据保存下来的画像分析，他和他的所谓父母——尼古拉爵士和安妮夫人，没有什么相似之处，但对比莱斯特贵族和伊丽莎白女王，反而充分显示出一家人的特征。这是作者的一个起点，沿着这个思路，作者深入探讨和认真梳理了伊丽莎白与培根家族、伯利家族以及达德利家族之间剪不断理还乱的关系。她和罗伯特·达德利，即后来的莱斯特，同时囚禁在伦敦塔中，他们经历了一段刻骨铭心的爱情。在伊丽莎白即位成为女王后，他们秘密举行了结婚仪式，过了4个月，小培根降临人世。

培根的前世今生都隐藏在一套设计完美的“密码”中，这是培根自己的杰作，也是读者进入培根令人称奇的人生世界的某种方式。有人不肯相信培根不得不用密码记录他的人生经历的理由，其实是对那个时代缺乏了解，也是对女王与天才儿子之间这种不可思议的特殊关系缺乏了解。作者说：“历史学者们如果接受这个故事，那他们就非常有可能找到揭开伊丽莎白时代一些谜团的钥匙。”这谜团也包括弗朗西斯·培根的身世。其实，不管培根是否写了现在归于莎士比亚名下的那些戏剧和诗篇，我们都有必要重新认识和了解这个人物。

精彩链接之伊丽莎白一世（英格兰）

伊丽莎白一世（Elizabeth Ⅰ）1533年9月7日出生于格林尼治，即今日伦敦的格林尼治，1603年3月24日逝世于萨里，于1558年11月17日至1603年3月24日任英格兰和爱尔兰女王，是都铎王朝的第五位也是最后一位君主。她终身未嫁，因此被称为“童贞女王”。她即位时英格兰处于内部因宗教分裂的混乱状态，但她不但成功地保持了英格兰的统一，而且在经过近半个世纪的统治后，使英格兰成为欧洲最强大、富有的国家之一。英格兰文化也在此期间达到了一个顶峰，涌现出了诸如莎士比亚、培根这样的著名人物。英国在北美的殖民地也在此期间开始确立。她的统治期在英国历史上被称为“伊丽莎白时期”，亦称为“黄金时代”。

伊丽莎白时期是英国文化发展的一个重要时期。文学，尤其是诗歌和话剧进入了一个黄金时代。英国对其他大陆的考察，尤其是对美洲的考察也进入了一个新的阶段。英国作为近代欧洲强国的地位开始逐步确立，一个崭新的日不落帝国即将横空出世。也可以说，伊丽莎白的统治不但影响了英国的发展，还深刻地影响了整个世界的经济文化发展，直至今天。

培根的心灵物语

花开朵朵，哲人培根的思想在中世纪禁锢的牢笼里，迎着文艺复兴初升的太阳，散发出无比璀璨的光芒。科学之光、思想之光、心灵之光，培根的智慧，恰似那春天的花朵，鲜艳、芬芳而又明媚。读他的话语，我们会体味到，什么叫做人生，什么叫做境界。做人应当如此，在纷乱中恬淡从容，在世事中始终如一。就像培根，淡泊明志，活得平和，宁静如水，这才是完整的人生。

培根论求知

求知可以作为消遣，可以作为装饰，也可以增长才干。

当你孤独寂寞时，阅读可以消遣；当你高谈阔论时，知识可供装饰；当你处世行事时，正确运用知识意味着力量。懂得事物因果的人是幸福的。有实际经验的人虽能够办理个别性的事务，但若要综观整体，运筹全局，却唯有掌握知识方能办到。

求知太慢会弛惰，为装潢而求知是自欺欺人，完全照书本办事会变成偏执的书呆子。

求知可以改进人和天性，而实验又可以改进知识本身。人的天性犹如野生的花草，求知学习好比修剪移栽。实习尝试则可检验修正知识本身的真伪。

狡诈者轻鄙学问，愚鲁者羡慕学问，唯聪明者善于运用学问。知识本身并没有告诉人怎样运用它，运用的方法乃在书本之外。这是一门技艺。不经实验就不能学到。不可专为挑剔辩驳去读书，但也不可轻易相信书本。求知的目的不是为了吹嘘炫耀，而应该是为了寻找真理，启迪智慧。

培根名言录

1. 地位显出为人。

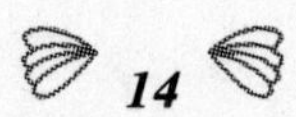

2. 地位基本上是德能的反映。

3. 若遇派别时，一个人上升时最好加入某派，在高位时保持中立。

4. 过于重视爱情，就意味着放弃智慧与财富。

5. 那追求海伦的人，是放弃了财富和智慧的。

6. 尊重同事和前人遗名。

7. 腾达者手段多善恶交混。

8. 叛乱的根源一是多贫，二是多怨。有多少破产者就有多少喜乱者。

9. 大事要谨慎积极，小事得益小乐，不要大喜过望。

10. 人君之事，在于巧避和转移临近之难。

11. 监视不懈，时刻警惕。

12. 有必要时，要编造理由主动出击。

13. 一个国家要伟大就要有一个善战的民族。

14. 尚武才能突然强大。

15. 困于租税的民族想变得勇敢善战是不可能的，不适于建立帝国。

16. 不能让贵族繁殖过快。

17. 上流生活开放有序，不隐秘吝啬，礼贤下士，宾客茂盛，会引人建立丰功伟绩。

18. 最得力者是平时最致力投入者。

19. 坐着做工者和户内技艺者，其精密的本性与好战心理不合。游荡、爱危险甚于爱劳作者有一定的好战性。

20. 把军事认为是举国唯一的荣誉、学问和职业是尚武的体现。

21. 一次不公正的审判胜过十个犯罪。

22. 光荣的战争是真实的锻炼。

23. 海空的主人适合建立帝国。

24. 蛇不吃蛇就不能变成龙。

25. 要靠别人的错误繁荣自己。

培根论读书

书籍好比食品。有些只需浅尝，有些可以吞咽，只有少数需要仔细咀嚼，慢慢品味。所以，有的书只要读其中一部分，有的书只需知其梗概，

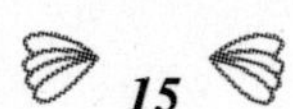

而对于少数好书，则应当通读、细读、反复读。有的书可以请人代读，然后看他的笔记摘要就行了，但这只应限于不太重要的议论和质量粗劣的书。否则一本书将像已被蒸馏过的水，变得淡而无味了。

读书使人充实，讨论使人机敏，写作则能使人精确。因此，如果有人不读书又想冒充博学多知，他就必须很狡黠，才能掩人耳目；如果一个人懒于动笔，他的记忆力就必须强而可靠；如果一个人要孤独探索，他的头脑就必须格外敏锐。

读史使人明智，读诗使人聪慧，学习数学使人精密，学物理使人深刻，伦理学使人高尚，逻辑修辞使人善辩。总之，“知识能塑造人的性格”。

不仅如此，精神上的各种缺陷，都可以通过求知来改善——正如身体上的缺陷，可以通过适当的运动来改善一样。例如，打球有利于腰背，射箭可扩胸利肺，散步则有助于消化，骑术使人反应敏捷，等等。同样的道理，一个思维不集中的人，他可以研习数学，因为数学稍不仔细就会出错；一个缺乏分析判断力的人，他可以研习形而上学，因为这门学问最讲究细琐的辩证；一个不善于推理的人，可以研习法律案例。如此等等。这种种头脑上的缺陷，可以通过求知来疗治。

哲人培根的爱情观

舞台上的爱情比生活中的爱情要美好得多。因为在舞台上，爱情只是喜剧和悲剧的素材，而在人生中，爱情却常常招来不幸。它有时像那位诱惑人的魔女，有时又像那位复仇的女神。

你可以看到，一切真正伟大的人物（无论是古人、今人，只要是其英名永铭于人类记忆中的），没有一个是因爱情而发狂的人。因为伟大的事业抑制了这种软弱的感情。只有罗马的安东尼和克劳底亚是例外。前者本性就好色荒淫，然而后者却是严肃多谋的人。这说明爱情不仅会占领宽阔的胸怀，有时也能闯入壁垒森严的心灵——假如守御不严的话。

埃辟克拉斯说过一句笨话：“人生不过是一座大戏台。”似乎本应努力追求高尚事业的人类，却只像玩偶般地逢场作戏。虽然爱情的奴隶并不同于只顾吃喝的禽兽，但毕竟也只是眼目色相的奴隶，而上帝赐人以眼睛本来是有更高尚的用途的。

过度的爱情追求，必然会降低人本身的价值。例如，只有在爱情中，才总是需要那种浮夸谄媚的辞令。而在其他场合，同样的辞令只能招人耻笑。古人有一句名言："最大的奉承，人总是留给自己的。"——只有对情人的奉承要算例外。因为甚至最骄傲的人，也甘愿在情人面前自轻自贱。所以古人说得好："就是神在爱情中也难保持聪明。"情人的这种弱点不仅在外人眼中是明显的，就是在被追求者的眼中也会很明显——除非她（他）也在追求他（她）。所以，爱情的代价就是如此，不能得到回爱，就会得到一种深藏于心的轻蔑，这是一条永真的定律。

由此可见，人们应当十分警惕这种感情。因为它不但会使人丧失其他，而且可以使人丧失自己本身。至于其他方面的损失，古诗人早就告诉我们，那追求海伦的人，是放弃了财富和智慧的。

当人心最软弱的时候，爱情最容易入侵，那就是当人春风得意、忘乎所以和处境窘困的时候，虽然后者未必能得到爱情。人在这样的时候，最急于跳入爱情的火焰中。由此可见，"爱情"实在是"愚蠢"的儿子。但有一些人，即使心中有了爱，仍能约束它，使它不妨碍重大的事业。因为爱情一旦干扰情绪，就会阻碍人坚定地奔向既定的目标。

我不懂是什么缘故，许多军人更容易堕入情网，也许这正像他们嗜爱饮酒一样，是因为危险的生活更需要欢乐的补偿。

人心中可能普遍具有一种博爱倾向，若不集中于某个专一的对象身上，就必然施之于更广泛的大众，使他成为仁善的人，像有的僧侣那样。

夫妻的爱，使人类繁衍。朋友的爱，给人以帮助。但那荒淫纵欲的爱，却只会使人堕落毁灭啊！

培根论美

美德好比宝石，它在相互背景的衬托下反而更华丽。同样，一个打扮并不华贵却端庄严肃而有美德的人是令人肃然起敬的。

美貌的人并不都有其他方面的才能。因为造物主是吝啬的，他给了此就不再予以彼。所以，许多容颜俊秀的人却一无作为，他们过于追求外形美而放弃了内在美。但这话也不全对，因为奥古斯都、菲斯帕斯、腓力普王、爱德华四世、阿尔西巴底斯、伊斯梅尔等，都既是大丈夫，又是美男子。

仔细考究起来，形体之美要胜于颜色之美，而优雅行为之美又胜于形体之美。最高的美是画家所无法表现的，因为它是难以直观的。这是一种奇妙的美。曾经有两位画家——阿皮雷斯和丢勒滑稽地认为，可以按照几何比例，或者通过摄取不同人身上最美的特点，用画合成一张最完美的人像。其实这样画出来的美人，恐怕只有画家本人喜欢。美是不能制定规范的，创造它的常常是机遇，而不是公式。有许多脸型，就它的部分看并不优美，但作为整体却非常动人。

有些老人显得很可爱，因为他们的作风优雅而美。拉丁谚语说：“晚秋的秋色是最美好的。”而尽管有的年轻人具有美貌，却由于缺乏优美的修养而不配得到赞美。

美犹如盛夏的水果，是容易腐烂而难以保持的。世上有许多美人，他们有过放荡的青春，却迎受着愧悔的晚年。因此，把美的形貌与美的德行结合起来吧。只有这样，美才会放射出真正的光辉。

结　语

培根是近代哲学史上首先提出经验论原则的著名哲学家。他重视感觉经验和归纳逻辑在认识过程中的作用，开创了以经验为手段、研究感性自然的经验哲学的新时代，对近代科学的建立起了积极的推动作用，对人类哲学史、科学史都做出了重大的历史贡献。为此，罗素尊称培根为“给科学研究程序进行逻辑组织化的先驱”。

培根还是英国教育的改革者和实践者。沉睡了数千年的呆板、单调而又流于形式的英国教育，培根大胆地、果敢地给它来了个漂亮的终结。从此，英国的教育正式走上了科学、实用、启迪的道路，也培养出大批理论和实践都很出色的优秀人才，有力地推动了英国的发展，这对日不落帝国后来的崛起起到了至关重要的作用。

百年大计，教育为本。一切民族文明的繁荣，国家的强盛，都离不开教育的支撑。从这个意义上来说，培根为英国教育的发展，做出了不可磨灭的贡献。今天的莘莘学子，无论是在牛津漫步，还是在剑桥放歌，都能够真切地感受到那种独特的学习氛围，是勤勉？是启发？抑或是理论与实际的结合？不管怎样，这都是只属于英国的传统，它开始于培根，并在以后的岁月中，与时俱进，不断地汲取着新的养分，同时又很好地保留了自己的精髓。

这就是科学新时代的哲人培根，一个简简单单的人、一个纯粹朴实的人，在世事的喧嚣中始终保持着一颗不离不弃的心。中世纪蒙昧的阴霾即将散去，是培根一直行走在队伍的最前列，然后发出那个时代的最强音。

贝克汉姆：曼彻斯特的一道亮丽风景

美国体育杰出贡献奖——少有个人获得只有团体才有能力获得的殊荣足以说明，贝克汉姆在英国乃至世界足球界和体育界的地位。

英国当地时间3月29日，2007年英国体育产业奖（2007 Sport Industry Awards）隆重揭晓，著名足球明星、前英格兰队队长贝克汉姆获得了其中的英国体育杰出贡献奖。

在伦敦举行的盛大颁奖典礼中，给贝克汉姆颁奖的嘉宾是英超阿森纳（blog）的著名前锋亨利和2012年伦敦奥运会组委会主席塞巴斯蒂安·科尔。颁奖委员会表示，授予贝克汉姆这一殊荣是表彰贝克汉姆对英国体育做出的贡献。

英国首相布莱尔出席典礼并表示："在这个产生名人如此容易的世界中，贝克汉姆是一个名副其实的体育明星。"布莱尔首相对于贝克汉姆的评价非常高："他一直以来都是我们国家巨大的文化偶像，绝大多数时候他都能踢出非常精彩的足球，不论何时何地，当他穿上英格兰队球衣的时候，他都对得起这项代表了光荣与骄傲的荣誉。"

与贝克汉姆面对面

环顾当今的国际足坛，也许再没有第二个球星能比曼彻斯特联队中场大卫·贝克汉姆制造出的新闻更多。这个英国的"万人迷"和他的流行歌星太太，几乎每时每刻都是英国媒体追捧的对象。

他是一个一流的球星，有超人的控球和传球技艺，在欧洲乃至世界，有无数的少男少女都是因为他而爱上足球的。俊朗的外表，本来就英气逼人，再加上强强组合的婚姻，这一切都使贝克汉姆毫无疑问地成为当今这个娱乐时代所极力打造的大众情人偶像。在当今世界足坛，我们再很难找出一位比贝克汉姆长得更帅、球踢得更精彩、娶的夫人名气更大的世界级球星了。

回溯到 1975 年 5 月 2 日，那个热情似火的夏天，泰迪·贝克汉姆的妻子桑德拉为他生下了一个健康的男婴。看到儿子的第一眼，老贝克汉姆就在心里说：这真是一个踢足球的好料。世事果然应验了他的预言，风云三十年一晃而过，当年这个婴儿已经成长为一名出色的球星，他就是大卫·贝克汉姆。

贝克汉姆曼彻斯特联队大事记：一串闪光的年代，一段光辉的历程

1988 年，贝克汉姆在英格兰前著名球星查尔顿主办的足球学校中脱颖而出，被评为该校最有发展前途的学生。

1991 年 7 月 8 日，贝克汉姆加入曼彻斯特联青年队开始训练。

1995 年 4 月 2 日，首次代表曼彻斯特联队（简称"曼联队"）上场参赛，对手是利兹联队。

1996年，在英国足总杯半决赛对切尔西队的比赛中，贝克汉姆为曼联队攻入制胜的一球，从此确立了他在曼联队中的主力位置。

1996—1997赛季，贝克汉姆首次参加英格兰足球超级联赛，并与队友合作，使曼彻斯特联队获得英格兰足球超级联赛冠军。其中首次代表英格兰国家队参加比赛：1996年9月1日对摩尔多瓦（3:0）世界最优秀的前卫队员之一。但由于他在上届世界杯上与阿根廷队的比赛中的一次不怎么光彩的小动作而被罚下场后一度成为英格兰失利的罪臣。另外，他与辣妹的婚姻也始终使他成为英格兰足坛和文艺圈内的焦点，也是争议最大的人物。但他的技术却是无人能够匹敌的。尤其是他右脚的弧线传球和任意球技艺更使他成为英格兰队中场的当然核心。

1996年8月17日，贝克汉姆在曼联队对温布尔登队的比赛中，从中场附近一记60米开外的超远距离远射成功，技惊四座。他的这一入球在1998年被资深足球明星评选出的有史以来最精彩的三个入球中列第3位。

1999年5月26日，作为中场主将，贝克汉姆用自己的出色表现帮助曼联队在巴塞罗那战胜了劲旅拜仁慕尼黑队，获得1999年欧洲俱乐部冠军杯赛冠军。

1999年12月，贝克汉姆入选了1999年欧洲全明星阵容。他的独门真功：射门力量大，传球脚法准确，擅长发角球和任意球，进攻和防守技术俱佳。他在世界杯后迅速成长为曼联队的中场主力，尤以大禁区线的右路斜传为最，这已成为曼联队得分的主要手段。

2000年，贝克汉姆与队友合作，使曼联队获得了1999—2000赛季英格兰超级联赛冠军。

2001年4月15日，曼联队提前5轮获得了2000—2001赛季英格兰超级联赛冠军，实现了三连冠；曼联队在最近九年中七度封王，成为名副其实的英超霸主。

在2002年世界杯预选赛对希腊队的比赛中攻入关键一球，贝克汉姆为英格兰直接出线立下了汗马功劳。10月当选为BBC体育年度个人奖。

2005年6月14日，贝克汉姆被英国女王伊丽莎白授予OBE（Officer of the Order of the British Empire）奖。

2003年6月17日，曼联俱乐部宣布，贝克汉姆以3500万欧元的价格转到皇家马德里队。最终离开了曼彻斯特联队。

关于小贝你知道多少

全名：大卫·罗伯特·约瑟夫·贝克汉姆（David Robert Joseph Beckham）

出生时间：1975年5月2日。

出生地点：伦敦雷顿斯通。

身高：1.80米。

体重：67公斤。

星座：金牛座。

血型：O型。

头发：浅棕色。

眼睛：深蓝色。

衣服尺码：XL。

场上位置：中场。

鞋子尺码：UK9（相当于我国的43码）。

现效力俱乐部：西甲皇家马德里（23号）。

小时候的贝克汉姆

最喜欢的美食：泡面、意大利菜、印度菜、中国菜、炸鱼、薯片。

最喜欢的水果：香蕉。

最喜欢的颜色：红色。

坐骑：福特Escort、Ranger Rover、Bentliey、美洲豹XK8、保时捷911Turbo、法拉利F550 Maranello、悍马H2、兰博基尼、TV跑车等，一共26辆。

喜欢的书：克雷斯的书。

喜欢的杂志：《曼联》和《光荣的曼联》。

喜欢的车：Porsche 911 和 Carrera 2S。

贝克汉姆如何形容自己：有礼、沉默、外向、购物狂。

牵手曼联：小贝一路风景一路歌

大卫·贝克汉姆11岁那年，在父亲老泰迪的建议下，参加了博比·查尔顿组织的少年足球技巧比赛，获得了去巴塞罗那旅行的机会。

后来，贝克汉姆去了查尔顿足球学校学习。查尔顿足球学校的目的是培养球员具备神奇的速度、轻盈的盘带、逼真的假动作、精湛的射门以及出类拔萃的足球潜力。从那个时候起，贝克汉姆就注定了要和曼联队产生联系，因为查尔顿学校实际上是曼联队的预备队，加入这所学校的球员首先有近水楼台先得月的机会与曼联签约，经过筛选之后的淘汰产品才供其他俱乐部购买。

与此同时，贝克汉姆在学校的学习成绩每况愈下，在辛福德学校的经历对他而言是枯燥和无奈的，每次考试他都是及格万岁。更多的时候，他都是不及格。16岁那年，也就是贝克汉姆确信自己已可以到曼彻斯特足球学校踢球的时候，他对自己的学习成绩不抱任何幻想了，在GCSES的考核表里，他的成绩几乎都是不及格，家人对此也是毫无办法。

1991年7月8日，贝克汉姆正式加入曼联青年队。曼彻斯特是个美丽的城市，球队一直以盛产著名球星闻名于英格兰足坛，被外界渲染为“红魔”。次年5月，足总青年杯赛半决赛时，曼联青年队挑战托特纳姆热刺队争夺决赛权，贝克汉姆才终于得到教练哈里森的首肯，上场参赛。

贝克汉姆给阿历克斯·弗格森这位曼联队的功勋教练留下了深刻的印象。为了鼓励贝克汉姆的足球热情，1989年5月2日，贝克汉姆14岁生日那天，弗格森特批贝克汉姆可以进入曼联队的更衣室，并将其列为曼联队见习球队的一员。

从此，他与弗格森形同父子，弗格森对他格外垂爱，贝克汉姆对他也基本上是言听计从。

贝克汉姆的成名作是在1996—1997赛季曼联队客场挑战温布尔登队的比赛中，当时他在中场线附近得球，以一脚远射破门。从此，贝克汉姆走上了一条明星之路，成了能一锤定音的关键人物，连续两年在世界和欧洲足球先生评选中名列前茅。

贝克汉姆和主教练弗格森的关系还曾一度紧张，一次是由于维多利

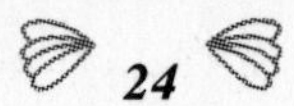

亚，另一次则是因为在家照顾发烧的儿子没赶上练球。弗格森对他恩重如山，但他却几度想一走了之。后来，他意识到了自己的错误，主动向主教练认错，重披战袍，再立新功。贝克汉姆爱球如命。2001 年 8 月，为参加 2002 年日韩世界杯外围赛，贝克汉姆随队作客德国赛场。他带伤参赛，坐镇中场策动进攻，屡屡向德国队大门输送“炮弹”，结果以 5:1 的比分大胜德国队，改写了英德足球比赛的纪录。

经历“飞鞋事件”后，贝克汉姆和弗格森之间的恩怨情仇很快就被摆上台面，接着赛季结束后，贝克汉姆毅然决然地前往了伯纳乌。

贝克汉姆在英国曼彻斯特的征程就这样彻底结束了。

回过头，笑一笑，笑看脚下路迢迢，风霜雨雪都经过，踏平坎坷知多少……

回过头，笑一笑，笑看身后云飘飘，苦辣酸甜都尝过，还有多少情未了……

是的，小贝是从这里成长、起飞的，这里有他的欢笑、他的汗水，但是我们都有理由相信，前面是一片更加广阔的天空，小贝会飞得更高更远，让我们由衷地祝愿，并静静地期待：贝克汉姆 ，一路走好！

查尔顿和他的足球学校

博比·查尔顿，伟大的国际巨星，曾以其在足球运动上的巨大成就被英国王室封为爵士。从某种意义上说，查尔顿是曼联乃至英格兰足球的标志性人物，迄今为止，他还保持着曼联俱乐部最高的联赛出场纪录和进球纪录，并为英格兰夺得 1966 年世界杯立下赫赫战功。退役后的查尔顿创办了一个足球学校，那就是博比·查尔顿足球学校。其先进的办学理念和优秀的教育方法为曼联和英格兰其他俱乐部输送了数不清的人才，这其中最有名气的就是贝克汉姆。自 1984 年开始至今，博比·查尔顿一直担任曼联的董事。

查尔顿在足球方面的成就不仅为他赢得了多项冠军，也在足球场外赢得了多项荣誉。1969 年，他被授予英帝国勋章，之后获得高级英帝国勋爵士称号。1994 年 6 月，他又被授予爵士爵位。2004 年，他入选 FIFA 百年名人堂。作为前曼联和英格兰队的队长，博比·查尔顿现在已经成了德高望重的英国足球大使，将担负着向世界传播英国足球文化及精神的重要使命。

品味英国的足球文化

英国是现代足球的发源地，经过一百多年的发展，足球已经浸透到英国社会的各个角落，足球在英国与其说是一种体育运动，倒不如说是一种体育文化。

球场

英国的足球俱乐部大都有一百多年的历史，因此很多球场在经历了岁月的剥蚀之后，一副沧桑的模样，但现在的很多体育场要说出准确的年龄还真的不太容易。西汉姆联队的体育场是比较古老的，它的根基建于20世纪初，但直到1994年才完工。不过，随着英格兰超级联赛这几年的红火，国内观众人数猛增，而英国的体育场平均座位只有3万多个，因此，包括阿森纳在内的很多足球俱乐部都在筹划修建新的体育场。

球迷

每逢周末，伦敦各线地铁里都挤满了去看足球赛的球迷，仅仅伦敦一个城市就有5支英超球队，甲级队也有四五支，其他级别的球队更多。球迷往往是相对固定的，尽管英超联赛的水平高，但有的球迷可能就喜欢某个乙级队，因此永远跟定自己喜欢的球队。造成这种现象的原因很多，其中之一就是英国的足球俱乐部历史悠久，别看有的俱乐部现在较为落魄，但想当年可能是联赛冠军。很多球迷都是“世袭”的，一个球迷之所以喜欢现在的一个俱乐部队，可能是因为他的爷爷或是太爷爷当时就比较喜欢这个俱乐部，他只不过是继承了“家传”而已。

精彩链接：领略曼彻斯特的风采

提起贝克汉姆，就不得不提起曼彻斯特，似乎冥冥中小贝与这座城市有着命中注定的不解之缘。小贝是从这里成长的，是从这里走向完美的，蛹化蝶的美丽，曼彻斯特承载了小贝太多的汗水，太多的梦想，还有太多

的刻骨铭心。沧桑过往，这座百年老城在不动声色中静静抒写着属于自己的华美篇章。

来吧，让我们一起走进曼彻斯特，看看它独有的风采。它是英国的第三大城市，是城市重建的一个典范，人们可以从这里看到英国工业的发展历史。不过，现在曼彻斯特充满了电子气息，以电子、化工和印刷为中心，拥有重型机器、织布、炼油、玻璃、塑料和食品加工等700多个行业，它不仅是英格兰西北部地区的政治和文化中心，而且也是商业和就业中心。

当然，曼彻斯特已经今非昔比。狄更斯时代那种贫困的煎熬早已是尘封于历史的记忆，20世纪80年代，独立朋克乐队所展示的黑暗与灭亡也随同乔伊·迪维逊（Joy Division）那忧伤而悲观的声音一同远去。在过去十几年里，这个城市已经发展出一种“早餐要饮香槟酒”的闲情逸致和注重享乐到几近轻浮的人生态度。浮光掠影，世事纷纭，夜色中的曼彻斯特，安详、静谧。

曼彻斯特曾经是工业革命的开路先锋。如今，它早已远离了那段“蒸汽和汗水”的岁月，跨进了打扮时髦、到处聚会寻欢的青春少年时代。这里有很好的博物馆、精美的食物和一流的购物环境。百年文化和风情的积淀，让它有一种骨子里的高雅。

到充满波希米亚气息的北区那些时尚酒吧和时装店当中穿梭一番，再到庄重雅致、风格泰然自若的凯瑟菲尔德（Castlefield）区巡游片刻，然后再去见识一下同志村“大声说出来，什么也不怕”的潇洒态度。在这里待久了，你也禁不住要被这座再生的城市所散发出来的自信所感染。禁不住想要敞开怀抱，深深陶醉在它的万种风情里。

曼彻斯特这个靠棉花起家的城市之所以活力不减，是因为它争取机会，乐于尝试，鼓励人们创业和革新的精神。1996年的爆炸事件摧毁了曼彻斯特市中心，但居民很快就从惊恐中恢复过来，并抓住那次机会，重新建设市中心，建了新的公共活动场所和充满奇想但又非常实用的现代建筑。足球精神也是这座城市的灵魂精神，不屈不挠，勇于展示自我，敢于挑战权威，也许这就是它钟灵毓秀的主要原因吧！一方水土养育一方人，小贝的成功，也是曼彻斯特的一张流光溢彩的名片，是曼彻斯特永远的骄傲。

走进贝克汉姆的内心世界：弗格森 PK 维多利亚

一边是生活的伴侣，一边是事业的导师；一边是自由和时尚，一边却是绝对的服从……明星贝克汉姆所谓的“事业爱情双丰收”，事实上却一直都在两者之间摇摆着，因为两者始终就像“娇妻向往地中海的阳光，而球队总部在多雨的英格兰”那样不可调和。是偏向左边还是右边，在很长一段时间内他只能在这两者之间保持一种微妙的平衡，但是，受这种“夹板气”终究是痛苦的。是继续长痛还是要来一个了断，似乎情况越来越接近后者。在这个时候，咀嚼他的过去的生活以及那两个必不可少的人物——弗格森和维多利亚，就别有一番意味了。

生命中的第二个父亲

1996 年 8 月，新一届联赛的首轮，曼联和温布尔顿对峙，眼看就要平淡结束了。此时距离全场比赛结束不到一分钟，贝克汉姆从中场带球，头也未抬，没过中场线，便在己方半场一脚石破天惊的吊射，足球像流星一样在空中划出一道美妙的抛物线，直落对手网窝……对于这样一个进球，最兴奋和欣慰的人无疑是他——“根本用不着等到本赛季结束了，最佳入球事实上在第一轮就已经产生！我们的贝克汉姆射入了一个只有当年贝利才有这样创意的进球，一个本赛季的最佳入球。我相信贝克汉姆这个入球可以和贝利 1970 年那个进球相提并论。”弗格森给予了小贝一个机会，而后者的表现让所有批评的人都为苏格兰人鼓起了掌，这种信任孕育出的默契甚至堪比父子之情。

到了 97/98 赛季，坎通纳的退役让曼联的核心出现了真空，弗格森把国王的 7 号球衣交给了贝克汉姆，而他也在压力下开始担起重任。在 1998 年世界杯红牌事件发生后，全英格兰的口水都砸向这个只有 24 岁的年轻人，在这个时候，又是主教练弗格森打出了保护伞。同时，撑起这把伞的人还有一个人——他的恋人维多利亚·亚当斯。

亚当斯改姓贝克汉姆

贝克汉姆和比大他一岁的维多利亚·亚与斯的恋情可以说是传奇式的罗曼蒂克。他们俩在1997年4月份相识前，贝克汉姆只是偶尔看一看辣妹乐队的演唱录像。当时，他曾指着荧屏上的维多利亚对队友内维尔说："那就是我要娶的姑娘。"

1998年1月24日，在柴郡的一家酒店午餐时，贝克汉姆为维多利亚戴上价值4万英镑的钻石戒指，之后他们宣布订婚。1999年3月，他们的第一个孩子布鲁克林出世，儿子的诞生使他们更加互相爱慕，并一直和睦相处。当年7月4日，两人在拉特勒尔斯城堡庄园举行了一场堪比国王和王后式的婚礼。曼联的队友全都来了，国家队的队友也差不多都来了，但是恩师弗格森却没有出现在这个重要场合。

当维多利亚靠近并且改姓贝克汉姆之后，弗格森和贝克汉姆师徒进一步产生了间隙。贝克汉姆怪异的发型让妻子感到欣喜却招致主教练的不满，他因为儿子生病而训练迟到也受到了苏格兰人的训斥，同时维多利亚不间断地撺掇小贝转会更是让弗格森感到气愤。维多利亚和弗格森是不见面的两个对头，他们都在命令或是征服英格兰队长，唯有在保护贝克汉姆时才站在统一战线上。

在跷跷板上迎来巅峰

1998世界杯应该是贝克汉姆人生的一大转折点，是他走向成熟和完美的开始。1998—1999赛季应该说是他到目前为止最辉煌的赛季，他的脚踏实地让球迷们相信他是英格兰和曼联队最有价值的球员，他的出色表现为曼联赢得三冠王立下了不朽的赫赫战功。

在取得如此辉煌成绩的背后，恩师弗格森自然功不可没，凭借三冠王的伟绩，弗格森被英国女王册封为阿列克斯爵士。双方都在成绩面前有些飘飘然，弗格森更是显出了作为家长专横的一面。

三个贝克汉姆 > 爵士?!

然而，维多利亚却从来没有放弃过离开曼彻斯特这座城市的努力，她坚持认为，作为明星的她和小贝就应该时刻处在水银灯下接受万千双目光的膜拜，而充斥着无数工厂的工业城市曼彻斯特显然不是培育这种环境的肥沃土壤。

维多利亚·贝克汉姆、布鲁克林·贝克汉姆以及尚不满一周岁的罗密欧·贝克汉姆，难道三个贝克汉姆的分量还不如一个苏格兰老头？维多利亚看到希望，但是契机来源于一个突发事件。2003 年 2 月，曼联在老特拉福德球场净吞死敌阿森纳两球后止步足总杯。赛后，主教练弗格森竟然在更衣室中把一只足球鞋一脚踢到了队长贝克汉姆的脸上。这一事件令两人之间平静多时的矛盾再一次激化起来，维多利亚随即开始在意大利有意无意地开始充当丈夫的经纪人，然而转会国米的传闻尚未平息，更大声势的皇马旋风马上跟风而至。气急败坏的弗格森已经在半公开场合流露出“维多利亚将毁了贝克汉姆”的意思，他把对“背叛”的痛恨毫无保留地施加在英格兰队长身上，在关键的冠军联赛的晋级赛中摆在替补席上显示了信任的丧失。而贝克汉姆 30 分钟的两个进球似乎已经在向弗格森示威。

天平已经倾斜，师徒情接近尾声，大卫自身即将华丽地转身和三个贝克汉姆们会合在地中海边灿烂的阳光下……唯有老特拉福德还在深情地呼唤：“世界上只有一个贝克汉姆——请你留下，大卫！”……

精彩链接之传奇弗格森

弗格森的影响力是独一无二的，他的传奇脍炙人口，他不仅与曼联合二为一，甚至超乎其上，成了老特拉福德的守护神。没有弗格森，曼联的命运将是另一副模样，正如他执教曼联一年后感慨的那样：“来老特拉福德，不仅是一份工作，对于我，这是使命。”他上任前，曼联碌碌无为甚至降级，联赛歉收岁月恰好是 20 年。

阿莱克斯·弗格森年轻的时候是在格拉斯哥流浪者队踢前锋的，但是，他的球员生涯不是很成功，后来他很快就加入到了教练的行业中，并且在苏格兰的阿伯丁做主教练的时候赢得了很多的荣誉。不过，他的教练生涯最成功的还是在曼联，在他执教的392场比赛中，曼联获得了244场胜利。2000年3—8月，曼联保持了12场连胜的纪录。在1998年12月至次年10月，他们保持了29场联赛不败的纪录。这都是在英超十年的时间内创造的奇迹。从弗格森的身上，我们很容易找到许多适合当主教练的潜质，而且正是这些潜质使得他的俱乐部在足球场上铸造了辉煌。当他以相当低廉的价格购买了坎通纳、舒梅切尔和埃尔文后，他又从诺丁汉森林队挖到了现在的队长基恩和被他称为英超最好中卫的帕里斯特。这些人成就了曼联在20世纪90年代的辉煌。1996年，弗格森一举将曼联青年队中的内维尔兄弟、贝克汉姆、巴特和斯科尔斯提拔到一队。虽然此举在当时遭到了许多圈内人士的嘲讽，但以贝克汉姆为代表的曼联新秀很快挑起了重担，并相继入选了英格兰国家队，弗格森独特的眼光再次让人折服。在1996年的英超十年最佳教练的评选中，弗格森当之无愧地当选，因为环顾整个英超赛场，没有人比这个苏格兰人更有资格当选英超十年的最佳教练。这个倔强、狡猾甚至还有些偏执的老人，在英超联赛近十年的历史上，写下了重重的一笔。

金童玉女：踏上贝克汉姆的爱情诺曼底

贝克汉姆和维多利亚，他们的恋爱也许是这十年来最浪漫的爱情故事，他们的结合是过去那个千年里最引人注目的婚礼之一，他与她是无数少男少女的梦中情人，他们就是“辣妹”维多利亚·亚当斯和曼联球星“辣哥”大卫·贝克汉姆。

当今这个时代似乎有一种潮流，每位流行乐女歌星或是娱乐界知名女星都会挽着一位足球运动员的胳膊，但没有哪一对组合能超过维多利亚和大卫的，没有人怀疑他们是最般配的一对名人情侣，他们与名师设计的时装（Gucci，Prada和D KNY）、华贵的珠宝和名车结合在一起，这就是最完美的组合，放射出夺目的光彩。

1975年4月17日，维多利亚出生在一个殷实的家庭，父母是有名的电器批发商，从小就有音乐细胞，在别的同学还在老老实实地坐公车上学

学生时代的辣妹维多利亚

的时候，维多利亚已经有了自己的劳斯莱斯。一切都仿佛这样完美。为少数所谓“后院有游泳池”的富有女孩之一，维多利亚从小就爱表现自己。在她16岁时，父母安排她进了舞蹈学校，同时又替她报名进了杰森戏剧学校。在那里，她第一次找到了真正属于自己的天地。她说自己的个性就是“要做就做到底”。一旦决定减肥，就能减到低于警戒线10公斤；一旦决定结婚，就要找最好、最让人羡慕的对象，一次偶然的机会，她通过应试与其他四位姑娘一起加入了“辣妹”合唱组，一下子就火得一塌糊涂。

初次相遇：羞涩而又甜蜜

他们相遇于一场足球比赛，辣妹的视线落在了大卫身上，但她不知道的是他也已经注意到了她。遗憾的是，她看比赛时忘了戴眼镜，尽管有一位同伴坐在她身边告诉她场上的一举一动，她却全然不知道全场跑动的身影当中哪一个是她要看的帅哥贝克汉姆。现在当有人让她谈一谈第一次见面时的情景时，维多利亚说：“因为我很喜欢他，也听说他喜欢我，所以我跑去看他的比赛，准备‘捕获’他。”这是至今仍让贝克汉姆引以为豪的一件事——全英国乃至全球最受欢迎的演唱组“辣妹”成员之一主动来追求他。

在赛后的一次社交聚会上，这一对终于碰到了一起，但贝克汉姆面对连做梦都想遇见的女孩时，惊喜之余除了一句“你好”之外，什么也说不出来。贝克汉姆事后回忆说：“我一直记得她在‘说你将来这里’录影带里的样子，在想她真是光彩夺目。”当贝克汉姆强忍住激动的心情，鼓起勇气问她可否与她约会，喜不自禁的维多利亚当然说“好的”。而第一次约会很有趣，因为维多利亚那时根本不懂足球，她虽然去看了贝克汉姆的比赛，却对规则一无所知，唯一看懂的就是进球。因此，当俩人见面时，维多利亚不知该说什么，“一场精彩的比赛？我不知道，所以当我回答诸如‘你常来这里吗？’的问题时，常所答非所问。”贝克汉姆问的是：“你常来这里吗？——老特拉福德！”

更有意思的是第二次见面，他们在一间酒吧相遇，当时贝克汉姆一手拿着一杯酒，眼看着维多利亚与一位女友一起走进来，他只羞怯地说了一句：“你还好吧？”接着就走开了。“我不能相信，她进了酒吧我却走开了，那是我的机会，可我错过了！”贝克汉姆现在想起来还后悔不迭。但最终他们还是攀谈起来，互相了解了许多。维多利亚最喜欢贝克汉姆的一点是他与家人十分亲近，他的每场比赛父母和姐姐都必到现场观看。“他们还常常一起去看球，有一次我遇到他时，他与他的父母和姐姐坐在一起。”维多利亚说。

订婚的日子：他们却睡过了头

接下来他们面对的最大的问题就是尽力将恋爱关系保守秘密，开始八个月他们做到了。但那之后，维多利亚被人发现出入贝克汉姆的住所，就如她自己所说的：“秘密曝光了，我们立刻感到似乎全世界的摄影记者都尾随着我们，那种处境真的很艰难。”

在互相将对方介绍给自己的家人后，贝克汉姆迅速博得了维多利亚妈妈的好感，尤其是进餐之后他很乐意帮助未来岳母洗盘子。而维多利亚也立刻成为大卫家中最受欢迎的人物，他们全家都很高兴有一位辣妹成为他们家族的一员。

1998 年 2 月，这对情侣宣布订婚，全世界都为这个消息而欢喜，但却空等了一场，因为辣妹与大卫睡过头了！他们为逃避记者，躲进了乡下一家别具一格的旅馆里，所有为订婚这个重大的日子该准备的都准备好了，但他们却独独忘记了上闹钟。

温馨红地毯：迎来小布鲁克林

维多利亚与大卫的恋爱是甜蜜无比的，由于各自都有着繁忙的赛事和演出，他们常常是“你方飞罢我起飞”，但会以一种特殊的方式思念对方。大卫不在身边的日子，维多利亚会穿着他的英格兰球衫入睡。电话更是他们必不可少的倾诉工具，“和我一样，大卫在俱乐部时，晚上会陷在沙发里看着外面的黑夜发呆。”维多利亚回想说。人们认为她与贝克汉姆“富可敌国”，可维多利亚说：“钱能买到的最好的东西是让我们能自由地在一起，心手相连。”“我希望时间能自由地交换。”贝克汉姆说，在他看来最美好的夜晚莫过于与维多利亚待在家里看电视，无须红酒助兴，只是相伴就好。

这对羡煞无数人的金童玉女终于在1999年踏上婚礼的红地毯，并且有了一个可爱的儿子布鲁克林。当夫妇二人在家中接受记者采访，要求他们谈谈对家庭和儿子的喜悦时，维多利亚说：“简直令人不可思议，你可以这样爱另一个人。”为人母亲的喜悦和自豪已是溢于言表。有些内向的大卫则说：“我们的感觉完全一样。”“我真的很想保护他。当我在医院时，我看不到等到外面的人（记者和歌迷球迷），我只是和布鲁克林在我们这个小小的世界里，这很有趣，那是我一生中最美好的一周，”维多利亚说，“但接着媒体就开始胡说八道，说我要卖布鲁克林的照片，说我在做这个做那个。他们肯定是憎恨我开始说的话，我们从不让布鲁克林出现在照片中，因为他只是属于我们的，直到他可以决定他想做什么或不想做什么的时候，我和大卫才会让他公开露面。他不是‘摇钱树’，有人说‘他们带着私有财产离开了医院’，这对我们一家伤害很大。”

为人父母：欢乐几何

作为父亲，贝克汉姆同样非常疼爱小布鲁克林。当有记者问到离开小宝贝对他来说是不是很难时，他点点头说：“是的，非常难。当我离开英格兰比赛，或是早晨离开他去训练，下午再回来，我都会很想他，我只希望每分钟都能和他在一起。我想看到他每一个微小的变化，注视他的一举一动，我很担心会错过他的第一次微笑，但我想事实上我们是无时无刻不在一起的。”

布鲁克林的到来对这对处于事业巅峰期的年轻父母多少有些突然，但他们得到双方父母的支持。贝克汉姆说：“我的父母从小就一直帮助我，给我所有所需的建议，但最终他们会说：‘你想怎么做’——将决定权留给我。无论是当初留在伦敦为托特纳姆或阿森纳效力还是转会曼联，或是目前在曼联的去留。他们永远都是曼联的球迷，因此希望我留在这里。我认为，在你想做一件事的时候，就要抛开所有顾虑，这很重要。我的父母知道布鲁克林和维多利亚是我生命中最重要的部分，但他们同样知道我对足球和曼联的热爱。”

爱情的征途中：几多艰辛几多甜蜜

当贝克汉姆和维多利亚正式开始恋爱时，他还只是一个普通的球员，尽管他的表现开始引起人们的注意，也开始小有名气，但与明星球员的距离还差得远。因此，一旦确定了与维多利亚的恋人关系，贝克汉姆感到有一点紧张。与家教良好、得体大方、漂亮时髦的国际流行乐巨星维多利亚相比，他觉得自己实在是太微不足道了。

一个是处在上升期的年轻的足坛希望之星，一个是誉满全球的偶像组合的成员，如果两人走在一起，无疑会成为众媒体追逐的焦点。两个公众人物的恋情一旦公开，立即引起了强烈反响，他们的一举一动都成了媒体关注的焦点，小报的疯狂追踪也从此开始，使得他们在最短的时间便成为英国乃至举世闻名的一对金童玉女。本来就名气很大的这对情侣现在更毫无隐私可言，好像时时都生活在照相机的监视之下。这给年轻的贝克汉姆带来了巨大的压力和不适应。他说：“踢球和维多利亚都是我生命中最重要的事，我绝不会放弃任何一方。有人说我爱上维多利亚是为了她的名气和钱，但我要告诉你们，即使维多利亚只是个普通的超市售货女郎，我还是一样爱她。”

维多利亚的几个姐妹都为她与贝克汉姆的结合感到高兴，贝克汉姆的表现证明了他绝对不是一个打算玩弄辣妹感情的花心男人，尤其让她们感动的是，当“辣妹”合唱组一起参加巡回演出的时候，贝克汉姆经常在后台等候维多利亚。

于是，1998 年 1 月 24 日，在一家宾馆客房里，贝克汉姆拿出早已准备好的价值高达 4 万英镑的订婚戒指，单腿跪下，含情脉脉地说：“维多利亚，你愿意嫁给我吗?”

维多利亚心花怒放，很干脆地说：“愿意。”然后她也拿出自己的戒指，对贝克汉姆说:“别忘了女孩儿也有同样的权利……大卫，你愿意娶我吗?”

“我愿意。”

后来，维多利亚回忆说：“我当时就像在梦中。我知道他就是我要与之共度一生的人。”然而，世事难料。本打算在世界杯上功成名就后凯旋迎娶娇妻的贝克汉姆却在红牌事件被重重地坠入深渊，几乎沦为英格兰的千古罪人。与阿根廷比赛的那天，维多利亚就在会员包厢内看着自己心爱的男人被罚下。

当时维多利亚立刻沉默下来，并且不愿意接受任何人的采访。然而，在贝克汉姆生命中最艰难的日子，维多利亚给了他最坚定的支持。她曾含着眼泪对记者们大声呼吁：“原谅他吧！无论如何，他不应该是英格兰最仇恨的人，他比谁都更盼望英格兰能在世界杯中走得更远。”在爱情的力量下，贝克汉姆很快又振作了起来，并用自己在球场上的表现重新赢得了球迷们的尊敬和喜爱。

如今，经历过人生的低谷，他们的手拉得更紧了，心贴得更近了。爱情之于人生，不仅只有甜蜜，它更多的还是责任、相伴与那份相濡以沫。我们都相信，小贝与辣妹的爱情，将会在岁月的沉淀中散发出更多的光彩，酝酿出更芬芳的味道。让我们一道祝福他们吧：执子之手，与子偕老……在事业与爱情的天平上，他们会放上相同的砝码，因为，他们知道，事业让人生辉煌，而爱情则让生命美丽……

结　语

对于贝克汉姆而言，成长的种种，都是不可磨灭的，值得珍藏的记忆。一路风雨，他就这样含笑从曼联走过。酸甜苦辣也好，喜怒哀乐也罢，都不能阻挡贝克汉姆继续前进的脚步。品尝过荣与辱，经历过功与过，贝克汉姆在波折中从容不迫地成长着。

提起贝克汉姆的成功，就不能不提起他的母校：大名鼎鼎的博比·查尔顿足球学校，博比·查尔顿，这位伟大的国际巨星，曾以其在足球运动上的巨大成就被英国王室封为爵士。退役后的查尔顿创办了一个足球学校，那就是博比·查尔顿足球学校。这所学校有着先进的办学理念和优秀的教育方法，自开办至今，已经为曼联和英格兰其他俱乐部输送了数不清的人才，而这其中，最有名气的就是贝克汉姆了。

回想起天真烂漫的童年时光，坐在教室里的小贝克汉姆对老师的讲述丝毫提不起兴趣，心里却对那片绿茵场充满了无限的向往。是爸爸发现了他的兴趣，并鼓励他向着自己的目标勇敢地前进。在查尔顿足球学校，在教练的循循善诱、悉心指导之下，小贝克汉姆的足球天赋很快便展现得淋漓尽致，这里严肃但不失活泼的学习氛围，紧张而有序的学习生活，更是让他“海阔凭鱼跃，天高任鸟飞”。

直到今天，一身耀眼光环的贝克汉姆仍旧十分怀念那段求学的岁月，在他事业的起飞阶段，是查尔顿足球学校给他搭建了最初的平台。试想：如果当年的小贝克汉姆和我们大多数人一样，按部就班地上中学、大学，也许英国又多了一位杰出的青年，但是今天的国际足坛上，是不是又因此而少了一颗闪亮的星星呢？

回首来时路，他早已学会了波澜不惊，恬然淡定。作为当代英国的一张富有活力的名片，他用他独有的激情感染着许多人，也激励着许多人：只要你有梦想，那么就去大胆地追逐吧！在追梦的途中，你会感悟到月的皎洁、花的芬芳，还有丰收的喜悦。上帝会一直在你的身边，保佑你。

史蒂芬·霍金：英国的当代“爱因斯坦”

当你面临着夭折的可能性，你就会意识到，生命是宝贵的，你有大量的事情要做。

——史蒂芬·霍金

《新科学家》网站日前报道：著名的英国物理学家史蒂芬·霍金承认他二十多年前提出的“黑洞悖论”是错误的。

1976年，霍金称自己通过计算得出结论，黑洞一旦形成，就开始向外辐射能量，但这种辐射并不包含黑洞内部物质的“信息”。黑洞最终将会因为质量丧失殆尽而消失，而那些黑洞内部的信息也就不知去向，这便是所谓的“黑洞悖论”。

霍金的上述理论与量子物理学的理论背道而驰。量子物理学认为，类似黑洞这样质量巨大的物体的信息是不可能完全丧失的。霍金对此解释说，黑洞巨大的万有引力场在某种程度上破坏了量子物理学的理论。

1997 年，这位黑洞理论的创始人曾经和加州理工学院的理论物理学家约翰·普瑞斯奇打过一个赌：他认为被黑洞吞噬的任何物质都会永远地被隔绝于外部宇宙之外；普瑞斯奇却认为，某个天体所携带的信息并不会在冲向坍缩恒星的过程中被摧毁，并且有可能得到恢复。在三十三年的激烈争论后，当今世界上最著名的物理学家史蒂芬·霍金终于承认，在关于黑洞是否吞噬一切的问题上，他错了。霍金最新的理论大体上是说黑洞在很长时间内持续辐射能量与信息，最终会向外展开，将内部信息也完全释放。2004 年，有可能因为霍金的一句话而成为现代物理学的一个分水岭。

这就是霍金。当他还是一个无名小卒时，他一次又一次地挑战权威，显示出超乎寻常的勇敢与自信。现在他成了权威，但在确凿与充分的事实面前，他也会公开认错。

与霍金零距离

“是先有鸡，还是先有蛋？

宇宙有开端吗？如果有的话，在此之前发生过什么？宇宙从何处来，又往何处去？”

……

一个人的思想可以去到多远？我从哪里来，我要到哪里去，我为什么是“我”而不是别人？我们生存的宇宙到底是什么东西，它是否有边际，它是否有一天会消亡？大师霍金几乎每时每刻都在思考这样的问题，他的大脑因思考而变得更有价值；他的人生因拼搏而变得无比绚丽。他是永远不放弃梦想的人，虽然他的身体因为固定而有些沉重，但他的思维却无限跳跃。代表的是一种观念、一种思路、一种精神，而这是最宝贵的：有方向，有信心，有恒心。

闪光的科学思想

霍金是世界公认的引力物理科学巨人，被称为“当今的爱因斯坦”。他对黑洞进行了开创性研究，其黑洞蒸发理论和量子宇宙论不仅震动了自然科学界，并且对哲学和宗教也有深远影响。

20 世纪 70 年代，他和彭罗斯一道证明了著名的奇性定理，即在非常一般的物理条件下，广义相对论会导致时空的奇点，典型的例子是黑洞中的奇点以及大爆炸奇点。霍金划时代的贡献是 1974 年发现的黑洞辐射机制。他考虑了黑洞表面附近的量子起伏，发现起伏产生的粒子流就像是从黑洞辐射出来似的。这种辐射的温度与黑洞质量成反比，所以在辐射的晚期，黑洞质量变得非常小，温度随之变得极高，黑洞就在爆炸中结束。黑洞辐射的发现将引力论、量子论和统计力学统一在一起，是量子引力论的前兆。

经典著作——智慧的结晶

霍金的代表作是 1988 年撰写的《时间简史：从大火爆炸到黑洞》，这是一部优秀的天文科普小说。想象丰富，构思奇妙，语言优美，字字珠玑，更让人咋惊，世界之外，未来之变，是这样的神奇和美妙。这该书至今累计发行量已达 2500 万册，被译成近 40 种语言。1992 年，耗资 350 万英镑的同名电影问世。霍金坚信关于宇宙的起源和生命的基本理念可以不用数学来表达，世人应当可以通过电影——这一视听媒介来了解他那深奥莫测的学说。本书是关于探索时间本质和宇宙最前沿的通俗读物，是一本当代有关宇宙科学思想最重要的经典著作，它改变了人类对宇宙的观念。

《时间简史续编》作为宇宙学无可争议的权威，霍金的研究成就和生平一直吸引着广大的读者，《时间简史续篇》是为想更多地了解霍金教授生命及其学说的读者而编的。该书以坦白真挚的私人访谈形式，叙述了霍金教授的生平历程和研究工作，展现了在巨大的理论架构后面真实的“人”。该书不是一部寻常的口述历史，而是对 20 世纪人类最伟大的头脑之一的极为感人又迷人的画像和描述。对于非专业读者，该书无疑是他们享受人类文明成果的机会和滋生宝贵灵感的源泉。

《霍金讲演录——黑洞、婴儿宇宙及其他》，是由霍金在 1976—1992 年间所写文章和演讲稿共 13 篇结集而成。讨论了虚时间、由黑洞引起的婴儿宇宙的诞生以及科学家寻求完全统一理论的努力，并对自由意志、生活价值和死亡做出了独到的解释。

《时空本性》：80 年前广义相对论就以完整的数学形式表达出来了，量子理论的基本原理在 70 年前也已出现，然而这两种整个物理学中最精确、最成功的理论能被统一在单独的量子引力中吗？世界上最著名的两位物理学家就此问题展开一场辩论。该书是基于霍金和彭罗斯在剑桥大学的 6 次演讲和最后辩论而成的。

《未来的魅力》一书以斯蒂芬·霍金预测宇宙今后十亿年前景开头，以唐·库比特最后的审判的领悟为结尾，介绍了预言的发展历程以及我们今天预测未来的方法。该书通俗易懂，作者在阐述自己观点的同时，还穿插解答了一些有趣的问题，读来饶有趣味。

霍金自己的“时间简史”

史蒂芬·霍金教授，是当今世界最著名的物理学家、黑洞理论和“大爆炸”理论的创立人、著名的《时间简史：从大爆炸到黑洞》的作者。现任剑桥大学数学中心主席，这个职位是牛顿生前的职位。

1942 年 1 月 8 日，霍金出生于英国牛津，这一天正好是伽利略的三百年忌日。可能是因为他出生在第二次世界大战时期，所以小时候对模型特别着迷。他十岁时不但喜欢做模型飞机和轮船，还和学友制作了很多不同种类的战争游戏，反映出他研究和操控事物的渴望。这种渴望驱使他攻读博士学位，并在黑洞和宇宙论的研究上获得重大成就。霍金 13 四岁时已下定决心要从事物理学和天文学的研究。

1963 年，在牛津大学完成物理学学位课程，霍金搬到剑桥大学攻读研究生。当时 21 岁的霍金被诊断出肌萎缩性侧索硬化症。

1974 年 3 月 1 日，霍金在《自然》杂志上发表论文，阐述了自己的新发现——黑洞是有辐射的（所指的辐射被称为霍金辐射）。他的新发现，被认为是多年来理论物理学最重要的进展。该论文被称为“物理学史上最深刻的论文之一”。同年，他成为英国皇家学会会员。

1975—1976 年间，霍金获得伦敦皇家天文学会的埃丁顿勋章、梵蒂冈教皇科学学会十一世勋章、霍普金斯奖、美国丹尼欧海涅曼奖、马克斯韦奖和英国皇家学会的休斯勋章六项大奖。

1978年，霍金获得物理界最有威望的大奖——阿尔伯特·爱因斯坦奖。

1979年，霍金被任命为著名剑桥大学有史以来最为崇高的教授职务，即牛顿和狄拉克担任过的卢卡逊数学教授，并出版了《广义相对论评述：纪念爱因斯坦百年诞辰》。

1988年，霍金的惊世之著《时间简史：从大爆炸到黑洞》（*A Brief History of Time: from the Big Bang to Black Holes*）发行。从研究黑洞出发，探索了宇宙的起源和归宿，解答了人类有史以来一直探索的问题：时间有没有开端，空间有没有边界。这是人类科学史上里程碑式的佳作。霍金教授的通俗演讲在国际上也享有盛誉，他的足迹遍布世界各地。他试图通过自己的书籍和通俗演讲，将自己的思想与整个世界交流。

1989年，霍金获得英国爵士荣誉称号。他是英国皇家学会会员和美国科学院外籍院士。

谛听霍金

宇宙有开端吗？如果有的话，在此之前发生过什么？宇宙从何处来，又往何处去？

一个人的思想可以去到多远？我从哪里来，我要到哪里去，我为什么是“我”而不是别人？我们生存的宇宙到底是什么东西，它是否有边际，它是否有一天会消亡？

你是否追寻过这些问题的答案？相信许多人会回答“是”。我们在儿童时期对这个世界充满好奇，因此我们总想知道万事万物的起因。我们在成年后忘记了这一切，开始满足于各种既成的似是而非的结果。于是，世界由立体变得扁平。

然而，对自己存身于其中的宇宙的神秘感却永远潜存在我们每一个人的心中。这也就是为什么当史蒂芬·霍金的《时间简史：从大爆炸到黑洞》出版后，会在全世界造成如此巨大影响的原因——它被翻译成近40种不同的文字，发行量高达2500万册，也就是说，世界上每500个人中就有一个人读过这部关于时间与空间的科学著作。

《时间简史：从大爆炸到黑洞》的中文译者这样描述第一次见到霍金

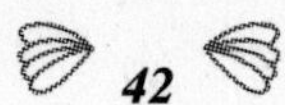

的情景：译者听到非常微弱的电器的声音，然后看到一个骨瘦如柴的人斜躺在电动轮椅上。他要用很大的努力才能举起头来，他不能写字，看书必须依赖一种翻书页的机器，读文献时必须让人将每一页摊平在一张大办公桌上，然后他驱动轮椅如蚕吃桑叶般地逐页阅读。在这个时候，他尚能与人交谈，虽然声音非常微弱而且含混，只有非常熟悉他的人才能明白——而不久之后，连这个权利他也几乎失去。

就是这样一位被运动神经细胞症病固定在轮椅上的人，他的思维却穿越时间与空间，追寻着宇宙的尽头、黑洞的隐秘；他敏锐的直觉和坚定的推理直接挑战已被世人广泛认同的传统量子力学、大爆炸理论甚至是爱因斯坦的相对论——人们不禁疑惑，他是怎样做到这一切。怎样驾驭了自己的生命？

史蒂芬·霍金，出生于1942年1月8日，这个时候他的家乡伦敦正笼罩在希特勒的狂轰滥炸中——这位战争狂人正在为争夺地球上更多的权利和资源而胡作非为，宇宙虽然更为广阔却并不在他的考虑之列。为此史蒂芬不得不出生在临近的城市牛津，面向世界发出了他的第一声啼哭。

史蒂芬和他的妹妹在伦敦附近的几个小镇度过自己的童年。多年以后，他们的邻居回忆说，当史蒂芬躺在母亲推着的摇篮车中时非常引人注目，他的头显得很大，异于常人——我想这多半是因为霍金此刻的名声与成就远远异于常人、如日中天，邻居不由自主地要在记忆里重新刻画一下天才儿童的形象。照我看，年幼的史蒂芬并无古怪之处，他那时不过是一个挺英俊的小男孩，而恐怕大多数白人小孩儿在东方人眼中都是好看的，长大之后就不一样，青年霍金的外貌与最普通的英国人并无不同。

不过，霍金一家在古板保守的小镇上的确显得与众不同。史蒂芬的父母虽然家境并不富裕，但却都受到了正规的大学教育。他的父亲是一位从事热带病研究的医学家，母亲则从事过许多职业。有人回忆说，在霍金家的房子里堆满了书，巨大的客厅里回响着维格纳的音乐；孩子们可以随意留下吃晚饭——由史蒂芬与他们交谈，因为他是最喜欢讲话的，而家庭的其他成员则自顾自地在桌子边看书。小镇的居民有时会惊异地看到霍金一家人驾驶着一辆破旧的二手出租车穿越街道奔向郊外——汽车在当时尚未进入英国市民家庭，而拥有一辆破破烂烂的老出租车，更是显得十分古怪。然而，这辆古怪的车子却的确拓展了霍金一家自由活动的天地，这对于他们是很重要的，至于别人怎么想，那是别人的事情。

儿童时期的史蒂芬是矮小瘦弱的，然而如果有人因此想借机欺侮他，将得到毫不犹豫的反击。史蒂芬在学校经常衣服散乱，衣领上带着墨水的痕迹；他喜欢与人讲话，急于表达自己的思想，为此反而显得句子含混；他的成绩并不十分出色，不过，老师们公认他是一个十分聪明的学生。

史蒂芬热衷于搞清楚一切事情的来龙去脉，因此，当他看到一件新奇的东西时总喜欢把它拆开，把每个零件的结构都弄个明白——不过他往往很难再把它装回原样，因为他的手脚远不如头脑那样灵活，甚至写出来的字在班上也是有名的潦草。史蒂芬从 12 岁之后开始迷恋设计庞大复杂的游戏，诸如“大富翁”、“朝代”——创造出一个游戏的世界，然后制定统治这个世界的定律。孩子们为了结束游戏需要连续玩上几个小时甚至不得不在一个星期中分段进行，史蒂芬为此十分得意。史蒂芬·霍金相信，世界是运转在各种规则中的，而探索世界的运转规则则在以后成为他毕生的兴趣和生命的支点。

霍金：轮椅上的神奇大脑

霍金是我们常说的那种“身残志坚”的人，他的生活摇摆于两个极端：一端是明亮、愉快的公开面孔——奖章、名誉和赞美，另一端则是黑暗、绝望的私下形象——瘫痪、焦虑和紧张。如果人的身体真如埃及古老宗教认为的那样，是灵魂现世的居所，那么他的身体就是灵魂无法指挥的一个壳。他困居于这个坚硬的“果壳”中，却又在思想的王国里遨游其外，他就是史蒂芬·霍金。

霍金的求学之路

霍金的父母都是牛津大学的毕业生，他们对牛津和学术研究有着特殊的感情，对年幼的霍金也寄予厚望。霍金 8 岁的时候，他的父亲弗兰克决定要把霍金送到私立学校读书，因为弗兰克认为私立学校的教育对未来事业的成功是一个不可缺少的重要因素，当时英国的大多数议员，在英国广

播公司、大学和军队里担任高级职位的人都接受过私立学校的教育。霍金10岁的时候，弗兰克为他报名参加了英国著名的私立学校威斯敏斯特学校的奖学金考试。但遗憾的是，考试的那天霍金突然生了病，无法参加这次考试，从而与这所英国最好的学校失之交臂。后来，霍金顺利地进入了另一所教学质量相当出色的私立学校圣奥本斯读书。

在圣奥本斯，霍金始终是一个勤奋用功的学生。尽管霍金看上去瘦弱而笨拙，性格有些怪癖，说话结结巴巴，含含糊糊，但是他相当聪明。霍金经常和一群同样聪明的小伙伴们沉溺于发明各种复杂的棋类游艺，制作飞机模型和电动器件，他们曾经将兴趣转向宗教和超感知觉，后来又被数学深深吸引。在圣奥本斯的最后两年，霍金数学方面的才能慢慢展现，他在数学作业上花的时间极少，但总是得到满分，当别人还在为解一道复杂的数学题而冥思苦想时，他已经知道答案了，仿佛他从来都不用想。

1959年，17岁的霍金准备参加牛津大学的入学考试。进入牛津大学并不是一件容易的事情，要经过严格的考试。弗兰克对自己儿子的智力很有信心，对他将考取牛津大学没有半点怀疑。但是，霍金能不能获得最高额的奖学金，以最荣耀的方式进入这所学校呢？弗兰克没有十分的把握。出于对儿子入学考试的过度关心，弗兰克决定登门造访霍金的候选导师罗伯特·伯曼博士。这一举动在当时非常危险，很容易被认为是向学生的候选导师施加压力，从而取消学生的考试资格。伯曼博士对弗兰克的这种做法相当反感。所幸的是，霍金没有辜负父亲的期望，他用优异的成绩改变了伯曼博士和大学学院方面的看法，他如愿地接到了学校的录取通知书，并获得了奖学金。

霍金属于那种不用功也能取得好成绩的学生，他上课几乎不做笔记，通常一边听课一边翻书，就能把所学的内容掌握住。他能够非常轻松地完成老师布置的作业，其余的时间则用来读科幻小说和做其他事情。

他对自己的命运泰然处之

干瘪、奇瘦、全身瘫痪的霍金蜷曲在轮椅上已经30多年。他的脑袋永远往右歪靠在椅背上——因为颈部以下无法转动和支撑。除了大脑能正常思维，右手的两根手指尚能轻微活动——他身体的其他部位已全部失灵。

霍金是在 1963 年 21 岁时被确诊患了不治之症的，医生直截了当地告诉他：他最多还能活两年半。他罹患十分罕见的肌萎缩性侧索硬化症（ALS），这种病在英国称为运动神经细胞症，在美国叫卢·格里克症，因美国一个著名的棒球运动员死于该病，人们以他的名字命名该病。ALS 很难治愈，患者因肌肉萎缩引起运动功能减退，全身瘫痪，丧失说话功能，吞咽和呼吸困难，最终导致窒息或引发肺炎而死。最可怕的是，在整个病程中，患者的思维能力、记忆能力和想象力都不受影响，也没有任何疼痛感，只有精神上承受着巨大的压力。

这个“判决”无异于晴天霹雳，使他极其沮丧。但有两件事改变了他的心情：一件是住院期间，他目睹对面床上一个男孩死于肺炎。“这是个令人伤心的场合。很清楚，有些人比我更悲惨。我的病情至少还没有使我觉得生病。只要我觉得自哀自怜，就会想到那个男孩。”第二件事是他出院后不久，做了一场自己被处死刑的梦。他忽然意识到，如果自己被判“缓刑”的话，还有许多事情值得做。

之后不久，霍金邂逅了简·瓦尔德，与这个女子的爱情与订婚，使霍金完全从绝望的深渊中拔出来。他开始认真地做博士论文，并迅速在研究上取得进展。

就这样，他活下来了。“事实上，虽然我的将来总是笼罩在阴云之下，我惊讶地发现，我现在比过去更加享受生活……而且幸运的是，在我的残废越来越严重的同时，我的科学声望却越来越高。”

1991 年 3 月 5 日，一个漆黑的雨夜，霍金出了车祸，他的轮椅后面遭到了一次猛烈的冲击。他跌落到路上，腿还停在轮椅上。这次车祸造成他的左上臂骨折，头被划破，缝了 13 针。但仅仅是 48 小时之后，他就回到办公室工作。

“他意识到生命时间可能是短促的，必须专心致志，迅速工作。”他的朋友基帕·索恩教授这样解释。“他还预料，在死之前他的智力不会有任何退化，他对此信心百倍，他对自己的命运似乎泰然处之。”

生病后，霍金随时面临死亡，始终徘徊在鬼门关前，但他对星空的好奇心越发强烈，对它的探索和研究也因生病而更加专注。虽然他的身体几十年禁锢在轮椅中，但他的思维却遨游于广袤的太空中，执著地寻求着一个答案：“我们从何处来？我们往何处去？”结果，他发现了一个又一个宇宙运行的重大奥秘，震动了整个理论物理学界。他以极度残疾之身，成就了极度辉煌的科学成就，成了自爱因斯坦以来引力物理学界最大的权威。

从与彭罗斯共同证明了广义相对论的奇性定理，到独自证明黑洞面积定律，到发现“霍金蒸发”，到和哈特尔一起提出了量子宇宙学的无边界设想，到出版《时间简史：从大爆炸到黑洞》……40年来他对宇宙的探索顽强而专注。而所有这些成果——它们对整个理论物理学界产生了不可估量的深远影响——都是在他患病之后在地狱的入口处与死神苦苦相搏时获得的。

1985年，霍金被本行最古老的学术组织英国皇家学会吸纳为有史以来最年轻的院士；他在剑桥大学担任着牛顿曾经就位多年的重要教职，被世界公认为是继爱因斯坦之后最杰出的理论物理学家，是对20世纪人类观念产生了重大影响的人物。在剑桥大学应用数学和理论物理系图书馆中，并列着由同一雕塑家制作的狄拉克和霍金的半身像，他们分别对微观世界和宏观世界的研究做出同等深远的贡献。

“我只要和其他人一样对生活同等的控制权”

禁锢他身体30多年的轮椅，取代了他的身体除了大脑以外的大部分功能，但这辆轮椅在大部分时间里被他不屈不挠的意志所控制。

当·佩奇——霍金早期的博士生、物理学教授——曾经讲过这样一个故事：那一年，他们住在莫斯科的一个饭店里，那里有一间小小的舞厅。霍金想找他们中的一些人去跳舞，但没人有这等勇气。后来，他们在出来的路上通过舞厅时，看到霍金独自在大厅里转动着他的轮椅“翩翩起舞”——真是一大奇景。

当·佩奇还说：一次，霍金作为皇家学会会员被邀请到伦敦。霍金喜欢旋转他的轮椅来炫耀。结果在他旋转时压到查理王子的脚指头。

就是坐着这辆轮椅，他乘热气球到过南极洲；他还环游了地球，再次证明了地球是圆的。在中国，他的轮椅两次登上了长城。据他的中国学生、《时间简史》的中文翻译者吴忠超介绍，1985年，霍金造访北京时，北京的大学生把他抬上了长城，面对如此大好河山，他感慨："宁愿死在长城，而不死在剑桥。"他甚至还想去西藏。

英国广播公司的《沙漠孤岛》节目主持人苏·洛雷曾问霍金：你的亲友有时称你为顽固或霸气的，你服气吗？

他回答："我只要和其他人一样地对自己的生活有同等程度的控制权。残废人的生活受他人控制的情形实在太多了。没有一个正常人能忍受这个。"

英国青少年偶像排名：霍金超过小贝

英国一家杂志曾对500名16—18岁的少年进行了调查，结果显示，"万人迷"贝克汉姆并非他们心中最崇拜的偶像。身体瘫痪的科学家霍金排名第二，超过了小贝。这说明：青少年并不会因为偶像外表酷就一味地追星，他们看重的是真正的成就。但真正吸引他们的地方，还是霍金对待人生的态度和超乎寻常的忍耐力，他以他们为自己奋斗的榜样。

物理大师霍金2007年4月26日体验了无重力：2009年我想上太空

英国天文物理学大师霍金，已于2007年4月26日在佛罗里达州搭乘一架改装过的喷射机，亲自体验了25秒的无重力状态飞行，他说，无重力状态将是人生一大乐事。

霍金是从卡纳维尔角的肯尼迪太空中心起飞，在飞机向下俯冲的25秒钟体验无重力状态。提供这项免费行程的美国无重力公司执行官表示，一般人付3750美元参加这趟行程，可以有10—15次的俯冲，体验不同程度的重力状态，如地球重力的1/3，相当于火星上的引力，或者如月球上的，也就是约地球1/6的引力，以及完全零重力，但是霍金因为身体状况的关系，只能有一次零重力状态。

霍金在22岁时被诊断出罹患全身肌肉萎缩的运动神经元疾病，必须终身坐轮椅，这次无重力体验飞行，将让霍金可以短暂摆脱轮椅。

零重力公司也说，提供这趟行程，就是要给世界级的重力专家一个机会体验零重力的滋味。

然而，体验过无重力的感觉后，霍金有了更加远大的梦想，他说，他非常希望能够在2009年进行一次真正的太空之旅。

霍金的爱情：几多甜蜜几多艰辛

21岁时，与简的爱情让霍金重燃起了对生活的信念，使他在通向科学道路的征程上，又多了一位得力的助手，26年的风风雨雨，简给予他的，不仅只有爱情，还有温馨和谐美好的家庭；爱情不是科学研究，谁也不能主宰自己的情感世界，霍金爱情之旅同样走得很辛苦，与伊莱恩的情感让他想“更了解女人”，不管怎样，来自金星的女人与来自火星的男人，在性格、脾气和秉性中肯定会有很多的不同，这都需要理解、包容和爱。冥冥中，注定会有一个人，牵起你的手，与你一起“望庭前花开花落，看天上云卷云舒”，那是一种云淡风轻的境界，就让我们一起默默地期待并祝福霍金：他生命中的真爱女神早日降临在他的身边……

霍金与简

“为什么要嫁给他？”

“在那个核武器阴影下的年代，人人都估计自己活不长。”

从好奇到爱慕

霍金8岁时随家人搬到伦敦北面的圣奥尔本斯。曾在圣奥尔本斯女子中学附小上过一学期课，1945年出生的简·怀尔德就在他隔壁班读书。偶尔碰上自己的老师请假没来上课，简班上的学生就得去跟大一点的孩子挤在同一间教室里，她于是注意到了靠墙坐的那个“满头金棕色乱发的男孩”，但没有跟他说过话。

1959年，霍金获得奖学金，入读牛津大学物理系。1962年毕业后，他到剑桥大学深造，主攻宇宙学。那年夏天，简和两个朋友进城喝茶，在路上碰见过霍金一次，他低着头，乱发遮脸，步履蹒跚，若有所思，没有注意到她们。其中一个朋友说，霍金很奇特，但非常聪明。简觉得自己对古怪的霍金产生了兴趣，奇怪地预感到会再见到他。

简中学毕业后，到伦敦大学威斯特费尔学院学西班牙语。在1963年的一次新年聚会上，她又遇到了霍金。他正在和牛津大学的一个朋友谈论宇宙学研究和剑桥大学的事情，简在一旁听得津津有味，两人就此正式结识。

后来，简从朋友那里听说，霍金被确诊患上了一种可怕的疾病，可能会瘫痪，也许只能再活两三年。简对此感到震惊。时隔不久，他俩在火车站偶遇，他看上去一切还好，她也不忍心谈论疾病的话题。他约她有空时去看戏，从此，两人会面渐多，感情渐深。

霍金患的是肌萎缩性脊髓侧索硬化，控制肌肉活动的神经细胞会逐渐瓦解，身体会越来越不听使唤。在牛津读大三时，霍金就注意到自己下肢开始变得笨拙，曾有几次无故跌倒。霍金对自己的病感到无望，也看不到他和简的未来。但简当时已不能自拔，愿意为他做饭、洗衣服、购物和收拾家务。1965年，她嫁给了霍金，成了他的贴身护士和工作秘书。他俩生下了两儿一女。

从绝望到离婚

婚后不久，霍金病情加重，从1970年开始坐上了轮椅。1980年，霍金开始聘请每天服务一两个小时的护士。

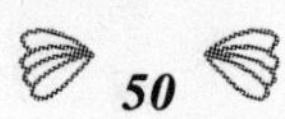

1988 年，霍金的科普巨著《时间简史：从大爆炸到黑洞》出版，令他声名鹊起，但他的婚姻也似乎在慢慢被“黑洞”吞噬。

随着霍金身体状况的恶化，简的压力也与日俱增，丈夫、子女都需要照顾，时常难以兼顾。“这个天才没有可以拥抱我的有力臂膀，没有可以满足我的渴望的力量”，简曾经在书中谈到了自己的绝望。

简还是希望他俩可以重建和谐与平静的心态，她接受朋友建议，参加了教堂的唱诗班，霍金也对此表示支持。教堂唱诗班的指挥乔纳森·赫利尔·琼斯上门教霍金女儿弹钢琴，给简精神上的鼓励，甚至帮着照顾霍金。简和赫利尔·琼斯日久生情。霍金是聪明人，他也大度地表示，只要简继续爱他，他不反对有人帮助她。在简眼里，这是三人齐心协力开创的一段异乎寻常的时期。

而在这期间，霍金与护士伊莱恩·梅森的关系日渐升温，他与妻子开始形同陌路。1991 年，他们离婚。两年后，简和赫利尔·琼斯结了婚。

霍金与伊莱恩

“为什么和她在一起?”

“任何关系都比没有关系强。”

1985 年，霍金因患肺炎做了气管切开术，此后就开始接受 24 小时护理服务，并靠电脑语音合成器与人交流。给他的轮椅装上语音合成器的人叫大卫·梅森，他的妻子伊莱恩·梅森是照顾霍金的护士之一。

护士伊莱恩渐渐成为霍金生活中的重要人物，霍金迷上了她。当时，简的想法是，只要不对她的家庭构成威胁，她愿意接受霍金和伊莱恩之间的关系乃至肌肤之亲，她觉得霍金还是需要她的。

霍金的朋友们却指责伊莱恩给霍金洗了脑。在简看来，霍金的任性和固执渐渐失控，他们的关系恶化了。他和伊莱恩买了房子，在1990年搬了出去。1995年，霍金和简离婚后，和伊莱恩结了婚。伊莱恩也结束了同大卫·梅森15年的婚姻。

霍金和伊莱恩的婚姻生活，人们知之不多。霍金的护士们都被要求签署了保密协议，这给霍金家里发生的事情罩上了神秘色彩。

霍金的秘书朱迪思·克罗亚斯戴尔不愿置评，她说，霍金很忙。霍金的儿子蒂莫西说："这不关我的事，我无法评论。我又没闹离婚。"

霍金的亲友也大多庆幸他终于要解脱了。一名接近霍金家的人士坚决否认了霍金另有新欢的说法。还有传言称，伊莱恩和一名曾照顾霍金的男护士有染，曾为霍金工作的一位人士说，这两人已经好了几年了。

霍金家的一位老友透露，财产问题是离婚谈判中的绊脚石之一。《时间简史：从大爆炸到黑洞》已发行1000多万册，为霍金带来了至少400万英镑的收入，其他著作也让霍金收益颇丰。霍金和伊莱恩位于牛津的一处住宅价值75万英镑，是两人名下的共有财产。

"婚姻简史"还有续集吗

以《时间简史：从大爆炸到黑洞》闻名于世的霍金曾写道："我即使被关在果壳之中，仍然自以为无限空间之王。"然而，面对婚姻这个二人空间，霍金多少显得有些束手无策。

国际先驱导报文章"我更想了解女人……"谈到人生目标时，以《时间简史：从大爆炸到黑洞》闻名于世的物理学家霍金曾如此坦言。那时大家都以为这只是大师的幽默，一笑而过，但现在看来这正是霍金由衷之言，对他来说，"来自金星"的女人要比宇宙起源更为深奥难懂。

据英国媒体报道，64岁的天才科学家斯蒂芬·霍金近日向剑桥郡法院提出申请，终止他与55岁的第二任妻子伊莱恩为期11年的婚姻。法律材料显示，霍金提出离婚的理由是"两人婚姻破裂，且夫妻二人均对此事实没有异议"。

过去时：她让我有了活下去的理由

迄今为止，霍金有两段婚姻。1963 年新年派对上，21 岁的霍金邂逅了攻读语言系的简·瓦尔德，对霍金一见倾心的简明知霍金已经确诊患有肌肉萎缩性脊髓侧索硬化症，却依然决心把握这段姻缘，用全身心的爱铺垫了霍金在学术上的成功。霍金曾说：“真正使我生活改观的，是我和叫简的女子订婚。这使我有了活下去的目标。”

在与霍金长达 26 年的婚姻里，简像照顾婴儿一样照顾重病中的霍金，衣食起居无微不至，还育有三个孩子，可惜两人还是在 1991 年以分手告终，当时种种说法，众说纷纭，没有反驳，没有回应，直到几年后简写成自传，才披露了霍金家那本难念的经。简自言当年生活压力太大，霍金是个“全能君王”、“高超的木偶”、“严重以自我为中心”，加上其他因素，她在 1985 年有了外遇，全身瘫痪的霍金知道后也“默许”那段关系，但他终于还是和简分手并在 1995 年娶了他的女看护伊莱恩。

现在时：与“醋坛子”的恩怨情仇

伊莱恩曾经是简亲自为霍金找来的私人看护，霍金的语言合成器正是由伊莱恩的前夫梅森所设计，简曾多次在不同场合愤怒地抨击伊莱恩，说一切都是她精心策划的“阴谋”。2007 年 6 月在香港演讲时，霍金被问及语音合成器为什么会用美国口音时表示，曾经考虑试用法国口音，但最终也没有改用，他幽默地解释说：“如果我用了，我妻子会与我离婚。”

霍金的名著《时间简史：从大爆炸到黑洞》为他带来至少 400 万英镑的收入，如今，这笔巨款也正成为夫妇俩争夺的焦点，这更引发世人对伊莱恩嫁给霍金动机的种种揣测。对此，霍金的女儿始终认为，伊莱恩的出现更多地像是“有备而来”而不是真的因为对父亲的感情。

未来时：第三任还是女看护？

鉴于霍金当年与贴身护士、现任妻子伊莱恩日久生情的“前科”，外

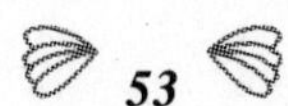

界不禁纷纷猜测，这一回莫非他又一次与另一位女看护相爱？

被誉为“现代爱因斯坦”的霍金也许在个人爱好上，也与其前辈有几分相似。剑桥大学专门为他组建了一支24小时护理小组，有人戏称为“美女护士团”。外界也关注到，从来不避讳“爱看美女”的霍金2007年夏天访港时与霍金贴身相伴的五名护士个个身材高挑、时髦性感，对霍金脾气了如指掌，还不时一唱一和，谈天说地逗他开心。

据英国《太阳报》引述一名霍金好友的话：“这件事情很神秘，不过多半可能是有另一个女人介入。”然而当记者就此求证时，他的助理秘书朱迪思·克罗亚斯戴尔却回答道：“霍金先生日理万机，这件恼人的事情分了他太多的心。我们不愿对此再做任何评论。”一名霍金多年的密友愤然道：“那些关于他移情别恋的传言全是垃圾。”

结　语

少年时代的霍金，在一所教学质量相当出色的私立学校圣奥本斯读书，在圣奥本斯，他始终是一个勤奋用功的学生。圣奥本斯的风格是含蓄而内敛的，这所学校有着良好的学风和很高的声望，却从来不张扬，这种性格也深深影响了霍金，他也是一个温和而谦逊的人。后来，他以优异的成绩考上了牛津大学，并获得了奖学金。牛津给予他的，是一个更加广阔的舞台。牛津是一段优美的、难忘的、永远值得眷恋的岁月。

是的，没有比这更孱弱的躯体——然而，就是这孱弱的躯体，诞生了伟大的思想；他无法用健全人的步履行走，但是他却乘坐时间机器，一次又一次越过了人类想象的边界；他无法用正常的声音表达，但他灵魂的声音是宇宙中最美妙的天籁。从时间的开端，到宇宙的黑洞，哪里有宇宙的出发点？哪里有宇宙的停止处？当人类昂首于亿万光年的灿烂星空时，一片伟大思想的光辉正漫过了黎明前的幽暗地带向我们照射过来。就让我们和历史一起，永远地记住这个人吧——史蒂芬·霍金。

他的坚强、他的执著，早已深深镌刻在英国的文化史册中；他的智慧、他的成就，使他成为一个伟大的里程碑，在人类文明的历史长河中，永远地矗立，生动而又鲜活。

法拉第：电磁感应之父

像蜡烛为人照明那样，有一分热，发一分光，忠诚而踏实地为人类的伟大事业贡献自己的力量。

——法拉第

法拉第在1831年发现的电磁感应现象，预告了发电机的诞生，由此也开创了电气化的新时代。他毕生致力于研究的科学理论——场理论，引起了物理学的革命。相传法拉第的老师戴维，一个誉满全球、世界公认的大化学家在瑞士日内瓦养病时，有人问他一生中最伟大的发现是什么，他绝口不提自己发现的钠、钾、氯、氟等元素，却说："我最伟大的发现是一个人，是法拉第！"

是的，戴维回答得好，重要的是人！

那么，出身贫寒的法拉第，是怎样一步步地由一个穷孩子成长为一个著名的物理学家的呢？在他的身上，究竟有着怎样的过人之处呢？他为英国乃至世界做出了怎样的贡献？他的闪光的科学理论又是怎样影响着之后的物理学界呢？

来吧！轻轻地打开本页，在时间的年轮里，让我们一起乘上那趟叫做电磁感应的时光列车，去19世纪的英国，探询一下这位伟大物理学家的坎坷一生。

的确如此，花开花落，而云卷云舒；静水深流，而智者无声。

走近法拉第：自学成才的科学家

谈到法拉第，最值得一提的就是他小时候的经历。他没有上过学，却凭借对科学的天赋和兴趣，以及自己不懈的努力得到了大家的赏识，最终走上了科学的道路，并在物理学和化学领域都做出了杰出的贡献，为人类历史写下了浓墨重彩的一笔。

辉煌的科学成就

物理学方面的科学成就

法拉第在物理学方面的主要贡献是对电磁学进行了比较系统的实验研究，发现了电磁感应现象，总结出电磁感应定律；发明了电磁学史上第一台电动机和发电机；发现了电解定律；提出电场、磁场等重要概念。他是19世纪电磁域中最伟大的实验家。他写成的巨著《电学的实验研究》，收集了3362个条目，详细记述了他做过的实验，总结出带有规律性的成果，是一部珍贵的科学文献。

1. 制作了历史上第一台电动机

1821年9月3日，法拉第重做了奥斯特的实验，他用小针放在载流铜导线周围的不同位置，发现小磁针有沿着环绕以导线为轴的圆周旋转的倾向。根据这一现象，法拉第设计制作了一种“电磁旋转器”，让载有电流的导线在一个马蹄形磁铁的磁场中转动，这就是科学史上最早的电动机。

2. 发现了电磁感应现象

1831年8月，法拉第用一个直径6英寸的软铁圆环，绕有两股绝缘线圈A和B，B的两端用一条导线连成一个闭合回路，导线下面平行放置

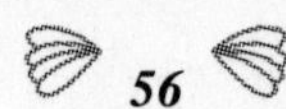

一根磁针。A 和一组电池组、一个开关连接成另一个闭合回路。法拉第发现，在合上开关时，有电流通过线圈 A 的瞬间，磁针偏转；断开开关，切断电流的瞬间，磁针也偏转。但是，法拉第并不满足，立即提出了两个十分深刻的问题。第一个问题：上述实验中是否一定要用软铁磁环，没有行不行？第二个问题：线圈 A 是否可以不要，改用磁棒代替？

1831 年 10 月 17 日，法拉第做了一个现在人们熟知的实验，他用一个接有电流计、线圈的闭合回路，把一根永久磁棒迅速插入线圈或迅速拔出，都可以发现电流计指针偏转。法拉第在 11 月 24 日，向英国伦敦皇家学会报告了他的重大发现，归纳出产生感应电流的五种情况：一是变化着的电流；二是变化着的磁；三是运动的稳恒电流；四是运动的磁铁；五是在磁场中运动的导线。法拉第在报告中，把他所观察的现象正式定名叫“电磁感应”。

3. 在实验基础上总结出法拉第电磁感应定律

1851 年，在《论磁力线》一书中正式提出电磁感应定律：“形成电流的力和所切割的磁力线根数成正比。”

4. 制成第一台圆盘发电机

在发现电磁感应现象以后，法拉第设计了圆盘发电机实验，把一个铜盘放在一个大的马蹄形磁铁的两极中间，铜盘的轴和边缘各引出一根导线，同电流计相连，构成闭合回路。当铜盘旋转的时候，电流计指示出回路中有电流产生。这就是发电机的雏形。

5. 提出了电场和磁场的概念

法拉第的又一个重要成果，是提出了场的概念和力线的图像。他反对电、磁之间超距作用的说法，设想带电体、磁体或电流周围空间存在一种从电或磁激发出来的物质，它们无所不在，是一种像以太那样的连续介质，起到传递电力、磁力的媒介作用。他把这些物质称作电场、磁场。法拉第还凭借着惊人的想象力，和流体力学中的流场类比，提出电场和磁场是由力的线和力的管子组成的，正是这些力线、力管，把不同的电荷、磁体或电流连接在一起。1852 年，他用铁粉显示出磁棒周围磁力线的形状。

6. 暗示了电磁波存在的可能性，并预言了光可能是一种电磁振动的传播

1832 年，法拉第还用极深邃的物理洞察力对光和电的关系做出了研究。他给英国伦敦皇家学会写了一封密封信，信上写道：“现在应当收藏

在皇家学会的档案馆里的一些新的观点。”这封信在档案馆里躺了一百多年，直到1938年才为后人重新发现，启了封。法拉第在信中预言了磁感应和电感应的传播，暗示了电磁波存在的可能性，还预言了光可能是一种电磁振动的传播。他还发现了光的偏振面在磁场中旋转的旋光效应。

化学方面的贡献

法拉第发现了电解第一定律和第二定律，开创了电化学领域，并且引入了阳极、阴极、阴离子、阳离子等现在仍在普遍使用的术语。

他研究了氯，发现两种新的氯化碳，通过实验研究了气体扩散和几种气体的液化，还研究了合金钢的性能，等等。

从装订工人到英国皇家学会会员——法拉第小时候的故事

法拉第（Michael Faraday，1791—1867），英国物理学家、化学家。1791年9月22日生于伦敦。父亲詹姆斯·法拉第是一位手工工人，母亲照顾家务。由于家境贫寒，法拉第童年时生活很清苦，他父亲也因过度劳累，身体极为衰弱。法拉第从未进过学校，他识字是自学的，从11岁当报童，一直当到16岁。他觉得卖报这个差事对他很合适，因为在闲暇时可以看各种报纸，学习知识，看完的报还可以卖掉。

卖报五年，他走遍了英国几个城市的大街小巷。这种工作，虽地位低下，但也能锻炼人。几年的卖报生涯，使法拉第阅历很广，有胆有识，十分机警。

随着岁月的流逝，法拉第已长成一个青年，他觉得卖报这工作对他不再合适了，想另找工作。一天，他看到手工厂老板亨特招收杂工的启事，便去找了亨特。从此给老板搬运物品、扫院子、擦地板，甚至还要给老板娘提水、洗衣服。与其说是工人，倒不如说是仆人更合适。老板和老板娘都是很尖刻的人，他们发火时，把脏水泼到法拉第的身上，给他安排的伙食也很差。

一次，法拉第在回家的路上，经过乔治·里保书店装订工场，看到门前贴着一张广告，上面写道：本场招收装订工人，月薪8英镑，尤其欢迎童工，工人可在场内就餐，餐费自理，法拉第回家以后，就和父母商量，辞去了亨特老板的工作，去装订场当了一名工人。装订场的工作条件很差，工作也很累，但法拉第却喜欢，因为他可以把装订过的书带回家来读。那是智慧的源泉、知识的海洋。法拉第像一块巨大的海绵，在知识的海洋里贪婪地吸吮着。劳动了一天以后，他在微弱的烛光下拼命地读书。书里讲的那些电的现象和化学实验，把法拉第迷住了。他还利用装订场的工作之便，阅读了大英百科全书电学卷，了解了电的意义和作用。几年的时间，他读了物理、化学、天文、地质等方面的多种著作。别人装订了好书，也推荐给他看。“法拉第，我这有一本《化学对话》，写得非常动人，你如果感兴趣，我可以抽出一本来，放在你的台子上。”法拉第的好朋友格平小声向他建议。

下班铃响了，嘈杂的工场变得安静了，法拉第独自坐在工人午休的小工棚里，借着昏暗的灯光，开始读《化学对话》。这是女科学家马尔希特夫人著的一部科普读物，文字生动活泼，给人们展现了一个神奇、奥妙无穷的化学世界，各种奇特的化学物质，发现元素的化学家，物质的组成，分光镜的奇妙，化学药品的奇异的医疗效果……法拉第完全被这部书吸引住了，他如饥似渴地读下去。

笃！笃！有人敲窗子，法拉第一抬头，他惊呆了，原来天已大亮，窗外站着他那年老多病的母亲。“妈妈，我懂得了一门奇异的科学，它叫化学，非常有用，我将来要研究化学！”“上帝保佑你，孩子，我们是穷人，没有钱能供你读书。”马尔希特夫人的《化学对话》法拉第一连看了七遍。他万万没有想到，一个十分偶然的机遇，使他真的走上了研究化学的道路。

英国著名电化学家戴维和其他知名专家经常在英国皇家学院讲演会上作学术报告，听讲的人很自由，谁都可以去。法拉第也决定去听这些学术报告。就这样，他生平第一次跨进皇家学院的大门，坐在阶梯形的讲演厅里。他的心情紧张而又焦急。戴维终于出现了，大厅里响起一阵阵热烈的掌声。戴维讲的题目是发热发光物质，讲得那么轻松，却又那么透彻。他精神抖擞，神采奕奕，天才的光华和热力，似乎正从他的身上向外辐射。法拉第被深深地吸引住了，他飞快地记着，笔记本翻过一页又一页。

一天，法拉第正在工场与老板谈业务，一个高个子的青年人走了进来，他看了看法拉第，客气地说：“恕我冒昧，打断你们的谈话，昨天晚上我好像在讲演会上看到过您。”

“可能的，我昨天确实去那里听过报告。”法拉第回答说。

“我万没想到您是一位装订工人。”青年人说。

“我家里很穷，要挣钱吃饭。”法拉第答。

“他是我们场里的‘博士’，现在已是装订技师了。”罗什老板插进来介绍说。

“太好了，我们认识一下吧，我叫德恩斯，是科学爱好者。”

“我叫法拉第，认识您真高兴。”

“您到我们这里有什么事？德恩斯先生。”老板对这位不速之客有点不耐烦了。

“我想装订一批新书，难道罗什老板不高兴么？”德恩斯答道。

“欢迎，欢迎，包您满意！”老板马上堆满了笑脸。

德恩斯很有钱，还结识了一批学术界的朋友。后来，他和法拉第成了好朋友，经常到工场来找法拉第，相约去拜访科学人士。

1812 年 5 月底，正当法拉第忙着组织人装订《皇家学会会报》时，德恩斯又来找法拉第了。

“再过一个小时，戴维就在皇家学院大厅里作第四次学术报告，还有演示实验，我好不容易弄到了两张前排的票。”

“好极了，我们去吧。”法拉第高兴极了。

“可您的工作……”

“管不了那么多了，快！”

法拉第一连听了戴维的 4 次讲座，好像游历了美丽、庄严、圣洁的科学殿堂，那里阳光灿烂，照得他心里光明、温暖。他把 4 次听讲的笔记仔细整理以后，用漂亮的皮封面装订成册。他经常轻轻地翻阅，多么渴望能从事科学研究工作啊！

遗憾的是，在那个时代，命运对穷人从来不露出笑脸。它总是一副威严、狰狞的面孔，迫使你对它膜拜和屈服。然而，也有许多穷人并不屈从，他们顽强地和命运搏斗。法拉第就是其中最顽强的一个。这个铁匠的儿子，从小爱看父亲挥舞大锤，一下一下地锻打烧红的铁块。铁块变冷变硬以后，父亲把它放在炉火里重新烧红。经过千锤百炼，铁坯终于按照人的意志变成各种工具。父亲曾经自豪地对他说：铁匠面前永远没有顽铁。

多少年来，父亲的话一直激励着他。于是，他决定写信给当时的英国皇家学会会长班克斯爵士，要求在皇家学院找个工作，哪怕在实验室里洗瓶子也行。他心神不宁地等了整整一个星期，音信全无。他忍不住跑到皇家学院去打听，得到的回音只是冷冰冰的一句话："班克斯爵士说，你的信不必回复！"

受到这个屈辱的打击，法拉第感到伤心，但他毫不气馁。他想起自己学画的经历。法拉第从小就练得一手好字。至于绘画，他是从一个名叫马克里埃的法国画家那里学来的。那位曾经给拿破仑皇帝画过像，后来横渡英吉利海峡，流亡到伦敦的画家，恰好借住在里波先生铺子的楼上，和法拉第成了邻居。画家看到法拉第学画心切，答应教他。作为交换条件，法拉第要替画家擦皮靴和收拾房间。画家心眼不坏，教得也很认真，可脾气不好，经常责骂法拉第。法拉第逆来顺受，坚持跟他学画，终于学会了投影和透视，能够逼真地、艺术地把眼前的东西画下来。从这段经历中，他体会到：只有忍辱负重，敢于向命运挑战，才能把本来不属于自己的东西追求到手。

法拉第又一次向命运挑战了。他鼓起勇气给戴维写信，并且把装订成册的戴维 4 次讲座的笔记一起送去。法拉第巨大的热情、超人的记忆和献身科学的精神，感动了这位大化学家。法拉第到皇家学院化学实验室当了戴维的助手。科学圣殿的大门向学徒出身的法拉第打开了！

法拉第终于坐在戴维的实验室里。"我是个装订工，装订过成千上万本书，其中也包括您的书，我读过大部分科技书。"法拉第介绍了自己。"您给我写信有什么要求吗？"戴维问。"我想研究化学。"法拉第直截了当地回答。经过一段谈话，戴维发现了法拉第的才能，决定录用他为自己的助手。法拉第收到被戴维录用的便条以后，心情激动，夜不能寐。他知道，从此，他的科学生涯就开始了。法拉第担当戴维的助手工作出色，他每天从早到晚在实验室工作，把一切都安排得井然有序，实验之余，他还抽时间读了许多科技书。戴维对法拉第的工作也非常满意，他认为，法拉第是一个忠于职守的人。一天，戴维对法拉第说："过几天我要和我的妻子一起到国外度蜜月，为了不中断科学研究，我想带一个流动实验室，请您去照顾这个流动实验室。" "我很荣幸，愿意跟随您的流动实验室工作。"

1813年秋，法拉第跟随戴维，长途旅行，兼做科学考察，他们把实验室安放在一辆轿式马车上，白天走路，晚上由法拉第做实验。他们还一起爬到火山口，考察火山的活动，采集了一大口袋火山石进行分析。此外，他们还采集了矿泉水水样、岩石标本、土壤标本等。这样的旅行持续了一年半，这实际上是一次游学，法拉第跟着戴维学到了许多东西，还拜访了许多科学家。一年半的科学旅行，法拉第记了厚厚的两大本笔记。

从此，法拉第由于得到了当时著名物理学家戴维的赏识，正式开始了自己的伟大科学道路。

之后，法拉第专心研究科学，更加显示了他的才能，为科学做出巨大贡献，成为后人景仰的科学家。人们把电学单位用他的名字法拉第来命名，以此纪念。

1816年，戴维让法拉第分析了托斯卡那的土壤成分，并把分析结果写成论文发表。法拉第在论文中写道："戴维先生建议我把这项研究，作为我在化学领域中的第一次实验。当时，我的恐惧多于信心，我从未学习过怎样写真正的论文，但对分析结果的准确描述，将有助于读者对托斯卡那土壤的了解。"

1817年，法拉第连续发表了6篇论文。这些论文的发表，使他增强了从事科学研究的信心，同时，许多科学家也逐步了解了法拉第。

1819年，法拉第应斯达特的要求，研究了不锈钢与各种合金，他在皇家实验室中，靠斯达特的资助，建造了一个小小的冶炼炉，不久就炼出了铁镍合金，后来又炼出铂、钯、锗、银、铬、锡、钛、铱等多种金属与铁的合金。

1820年，法拉第合成了二氯乙烷和六氯乙烷，但在当时，有机化学发展得还很不够，因此，法拉第把他的合成物叫做"氯化碳"。法拉第的才能逐步为人们所了解。

1821年，他被提升为皇家学院实验室的总负责人。皇家学院还赠送给法拉第一套宽大的住宅。

由于法拉第得知了丹麦物理学家奥斯特的发现，他中断了对气体的研究。奥斯特发现，磁针在通有电流的导体附近，会发生偏转。法拉第通过对这一现象的深入研究，发现了电磁感应定律，这一定律是现代电磁学的基础，但由于他的数学基础比较差，没有能对这一现象概括出严格的定量关系。

1829 年，戴维去世以后，法拉第专心研究电化学的问题，经研究发现：当电流通过电解质溶液时，两极上会同时出现化学变化。法拉第通过对这一现象的定量研究，发现了电解定律。

1833 年，法拉第提出了两条电解定律：①电解时，在电极上析出或溶解掉的物质的重量，与通过电极的电量成正比；②如通过的电量相同，则析出或溶解掉的不同物质的化学克当量数相同。电解一克当量的物质，所需用的电量叫 L 个“法拉第”，等于 96484 库仑。人们为了纪念法拉第，把这两条电解定律称为“法拉第定律”。

电解定律的发现，把电和化学统一起来了，这使法拉第成了世界知名的化学家。日常在阴湿的地下室紧张工作，法拉第非常劳累，从 1835 年起，他的体质明显衰退。晚年患了风湿病，经常腰酸腿痛，心脏不好，双眼昏花。他越来越觉得自己力不从心，但是，每当有科学家和企业家拜访他时，他还是十分高兴地与他们谈话，他的夫人萨蕾一直陪伴着他。

1867 年 8 月 28 日，法拉第在伦敦病逝。他逝世后，皇家学会为他举行了隆重的葬礼，各国科学家都对他表示深切的哀悼。

法拉第的淡泊人生

法拉第的生前和身后，都被公认为是最伟大的自然哲学家之一。每个时代都需要有一些特殊的才智，他的非凡才智是什么呢？丰富的想象力加上足智多谋的实验才能；工作热情和相应的耐性，使他能够迅速地分辨假象，具有统观一切的广阔视野。他还拥有深刻的几何上和空间上的洞察力，以及善于持久思考的能力，然而，真正让他取得如此成就的，恐怕还是他那颗淡泊明志的心，不追名，不逐利，踏踏实实地在科学的领域里，辛勤耕耘，默默奉献，然后尽情品尝收获的喜悦。所以，在今天，他得到了远远超出他的想象的名誉——该得到的，终究会得到。

不爱金钱爱科学

法拉第从小就善于思考，经常提出一些有意义的问题。有一天，他到一家订户送报，突然对花园的栏杆出了神，心想：如果我的头伸进栏杆里，而身子还在栏杆外，那么我究竟应该算在栏杆的哪一边呢？法拉第好提问题，以致别人这样来形容他：他的头“老是往前伸着，好像随时准备向别人提问题似的”。

法拉第在书店学徒时，他不但博览群书，而且用它们作指导，在宿舍里做了许多实验。他的工钱除了吃饭以外，几乎全部花在买实验用品上。后来，法拉第听了戴维的讲演，更下定了“献身于科学”的决心。据说法拉第为了进皇家学院工作，戴维曾经同他进行过如下的谈话，戴维一边指着自己手上、脸上的伤疤，一边对法拉第说：“牛顿说过。”“科学是个很厉害的女主人，对于为她献身的人，只给予很少的报酬。她不仅吝啬，有时候还很凶狠呢。你看，我为她效劳十几年，她给我的就是这样的奖赏。”法拉第坚定地说：“我不怕这个！”戴维又说：“这里工资很低，或许还不如你当订书匠挣的钱多呢！”法拉第回答说：“钱多少我不在乎，只要有饭吃就行。”戴维追问一句：“你将来不会后悔吧？”法拉第频频点头说：“我决不后悔！”就这样，法拉第正式踏进了科学的殿堂。

法拉第在科学的征途上走过了半个多世纪，他始终如一地实践了自己“献身于科学”的诺言。由于法拉第在电学和化学研究上出了名，有一段时间，法院曾经聘请他做专家作证的工作。在不到一年时间里，法拉第获得了5000镑的报酬。这时候，一位朋友劝法拉第辞去皇家学会的研究工作，告诉他：“如果继续干下去，每年可以稳赚2.5万镑。”当时皇家学会每年给法拉第的报酬只有500镑。爱科学不爱金钱的法拉第经过郑重考虑，为了专心进行科学研究，毅然辞去了专家作证的工作。

法拉第经常不分昼夜地在实验室里工作，为了利用每一分钟时间，凡是和实验无关的事情，他尽量推辞、谢绝；他不去朋友家吃饭，不上剧院看戏。他不停地做实验，记笔记。在他的实验日记上，记满了“没有效果”、“没有反应”、“不行”、“不成”等字样。1855年出版的八卷《法拉第日记》就是他日夜辛勤工作的明证，他的一系列重大科学成果，就是他心血和汗水的结晶。法拉第退休以后还念念不忘皇家学院实验室，经常去那里扫地、擦桌子、整理仪器。

法拉第不计较名誉地位，更不计较钱财，他拒绝了制造商的高薪聘请，谢绝了大家提名他为皇家学会会长和维多利亚女皇授予他的爵位，终身在皇家学院实验室工作，甘原当个平民，1867 年 8 月 25 日，他在伦敦去世，尽管法拉第一生中获得各国赠给他的学位和头衔多达 94 个，而遵照他的“一辈子当个平凡的迈克尔·法拉第”的意愿，他的遗体被安葬在海洛特公墓，墓碑上只刻着三行字：迈克尔·法拉第，生于 1791 年 9 月 22 日，死于 1867 年 8 月 25 日。后人为了纪念法拉第，特意用他的名字来命名电容的单位，简称“法”。

法拉第的心灵物语

“我一直在冥思苦想什么是使哲学家获得成功的条件。是勤奋和坚韧的精神再加上良好的感觉能力和机智吗？难道适度的自信和认真精神不是必要的条件吗？许多人的失败难道不是因为他们所向往的是猎取名望，而不是纯真地追求知识，以及因获得知识而使心灵得到满足的快乐吗？我相信，我已见到过许多人，他们是矢志献身于科学的高尚的和成功的人，他们为自己获得了很高名望，但是还有一种人，在他们心灵上总是存在着妒忌或后悔的阴影，我不能设想一个人有了这种感情之后还能够做出科学发现。至于天才的威力，可能是存在的，我也相信是存在的，但是，我长期以来为我们实验室寻找天才却从未找到过。不过我看到了许多人，如果他们真的能严格要求自己，潜下心来进行科学研究，不要太多地追逐名利，我想他们已成为有成就的实验科学家了。”

坐在椅子上，平静地离开了人间

法拉第在研究电感应和磁感应传播时，一时还不能完整地表述出自己的新思想，感到数学基础也不够，于是他把自己的想法先写了下来，信中说：

我倾向于把磁力从磁极向上散布，比作受扰动的水面的振动，或者比

做声音现象中空气的振动；也就是说，我倾向于认为，振动理论将适用于电和磁的现象，正像它适用声音，同时又很可能适用于光那样。……

——迈·法拉第于皇家学院，1832 年 3 月 12 日

法拉第小心翼翼地将信封好，存放在皇家学院的保险箱里，希望有一天自己的想法会有知音，并得到发展和证实。光阴荏苒，弹指整整二十三年过去了，还未见有人问津这个领域，此时法拉第已经垂垂老矣。想到自己的理论也许再要过一百年才能被人发现，心里不觉有点凄然，他感叹说道："那个时候我也许是看不见喽！"且说那天法拉第正在叹息不已时，突然，放在桌上新到的专业期刊上一篇醒目的标题跳入了他的眼帘：《论法拉第的力线》。法拉第一阵激动，他如饥似渴地将论文读了一遍，真是一篇好文章啊！文章把法拉第充满力线的比作一种流体场，又借助了流体力学的研究成果，推导出一组矢量微分方程。法拉第想自己从小失学，最缺的就是数学，现在突然降下了这么一位理解自己思想，又长于数学的帮手，真是高兴得乐不可支。"哈哈，我的理论后继有人了！"法拉第感到无限的欣慰。

几年后，也就是 1860 年，七十高龄的法拉第在自己的寓所里会见了比他年轻四十岁的麦克斯韦，他高兴地说："当我知道你用数学来构造这一主题，起初我几乎吓坏了，我惊讶地看到，你处理得如此之好啊！""先生能给我指出论文的缺点吗？"麦克斯韦腼腆地说，"这是一篇出色的文章，"法拉第想了想说，"可是你不应当停留于用数学来解释我的观点，而应该突破它。"就是这句话激励了麦克斯韦不懈地努力，去攀登经典电磁理论的顶峰，终于在 1865 年前建立起了完整的电磁场理论方程。

1867 年 8 月 25 日，幸运的法拉第在看到了自己的理论后继有人，经典电磁学理论大厦完全竣工之后，便坐在椅子上平静地离开了人间。

从无意中的觉察到伟大的发现

在法拉第的思想中，确信物理学所涉及的自然界的各种力是互相紧密地联系着的。他在分析了电流的磁效应后认为，既然电可以产生磁，反过来磁也应该能产生电。他在 1822 年的一篇日记中就写了这样的话："把磁转化成电。"法拉第朝着这个目标，坚定不移地坚持实验、研究近 10 年，

经历5次重大失败，终于发现了电磁感应现象。

1831年8月，法拉第做了一个新装置。他在直径6英寸的铁环的半边，用铜丝绕成线圈，接上电流计；在铁环的另一半也绕了一组线圈，接到由100个伏特电池连成的电池组上。合闸，法拉第觉得电流计的指针晃动了一下，他定神细看，指针仍指在零点，法拉第查看了桌上的仪器：A段的线圈仍连着电池组，B段的线圈仍连着电流计。“如果指针真的动过了，它应该不断地来回摆动，或者偏向一边啊！可现在指针为什么又指在零点不动呢?”法拉第想不出个所以然，只得动手拆线了。这时电流计上的指针又动了。这一回他看清楚了。这次指针是向与刚才相反的方向偏转，接着又回到了零点，法拉第反复地合上、拉开电闸，见到指针不住地来回摆动。为什么指针总是这样来回摆动呢？法拉第百思不得其解。他在给朋友查理·菲利浦斯的信中说：“我目前正忙于电磁研究，而且我想，我已经抓到了一点苗头，但是一时还讲不出什么道理。可是我在全力以赴之后，最后从水里抓到的，可能不是一条鱼，而是根稻草。”

发现了由磁生电的现象之后，法拉第又经过两个月的奋战，他找到了一种更为简单的办法，用一根T形磁铁和一个闭合线圈，也可以获得这种大小、方向不断变化的电流。

法拉第就在不断重复这个实验的时候，领悟到：

磁并不能产生电，只有运动的磁才能生电啊！

许多年来，那么多有才华的科学家孜孜不倦、苦心探索的问题，答案竟是如此简单。他们之所以在电磁的大门外徘徊不前，原来是“静电”和“静磁”的框架束缚了他们的头脑。这说怪也不怪，大凡人们在思考问题的时候，总喜欢按习惯的方法和现有的思想体系来进行逻辑推理，这叫做思维定式。到了这一步创造能力已被窒息，再要前进就困难了。这时需要有胆识过人的科学家，敢于打破常规，另辟蹊径，才能出奇制胜。法拉第的成功也正在于这一点。另外，他的运气也挺不错，这也很重要，俗话说：“谋事在人，成事在天”！

别人眼中的法拉第

他的敏捷和活跃的品质，难以用言语形容。他的天才光芒光辉四射，使他的出现呈现出智慧之光，他的神态有一种独特之美，这有幸在他家里——皇家学院见过他的任何人都会感觉到的，从思想最深刻的哲学家到行为最质朴的儿童。

——开尔文勋爵

我有幸会见了英国和欧洲的第一流物理学家法拉第……这对我而言，是一个非常幸福和高兴的时刻。他纯朴、温和、谦恭，有如小孩。我尚未遇见过这样可爱的人。而且，他待人也是最亲切的，他亲自向我展示了一切。但是这不算什么，因为只要有一些木头、一些导线和一些铁片，就足以使他做出最伟大的发明。

——亥姆霍兹写给其夫人

聆听他的心灵，那花开的声音

与他的科学成就相比，法拉第留给后人传颂的爱情故事实在是太少太少了。科学家法拉第把他的一生都只奉献给了神圣而光荣的科学研究事业。不过，法拉第的爱情和婚姻生活却是无比幸福的，他的妻子萨蕾——一个娇小柔弱的姑娘，却在几十年的时间里，一如既往地，给予了法拉第最初的也是最坚定的支持。他们之间，没有轰轰烈烈的罗曼蒂克，有的却是生活的道路上的相扶相携。一个关爱的眼神，一句体贴的话语，法拉第和他的妻子相敬如宾，在流逝的岁月里默默地谱写了一曲爱情的颂歌。这，其实是和他的科学成果一样伟大的，令后人无比艳羡的他的又一个成就。

法拉第青年时期写下的一首爱情诗

是什么传染病，
是什么晦气星，
给人带来了妻子？
——那是爱情。
什么力量能摧毁人的坚强意志？
什么东西能欺瞒人的善意良知？
什么东西乔装打扮悄悄来，
转瞬间把聪明人变成糊涂虫？
——那是爱情。
什么力量能把朋友变成敌人？
什么东西只应允不兑现，
连最聪慧的头脑也测不出它的深浅，
它来到世上只是为了叫人屈从？
——那是爱情。
什么东西指导疯子的狂热行动，
连笨蛋也学会他的榜样？
什么东西使聪明人避讳恐惧，
可是到头来它仍旧在世上驰骋？
——那是爱情。
爱情啊，这里和你无缘；
再见，再见，愿你飞向远方，一路平安！

简单人生简单爱

1820年，法拉第结识了一个珠宝商的女儿，她的名字叫萨蕾。萨蕾是一位热爱科学的姑娘，她对法拉第的才能十分仰慕，尤其是在她知道了法拉第自学的坎坷经历之后，她对法拉第的爱慕之情日笃。就这样，1821

年法拉第和萨蕾结婚了。萨蕾对法拉第十分体贴，还善于为他创造安静的工作环境，这对法拉第以后的成名，起了很大的作用。

但遗憾的是，夫妇俩结婚四十年，膝下无儿女。不过，在他们看来，这却并不是一种遗憾。他们一生白头偕老，这才是最让他们开心的事。

法拉第的名言录

像蜡烛为人照明那样，有一分热，发一分光，忠诚而踏实地为人类的伟大事业贡献自己的力量。

一旦科学插上幻想的翅膀，它就能赢得胜利。

我不能说我不珍视这些荣誉，并且我承认它很有价值，不过我却从来不曾为追求这些荣誉而工作。

拼命去争取成功，但不要期望一定会成功。

结　语

提起法拉第，人们就会自然而然地想起电磁感应，想起发电机，这无疑是划时代的伟大发现和发明。然而，人们更乐于传颂的，却还是他独特和朴实的人文魅力。在科学的星空中，他是一颗耀眼的星星，但是他从来不会炫耀，他只是默默地散发着自己的光彩。

他出身贫寒，上学对他来说，就成了一个十分遥远而又奢侈的梦想。然而，对知识的渴望和对科学的向往，却丝毫不能阻挡他前进的脚步。所幸的是，他身在一个重视科学的时代，一个崇尚科学的国度，大英帝国的皇家学院并没有因此而拒绝他；相反，却向他敞开了大门，热烈欢迎这样一个平民科学家人主学院，并期待着他崭新的思维能带给学院另一种独特。而他，也用自己的勤勉和智慧，为皇家学院，为人类的科学事业，做出了许多贡献。

他还是那样的谦卑和恭敬，殊不知，上帝最眷顾这样的人。因为他的

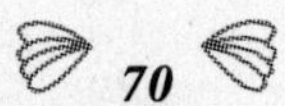

睿智和聪慧，他的勤勉和努力，他便成了英国历史上少有的、杰出的平民科学家。后人的景仰浩浩荡荡，而他谦逊的微笑，却始终挂在嘴边。向法拉第学习，他不仅是英国的财富，也是全世界人民共同的财富。

莎士比亚：一个天才的剧作家

全世界是一个巨大的舞台，所有的红尘男女均只是演员罢了。上场下场各有其时。每个人一生都扮演着许多角色，从出生到死亡一共有七种阶段。

——威廉·莎士比亚

与莎士比亚面对面

莎士比亚的身世之谜

莎士比亚，一个多么煊赫的名字，人类历史上少有的文学天才。面对

《莎士比亚全集》里的37部剧本，两首长诗和154首十四行诗，我们只有顶礼膜拜，献上热烈的赞美：雄伟、壮丽、丰富，简直堪与大自然媲美；广阔而又细腻，就有如人的纯净的心灵；充沛的语言像阳光一样普照万物……然而我们的语言实在是太贫乏了。而莎士比亚是说不尽的。自莎士比亚去世到现在的三百多年间，有一个问题一直困扰着人们，那就是，历史上真的有过这样一位剧作家吗？为什么会有这种怀疑？是因为他太伟大，他的艺术太高超以至于后世的人们不能理解，遂疑心是出自天工而非人力？或者是因为时代久远，作者的生平事迹湮没无闻？不少人认为，这个人是莎士比亚同时代的大哲学家弗兰西斯·培根，这个观点早在18世纪就由赫伯特·劳伦斯提出，后来又由很多人继而详加论证。但无论怎样的攀扯，大家都忽视了一个致命的缺陷，那就是，培根根本就不擅长戏剧。几乎所有与莎士比亚同时代的有身份有名望的人都被这么审查过。路特兰伯爵、牛津伯爵，等等，甚至伊丽莎白女王本人也是一个。

但是，无论怎样，我们都不可否认，莎士比亚的那些闪光的作品是确实存在的，并且带给了我们无数精神上的愉悦和心灵上的享受，我们应该以一种虔诚的姿态，去品味一代伟人的真实的心灵世界……

弗朗西斯·米尔斯说："正如人们认为攸福伯斯的灵魂在毕达哥拉斯的身上那样，奥维德的可爱，即机智的灵魂则活在甜蜜而语言甘美的莎士比亚身上。"他还引述一位前辈批评家的话说："正如皮乌罗·斯托罗所说，诗神们如果讲拉丁语的话，就会讲得同普劳图斯那样，同样，如果诗神们讲英语的话，他们也会讲出莎士比亚那样美好圆润的词句。"

莎士比亚生前当然想不到自己身后享有这么大的名声，他的作品成为不朽的杰作。世事就是这般奇怪。有些作家生前火暴，身后寂寥；有的是生前萧条，死后煊赫；又有的忽冷忽热，几经沉浮。唯有莎士比亚是那么的独特，优秀和卓尔不群。他仿佛不受时间的磨损，他属于所有的时代。生前获得相当的声誉，身后又如日之东升，愈益鲜明，愈益炽烈，而且一直升到中天，在那里彪炳千秋。既然实有其人，那么他是怎样的一个人呢？他是怎样成为剧作家的？人们是能够根据现在能找到的材料，勾画出他的生平事迹的轮廓。

莎士比亚的辉煌成就和影响

莎士比亚的戏剧大都取材于旧有剧本、小说、编年史或民间传说，但是，在改写中注入了自己的思想，给旧题材赋予了新颖、丰富、深刻的内容。在艺术表现上，他很好地继承了古代希腊罗马、中世纪英国和文艺复兴时期欧洲戏剧的三大传统并加以发展，从内容到形式进行了创造性革新。他的戏剧不受三一律束缚，突破悲剧、喜剧界限，努力反映生活的本来面目，深入探索人物内心的奥秘，从而能够塑造出众多性格复杂多样、形象真实生动的人物典型，描绘了广阔的、五光十色的社会生活图景，并以其博大、深刻、富于诗意和哲理著称于世。

莎士比亚的戏剧是为当时英国的舞台和观众而写作的大众化的戏剧。因而，它以悲喜交融、雅俗共赏和时空变幻的自由，来极力调动观众的想象，努力弥补舞台的简陋，曾在18世纪遭到以伏尔泰为代表的古典主义者的指摘，并在演出时被任意删改。莎剧的真正价值，直到19世纪初，在柯尔律治和哈兹里特等批评家的阐发下，才开始为人们所认识。然而当时的莎剧演出仍常被纳入五幕结构剧的模式。19世纪末，W. 波埃尔和H. 格兰威尔-巴克强烈反对当时莎剧演出的壮观传统，提倡按伊丽莎白时代剧场不用布景的方式演出，以恢复其固有特点。

17世纪始，莎士比亚戏剧传入德国、法国、意大利、俄国、北欧诸国，然后渐及美国乃至世界各地，对各国戏剧发展产生了巨大而又深远的影响，并已成为世界文化发展、交流的重要纽带和无数作家们进行创作的灵感源泉。

莎士比亚的主要作品

悲剧：《罗密欧与朱丽叶》、《麦克白》、《李尔王》、《哈姆雷特》、《奥赛罗》、《泰特斯·安特洛尼克斯》、《裘力斯·西泽》、《安东尼与克莉奥佩屈拉》、《科利奥兰纳斯》、《特洛埃围城记》、《雅典的泰门》等。

喜剧：《错中错》、《终成眷属》、《皆大欢喜》、《仲夏夜之梦》、《无事生非》、《一报还一报》、《暴风雨》、《驯悍记》、《第十二夜》、《威尼斯

商人》、《温莎的风流娘们》、《爱的徒劳》、《维洛那二绅士》、《泰尔亲王佩力克尔斯》、《辛白林》、《冬天的故事》等。

历史剧：《亨利四世》、《亨利五世》、《亨利六世》、《亨利八世》、《约翰王》、《理查二世》、《理查三世》等。

十四行诗：《爱人的怨诉》、《鲁克丽丝失贞记》、《维纳斯和阿多尼斯》、《热情的朝圣者》、《凤凰和斑鸠》等。

浮光掠影之莎士比亚的一生

英国的伟大剧作家、诗人威廉·莎士比亚于1564年生于英国中部瓦维克郡埃文河畔斯特拉特福。其父约翰·莎士比亚是经营羊毛、皮革制造及谷物生意的杂货商，1565年任镇民政官，三年后被选为镇长。莎士比亚幼年时在当地文法学校读书。他虽受过良好的基本教育，但是未上过大学。

1582年，18岁的莎士比亚与同邻乡农家女26岁的安妮·哈瑟维结婚，不满21岁时已有了3个孩子。

1585—1592年间，他的情况不详，被评论者称为“失去的年头”。1585年后，他离开了斯特拉特福，到伦敦谋生，1590年左右参加了剧团，并成为了一名演员和剧作家，正式开始了他的舞台和创作生涯。他三十而立，蜚声剧坛，四年后就已经成了英国戏剧界的泰斗。

1592年，剧作家R. 格林死前在《千悔得一智》中影射莎士比亚姓氏，并引用《亨利六世》中的下篇台词，骂莎士比亚是“一只暴发户式的乌鸦”，可见他当时已颇有名望。

1593—1594年，他创作出版了两首长诗《维纳斯和阿多尼斯》和《鲁克丽丝失贞记》，先后献给了年轻贵族索桑普顿伯爵。他还写过一些杂诗和1609年出版的154首十四行诗。从1594年开始，他所在的剧团受内侍大臣庇护，称为“宫廷大臣剧团”。

1598年前后，他作为剧团股东同其他人合建了环球剧场，他以后的戏剧作品主要在这里公演（大约1609年增加了“黑衣修士剧场”）。他自己也随团进宫演出，偶尔还去大学和法律学校演戏；夏季或瘟疫流行，伦敦剧场停演时，就到外省演出。1598年，大学人士F. 米尔斯已在其《智慧的宝库》中，列举莎士比亚35岁以前的剧作，称赞他的喜剧、悲剧都

“无与伦比”，能和古代第一流戏剧诗人们并称。

莎士比亚在伦敦住了20多年，而在此期间他的妻子仍一直待在斯特拉福。他在接近天命之年时隐退回归故里——斯特拉福（1612年前后）。1616年在其52岁生日前后不幸去世，葬于圣三一教堂。死前留有遗嘱。他的两个据说比较可靠的肖像是教堂中的半身塑像和德罗肖特画像，手迹则有6份签名和《托马斯·穆尔爵士》一剧中三页手稿。

1623年，演员J. 海明和H. 康代尔把他的剧作印成对开本，收进36出戏（其中20出是首次付印），号称“第一对开本”。从1772年起，就开始有人对于莎剧的作者不断提出过疑问，并且企图证实作者是培根、C. 马洛、勒特兰伯爵、牛津伯爵、德比伯爵，等等，但都缺乏证据。

传说不断之莎士比亚诞辰440周年十大话题

2004年，莎士比亚诞辰440周年，这位伟大的戏剧家和诗人不但以其早已盖棺定论的文学成就被人们不断景仰，而且关于他自身的种种传说也一直是人们津津乐道的话题。

圣乔治节

每年的4月23日是西方的宗教节日——“圣乔治节”。对于莎士比亚是否是出生在1564年4月23日，目前还没有得到最后的定论，人们只知道他是在圣乔治节的三天后在圣三一大教堂里接受了洗礼。但是，当他在1616年4月23日去世后不久，关于这位英国最伟大的诗人出生和去世都是在圣乔治节的说法就开始广为流传。

“仙人掌果”酋长

在中东，至今流传下一种传说，认为莎士比亚实际上是阿拉伯人，有时候他还被称为“酋长艾尔·苏拜尔”，在阿拉伯语中是“仙人掌果”酋长的意思。

韵文体Vs散文体

大多数的莎士比亚的戏剧使用了韵文和散文。而没有一部戏是完全用

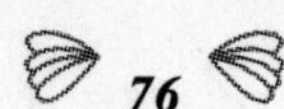

散文体写的，但是却有五部戏是专门用韵文体写的。所有这五部戏都是历史剧，都是在他的写作生涯的早期完成的，它们是：《亨利五世》第一部、《亨利五世》第三部、《约翰王》、《理查三世》以及《理查二世》。在一部戏里使用散文体最多的是《温莎的风流娘们》(87%)。

台词

在他最有名的剧作《哈姆雷特》里，哈姆雷特是最主要的莎士比亚式的演讲角色，有将近1500行的台词。这几乎和《错中错》的所有台词一样长，那部戏有1786句台词，是莎士比亚最短的一部戏剧。有意思的是，在《奥赛罗》里，反面角色伊阿古有1098句台词，是戏里最大的角色，比奥赛罗还要多，奥赛罗只有887句。而莎士比亚最主要的女性角色埃及女王克里奥佩特拉，只有686句台词。

遗忘伦敦

《特洛伊罗斯和克雷西达》19世纪后期在巴伐利亚、澳大利亚和法国上演。但是，这部作品的剧本一直没有印刷成现代的文本，直到1912年，这部戏才在伦敦出现，但现在也很少演出。

造词专家

在英国，有很多词的表达方式现在被承认是在莎士比亚的作品中第一次出现的，包括“elbow room”（活动余地）、“love letter”（情书）、“marriage bed”（婚床）、“skim milk”（脱脂乳）、“wild goose chase”（无望的追求），以及“what the dickens?”（究竟是什么呀?），等等。

匈牙利崇拜

这位游吟诗人在大约二百年前就已在匈牙利获得了崇高地位。1878年，当俄文的莎士比亚剧本还在从法语和德语翻译的过程中时，莎士比亚的每一部戏剧早已从英语直接翻译成了匈牙利文。

同性恋

好几个世纪以来，英语文学评论家一直试图掩饰一个事实，那就是莎

士比亚的十四行诗实际上是向一个男性爱人所做的表白，但是，人们现在也无法确知，在他的时代里读者是否会因为这一点而感到震惊。无论如何，在莎士比亚生前，看来没有人发现这一点。

哈姆雷特与哈姆奈特

莎士比亚和他的妻子（安·哈莎威）有 3 个孩子：生于 1583 年的苏珊娜，以及 1585 年出生的双胞胎朱迪斯和哈姆奈特。一些人认为写于 1599 年的《哈姆雷特》，记录了在 1596 年 11 岁的哈姆奈特死后莎士比亚内心的伤痛。而在写于 1596 年前后的《约翰王》里，康斯坦丝在预见到她年幼的孩子的死时也陷入到了深深的痛苦中。

男演女

在莎士比亚时代，舞台上基本上都是由男人来扮演女性的角色，而女人是不能上台表演的。在最近的演出季里，伦敦的“莎士比亚的世界”剧团同时排演了全部由男性成员出演的《第十二夜》，以及全部女性演出的作品《理查三世》和《驯悍记》。1922 年，当时年仅 14 岁的劳伦斯·奥利弗在他的男生学校里扮演了“泼妇”凯特的角色。

解读莎士比亚戏剧：三个独特的时期

莎士比亚生活在封建制度开始瓦解、新兴资产阶级开始上升的大转折时期。当时，中世纪以宗教神学为代表的蒙昧主义思想正在走向没落，而资产阶级以个人主义为中心的世界观则日益深入人心，人文主义在社会文化思潮中开始占据统治地位。莎士比亚则以他的剧作，大胆地批判了封建制度的残酷黑暗及对人性的禁锢，强烈地反映了新兴的资产阶级希望建立新型的社会关系和伦理思想的要求，为人文主义在英国和欧洲的传播起了巨大的推动作用。

历史剧和喜剧时期（1590—1600）

在莎士比亚戏剧创作的最初 10 年中，他共创作了 9 部历史剧。在这些剧本中，除了《约翰王》（1589）描写的是 13 世纪封建王朝内部的争

斗外，其他剧作则构成了两个内容衔接的四部曲：《亨利六世》上、中、下部（1590—1591）与《理查三世》（1592）；《理查二世》（1595），《亨利四世》上、下部（1597—1598）与《亨利五世》（1599）。

这些剧本概括了英国从1377—1485年间一百余年的动乱历史，描写了英法战争和英国的封建内战，歌颂了英国民族国家的形成，谴责封建领主之间的不义战争，对人民的疾苦则表示了深切的同情。

这些剧本的艺术成就不一，而最为人们津津乐道的是《理查三世》、《亨利四世》和《亨利五世》。理查三世是英国历史上出了名的暴君，莎士比亚怀着无比愤怒的心情，在剧中描写了阴险狡诈的贵族理查如何以血腥手段挤掉了六个合法继续人，登上王位的故事，揭露并谴责了他的凶狠残暴和昏庸无道，成功地塑造了一个虚伪狡诈、残酷无情的暴君形象。

在莎士比亚历史剧大受欢迎的同时，他还创作了10部喜剧：《错中错》（1592）、《驯悍记》（1593）、《维洛那二绅士》（1594）、《爱的徒劳》（1594）、《仲夏夜之梦》（1596）、《威尼斯商人》（1597）、《温莎的风流娘们》（1598）、《无事生非》（1599）、《皆大欢喜》（1600）和《第十二夜》（1600）。其中，最后3部喜剧最能表现莎士比亚喜剧创作的风格，人称“娇艳明媚的喜剧三部曲”。这些剧本大都以爱情、友谊、婚姻为主题，而情节却异常生动丰富，非同凡俗。作者以幽默、欢快的笔触和如诗如画的抒情，来揭示人们的感情冲突和现实生活中的矛盾，特别是塑造了一批勇气过人又执著、风趣、机智、温柔的女主人公形象。

《罗密欧与朱丽叶》则成为世界文学中不朽的典型。剧中充满了浓郁的抒情性，如朱丽叶等待罗密欧前来赴约的优美独白：

来吧，黑夜！来吧，罗密欧！来吧，你黑夜中的白昼！因为你将要睡在黑夜的翼上，比乌鸦背上的新雪还要皎洁。来吧，柔和的黑夜！来吧，可爱的黑夜，把我的罗密欧给我；等他死了以后，你再把他带去，分散成无数的星星，把天空装饰得如此美丽，使全世界都眷恋着黑夜，不再崇拜炫目的太阳。

这深情热烈的词句自问世以来，千百年间不知打动过多少少男少女的心。

悲剧时期（1601—1608）

这一时期，是莎士比亚思想及其艺术成熟与深化的阶段。时值伊丽莎白女王统治末期，王权与资产阶级关系开始紧张，宫廷贵族生活日趋腐朽。莎士比亚已经看清理想与现实之间不可逾越的鸿沟，但他把这些归结为善与恶的道德冲突。他反对暴力，强调理性的作用，创作了一批辉煌夺目而又抑郁愤怒的悲剧剧作，揭露了资本主义原始积累时期已开始出现的社会罪恶与资产阶级的利己主义，表达了人文主义的美好理想与残酷现实之间的矛盾。剧中的浪漫主义光辉越来越弱，现实主义的火光则越来越强。其悲剧的主要内容是人与社会、人与人、人自身的内心深处的冲突，被称做“性格悲剧”和“社会悲剧”的典范。

《哈姆雷特》（1601）是莎士比亚最重要的悲剧作品，这部悲剧就其表现的社会内容和哲学内涵来说都是极其丰富的。它以精湛的艺术形式、博大的思想内容表现出主人公人文主义理想的幻灭，反映了作者对人生价值和生命意义的伟大探索。

传奇剧时期（1609—1613）

晚年的莎士比亚创作呈现出脱离现实，转向梦幻世界的倾向，其作品有《辛白林》（1609）、《冬天的故事》（1610）、《暴风雨》（1611）等。这些剧本的情节大同小异，都是主人公先遭到灾难与不幸，后来得于偶然契机，转危为安，甚至因祸得福。

这一时期的重要作品是《暴风雨》。米兰公爵普洛斯比罗被弟弟安东尼奥篡夺了爵位，只身携带襁褓中的独生女米兰达逃至一荒岛，他依靠魔法成了岛的主人。后来，他制造了一场暴风雨，把经过附近的那不勒斯国王和王子费迪南及陪同的安东尼奥等人的船只弄到荒岛，又以法术促成了王子与米兰达的婚姻，结局是普洛斯比罗恢复了爵位，宽恕了敌人，返回家园。玄妙的幻想、瑰丽的描写、生动的形象、诗意的背景使此剧成为莎士比亚晚期戏剧艺术的不二代表。

莎士比亚是无与伦比的戏剧结构大师，他的剧本固然有悲、喜剧之分，但在创作实际中又打破了悲、喜剧的界限，不受严格的传统体裁划分的限制，从而展现出更丰富饱满的人性和人物的精神世界。他善于描写几条相互平行交错的线索，来促进生动复杂的情节发展。写作技巧上则表现出一种奇妙的戏剧紧迫感，逐渐加快的情节和不断发展的节奏，往往有一种一气呵成的神来之笔，令观众惊叹不已。

莎士比亚剧作的语言，完全是诗化的语言，柔宛如淙淙流水，激荡如惊涛拍岸，余音缭绕，令人回味无穷。

拜谒莎士比亚

莎士比亚把对自己的认识和追求都提高到了一个崭新的阶段：情感与理性、欲望与道德、个体与群体、自尊与谦卑，“所有关于人生的重要问题几乎没有不被莎士比亚探讨过，以至于近三百年的所有新兴哲学都能从他的作品中找到某些端倪”。

莎士比亚的故乡

对莎士比亚来说，人的内心世界就是宇宙，他用天才而有力的画笔描绘出了这个宇宙。可以想象，缺少了莎士比亚的文艺复兴会是多么软弱无力，苍白无望，而这正是莎士比亚的显赫之处。

恬静的斯特拉福（Stratford - Upon - Avon），因莎士比亚而闻名。

然而，斯特拉福的美，却是与生俱来的。即使没有了莎士比亚，那清幽的雅芳河，依旧静静流淌，守护着这安静的乡野小镇。河里，黑鹅、白鹅曲项向天歌；河畔，男女老幼一起散步，其乐融融。

位于伦敦市近郊、雅芳河畔的斯特拉福，自从出了一个大文豪莎士比亚后，每年都吸引无数的游客慕名而来。

莎士比亚于1564年在这里出生。其后，他到了伦敦。直至1610年，再返回故乡的新坊居住，直到1616年在这里逝世。

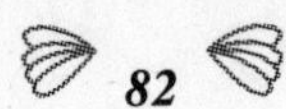

设在雅芳河畔的旅游服务中心，印有精美的莎士比亚故居观光指南。步行至大文豪的出生地（Shakespeare's Birth-place），不过咫尺。

和莎士比亚纪念馆毗邻的莎士比亚出生地，位于汉利街，是一座两层高的都铎王朝式建筑，已有四百多年历史，但仍然妥善保存着莎士比亚的遗物，以及与他有关的人物所用的物件。楼上的房间，有一张婴儿床，便是大文豪在襁褓中睡的摇篮。

跟随指南的路线前进，接着便到了新坊（New Place），这是莎士比亚在1597年买下的，而他也是在这里度过余生的。新坊辟有一个诗人大花园（Poet's Great Garden），花儿争奇斗妍，姹紫嫣红，十分优美。

荷尔小园（Hall's Croft）则是莎士比亚女婿的房子。从荷尔小园往前走不远，就是圣三一教堂（Holy Trinity），这里是莎士比亚长眠的地方。

莎士比亚妻子的旧居（Anne Hathaway's Cottage）位于苏达利（Shottery），是一间坐落于绿树丛边的幽雅山房，屋顶全用麦秆铺成，极具特色。屋内仍保持当年模样，火炉旁的靠背长椅，相传是莎士比亚婚前与其妻互诉衷情的地方。

莎士比亚母亲的婚前旧居（Mary Arden's House）位于温姆柯克（Wilm-

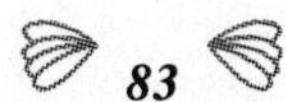

cote)，也是一座传统的都铎式建筑，也是几座房子中最古老的一座。

莎士比亚诞辰纪念日

每年4月，斯特拉特福德便会举办盛大的活动，纪念莎士比亚诞辰。莎士比亚诞辰纪念日始于18世纪，已发展成为别具特色的国际盛会，吸引世界各地的游客集聚一堂。纪念活动通常在周末举行，生气勃勃的展览不计其数，令人兴趣盎然，男女老少均可参加。纪念活动的高潮出现在星期六，成百上千人身穿戏服和传统服装，手举旗帜，列队穿过小镇，彩旗招展，热闹非凡。列队中包括世界各地的剧院及电视台代表、各国大使和最高专员、学院代表、本地权贵和孩子。

在周末，皇家莎士比亚剧团通常会举办各种老少皆宜的活动，包括与皇家莎士比亚剧团的导演和演员开研讨会，以及一系列座谈会、讨论会、展示和参观后台活动。在这一天里，大家都是演员，戏里戏外，纵情地体验着不同的人生。

假如没有莎士比亚

在徐葆耕的《西方文学之旅》中，“文艺复兴：醒来的狂欢与忧郁”这一章就谈到了这个话题。作者写道：“没有人怀疑文艺复兴对西方文化发展的重要性。这种重要性集中表现为一句话：没有文艺复兴运动，就没有整个近现代的西方文化。即使是当代最时髦的后现代派，也是文艺复兴这个母亲的儿子。但我们还是可以问：假若有文艺复兴而没有莎士比亚呢?”

历史是由人民创造的，但它确实需要巨人的出现。文艺复兴伊始，它所面对的敌人是统治千年之久的宗教本位文化，犹如一扇沉重的铁门，把人禁锢在蒙昧无知的黑暗之中。后来，有个叫但丁的人写了一部《神曲》，是他的先知先觉将这道铁门推开了一条缝隙，让理智的阳光投射进来。接着，意大利人卜伽丘、法国人拉伯雷，向中世纪的神学文化展开了猛烈而又持久的抨击。如果说前者的《十日谈》意味着高举人性大旗的话，那么后者的《巨人传》则无疑是在荒诞中加上了理性的光辉。按照徐葆耕的说法，到了拉伯雷时代，“人”已经站起来了，人已经意识到自己是宇宙的精华，万物的灵长，人可以成为无所不能的巨人了。

但是，文艺复兴到了拉伯雷时代，还缺少一种必要的因素，那就是人对于自身从现实主义立场出发的认识。我们不难发现，无论是卜伽丘还是拉伯雷，在他们的作品中，“人”不是原欲的就是完全理想化的，换句话说，他们所塑造的人物是“非真实”的。至此，文艺复兴运动犹如攀登一座陡山，现在只是处于一个中间过程，如果停下来，则势必意味着滑回谷底，眼前只有一种选择：继续攀爬，直至顶峰。

这个时候，莎士比亚一把接过接力棒，继续向前跑。到莎士比亚时代，他的周围教会势力已经大不如前了。也正是因为有前驱者的贡献，莎士比亚可以从容地将中世纪文化中所有值得汲取的营养保存下来，并转换成为丰富新兴的资产阶级文化。在莎士比亚那里，基督文化中的奉献精神、原罪精神、博爱精神在充分尊重个体价值的基础上都重新得到了诠释。

杜勃留洛勃夫在《黑暗王国的一线光明》中是这样评价莎士比亚的：“因此，正因为他们是某一时代人类认识最高阶段的充分代表，从这一高处来观察人们和自然的生活，把这种生活描写给我们看，他们就能高出于文学的服务作用之上，而跻身于一群能够促进人类彻底认识自己的活跃的力量和自然倾向的历史活动家的队伍。莎士比亚就是这样的。”

俄国著名文学批判家赫尔岑说：“对莎士比亚来说，人的内心世界就是宇宙，他用天才而有力的画笔描绘出了这个宇宙。”可以想象，缺少了莎士比亚的文艺复兴会是多么软弱无力，苍白无望，而这正是莎士比亚的显赫之处。

莎士比亚的款款柔情

好莱坞以莎士比亚的爱情为背景和主人公的电影《莎翁情史》，一举获得了第 71 届奥斯卡最佳影片等多项大奖。这部电影表达了人们对于伟大的莎翁永远的怀念，更表现了莎士比亚的爱情戏剧给人们心里留下的永远的无限浪漫情怀。

电影《莎翁情史》(*Shakespeare In Love*)故事梗概

1593年夏天。威尔·莎士比亚(约瑟夫·菲因斯饰)作为伦敦戏剧界一颗正在冉冉升起的新星，此刻却经历着一个剧作家最大的痛苦：毫无创作灵感。尽管身处艺术空前繁荣的伊丽莎白一世时代，每天都有许多新鲜事物在他身边出现，但无论他的投资人和剧院老板们怎样催促他，也无论他怎样努力，他就是无法激发出对自己最新的一部戏剧《罗密欧和海盗的女儿埃塞尔》的创作热情。

在这样一个生活如同戏剧的时代，他为一个女人所倾倒，后者给他带来的是戏剧般的不幸的爱情经历。维奥拉(格温尼丝·帕尔特罗饰)是一个做梦都想当演员的姑娘，但在当时，这是绝对不可能的。于是，她女扮男装去观看莎士比亚的戏剧。

当爱情之火在两人胸中燃烧时，一切伪装都已不需要了。现在，莎士比亚的鹅毛笔又开始在纸面上飞舞了，不过这次却是把自己的爱情经历付诸文字。他已经找到了自己的朱丽叶，而“罗密欧”也找到了自己生命的归宿。但是，莎士比亚的爱情并非一帆风顺。羊皮纸手稿在不断增厚，而他却不得不接受一个痛苦的事实——维奥拉必须奉伊丽莎白一世女王(朱迪·丹驰饰)之命与讨厌的维塞克斯伯爵结婚。

在这样一个错误的身份、混乱的思维与无法实现的愿望组成的旋涡中，在与嫉妒的丈夫的斗争和危险的爱情之间，莎士比亚必须找到一条出路，为了他的剧本，也为了他自己的不死的爱情之火。

1590年，伦敦正处在伊丽莎白一世女王的统治之下，艺术达到空前的繁荣鼎盛阶段。为了满足观众对新作品的强烈要求，一个逐渐成名的署名威尔·莎士比亚的年轻人捧出了他的极富灵感的爱情悲剧《罗密欧与朱丽叶》。这部哀婉凄楚而又热情似火的悲剧注定将打动全世界陷入爱河的男男女女们。

但是，在当时那样一个独裁的世界里，莎士比亚如何能创作出这样一部永恒的、极其贴近生活的杰作呢？这是否就是莎士比亚本人的爱情经历呢？基于这种大胆的想象，马克·诺曼和汤姆·斯托帕德写出了这样一个浪漫的爱情故事，叙述一位孤独的剧作家是如何驾驭自己躁动的心灵，继而创作出有关浪漫爱情的巅峰之作的。

除了深入莎士比亚的爱情世界，表达他对爱情的诠释以外，《莎翁情史》还向我们展示了伊丽莎白一世时代的原貌。那是一个功利主义威胁艺术创造力的时代，是一个国王乐于文艺娱乐的时代，是一个贪恋床笫之欢的年代，是一个利己主义盛行的年代，也是一个艺术派别自立门户的年代，一个暴力泛滥而妇女没有地位的年代，当然，那也同样是一个爱情至上的年代。

归根究底，正如《莎翁情史》导演约翰·马登所说，该片用亦庄亦谐的手法，向我们讲述了伟大文学偶像莎士比亚在15世纪90年代的一段有关爱情的罗曼史。

莎士比亚的经典台词

1. 脆弱啊，你的名字是女人！

2. 生存还是死亡，那是个问题。（To be or not to be，that's a question.）

3. 放弃时间的人，时间也会放弃他。

4. 成功的骗子，不必再以说谎为生，因为被骗的人已经成为他的拥护者，我再说什么也是枉然。

5. 人们可支配自己的命运，若我们受制于人，那错不在命运，而在我们自己。

6. 美满的爱情，使斗士紧绷的心情松弛下来。

7. 太完美的爱情，伤心又伤身，身为江湖儿女，没那个闲工夫。

8. 嫉妒的手足是谎言！

9. 上帝是公平的，掌握命运的人永远站在天平的两端，被命运掌握的人仅仅只明白上帝赐给他命运！

10. 一个骄傲的人，结果总是在骄傲里毁灭了自己。

11. 爱是一种甜蜜的痛苦，真诚的爱情永不是一条平坦的道路。

12. 因为她生得美丽，所以被男人追求；因为她是女人，所以被男人俘获。

13. 如果女性因为感情而嫉妒起来那是很可怕的。

14. 不要只因一次挫败，就放弃你原来决心想达到的目的。

15. 女人不具备笑傲情场的条件。

16. 我承认天底下再没有比爱情的责罚更痛苦的，也没有比服侍它更快乐的事了。

17. 新的火焰可以把旧的火焰扑灭，大的苦痛可以使小的苦痛减轻。

18. 聪明人变成了痴愚，是一条最容易上钩的游鱼；因为他凭恃才高学广，看不见自己的狂妄。

19. 愚人的蠢事算不得稀奇，聪明人的蠢事才叫人笑痛肚皮；因为他用全副的本领，证明他自己愚笨。

20. 外观往往和事物的本身完全不符，世人都容易为表面的装饰所欺骗。

21. 黑暗无论怎样悠长，白昼总会到来。

22. 勤劳一天，可得一日安眠；勤奋一生，可永远长眠。

23. 女人是被爱的，不是被了解的。

24. 金子啊，你是多么神奇。你可以使老的变成少的，丑的变成美的，黑的变成白的，错的变成对的……

25. 目眩时更要旋转，自己痛不欲生的悲伤，以别人的悲伤，就能够治愈！

26. 爱情就像是生长在悬崖上的一朵花，想要摘就必须有勇气。

结　语

总之，莎士比亚的剧作是西方戏剧艺术史上难以企及的高峰。在他的戏剧中，展开了如此广阔的生活画面：上至王公贵族，下至生活在社会底层的平民百姓，社会各个阶层的人物都能够在剧中婆娑起舞，而每个人又有各自的爱憎、伤悲与欢乐，每个人都具有鲜明的个性特征。

然而，这位戏剧大家却只在幼年时，在当地的文法学校读过书。他虽受过良好的基本教育，但是未上过大学。之后，在曼妙的青春岁月里，他就告别了故乡，背起了行囊，独自去伦敦找寻属于自己的一片天空。

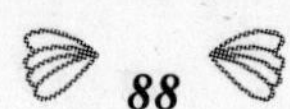

伦敦也以它的博大和宽容接纳了这个满腹才情的青年，在那里，他体验着最本质的生活，迸发出旺盛的创作激情，若干年后，这个青年和他的戏剧一起，成为英国历史长河中永远闪光的老照片。

读莎士比亚，你能读到他在初期作品里掩饰不了的浪漫、激情、乐观，就像《莎翁情史》这部影片独有的基调；能读到他在中期时表现出的现实、深沉、忧愤，就像《哈姆雷特》中王子的那个“to be or not to be”的抉择；也能读到他在晚年时期流露出的悠远、怀疑、虚无，就像《暴风雨》中自然表现出来的脱离现实，转向梦幻世界的倾向。

千言万语，汇成一句话：永远的莎士比亚，永远的浪漫情怀。

牛顿：经典物理学的无冕之王

我不知道在别人看来，我是什么样的人；但在我自己看来，我不过就像是一个在海滨玩耍的小孩，为不时发现比寻常更为光滑的一块卵石或比寻常更为美丽的一片贝壳而沾沾自喜，而对于展现在我面前的浩瀚的真理的海洋，却全然没有发现。

——牛　顿

领略牛顿的风采

那一刻，惊人的发现

按照广泛流传的说法，那是1666年的一个满月之夜，当一只苹果从树上落下时，艾萨克·牛顿（Isaac Newton）正坐在那棵树下沉思。他突然意识到，由于同一种吸引的力量即地球引力，月亮和苹果都会朝地球下落。他计算出，两个物体之间的引力随它们距离的平方而成反比例减小，距离加倍，则引力减小 4 倍。月亮与地心的距离（384000 公里）是苹果与地心距离（6400 公里）的 60 倍，故月亮下落的加速度比苹果小 60 × 60 = 3600 倍。然后他运用伽利略的自由落体定律，即下落距离正比于加速度，也正比于时间的平方，于是得出苹果在一秒钟内下落的距离与月亮在一分钟内下落的距离相等。月亮的真实运动是已知的，牛顿所估计的距离与之相符。他所发现的正是万有引力定律。

这是人类智慧最辉煌的业绩，对当时和后世的思想都有巨大的影响。数学家约瑟夫·拉格朗（Joseph Lagrange）说道："由于只有一个宇宙需要去解释，没有人再能重复牛顿所做的工作，他真是最幸运的人。"

西方人如果说一个人伟大，通常都是以光来作比喻的。基督教称耶稣带来了"光明"时代，而爱丁顿爵士则这样毫不吝啬地赞美牛顿：

"宇宙及其法则，都隐藏在黑暗中，
上帝说：让牛顿诞生吧！
于是，宇宙一片光明。"

艾萨克·牛顿（Isaac Newton，1643 年 1 月 4 日至 1727 年 3 月 31 日），英国数学家、物理学家和哲学家。他的万有引力定律和运动定律被称为是经典力学的基石，他还和莱布尼茨各自独立地发明了微积分，被誉为人类历史上最伟大的科学家之一。因为牛顿，经典力学又名为"牛顿力学"，而力的单位也叫做"牛顿"。此外，以牛顿命名的数学和科学术语还有"牛顿方程"、"牛顿—莱布尼茨公式"、"牛顿法"、"高斯—牛顿最小二乘法"、"牛顿环"、"非牛顿流体"等。

伟大的成就之三部曲

建立微积分

牛顿在他数学生涯中的第一项创造性成果就是发现了二项式定理。微积分的创立是牛顿最卓越的数学成就。切线问题、求积问题、瞬时速度问题以及函数的极大值和极小值问题等，在牛顿之前已经得到了人们的研究。但牛顿超越了前人，他站在了更高的角度，对以往分散的努力加以综合，将自古希腊以来求解无限小问题的各种技巧统一为两类普通的算法——微分和积分，并确立了这两类运算的互逆关系，从而完成了微积分发明中最关键的一步，为近代科学发展提供了最有效的工具，开辟了数学上的一个新纪元。

牛顿对解析几何与综合几何都有贡献。他在1736年出版的《解析几何》中引入了曲率中心，给出密切线圆（或称曲线圆）概念，提出曲率公式及计算曲线的曲率方法。

对光学的三大贡献

1666年，牛顿在家休假期间，得到了三棱镜，他用来进行了著名的色散试验。一束太阳光通过三棱镜后，分解成几种颜色的光谱带，牛顿再用一块带狭缝的挡板把其他颜色的光挡住，只让一种颜色的光再通过第二个三棱镜，结果，出来的只是同样颜色的光。这样，他就发现了白光是由各种不同颜色的光组成的，这是第一大贡献。

由于发现了白光的组成，进而他就设计和制造了反射望远镜。反射望远镜的发明奠定了现代大型光学天文望远镜的基础。

牛顿还提出了光的“微粒说”，认为光是由微粒形成的，并且走的是最快速的直线运动路径。他的“微粒说”与后来惠更斯的“波动说”构成了关于光的两大基本理论。此外，他还制作了牛顿色盘等多种光学仪器。

构筑力学大厦

牛顿是经典力学理论的集大成者。他的理论主要有万有引力定律和牛顿运动三定律。

万有引力的发现说明，天上星体运动和地面上物体运动都受到同样的规律——力学规律的支配。

在哈雷的敦促下，1686年年底，牛顿写出了划时代的伟大著作——《自然哲学的数学原理》一书。在这部书中，牛顿从力学的基本概念（质量、动量、惯性、力）和基本定律（运动三定律）出发，运用他所发明

的微积分这一锐利的数学工具，不但从数学上论证了万有引力定律，而且把经典力学确立为完整而严密的体系，把天体力学和地面上的物体力学统一起来，实现了物理学史上的第一次大综合。

少年小牛顿

1643 年 1 月 4 日，牛顿诞生在英格兰林肯郡小镇沃尔索浦的一个自耕农家庭里。牛顿是一个早产儿，出生时只有三磅重，接生婆和他的亲人都担心他能否活下来。谁也没有料到这个看起来微不足道的小东西会成为了一位震古烁今的科学巨人，并且竟然活到了 85 岁的高龄。

牛顿出生前三个月，父亲便去世了。在他两岁时，母亲改嫁给一位牧师，把牛顿留在外祖母身边抚养。11 岁时，母亲的后夫去世，母亲带着和后夫所生的一子二女回到牛顿身边。

5 岁时，牛顿被送到公立学校读书。少年时的牛顿并不是神童，他资质平常，成绩一般，但他喜欢读书，喜欢看一些介绍各种简单机械模型制作方法的读物，并从中受到启发，自己动手制作些奇奇怪怪的小玩意，如风车、木钟、折叠式提灯，等等。

有一次，小牛顿把风车的机械原理摸透后，自己制造了一架磨坊的模型，他将老鼠绑在一架有轮子的踏车上，然后在轮子的前面放上一粒玉米，刚好那地方是老鼠可望而不可即的位置。老鼠想吃玉米，就不断地跑动，于是轮子不停地转动；又一次，他放风筝时，在绳子上悬挂着小灯，夜间村人看去惊疑是彗星出现；他还制造了一个小水钟。每天早晨，小水钟会自动滴水到他的脸上，催他起床。他还喜欢绘画、雕刻，尤其喜欢刻日晷，家里墙角、窗台上到处安放着他刻画的日晷，用以验看日影的移动。

牛顿 12 岁时，进了离家不远的格兰瑟姆中学。牛顿的母亲原希望他成为一个农民，但牛顿本人却无意于此，而酷爱读书。随着年龄的增大，牛顿越发爱好读书，喜欢沉思，做科学小实验。

后来迫于生活，母亲让牛顿停学在家务农，赡养家庭。但牛顿一有机会便埋首书卷，以致经常忘了干活。每次，母亲叫他同佣人一道上市场，熟悉做交易的生意经时，他便恳求佣人一个人上街，自己则躲在树丛后看书。有一次，牛顿的舅父起了疑心，就跟踪牛顿上市镇去，发现他的外甥伸着腿，躺在草地上，正在聚精会神地钻研一个数学问题。牛顿的好学精神感动了舅父，于是舅父劝服了母亲让牛顿复学，并鼓励牛顿上大学读书。牛顿又重新回到了学校，如饥似渴地汲取着书本上的营养。

……

求学的岁月：有苦也有乐

1661 年，19 岁的牛顿以减费生的身份进入剑桥大学三一学院，靠为学院做杂务的收入支付学费，1664 年他成为奖学金获得者，1665 年获学士学位。

17 世纪中叶，剑桥大学的教育制度还渗透着浓厚的中世纪经院哲学的气味，当牛顿进入剑桥时，那里还在传授一些经院式课程，如逻辑、古文、语法、古代史、神学，等等。两年后，三一学院出现了新气象，卢卡斯创设了一个独辟蹊径的讲座，规定讲授自然科学知识，如地理、物理、天文和数学课程。

讲座的第一任教授伊萨克・巴罗是位博学的科学家。这位学者独具慧眼，看出了牛顿具有深邃的观察力、敏锐的理解力。于是将自己的数学知识，包括计算曲线图形面积的方法，全部传授给牛顿，并把牛顿引向了近代自然科学的研究领域。

牛顿在巴罗门下的这段时间，是他学习的关键时期。巴罗比牛顿大 12 岁，精于数学和光学，他对牛顿的才华极为赞赏，认为牛顿的数学才华超过自己。后来，牛顿在回忆时说道："巴罗博士当时讲授关于运动学的课程，也许正是这些课程促使我去研究这方面的问题。"

当时，牛顿在数学上很大程度是依靠自学。他学习了欧几里得的《几何原本》、笛卡儿的《几何学》及韦达等许多数学家的著作。其中，对牛顿具有决定性影响的要数笛卡儿的《几何学》和沃利斯的《无穷算术》，它们将牛顿迅速引导到当时数学最前沿——解析几何与微积分。

1665—1666 年，严重的鼠疫席卷了伦敦，剑桥离伦敦不远，为恐波及，学校因此而停课，牛顿于 1665 年 6 月离校返乡。

由于牛顿在剑桥受到数学和自然科学的熏陶和培养，对探索自然现象产生浓厚的兴趣，家乡安静的环境又使得他的思想展翅飞翔。1665—1666

年这段短暂的时光成为牛顿科学生涯中的黄金岁月，他在自然科学领域内思潮奔腾，才华迸发，思考前人从未思考过的问题，踏进了前人没有涉及的领域，创建了前所未有的惊人业绩。

1665年年初，牛顿创立级数近似法，以及把任意幂的二项式化为一个级数的规则；同年11月，创立正流数法（微分）；5月，开始研究反流数法（积分）。这一年内，牛顿开始想到研究重力问题，并想把重力理论推广到月球的运动轨道上去。他还从开普勒定律中推导出使行星保持在它们的轨道上的力必定与它们到旋转中心的距离平方成反比。牛顿见苹果落地而悟出地球引力的传说，说的也是此时发生的逸事。

总之，在家乡居住的两年中，牛顿以比此后任何时候更为旺盛的精力从事科学创造，并关心自然哲学问题。他的三大成就——微积分、万有引力和光学分析的思想——都是在这时孕育成形的。可以说此时的牛顿已经开始着手描绘他一生大多数科学创造的蓝图。

1667年复活节后不久，牛顿返回到剑桥大学，10月1日被选为三一学院的仲院侣（初级院委），翌年3月16日获得硕士学位，同时成为正院侣（高级院委）。1669年10月27日，巴罗为了提携牛顿而辞去了教授之职，26岁的牛顿晋升为数学教授，并担任卢卡斯讲座的教授。巴罗为牛顿的科学生涯打通了道路，如果没有牛顿的舅父和巴罗的帮助，牛顿这匹千里马可能就不会驰骋在科学的大道上。巴罗让贤，这在科学史上一直被传为佳话。

牛顿大事记

1643年1月4日，牛顿出生。

1661年，入剑桥大学三一学院，当工读生。

1665年，大学毕业。发明二项式定理。

1666年，发现万有引力、微积分学，研究光谱及望远镜。

1669年，任三一学院的数学讲座教授，开始讲授光学。10月27日，巴罗为了提携牛顿而辞去了教授之职，26岁的牛顿晋升为数学教授，并担任卢卡斯讲座的教授。

1672年，被选为皇家学会会员。

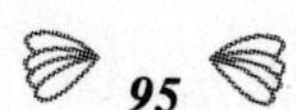

1675 年，发现“牛顿环”，提出光的“微粒说”。

1687 年，《数学原理》出版，举世震惊。

1703 年，任皇家学会会长。

1704 年，《光学》出版。

1705 年，被安妮女王封为爵士。

1727 年 3 月 20 日，牛顿病逝于伦敦郊区。英国政府为他举行了隆重的国葬。同其他很多杰出的英国人一样，他被埋葬在了威斯敏斯特教堂。他的墓碑上镌刻着：

让人们欢呼，这样一位多么伟大的人类荣耀者曾经来过。

牛顿与剑桥和苹果树的不解之缘

提起牛顿，就不能不提起那棵独特的苹果树。天才的苹果树在那里静静地守候了几千个日日夜夜，直到有一天，一个叫做牛顿的英国人，深入而仔细地剖析了它，这个“知遇之恩”让它一下成为了这世上最了不起的苹果树。一个苹果的偶然落地，却是人类思想史上的一个巨大的转折。

而牛顿，似乎与剑桥有着与生俱来的不解情缘，他一生中最美好的时光是在剑桥度过的，他最辉煌的成就也是剑桥承载的，剑桥是牛顿的心灵停泊的港湾。这位经典物理学的无冕之王，若是疲惫了、厌倦了，只要来到剑桥，看一看幽美的风景，数一数柔嫩的水草，整个身心就都会醉倒在了康河的款款柔波里。对牛顿而言，剑桥不仅仅只是他学习和工作的地方，而且还是他心中的一片净土，是一方可以寄放灵魂的永远的家园。

剑桥大学里的牛顿数学桥

牛顿数学桥是剑桥大学城里的一大景观，全桥由 7177 根大小不一的木头衔接而成，有 10299 个接口，如果以一个接口用一枚铁钉来计算的话，那么至少需要 10299 枚铁钉。但牛顿把所有铁钉都倒进了河里，整座桥没用一枚铁钉，这就是数学的奇妙。多少年来，剑桥数学系的高才生们都梦想解破数学桥的奥秘，换句话说，就是想在纸头上造一座跟数学桥一模一样的桥。但如愿者无一。多数人设计出来的桥至少需要上千枚铁钉才能达到原桥同等效果，只有少数几人把铁钉数量减少到千枚数之内。有个冰岛人，他创造了有史以来的最好成绩，把铁钉数减少到561枚。

由著名数学家佩德罗·爱默博士担任主席的牛顿数学桥评审委员会为此做出承诺，谁只要在此基数上再减少铁钉数量，哪怕只少一枚，就能直接荣获剑桥大学数学博士学位。

有人说，假如剑桥大学有史以来仅仅培养出牛顿这一个学生，那也是值得的，因为，如果没有牛顿，人们所熟悉的20世纪就不会出现。20世纪当然会出现，只是也许不是我们熟悉的。

牛顿在剑桥的苹果树成了人们寻找的神树。三一学院（Trinity College）门口有一棵小苹果树，据传这就是"THE APPLE TREE"——牛顿发现万有引力的那棵树。最有名的一个说法是：在假期里，牛顿常常在自家花园里小坐片刻，有一次，像以往屡次发生的那样，一个苹果从树上掉了下来……一个苹果的偶然落地，使那个坐在花园里的人开了窍，引起他的沉思：究竟是什么原因使一切物体都受到差不多总是朝向地心的吸引呢？牛顿一拍脑门。终于，他发现了对人类具有划时代意义的万有引力。

牛顿在剑桥的苹果树

牛顿家里的苹果树

三一学院大门

剑桥大学仍保留着当年牛顿就学时住的宿舍，经常有人慕名而来参观。但让人意外的是，剑桥大学并没有顺水推舟，把这里改建成为一个收费参观景点，现在还是学生宿舍，唯一不同的就是能住进去的都是最优秀的学生。想那百年老屋，设施陈旧，舒适肯定是说不上的，可学生们都以能入住为荣耀。这也是每年刚入校新生和许多游客们的必来瞻仰之地，那人、那屋、那树，实在是令人神往，让人心仪。

牛顿有幸，苹果树更有幸。

三一街

感悟剑桥　感悟英国

提到剑桥，我们就会想到著名诗人徐志摩的传世名诗《再别康桥》。诗人眼里的剑桥，是以文字绘就的一幅内涵隽永、意境迷人的水彩画。

从此，剑桥这个名字，就牵动着多少中国人的心灵，成为多少中国学子心里解不开的情结。

剑桥又名康桥，是“Cambridge”的另一种中文译法。走近剑桥，那清幽的康河和古老的小桥，能够让人立刻感悟到她的自然灵性和脉脉温情，诗人的浪漫心语顿时飘入脑海：

看一回宁静的桥影，数一数螺细的波纹；我倚暖了石阑的青苔，青苔凉透了我的心坎。

风景秀丽的剑桥镇因英国著名的皇家学院——剑桥大学而世界闻名。剑桥大学成立于1209年，剑桥的31个学院错落有致地分布在只有10万人左右的小镇里，著名的康河横贯其间。

剑桥大学在英国《卫报》全球大学综合实力等级评估中获总分第一名。

漫步在剑桥曲曲折折的街道，满目皆是精雕细绘、线条秀美的建筑群，窗外吊挂着成排的花篮，一簇簇红色、黄色、紫色、蓝色和白色的小花欣然地盛开着，点缀着经历过几个世纪的褐色的外墙，相映成画。这样的风景虽然在英国的其他许多城镇也可以见到，但是，剑桥的街道更美，因为她有一种超凡脱俗的韵味和气质。

剑桥的许多著名学院都有精致的后园，有草坪、花圃、树木、水池，经常有人坐在那里的长椅上读书，神态恬静而优雅。

国王学院教堂是剑桥的标志性建筑之一，它的扇形穹隆和记述圣经故事的彩绘玻璃庄严肃穆，幽暗柔和的光线投射进教堂内，更显得高贵和神秘。据说，在每年的圣诞节，英国国家广播公司（BBC）都会在这里向全世界现场直播圣诞歌声。

据说，剑桥的教学实行独特的导师制，就像钱锺书先生的《围城》里所写的那样，学生由导师挑选。教育方法强调以自学力主。学院则负责学生的住宿、膳食、文娱活动及对学生的个别辅导。剑桥不仅是科学家的摇篮，也是孕育文学家的地方。毕业于剑桥大学的徐志摩写道：

就我个人说，我的眼是康桥教我睁的，我的求知欲是康桥给我拨动的，我的自由的意识，是康桥给我胚胎的。

身处英国，你会深深感受到，这是一个悠闲的国度。在路上，你看不到行色匆匆的行人；路边的长椅和草地上，总是有人坐在那里闲谈或读书；在幽雅的咖啡馆和酒吧里，人们慢慢地品尝着啤酒或咖啡，仿佛在品味英国人几百年来一成不变的生活。在英国，放眼周围的环境，满目葱绿，一尘不染，空气清新，就连阳光也是温柔的。在这样的环境下，浮躁的心也会渐渐归于平静。这里的生活，安静而又祥和，就在那一刻，时间仿佛都停止了脚步，醉倒在你纯净的思想里。

正宗的“牛顿苹果树”在哪里：相传已于1820年被砍了

谁都知道这样一个传说：当年牛顿看见苹果从树枝上掉下来，第一个联想到为什么物体会往下掉，于是终于创立了万有引力定律。现代科学史学家一致认为，这仅仅是一种传闻。

不过，牛顿在林肯郡的庄园确实有一个古老的苹果园，牛顿经常喜欢坐在里面休息。就像当年希腊有7个城市都为自己是荷马的故乡而争论不休那样，现在世界上也有几家园林自豪地向人们介绍，自己的苹果树都是由当年牛顿观察过的那棵树嫁接培育而成。一组英国遗传学家介入了此事。他们决定采用“遗传指纹”鉴别法，将参与竞争的各棵树的DNA基因组的排列序列与“原始树”相对照。这种方法虽说不能明确无误地直接找出该树的“后代”，但可以在参与竞争的果树中排除与正宗“牛顿苹果树”毫无关系的对手。然而，情况的复杂性在于，那棵“牛顿苹果树”已于1820年，即这位科学家死后将近一个世纪被砍伐了。鉴于这种情况，约克大学物理学家理查德·基辛格来到牛顿庄园。他随身带来一幅1820年该庄园的写生画，上面就有这株被砍伐的果树树桩。凭着这幅图画，他终于找到了这棵树桩。专家们将这棵树的DNA标本与5株参与竞争的果树对照。结果显示，英国剑桥大学内的两株树最有可能是正宗“牛顿苹果树”的后代，而美国马萨诸塞理工学院的几棵树则与此无缘。

认识你所不知道的牛顿

风经过的声音，你能够听见
苹果呢喃的声音，你也能够听见
那么，闪光的思想沉落在心灵深处的声音——你听见了么？

初春的冰雪悄悄融化的声音，你能够听见
万物蓬勃生长的声音，你也能够听见
那么，心灵深处另一朵独特的花开的声音——你听见了么？

科学巨人牛顿的另一面

正如人们所熟知的那样，牛顿是英国伟大的物理学家、数学家和天文学家，提出过万有引力定律、力学三大定律、白光由各色光组成的理论，并开创了微积分学，等等。

然而，人们往往倾向于把科学史上具有划时代意义的伟大科学家看做是品德高尚的天才和圣人，无数荣誉和光环围绕着他们，使人们难以了解他们作为普通人的真实性情。新近出版的《牛顿传：最后的炼金术》，通过大量翔实的资料和原始档案，还原了一个真实的牛顿。

这位站立在巫术终结和科学兴起的历史转折点上的天才，通过对未知世界永无止境的探索，使他成为有史以来最伟大的科学家之一，也使他将自己一生中更多的精力花费在炼金术上，牛顿总共留下 50 多万英文单词的炼金术手稿和 100 多万单词的神学手稿，而这些工作与他的科学发现很难说是毫无关联的。此外，他还专门研究过治疗想象中他所患疾病的药物。

该书作者基于科学发生学的视角，提出了牛顿痴迷炼金术与奠立近代科学基础之间的重大关联。他借助牛顿遗留下来的重要信件和从未发表过的笔记，阐释了牛顿从事炼金术和神学研究对于他发现万有引力，以及后来进行的统一场论研究的作用。

值得一提的是，直到 1936 年，牛顿真实的另一面才逐渐显露出来，而这要归功于 20 世纪的经济学大师、牛顿研究者约翰·梅纳德·凯恩斯。当时，有一批牛顿遗留下来的文件在苏富比拍卖公司拍卖，这些文件是大约五十年前由剑桥大学所接受的捐赠中被认为“不具科学价值”的一部分收藏品。结果，凯恩斯在拍卖中购得这批文件。

凯恩斯在研读这批从未向世人公布过的秘密文件后，于 1942 年在英国皇家学会发表演说，将历史上这位最著名和最崇高的科学家描绘成一个受到争议的性格偏执者。从 18 世纪以来，牛顿一向被认为是第一个，也是最伟大的近代科学家，是一个理性主义者，他教导我们做出冷静的思考和无偏的推理。可是现在我要说，我不认为如此，我不认为任何人在看完那一箱文件之后，还会把他看成是那样一位道德高尚的伟人。”

无独有偶，当今世界上最伟大的物理学家史蒂芬·霍金在《时间简史：从大爆炸到黑洞》一书中也对牛顿做过不客气的评价：牛顿不是一个讨人喜欢的人，他和其他院士的关系声名狼藉。他晚年的大部分时间都是在激烈的争吵中度过的。他有意识地报复了皇家天文学家约翰·夫莱姆斯梯德，又与德国哲学家莱布尼茨发生了更为严重的冲突。莱布尼茨和牛顿各自独立地创造了微积分，尽管牛顿发现微积分要比莱布尼茨早若干年，但他很晚才出版自己的著作。于是，谁是微积分的第一创造者，成了当时科学界争吵的一件大事。

值得注意的是，大多数为牛顿辩护的文章均出自牛顿本人之手，只不过是用朋友的名义发表的。无奈的莱布尼茨只得请求英国皇家学会予以裁定，而作为皇家学会会长的牛顿指定了一个由牛顿自己的朋友所组成的“公正的”委员会来审查，更有甚者，牛顿自己写了委员会的报告，以皇家学会的名义发表，正式谴责莱布尼茨剽窃。

至于牛顿为什么痴迷于炼金术，也颇令人费解。人们很难相信，对财富并非极度渴望的牛顿，只是为了获取财富之源会花费那么多精力，但同样不能令人信服的是，他是在通过这种形式进行科学探索。那么，只有一种解释可能较为可信——牛顿的自大，使他希望通过炼金术试验的成功来超越他那个时代和以往数百年间的竞争对手。

如果我们以今天的眼光来审视炼金术，我们应当承认它至少带来了一些有用的技术和工具。并且炼金术可能或多或少地激发了牛顿的灵感，有助于他在科学领域中的探索和发现。

从牛顿这些鲜为人知的故事中，我们可以得到的启示是，科学巨人同样可能走向歧途，他们的人格或个性也可能存在着这样或那样的缺陷，但是，他们对世界文明的贡献却是第一位的，而这些有利于社会进步的探索则永远不会被贬低或者忘却。

怪异的牛顿

牛顿并不善于教学，他在讲授新近发现的微积分时，学生都接受不了。但在解决疑难问题方面的能力，他却远远超过了常人。早在学生时，牛顿就发现了一种计算无限量的方法。他用这个秘密的方法，算出了双曲面积到250位数。他曾经高价买下了一个棱镜，并把它作为科学研究的工具，用它试验了白光分解为有颜色的光。

开始，他并不愿意发表他的观察所得，他的发现都只是一种个人的消遣，为的是使自己在寂静的书斋中解闷，他独自遨游于自己所创造的超级世界里。后来，在好友哈雷的竭力劝说下，才勉强同意出版他的手稿，才有划时代的巨著——《自然哲学的数学原理》的问世。

作为大学教授，牛顿常常忙得不修边幅，往往领带不结，袜带不系好，马裤也不扣纽扣，就走进了大学餐厅。有一次，他在向一位姑娘求婚时思想又开了小差，他脑海里只剩下了无穷量的二项式定理。他抓住姑娘的手指，错误地把它当成通烟斗的通条，硬往烟斗里塞，痛得姑娘大叫，离他而去。牛顿也因此终生未娶。

牛顿从容不迫地观察日常生活中的小事，做出了科学史上一个个重要的发现。他马虎拖沓，曾经闹过许多的笑话。一次，他边读书，边煮鸡蛋，等他揭开锅想吃鸡蛋时，却发现锅里是一只怀表。还有一次，他请朋友吃饭，当饭菜准备好时，牛顿突然想到一个问题，便独自进了内室，朋友等了他好久还是不见他出来，于是朋友就自己动手，把那份鸡全吃了，鸡骨头留在盘子里，不告而别了。等牛顿想起，出来后，发现了盘子里的骨头，以为自己已经吃过了，便转身又进了内室，继续研究问题。

牛顿的星象分析

天生科学狂

太阳星座往往决定一个人的人生观。太阳星座落入摩羯座的牛顿天生就对科学有着浓厚的兴趣。

水星代表一个人的童年时期。牛顿的水星落入射手座，这类人其实思维比较活跃，想象力丰富，但这些人并不喜欢按部就班地做事情，少年时代的牛顿并没有表现出什么异于常人的地方，平日总爱胡思乱想，做白日梦，功课很差，但却非常喜欢动脑筋，做各种各样的模型。

天才往往离不开天王星，倒不是顾名思义，如果一个人缺乏创新与变

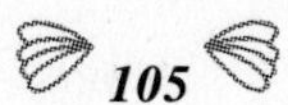

革就很难称为天才，而命盘中的天王星正是影响你是否有革新的力量。牛顿拥有一个强而有势的天王星。天王星落入天蝎座，这使得他对宇宙中神秘的事物会产生极大的兴趣而孜孜不倦地深入探索，且赋予他源源不断的科学创新灵感，也使得这些灵感得到实施，最终创立了著名的光学和力学理论。

牛顿出生前三个月父亲就去世了，两年后母亲又改嫁。天王星跟金星、月亮的矛盾使他从小家庭生活就比较动荡不安，比平常人家的孩子少了一些家庭的温情。虽然如此，月亮与天王星给他带来强烈而又不凡的想象力及异于常人的才干，因此他成就的不单单是一个伟大的科学家！

罕为人知的星象学家

爱因斯坦曾说过："神秘，是一切真正科学的源泉。"星象学跟天文学是密不可分的，作为天文学家的牛顿自然对星象学也颇有研究。

他曾预言，在他死后23年，也就是公元1750年的头三个月内，会发生北极光风暴与伦敦大地震。结果正如他所说，在1750年2月，发生北极光风暴，接着就是伦敦大地震，加上时速达一百英里的强风，数千人因此而丧生。牛顿的依据是，那时将有日食，月亮在近地点，而且这时候木星也正好接近地球：由此他推论会引起地震以及大气层的活动。

占星学正是天王星所管辖的领域，命盘中天王星强的人对占星有着异于常人的兴趣以及天赋，尤其当天王星作用在命盘中的日月上的时候，而牛顿正是拥有了这样的天赋。冥王星也赋予了他极强的意志力和洞察力。

由于星象学是牛顿步入晚年时期才深入去研究的，相对他在物理、数学、天文学等方面的卓越成就，他对星象学的钻研就鲜为人知，可是，他在占星学上的准确无误的预言使他无愧于"星象学家"这一称号。

牛顿也"抑郁"

不可否认，英国科学家艾萨克·牛顿和德裔美国科学家阿尔伯特·爱因斯坦算得上人类历史上最伟大的两位物理学家，但英国科学家认为，这两位天才可能患有阿斯伯格综合征。

阿斯伯格综合征是孤独征的一种，此病患者缺乏社交和交流技巧，并会强迫自己做一些事情，但他们的学习能力和智力并不受影响。

尽管目前不可能对两位死去的天才做出准确的诊断，但剑桥大学科学

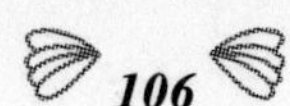

家西蒙·巴龙－科恩和牛津大学科学家伊万·詹姆斯仍对他们的个性进行了研究。他们的研究已刊登在英国的《新科学家》杂志上。

《新科学家》杂志说："牛顿看起来有些传统。他很少说话，对工作专心致志，有时经常会忘记吃饭，对他仅有的几个朋友也显得比较冷淡和脾气不好。"

科恩认为，爱因斯坦也是个不合群者，当他还是个孩子的时候，就不断地重复着一些句子。尽管爱因斯坦也会交朋友，并会就一些政治问题发表谈话，但他仍旧表现出一些阿斯伯格综合征的症状。

结　语

一个苹果的偶然落地，却是人类思想史上的一个巨大的转折。是这只苹果成就了牛顿吗？众说纷纭之时，牛顿依然一如既往地耕耘在他的力学领域里，丝毫不去理会世事的沉浮。于是，就有人说他乖张，就有人说他是个偏执狂，然而不管怎样，我们必须承认，成功的人总有他聪慧的天资和过人的秉性。

还要感谢剑桥，这个世界级的著名学府，给予牛顿的，不仅仅是求知和工作的地方，更是一个广阔的舞台，牛顿在那里旋转人生，旋转精彩。慷慨的剑桥包容了牛顿的偏执和张狂，牛顿当然也以智慧和成就回报了同样的精彩。这恰恰是剑桥最具有魅力的地方。康河不大，却足以承载许许多多不同的思想，任何人都可以在这里找到自己的优势与发展空间。在这样自由的氛围，个人的天性可以无拘无束地发展、张扬，于是，学术之花在剑桥开得争奇斗妍，无比芬芳；于是，剑桥自诞生之日起就一直是顶尖级的知识圣地，被世界各地的爱学少年景仰、膜拜，心驰神往。这段牛顿与剑桥的悠悠情缘，会一直是剑桥史上的佳话，千古流传。

牛顿的智慧不仅仅在于他发现了万有引力定律，而是他的这个发现，是那样深刻地影响了直到现在的人们的生活，我们的思维、我们的轨迹，都因为它而发生了巨大的变化。21 世纪的今天，我们再来看牛顿，应该怀着一颗景仰的、虔诚的心。因为牛顿思想的光辉，早已或多或少地流泻到了我们的内心深处，启迪着我们的心智，滋润着我们的心灵。

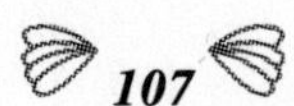

撒切尔夫人：永远的英国“铁娘子”

人类所有的成就都建造在沙滩上，我们的胜利和我们的不幸转瞬即逝。我们不能预见未来，更不用说决定未来……作为首相，当时我渴望取得的最大成就也就是给予我的继任者一个更为美好的国家。

——玛格丽特·撒切尔

撒切尔夫人的别样精彩

历史的惊鸿一瞥

随着工党执政，撒切尔夫人感到自己在的国内得到的掌声越来越少，因此她更多地想在国外寻找昔日的光环。1997 年她举行了近 20 场演讲会，但只有 3 场是在英国举行的。然而，撒切尔夫人仍未放弃掌控保守党的企图。从梅杰到前任保守党党魁黑格，她都没有放弃控制。在 2004 年 10 月 3 日的保守党代表大会上，尽管大会没有安排她发言，但这丝毫也阻止不了她随时随地发表自己的高见。她还明确赞扬像个毕恭毕敬的小学生一样站在她身边的保守党主席、年仅 39 岁的黑格。

然而，撒切尔夫人还是失败了，黑格还是在大选中名落孙山，英国国民已经对“撒切尔主义”没有多少兴趣了。布莱尔甚至明确指出，“撒切尔时代”已经成为历史。但是，撒切尔夫人的高大形象和她叱咤风云的十一载，却永远不会消失。每一个英国人都知道她，她曾住活跃在 20 世纪的英国政坛上，对当时及以后的全球政治，都产生了如此广泛与深刻的影响。

那么现在，就让我们静静地走近她，去体味这个伟大女性的别样人生……

如果世界要树立一位靠自己的拼搏和努力走向人生辉煌的楷模，那么撒切尔夫人是绝对胜任的。

如果世界要评选一位最伟大的成功女性，那么撒切尔夫人是当之无愧的。

作为杰出的、成功的一位女性，撒切尔夫人是全世界女性的骄傲。她是英国历史上唯一蝉联三届的女首相，这本身就是一个传奇。因此，她的人生经历引起了全世界的广泛关注。她执政十一载，风云十一年，屹然鹤立于英国保守党这块“男人的领地”中，成为一名优秀的政治家。她是完全凭借自己的拼搏和努力，从小镇杂货商的家庭中走出，然后一步步地踏向至高无上的权力宝座。

闪光的政治思想：撒切尔主义

1979 年撒切尔夫人上台后，英国经济政策发生了根本性转变，她按照保守党的既定方针，进行了一系列经济和社会改革。撒切尔夫人推行的以经济改革为核心的内外政策，构成了撒切尔主义的基本内容。

概括起来，撒切尔主义的主要内容包括以下几个方面：

第一，以货币主义代替凯恩斯主义作为整顿经济的基本方针。撒切尔夫人一反过去那种实行国家干预的做法，而采取了控制货币发行量、抑制通货膨胀、稳定币值、减少国家干预、重视发挥市场作用的做法，以此来扭转英国经济衰退的局面。

第二，大力推行非国有化和私有化政策。通过把国有企业的股份大量出售给个人和鼓励私人资本进入国营领域等办法来提高企业的经济效益，同时把大量公房出售给私人，使拥有私房的家庭显著增加。

第三，对英国工会和罢工运动采取强硬政策，以取代过去所采用的协商、谈判和妥协方针。

第四，实行有利于中上阶层的税制，并对福利制度进行改革。主要措施是降低所得税，实行“人头税”，削减教育经费，改革国民医疗服务制度等。

第五，实行强硬而务实的外交政策，在国际事务和外交政策中努力提高英国的国际地位和影响。

在教育领域，撒切尔夫人也进行了一系列“激进”的改革。她首先废除了 1976 年由工党政府制定的教育法，从而取消了对综合制改组的强制性。1979 年执政后，她采取进一步行动，停止综合教育运动和强化独立学校。1980 年实施“补助学额计划”，该计划规定，政府为来自低收入家庭的优秀学生进入独立学校学习提供全额或部分学费补助。这项计划的实施使低收入家庭的学生拥有与富裕家庭同样的选择权，从而有效地促进了社会的流动。

撒切尔主义延续了保守主义的基本原则，从根本上维持了现有制度，它反对触动现有制度的变革，反对社会主义包括科学社会主义和工党的

“民主社会主义”，从根本上反对工人运动和工会组织。因此，我们可以说撒切尔主义是脱胎于古典保守主义的当代新保守主义。

撒切尔的各项措施，像一支舰队，虽然阻力重重，但由于有她的领航，还是乘风破浪，一往无前。到了1988年，英国经济一片大好：通货膨胀率下降，就业增加，人均收入提高，财政出现盈余，出口增加，人均实际产量增长率超过美国、德国和法国，而英国的国际地位，也开始回升。

用撒切尔的话说，这是“经济奇迹”，反对党人士也不得不承认：“这个国家，还存在很多弊端，但是，任何一位不持偏见者，都会为这种深刻的变化感到震惊。”

撒切尔夫人的生平大事记

姓名：玛格丽特·希尔达·撒切尔。

性别：女。

出生年月日：1925年10月13日。

出生地：英格兰肯特郡格兰瑟姆。

学历：牛津大学理学士、文科硕士学位。

职务：原英国首相。

1943年，进牛津大学萨默维尔女子学院攻读化学。大学时代参加保守党，并担任牛津大学保守党协会主席。

1947—1951年，任两家化学公司的化学研究员，利用业余时间攻读法律，1953年，林肯律师协会批准她为律师。

1959年，当选为保守党下院议员。

1961—1964年，任年金和国民保险部政务次官。

1964—1970年，任下院保守党前座发言人。

1970—1974年，任教育和科学大臣。

1975年2月，当选为保守党领袖。

1979年5月，大选获胜，出任首相，成为英国历史上第一位女首相。

1983年6月和1987年6月连任首相。

1984年12月，访华时与中国政府总理正式签署中英关于香港问题的

联合声明。

1990年11月，辞去首相职务。

1992年6月，被封为终身贵族。

1993年5月，任威廉—玛丽学院第二十一任名誉院长。

……

撒切尔夫人：只有时间能让她倒下

2005年10月13日，撒切尔夫人风光地度过了八十寿诞，650多名尊贵嘉宾光临生日宴会现场，其中包括英女王伊丽莎白二世和英国现任首相布莱尔。但在寻常日子里，这个卸下了权力的女人已经逐渐变成一个平凡、孤独的老妇人。与撒切尔夫人有30年交情的老朋友琳达·麦克道佳尔曾在撒切尔夫人77岁生日前夕拜访她，发现这位昔日结交广泛的政治强人只收到了4张生日贺卡。“这个孤独的老人把可怜的几张生日卡仔细摆放在壁炉台上，虽然她曾经期望起码可以收到几十张。”

尽管如此，她的继任者却发现，“撒切尔”仍然是一个绕不过去的名字，无论你支持她还是反对她，她都在那里。1997年，工党战胜了保守党，新首相布莱尔上任后立即表示，他的政府要继续贯彻“撒切尔主义”，并结束英国人习以为常的社会福利制度。3年以后，布莱尔在撒切尔下台10周年之际又迫不及待地宣布“撒切尔时代已经结束”。连保守党代理主席彼得·黎利，过去撒切尔夫人最忠实的助手之一，也公开表示撒切尔主义已经过时：“公众的最大不满在于保守党对福利制度的敌意，保守党必须直认不讳，自由市场机制在推动医疗、教育和福利等公共事业方面能力有限。”

但时至今日，不少英国人仍然感到，他们的生活和这个如今已经深居简出的老妇人息息相关——她仍然影响着这个国家。

“布莱尔的新工党和撒切尔的老遗产——好的方面与坏的方面，塑造了今日英国。”一家英国媒体这样评价，“尽管撒切尔执政只有11年，但她的影响会一直持续数十年时间。”“我们明白自己要做什么，于是去落实、去执行。大英帝国再次壮大了。”

撒切尔上台后，开始了大刀阔斧的改革，她削弱工会组织的影响，对国有企业进行大规模私有化。1982 年，英国的失业率急剧上升，民众抗议之声不断，撒切尔眼看就要结束她短暂的政治生涯。就在此时，英国和阿根廷陷入外交纠纷，两国对马尔维纳斯（英国称福克兰）群岛（以下简称“马岛”）的归属问题互不相让，最终导致谈判破裂。4 月 1 日，阿根廷派出仅有的一艘航空母舰占领了马岛。撒切尔在议会上院演讲中慷慨激昂，宣称“大英帝国的旗帜一定要在马岛重新升起”。受到撒切尔的感染，英国国会全票通过议案，出兵马岛。

短短两个月的时间，阿根廷守军投降，撒切尔因此获得“铁娘子”称号。马岛一役直接稳固了她在英国国内的政治地位。

在一次被问到“你可以为我们做些什么”的问题时，信奉“自由主义”经济观、作风强硬的撒切尔夫人毫不犹豫地说：“我唯一能给你的就是：让你更自由地为自己做事。”

给中国人留下最深刻印象的大概是撒切尔与邓小平在香港问题上的博弈与交锋。1984 年 12 月 9 日，中英两国代表在北京人民大会堂正式举行签字仪式。这是关系到香港前途的具有历史性意义的重要一刻。签字仪式结束后，年近花甲的撒切尔夫人出席中方举办的国宴，乘兴豪饮了三杯。当她酒意微醺地走出大会堂，突然在台阶上打了个踉跄，单膝跪倒。附近的记者端起相机，抢下这一镜头。这一跪，成为各国报纸第二天最抢眼的新闻。

“我喜欢争辩，我不希望任何人干坐那儿，一味地附和我。”

英国人对撒切尔爱恨交加，支持者认为她带领英国走出了经济困境，提高了英国的国际地位；反对者认为她就是一个不折不扣的独裁者、自大狂，几乎毁掉了英国的福利制度。

十几年过去了，撒切尔在普通民众中的分裂形象依然存在。2002 年，在 BBC 举办的“100 名最伟大的英国人”评选中，她名列第 16 位——排在她前面的包括丘吉尔、黛安娜和莎士比亚。仅仅一年后，英国电视台 Channel 4 举办了一场“你最痛恨的 100 个最坏的英国人”的民意调查。参选条件是“目前还活着，并且没有关在监狱或者正被起诉的人”。撒切尔夫人荣登探花——排在她前面的是现任首相布莱尔和大胸艳星乔丹。

2002 年，在与丈夫丹尼斯爵士赴马得拉群岛度假庆祝 50 周年金婚纪

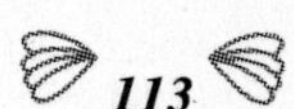

念日时，77 岁的撒切尔夫人轻度中风，此后又发作了数次，撒切尔被迫不再进行公开演讲，并退出一切公众活动。虽然撒切尔夫人办公室发表声明说，这只是预防措施，撒切尔夫人并未因中风丧失说话能力或瘫痪，但英国舆论还是纷纷直言：撒切尔夫人的引退，代表了“一个时代的终结”，而保守党党魁们对此表示“难过”，内心却深感从此可以摆脱撒氏阴影，消除外界对保守党仍由铁娘子“垂帘听政”的印象。

“政治上，假如你想要的是空谈，去找男人；假如你想有些作为，去找女人。”

虽然撒切尔夫人坚持照顾家庭，甚至坚持为丈夫和孩子亲手煮早餐，但她从来不掩饰自己的女权主义倾向，早在伊丽莎白女王即位之前，撒切尔就在一篇公开发表的文章中写道：“假如伊丽莎白女王即位，真能消除反对有抱负的妇女登上最高权位的最后一丝偏见的话，那么一个妇女解放的新时代，就真的即将来临了。”

在 1979 年撒切尔夫人上台之前，英国朝野普遍担心她与女王伊丽莎白二世这两个强大的女人将会如何相处，但事实上，撒切尔这个从来不把男人放在眼里的女人，却对另一个女人保持了终其一生的谦恭与忠诚，她也因此获得了女王的尊重与信任。在女王所有首相中，撒切尔夫人被认为是“最顺从的仆人”。

即使是钢铁般的女人，在时间面前也无能为力，琳达·麦克道佳尔 2003 年在《星期日泰晤士报》上写道，她被老年撒切尔夫人的变化“震惊”了：“这么多年来，我一直羡慕她那股自信，但现在，我从她身上看到的是恐惧和不安。”

2003 年年底，丹尼斯因心脏病去世，不知疲倦的铁娘子突然陷入孤独，并以前所未有的速度奔向衰老，逐渐丧失了参与政治的兴趣与体力。布莱尔在国内提出一项颇具争议的提案，认为应该为撒切尔夫人举行风光国葬，使之成为继前首相丘吉尔逝世四十多年后，首位享受国葬待遇的英国平民。

目前，这位年过八十的男爵夫人暂无任何生命危险，但照料她的人员已开始连续数月讨论葬礼的细节。

撒切尔夫人：铁骨柔情真女人

在现代世界政治中，英国前首相玛格丽特·撒切尔的“铁娘子”绰号无疑是非常著名的。她的这个绰号最早出现在1976年。

很多人相信，这个绰号的出现改变了她的形象，也改变了世界历史的进程，并且帮助她赢得了三次英国大选。人们一直认为，这个特定的绰号是苏联当局炮制的，其本意是为了给她的脸上抹黑。如今，关于这个绰号的真实来历以及它的最初构想者已经水落石出了。

但是，不论她是怎样的“铁娘子”，作为女儿身，骨子里流淌的，始终都是一脉柔情。美丽端庄的她，在最美好的年华里，邂逅了最真挚的感情。就是这份简单婚姻简单爱，不哗众不取宠，却成为她政治生涯能够取得如此成功的一个重要原因。毕竟，“铁骨柔情真女人”才是她的真实写照。

“铁娘子”绰号的来源之谜

1976年，当时的尤里·加夫里洛夫是个年轻军官，在苏联红军的《红星报》当记者。有一天，他突然冒出个念头，决定把撒切尔夫人和德国的铁血宰相俾斯麦相提并论。最近，他首次公开了这一事件的内幕。

将她与俾斯麦相提并论

加夫里洛夫说：“这的确是我的想法，我也没有受过任何人的启发。我把这个称号写在了

1976年1月24日一篇文章的标题中。当时，似乎人人都喜欢这个说法，她的反对者认为这准确地点明了她的倔强和顽固，而她的支持者则把这看成是力量的象征。”

加夫里洛夫是在读了撒切尔夫人的一份演讲稿后，想到这个绰号的。

当时，撒切尔夫人还是英国反对党的领袖，她的那份演讲稿的题目是《唤醒英国》，她在演讲中特意警告世人要注意苏联的威胁。

加夫里洛夫说：“我脑子里首先联想到的就是俾斯麦，他的称号是铁血宰相。但我无法用一个男性化的词汇来形容撒切尔夫人，因此我把首相一词换成了娘子。我至今还为能够想到这个绰号而自豪，但我没有任何冒犯的意思。只是，我那时候的确感到苏联正面临着一个强劲的对手。她不会没完没了地谈论和平和友谊，她会无视英国国内的反战运动并成为美国的最坚定的盟友。”

在撒切尔本人的自传中，她曾把这个绰号的来历归之于苏联的新闻机构塔斯社。

她写道，在1979年大选获胜后不久，在去东京参加7国首脑高峰会议的路途中，她曾在莫斯科短暂停留。在那里她意外地受到了苏联总理的接见。

“苏联如此关注我的动机不久就很清楚了，”她写道，“他们想知道关于铁娘子的更多的信息，这是我在1976年的一次演讲后，塔斯社给我的一个绰号。”

事实上，当时塔斯社是从《红星报》借用了这个绰号。

在加夫里洛夫的文章标题出现之前，英国之外对撒切尔夫人还知之甚少。因在担任英国教育大臣期间取消了英国学校的免费牛奶，她曾被奚落为“牛奶掠夺者”。

被撒切尔夫人当成荣誉徽章

在被贴上铁娘子的标签后，她的形象陡然高大起来，特别是在国际舞台上。她把这个绰号也当成是荣誉徽章，在她赢得的1979年、1983年和1987年的三次英国大选中，她将这一绰号视为自豪的资本。

加夫里洛夫说：“在1979年的英国竞选期间，英国保守党的标语上就写着，‘英国需要铁娘子’。在这个称号下，撒切尔夫人成为了彻头彻尾

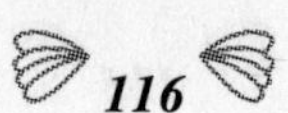

的右翼分子。在我的文章标题出现之前，苏联漫画家们还把英国描绘成没有牙的狮子。但此后撒切尔夫人受到了苏联的敬重，尽管两国关系不好，在意识形态上互相对抗。”

加夫里洛夫比现年81岁的撒切尔夫人小16岁，在红军预备役中官至中校，如今过着退休的生活。

加夫里洛夫对撒切尔夫人的钦佩一直有增无减。“我一直认为她是个很有魅力的女性，”加夫里洛夫说，“她具有一种贵族式的美丽，如果我没有这样的感觉，我或许会用一个更具诋毁性的绰号来形容她。”

如今，撒切尔夫人健康状况欠佳。2007年2月，在英国威斯敏斯特为她的一尊青铜塑像举行的揭幕仪式上，她又间接地提到了自己这个不朽的绰号。

她一语双关地说：“我过去或许喜欢铁的，不过青铜的也行。”

加夫里洛夫虽然没见到过撒切尔夫人，但给她写过一封信，信中说：“女王封你为女男爵，这是很高的荣誉，不过周围的女男爵还有不少。而我给你的绰号则是唯一的，你是历史上唯一能够配得上这个绰号的人。”

“铁娘子”的美满爱情

1979年，英国保守党在大选中获胜，该党自1975年以来的领袖玛格丽特·撒切尔成了国家的首相。她是西方各国担任如此要职的头一个女性，也是全世界头一个担任首相的已婚妇女。在之前担任此种职位的有斯里兰卡的西丽玛·班达拉奈克、印度的英迪拉·甘地和以色列的果尔达·梅厄，但她们不是寡居就是离异，只有玛格丽特．撒切尔是婚而有夫。但是，既有丈夫，也就自然出现了棘手的“丈夫问题”。

其实，这也是女人担任大使或大臣时常常遇到的一个突出问题。按照礼仪常规，撒切尔夫人的下属的太太们要比她丈夫的荫庇来享受荣华，但是，丈夫靠着妻子而尊贵的事却还没有得到公认，尽管在英国、荷兰等帝制国家，女王的丈夫也是个常常听到的人物。撒切尔夫人闺名玛格丽特·罗伯茨，1925年生于英国林肯的格兰瑟姆，父母开着一家小店。

幼年生活贫寒，但是养成了好的工作习惯，深信“有志者事竟成”的道理。靠着奖学金在牛津大学学完化学课程。她长着满头金发，一张大脸，精力充沛，博闻强记，具有惊人的工作能力。她生平只有一大喜爱：政治，觉得保守党组织就是自己的家。1948年，在为一家化学公司工作期间，被提名为担当肯特郡工人聚居地区达福特的代表候选人。也就是在达福特庆祝她获得提名时，她认识了丹尼斯· 撒切尔。丹尼斯的祖父原是农民，后来弃农从商；丹尼斯本人婚后离异，是个风流倜傥的富汉。第二次世界大战期间，他在法国，战后当了一家油漆公司的经理。她敬慕他仪表堂堂、成熟老到（他比她大10岁），觉得他“很了不起”。他常开着他的美洲豹汽车带她兜风，在闲聊中，他们发现彼此志趣一致：都喜欢读书、听音乐和研究经济，而最重要的是还是他支持她从政的愿望。

他们准备结婚了，但是新娘是小店掌柜的女儿，新郎则是离婚再娶，双方家长都不满意。玛格丽特是个孝女，生来不曾违背父母的意愿，这次却硬着头皮。1951年，他们添了一对双胞胎卡罗尔和马克，玛格丽特说孩子要由“丹尼斯出钱”抚养。他们夫妻二人都具有传统价值观，但是，他比她更右倾。他们在根本问题上看法一致，但是在日常生活中却各有各的兴趣和爱好。他喜欢运动，尤其是高尔夫球，她却一点也不喜欢。他抽烟，她不喜欢，但能加以容忍。他也喜欢饮酒。

她的爱好只有一个：不断地搬家，不断地装修。她研究过法律，几度参加补缺选举都不曾成功。到1959年才当选为伦敦北区芬奇利地下议院议员，从下议院回到家中时，孩子们都已入睡，不过她每天晚上给他们打电话。他们夫妇对待孩子都很严格，不肯溺爱，撒切尔先生常常外出，但是，撒切尔夫人说：“他帮我在选区里做了许多事，算是对外出的一种补偿。”1963年，撒切尔先生卖掉了自家的公司，但保留了经理的职务和一辆罗尔斯－罗伊斯汽车。撒切尔夫人一直坚持每天亲自为丈夫做早餐，一直做到1979年她担任首相，实在抽不开身为止。他称她为“老板”，默默无闻地多方支持她，却从不接受记者采访。但她遇事总是征询他的意见。有些聚会他不便陪她出席时，她就单独坐在一边，因为她手下的大臣们不十分喜欢她，他们的夫人对她更无好感，当然，她也不把他们放在眼里。她有她的支持者。

谛听撒切尔：灵魂深处的感动

作为大英帝国的掌门人，撒切尔的生活中并非只有至高无上和威严，她的背后，有多少双或贪婪，或觊觎的眼睛在虎视眈眈。对于这一切，她只是淡淡地笑笑，依旧云淡风轻。在1984年躲过一场爱尔兰共和军的暗杀（她所住的旅馆发生爆炸，三人死亡）后，她便随身带着一本小诗集作为自励。其中有一首令她读后非常感动。

Life owes me nothing.
One clear morn is boon enough for being born.
And be it ninety years or ten,
No need for me to question when.
My life is mine.
I find it good,
And greet each hour with gratitude.

生命不欠我任何东西。
拥有一个晴朗的早晨就已不虚此生。
无论是活九十岁还是十岁，
我不需要知道何时会离开这里。
我的生命只属于我自己。
我发现她是那样的美丽，
所以我心怀感激地走过每一分每一秒，丝毫不愿浪费一点一滴。

所以，每一个虔诚的人都应该心怀感激地生活，努力地生活，把每一分钟、每一小时，都当做上帝赐给你的礼物。并且你应该用这样的礼物，去倾听他的声音，去实现他给你的生命的价值。

撒切尔夫人的成长小故事

玛格丽特·撒切尔夫人，一个出身平民的女子，成为英国历史上第一位女首相，而且连续三次当选。她在重大国际、国内问题上，思路清晰，观点鲜明，立场强硬，做事果断，在相当长的一段时间里影响了整个英国乃至欧洲，被誉为欧洲政坛上的“铁娘子”。

然而，撒切尔夫人绝非政治天才，她的性格、气质、兴趣等都深受父亲的影响，她的人生之路的成就都源于父亲培养起来的高度自信！

撒切尔夫人的父亲罗伯茨是英国格兰文森小城的一家杂货店主。玛格丽特（撒切尔夫人）五岁生日那天，父亲把她叫到跟前，语重心长地说：“孩子，你要记住：凡事要有自己的主见，用自己的大脑来判断事物的是

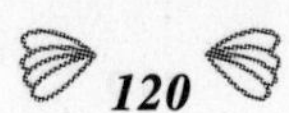

非，千万不要人云亦云啊。这是爸爸赠给你的人生箴言，是爸爸给你的最重要的生日礼物！”从此，罗伯茨着意把女儿培养成一个坚强独立的孩子，下定决心要塑造她“严谨、准确，注重细节，对正确与错误严格区分”的独立人格。有了父亲这样一个“人生导师”，玛格丽特坚实地成长着。

玛格丽特入学后，她才惊讶地发现，她的同学有着比自己更为自由和丰富的生活，劳动、学习和礼拜之外的天地竟然如此广阔和多彩。他们一起在街上游玩，可以做游戏，骑自行车。星期天，他们又去春意盎然的山坡上野餐，一切都是那么诱人。幼小的玛格丽特心里痒痒的，她幻想能有机会与同学们自由自在地玩耍。有一天，她回家鼓起勇气跟充满威严感的父亲说：“爸爸，我也想去玩。”罗伯茨脸色一沉，说：“你必须有自己的主见！不能因为你的朋友在做某件事情，你就也得去。你要自己决定你该怎么办，不要随波逐流。”见孩子不说话，罗伯茨缓和了语气，继续劝导玛格丽特：“孩子，不是爸爸限制你的自由。而是你应该要有自己的判断力，有自己的思想。现在是你学习知识的大好时光，如果你想和一般人一样，沉迷于游乐，那样一定会一事无成。我相信你有自己的判断力，你自己做决定吧。”听罢父亲的话，小玛格丽特再也不支声了。父亲的一席话深深地印在了她的脑海里，她想：“是啊，为什么我要学别人呢？我有很多自己的事要做呢。刚买回来的书我还没看完呢。”

罗伯茨经常这样教育女儿，要她拥有自己的主见和理想，特立独行、与众不同，最能显示一个人的个性，随波逐流只能使个性的光辉湮没在芸芸众生之中。

撒切尔夫人以满分当选20世纪英国最佳首相

英国广播公司（BBC）《历史杂志》28日公布一项研究结果，英国前首相撒切尔夫人当选20世纪英国最佳首相，温斯顿·丘吉尔名列第四，现任首相托尼·布莱尔则排在了中后位置。

撒切尔夫人得了满分

据悉，这次研究主要是由英国历史学家弗朗西斯·贝克特为20位英国首相打分，从零分到5分不等。他打分的依据是这些首相实现自己的观念、改变英国的成效等。

撒切尔夫人获得满分5分，排名第一，原因是她对第二次世界大战后英国进行的大刀阔斧的改革以及削弱工会组织影响的措施。撒切尔夫人1979—1990年任英国首相，贝克特说，这名"铁娘子"把"一种社会类型转变为另一种社会类型"，因而得分最高。

贝克特对撒切尔夫人评价道："她打破了（战后）艾德礼（首相）建立的、持续长达三十年的制度，而这很大程度上是依靠她的意志力而成功的。"

第二次世界大战后，第一位首相克莱门特·理查德·艾德礼与撒切尔夫人同获5分，排在第2位。他在1945—1951年在任期间，建立了英国国民卫生服务体系，领导工党政府实现工业国有化并建立福利国家。

丘吉尔排名受争议

与撒切尔夫人的改革成功形成鲜明对比的，恰恰是现任首相布莱尔，他虽然在英国推行了公共事务改革，但之后却因为参加美国领导的伊拉克战争而导致公众支持率一路走低。布莱尔得到的分数是3分，排在第12位。

在《历史杂志》中，贝克特对丘吉尔的政绩表示了认可，但同时强调，丘吉尔的这个名次是因为他在1945年的大选中失利。此外，贝克特也对丘吉尔1951年再次担任首相之后推行的国内政策表示质疑。

1937—1940年在任的张伯伦与战后首相艾登都只得到零分，列在榜尾。排名倒数第一的是第二次世界大战前执行"绥靖政策"的张伯伦。

政策效果成评判标准

《历史杂志》编辑戴夫·穆斯格罗夫说："重要的是，我们不是在评判这些领导人的政策，而是他们落实政策的效果。撒切尔夫人毋庸置疑地排在最前。我知道许多人反对'铁娘子'执政期间英国政府推行的政策，但是无人可以否认：她做到了她想做的。"

首相评分前四名

1. 玛格丽特·撒切尔：5分；

任期：1979—1990年。

2. 克莱门特·理查德·艾德礼：5分；

任期：1945—1951年。

3. 爱德华·希思：4 分；

任期：1970—1974 年。

4. 温斯顿·丘吉尔：4 分；

任期：1940—1945 年；

1951—1955 年。

撒切尔夫人：字字珠玑

撒切尔夫人一向以言辞犀利闻名于世，特别是在一些公开场合发表演讲时，往往将其“铁性”表现得淋漓尽致。

1975 年，“在政治上，如果你只想闲聊，听听典故，那么你可以去找男人，但如果你真想干实事，你就该去找女人。”

1976 年，“现在站在你面前的我，就是来自西方国家的铁娘子。”

1979 年，“哪里有争论，我们就带去和睦；哪里有谬误，我们就带去真理；哪里有疑问，我们就带去答案；哪里有失望，我们就带去希望。”

1980 年，“我喜欢争论，我喜欢辩论，我不希望任何人干坐在那儿，一味地附和我，那不是他们的工作。”

1980 年，“对于那些终日为某个著名媒体的言论而小心翼翼，甚至处事态度来个 180 度大转变的人，我只想奉劝一句，你可以随时改变立场，如果你想那样做的话，但我还是会义无反顾，勇往直前的。”

1980 年，“金钱不会从天而降，它必须由地上的人一点一点地赚取来。”

1983 年，“假如我能始终沿着自己的路走下去，我会表现出惊人的忍耐力。”

1987 年，“我不会关心我的下属们说了多少话，只要他们能按我说的去做就行。”

1990 年，“我要战斗下去，直到胜利为止。”

撒切尔夫人：大选的前一天

6 点：早餐。在唐宁街寓所的小厨房里，首先她冲好一杯浓浓的速溶

咖啡，喝的时候，再放进两片维生素 C。她一边听着 BBC 电台的广播，一边打开标有“ER”王室印记的红提箱，那里面装的是刚刚送来的文件。她一边浏览着部长们的汇报和外交电函，一边等着理发师的到来。

9 点：简况讨论会。下几步楼梯，就到了她那“神圣”的办公室，一伙忠实的合作者在那里等她来开每天的常务会议。会议桌上摆满了纸张，桌子上显眼一点的东西只有装插着野花的花瓶和红皮面的拍纸簿。这位政府领导人身边的几个工作人员是：她主要的随身秘书尼克尔·维克斯，是来自蒂卓尔的超级内阁官员，由他来权衡诸事然后起草日志；还有外交部引人注目的外交官卡尔·布艾尔，任外交顾问；其他三位大员是从事公共事务的杰出人物。还有发言人助理伯纳尔·因哈姆，他为首相等人概述早晨的新闻，大家说他是最能领会“撒切尔夫人一班人”的思想的人。

10 点：内阁会议。22 名内阁成员来到大厅，在每周举行内阁例会的镀金天花板下各就各位。没有硬纸片标记，每个人都能认出自己在棕色椭圆桌旁的位置。他们进来的时候，撒切尔夫人并不站起，而是坐着迎接他们。

11 点：接见。白厅的会客室十分优雅，长条沙发和靠椅都是深棕色的。撒切尔夫人在这里接见苏联副外长，一位翻译坐在旁边。谈话主题：米哈伊尔·戈尔巴乔夫最近提出的裁军新建议。撒切尔夫人的“笔杆子”卡尔·艾布尔做记录。所有到唐宁街来访问的人都会为这里房间的朴素而惊奇，这套砖房朝着圣·亚莫斯公园，周围是一种乡间式的宁静气氛。

14 点：首相用了 15 年的达莫莱轿车仍是光彩照人，它载着首相、她的贴身警卫维克斯先生以及艾布尔先生来到下议院的门口停下。来到首相办公室里，撒切尔夫人叠起了笔记本，娓娓不倦地开导着议员们，为将来的竞选给他们打气。首相办公室里，永远燃烧着一堆红旺的炭火。

15 点：下议院。撒切尔夫人坐在政府的席位上，离反对派的坐席只有三米之遥。这是习惯性的强词夺理争辩会，有时甚至达到谩骂的程度。撒切尔夫人总是不动声色地听着。然后，她一跃而起，目光逼人：“可敬的先生至少应该知道他说的是什么吧……”

17 点：温暖的官邸。首相回到唐宁街十号接受《快报》的两位记者采访。在伦敦，撒切尔夫人几乎从不举行记者招待会，她更喜欢在炉火旁发表电视讲话。不，她根本没有考虑过引退，她想再执政十年。糖茶凉了，她坦诚的谈话也到此为止。

18点：提名。为贝尔明哈摩的圣公会主教易人问题绞尽脑汁（在英国圣公会里，政府对重要人物的任命问题在教士会议上有发言权）。候选人分为激进派和第三世界派。首相要提出自己的方案。

18点30分：款待200名农业界代表的招待会在餐厅举行，大厅墙上挂着奈尔森和威灵顿的画像。撒切尔夫人注意到所有的细节，从来客名单到桌面的摆设，从饮料（从不上香槟）到花束。没有浪费：被招聘录用的经管人对这一点已心领神会。首相要了一杯加苏打水的英格兰威士忌酒，一边慢慢地啜饮着，一边走入群客之中。

20点30分：回私人住宅。由于她那令人敬仰的家里既没有厨师，又没有侍者，所以撒切尔夫人要自己动手做晚饭。她用的是冷冻的肉和豌豆胡萝卜罐头，从不用餐后甜点。首相的饭量很小，因为她时时都注意着自己的线条。在丈夫丹尼斯·撒切尔看电视连续剧的时候，她在烟雾中放上一张玛莱的唱片，在长条沙发上一靠便又工作起来。她在闹钟敲响12下时才睡觉。这天晚上，她睡前看的书是《一些原材料对人类未来的影响》。

近年来，撒切尔夫人已经很少在媒体上抛头露面，但是，今年的八十寿辰无疑使她重新回到了全球媒体的聚光灯下。在她的生日10月13日到来之前，她收到了来自四面八方的祝福和问候，其中充满了对她的敬佩和称赞。现在执掌保守党的迈克尔·霍华德高度评价了撒切尔夫人，将她与著名首相温斯顿·丘吉尔相提并论。曾经在20世纪90年代激烈攻击过撒切尔夫人的前议员洛德·豪也表示，虽然撒切尔夫人执政的十一年经历了成功和失败，但不可否认那是一段辉煌成就期。13日晚上，伦敦的东方文华海德公园大酒店举行盛大的生日宴会，650多名尊贵嘉宾都应邀参加，包括英国女王伊丽莎白二世和现任首相布莱尔。此外，撒切尔夫人的继任者英国前首相梅杰、曾经在撒切尔夫人领导的内阁中担任要职的多名成员也都会出席宴会。撒切尔夫人的一对双胞胎儿女也会在晚宴上亮相，给母亲送上生日祝福。

结　语

我们有理由相信，不管怎样，对于所有的英国人来说，撒切尔夫人都是他们心目中一个永远不可回避的伟大领袖。她大刀阔斧的改革，使英国低迷的经济曾一度飙升；她把毕生的精力，都用在了构建自己心中那座美好的理想大厦上，而事实上，她的确给予了英国人民一个最完满的答案。

遥想当年，那个在爸爸面前撒娇的小女孩，在羡慕别的孩子游山玩水之时，被爸爸教导“做事要有主见，不能随波逐流，特立独行方能卓尔不群。”这也是她最早的启蒙教育；后来的牛津岁月，更是赋予了她完美干练的气质，让她从当初不起眼的毛毛虫，逐渐蜕变成一只美丽的蝴蝶，继而翩翩起舞，舞姿曼妙。

在教育领域，撒切尔夫人也进行了一系列改革。尤其是1980年实施的“补助学额计划”，该计划规定，政府为来自低收入家庭的优秀学生进入独立学校学习提供全额或部分学费补助。从而使低收入家庭的学生也拥有与富裕家庭的学生同样的选择权，有效地促进了社会的流动，也促进了英国教育的发展，深得民心。

身为女儿身，美丽的撒切尔夫人却在世俗眼中那个只属于男人的舞台上尽情地旋转着自己，她的确曾经是那个偌大的舞台上，一位伟大而华丽的舞者。灯光妖娆，扑朔迷离；她的笑靥，灿若桃花；那轻盈的舞步，自信而又优雅。

在时间的帷幕终要落下的时候，她来了一个漂亮的大转身，并把自己的倩影，在历史的长河中，定格成为大英帝国一道最炫目耀眼的风景。

这个有着执著个性的铁娘子，注定要成为世界政坛上，一颗永远璀璨的星星。

罗素：西方最无畏的自由言论与自由思想的斗士

“我们追求的社会，是创造精神异常活跃的社会，是一个充满生活乐趣的社会。这种乐趣和希望基于建设的冲动，而不是固守我们拥有的东西，或者掠夺他人拥有的东西。在这个社会里，感情是自由的，爱情是纯洁的，天性是质朴的，冷酷嫉妒将被快乐和所有人的天性自由自在的发展所代替。正是人类的天性构建起我们绚丽多彩的生活，使人们充满了精神的愉悦。这样的世界是可以实现的，它将期待着渴望实现它的人们去共同创造它。”

——罗　素

卓尔不群的罗素

另一种思想

我们很少有人见过鬼，但我们都懂得“鬼”这个字的意思。鬼长得和人差不多，不过特别轻，昼伏夜出，诸如此类。这些我们都很了解，因

此我们也大致知道鬼是个什么东西。有疑问的是这么两点：一是哪些是我们的直接经验或亲知？它们是一些感觉原子吗？二是宇宙从大爆炸产生，这是我们推论出来的，鬼、他人的心灵，这些也是推论出来的吗？如果是，它们似乎是很不相同的两种推论。如果不是，我们是怎么知道鬼或他人的心灵的？

平常你会说，你到了北京，亲眼看见了天安门，但这只是个日常说法，真正分析起来，你看到的不是整个天安门，而是一片红色，一个近似长方形的巨大梯形，梯形中间的一些门洞形状，梯形顶上的金黄颜色和这些颜色块的形状，等等。分析可以进行下去，直到不可分析的最终元素。这些最终元素，就是“感觉材料”。在“看见天安门”这件事情里，真正称得上“亲知”的，就是对这些感觉材料的感知。看到天安门可以分析为这一个那一个感觉，天安门可以分析为这一个那一个感觉材料，其实，在分析的这一终端，感觉和感觉材料两者已经合一，既不属于主体也不属于客体，这样的主张叫做“中立一元论”。除了感觉，记忆和内视也能提供亲知，我们能通过回忆亲知过去的事情，通过内视（introspection）觉知自己在觉知事物，觉知自己的欲望以及心灵里发生的别的事情。

所以，你只是在间接的意义上看见了天安门，你直接看见的是感觉材料，你对这些感觉材料进行整理、推论、组织，形成了对天安门的整体认识。非亲知的知识可以说是从亲知出发所作的推论。例如，我只能对我自己心灵里发生的事情有亲知，但“我们通过对他人身体的知觉，就是说，通过我们自己的、与他们的身体相关联的感觉材料”知道别人心里的事情。“要不是亲知我们自己的心灵的内容，我们就不能想象其他人的心灵，因而我们就绝无可能知道他们具有心灵。”

这就是罗素的思想，简单而又不简单，看似质朴，实则是对宇宙万千奥秘最本质的归结。这位西方最无畏的自由言论与自由思想的斗士，在其一生中，又有着多少令人称奇的成就呢？本章将向你讲述一个独特的、卓尔不群的真实的罗素……

读罗素的书，悉心聆听他的心语，我们仿佛看见了罗素先生灵魂的黑色轮廓，果真是黑色的吗？四周有密集的齿轮，它滚动着，发出一种声音，在大本钟浑厚的钟声之上久久缭绕。也曾怀疑过，所看到的是否真的是罗素的灵魂，但是我们都十分相信直觉的正确，以及灵魂存在的真实性。

哲学的价值，也许就在于问题的本身，这其实就是罗素思想的精髓。不断地、活跃地、尖锐地，甚至是耸人听闻地提出问题，研究问题。就是这样，罗素付诸终生的智慧和勇气，甚至是妄为的发问和批评，不断地冲击着其思想所能抵达的目标。观其一生，睿智、豁达，特立独行，而又卓尔不群。的确，罗素是那场浩浩荡荡的集体婚礼中，第一个嫁给魔鬼的新娘。

闪光的哲学思想

伯特兰·罗素（Bertrand Russell）是20世纪最著名的哲学家之一，也是一位文笔优异的通俗作品作者（1950年获得诺贝尔文学奖），还是一位有广泛影响的社会活动家。在20世纪哲学家中，他的著述、言论、活动所涉及的范围是最广阔的。他出版过60多本著作，其中大约20本是哲学著作。单就哲学内部来说，本体论、认识论、伦理学、政治哲学、历史哲学、科学哲学，无一不在他的论述范围之内。罗素在数理逻辑的专门领域做出了重要的贡献，因此有专家的声誉，而他在一般哲学问题上的看法很浅显，易于为一般读者明了，这两个方面相辅相成地促进了他不寻常的学者知名度。如果不是从思想而是从历史来说，罗素是分析哲学的核心人物——分析哲学初兴时期最重要的人物。

在逻辑方面，罗素接纳了数理逻辑中的皮亚诺技术，认为借助它可以使许多原先充满混乱的哲学问题变得清晰可解。但更重要的是，他和怀特海一道，尝试运用这种技术来把数学归化为逻辑。其中的一个基本设想，是借助逻辑中的“类”（class）、“类的类”、“某一类里的成员”、“相似性”等概念来定义“数”这个概念。张三李四王五是一集合（collection），这一集合是张三李四王五的类；苹果A苹果B苹果C是一集合，这一集合是苹果A苹果B苹果C的类。我们可以使这两个集合的成员一一对应，例如，张三对苹果A，李四对苹果B，王五对苹果C。成员一一对应的集合是相似的，相似的集合构成一个类，这就是一个特殊的数。每一集合本身就是类，所以，每一个特殊的数都是类的类。把数定义为类的类，一方面是为了推进数学的逻辑化；另一方面，罗素有更深的本体论用意，那就是尝试从比较容易把握的东西那里推论出数的存在，而不必像很多传统哲学家那样把数想象成一个神秘世界里的实体。

他所写的比较通俗的哲学书籍使他在读书界更加知名。1921 年，他出版了《心的分析》，1927 年出版了《物的分析》，1940 年出版了《意义和真理的探索》，1945 年出版了《西方哲学史》，1948 年出版了《人类的知识：其范围与局限》，1957 年出版了《我的哲学的发展》一书，这是研究罗素传记的重要史料。同时，他在《我的哲学的发展》中也对他以往哲学主张所引发的一些争论做了反省和回应。

浮光掠影之罗素的一生

伯特兰·罗素（1872—1970）：英国著名哲学家、数学家、逻辑学家；分析哲学的主要创始人、奠基人；世界和平运动的倡导者和组织者。罗素是 20 世纪声誉卓著、影响深远的思想家之一。在其漫长的一生中，完成了 60 余部著作，涉及哲学、数学、科学、论理学、社会学、教育、历史、宗教及政治等各个领域，对西方哲学产生了深刻影响。

罗素的生平

1872 年 5 月，罗素生于英国曼摩兹郡的特雷克一个英国自由党贵族的家庭。

1890 年，考入剑桥大学三一学院学数学，后在该学院讲逻辑和数学原理。

1893 年，获数学荣誉学士学位一级，接着改学哲学。

1894 年，获道德哲学荣誉学士学位一级。毕业后曾游学德国，学经济，受马克思主义影响；回国后，在伦敦大学政治和经济学院任讲师。

1903 年，发表《数学原理》一书，并以论文《几何学基础》获三一学院研究员职位。

1908 年，当选为皇家学会会员。

1914 年，加入工党。

1920 年，来华讲学，任北京大学客座教授，时间长达一年之久，其讲稿——《 五大讲演》曾在中国出版。罗素回国后写了《中国的问题》

一书，书中讨论了中国将在20世纪历史中发挥的作用。

1927年，罗素和夫人布拉克在英国彼得斯费尔德市附近创办一所私立学校——名友前希尔学校，实验他的教育理论，是当时英国的进步主义学校之一。

1935年，离婚后，布拉克独自办学，一直到1939年。他一直主张“自由教育”和“爱的教育”。认为教育的基本目的是品格的发展，而“活力、勇气、敏感和智慧”是形成“理想品格”的基础；并深信通过对儿童的身体、感情和智力上的“恰当的处理”，可以使这些品质得到普遍的培养。

1948年11月20日，在对威斯敏斯特学校学生的一篇演说中，罗素令人震惊地指出，美国应该先发制人，用核武器彻底摧毁苏联，因为这样的后果要比苏联研制出核武器后爆发核战争好得多。但是之后罗素改变了看法，认为核武器裁军是最好的解决办法，并从此致力于核裁军运动。

1954年4月，针对氢弹爆破成功，罗素进一步意识到核武器将可能给人类带来的灾难，于是发表了著名的《罗素—爱因斯坦宣言》：“号召世界各政府体会并公开宣布它们的目的不能发展成世界大战，而我们号召它们，因此在解决它们之间的任何争执应该用和平手段。”除了爱因斯坦在临终前签字外，约里奥·居里、汤川秀树和李诺·鲍林等多位科学家都在宣言上签字。

1950年，因积极参加世界和平运动，反对核战争而获诺贝尔文学奖（获奖作品《婚姻与道德》）。

1961年，89岁高龄的罗素参与一个核裁军的游行后被拘禁了7天。他反对越南战争，和萨特一起于1967年5月成立了一个民间法庭（后被称为“罗素法庭”），揭露美国的战争罪行。

1964年，创立罗素和平基金会。

1970年2月2日，卒于梅里奥尼斯郡彭林德拉耶斯。

罗素的剑桥岁月：爱也悠悠，情也悠悠

罗素既是一位出色的数学家，也是极负盛名的哲学家、文学家和社会活动家，被西方称为“百科全书式的作家”。

剑桥大学在20世纪初的辉煌，得益于英国皇家委员会在19世纪下半

叶对大学实施的许多有益的改革，特别鼓励和支持大学的现代科学研究。现代科研热潮使剑桥的智力水准得到空前的强化。曾于1890年10月进入剑桥大学三一学院的伯特兰·罗素曾这样评价剑桥：我在母校剑桥得到的唯一具有真正价值的思维习惯是智力上的真诚。

罗素是通过奖学金考试进入剑桥的。这位害羞的考生当初住在新院宿舍时，因为羞于问去厕所的路，在每天考试之前独自步行到车站去解手。在奖学金考试中，尽管由于他太过紧张而影响了发挥，但考官给的评价却相当让他安慰。

1872年5月，罗素出生在英国蒙茅斯郡的一个古老而显赫的贵族家庭，他的曾祖父是内贝特福德公爵六世，为皇家宠臣；祖父约翰·罗素爵士在维多利亚时代是著名的首相。然而罗素的幼年生活却充满了悲情色彩。他两岁时，姐姐和母亲因白喉而去世，5岁时父亲又离开人世。罗素的童年和少年是在他祖父母家度过的。那是一个毫无想象力的家庭，特别讲究规矩和清教徒的美德，拒绝对世界的怀疑。大概是出于这样的原因，罗素很小的时候就开始喜欢数学，因为“数学是可以怀疑的，而且没有伦理内容”。

在三一学院，罗素有幸结识了剑桥伟大的数学大师阿尔弗雷德·怀特海（Whitehead，Alfred North）。怀特海于1880年考入剑桥大学三一学院，主攻数学，课余时间研究文学、哲学、政治和宗教。1885年，怀特海大学毕业留在剑桥任数学和力学教师。当初罗素在参加三一学院奖学金考试时，怀特海在考官会议前焚烧了成绩单，把罗素当做最好的学生推荐给校方。从中可以看出怀特海对罗素的偏爱。

事实上，罗素在数学领域确实不是等闲之辈，他在三一学院只攻读了三年的数学，却以不错的成绩通过了学位考试。1895年，他以论文《论几何学基础》获得剑桥大学研究员资格。这一年他偕妻子去德国、意大利度蜜月。此后又赴德国和美国旅行，直到1910年才回到剑桥大学，担任逻辑和数学原理讲师。

怀特海从剑桥大学三一学院毕业后，留在母校任数学和力学教师。他在母校任教25年，是“过程哲学”的创始人。

1900—1910年，罗素把大部分精力用来和怀特海合作撰写《数学原理》一书，试图用逻辑将全部数学推出来。经过多年的奋战，他们终于写成了被人们看做是数学和逻辑发展史上的里程碑的《数学原理》。由此怀特海和罗素被认为是数学基础三大学派之一的逻辑主义学派的创始人。另外，罗素提出了著名的“罗素悖论”，对20世纪初关于数学基础的论战产生过极大的影响，导致了第三次数学危机。此后罗素的研究范围扩展到哲学、逻辑学和物理学等诸多领域。

像所有大学生一样，罗素对老师们的授课并不在乎，更看重同学间的脑力激荡。在剑桥，他与同学约翰·麦克塔格特和G.E.穆尔建立了深厚的友情，前者让他成为黑格尔主义者，后者让他摆脱了黑格尔。

麦克塔格特任教于三一学院，是剑桥校园内的新黑格尔主义的代表人物。罗素称他是比自己还害羞的人。有一次，他去找罗素，看到罗素的门紧闭着，便小心翼翼地敲门，罗素在屋内让他进屋，可半天没有动静，直到罗素大喊，门才被推开，可麦克塔格特只是文质彬彬地站在门前不敢进屋。

罗素成为一个黑格尔主义者大约三年的时间，他撰写了不少用黑格尔的辩证法和矛盾观研究问题的文章，在剑桥的校园里引来不小的震动。但这种热情很快就冷却下来了。1898年，罗素追随G.E.摩尔反叛了黑格尔哲学。

然而，罗素在剑桥的时间总是显得短暂。从1910年底到1914年初的三年时间内，他差不多是在婚姻和哲学的纠缠中度过的。1914年，他应邀到美国波士顿主持“洛威尔讲座”并在哈佛大学担任短期哲学教授。可是，当第一次世界大战爆发时，他被卷入战争，1918年，英国政府以“侮辱盟军罪”将罗素逮捕，三一学院无奈地剥夺了罗素在剑桥的教职，为此，罗素遭遇了半年的牢狱之灾。

罗素在剑桥的意外出局直到1919年才算有了一个交代。这一年，罗素得到“三一学院”寄给他的复职通知，但是他却没有马上来到剑桥报到，他要求学校当局给他一年的休假，学校同意他的请求，由此成全了他后来的中国之行。

罗素：捍卫人道主义理想的卫士

“我为何而生？”这是一个很难回答的人生问题，但是任何人都无法回避。罗素的回答是：爱、知识和怜悯。这三者囊括了西方文化的精髓。

纵观罗素的一生，可以说痛苦与欢乐并存。不过，自始至终，痛苦也是他生活的动力，在心底里，他还是像雪莱的诗里写的那样：“爱波涛、暴风骤雨和狂澜，甚至是几乎任何事物。”深沉的爱和痛苦汇成一股崇高的悲悯的力量，指引他去追求人类更为理想的生活。

他把毕生的精力，都交给了神圣而光荣的人道主义事业。那一颗火红的、炽热的心，在性情的花园里，早已开成了一朵最艳丽的鲜花。

他面带微笑，向我们走来，你能够从他深邃的眸子里，读出他作为一名人道主义战士的决心、爱心和勇气。

罗素眼中的“浪漫的爱”

罗素认为：“浪漫的爱是生活所赋予的最大快乐的源泉。我认为，社会制度应当允许这种欢乐，虽然它只能成为人生的一部分，而不能成为人生的主要目的。”

爱情，是多么伟大的情感。在年轻人眼中，它是一种含义，含义中总会包含这样几个词汇：浪漫、美好、纯洁；在过来人眼中，它是一种含义，含义中总会包含这样几个词汇：平凡、坦然、理解；在步入夕阳之岁的人眼中，它是一种含义，含义中总会包含这样几个词汇：相濡以沫、举案齐眉、相敬如宾。

希腊哲人柏拉图说过：“恋爱是一棵天上生长的树，是的，真正的爱情不是生长在凡尘间，所以一个人涉世越深，就越来越无法领略到那种超凡脱俗的令人心醉神迷的爱的欢乐，美丽的爱情总是产生于伟大而又圣洁的灵魂之间。”

爱情是甜美的——美丽的童话世界、白雪公主和王子、灰姑娘和王子，都在安徒生的笔下步入了神圣纯洁的婚姻殿堂，他们都在世俗的世界中享受到了甜蜜的爱情，而不用非要摆脱尘世的束缚在遥远的天国相见，这是一种幸运，这种幸运足以让童话世界产生无穷的吸引力，让人们心驰神往。

但是，爱情也有痛苦的一面。人类中，总有一部分人，两人相爱，却因为空间的阻隔而被时间悄悄地抹去当初的激情，不得不分手，留下了残缺的回忆，这是可悲的；也总有一部分人，当初两人相爱，甜蜜不可分离，但当两人深交之后，才猛然认清对方，原来并不是想象中的那个“他（她）”，而怀着巨大的痛苦抽身而退，这也很可悲；即使是这样，也不要以成败论人生，也不要以成败论爱情。

也许，有些爱情是失败的，不是败于难成眷属的无奈，就是败于终成眷属的厌倦。然而，无奈留下了永久的怀恋，厌倦激起了常新的追求，这又未尝不是爱情本身的成功?!

说到底，爱情是超越于成败的。爱情是人生最美丽的梦，你能说你做了一个成功的梦或一个失败的梦吗?

论人性和政治

Undoubtedly the desire for food has been, and still is, one of the main causes of great political events. But man differs from other animals in one very important respect, and that is that he has desires which are, so to speak, intimate, which can never be fully gratified, and which should keep him restless even in Paradise. The boa constrictor, when he had an adequate meal, goes to sleep, and does not wake until he needs another meal. Human beings, for the most not part are not like this. When the Arabs, who had been used to living sparingly on a few dates acquired the riches of the Eastern Roman Empire and dwelt in palaces of almost unbelievable luxury, they did not, on that account, become inactive. Hunger could no longer be a motive, for Greek slaves supplied them with exquisite viands at the slightest nod. But other desires kept them active; four in particular, which we can label acquisitiveness, rivalry, vanity and love of power.

毫无疑问，占有食物的欲望过去一直是，而且现在也仍然是导致重大政治事件的主要原因之一。而人不同于其他动物的一个重要方面，就在于人具有无止境的、永远无法满足的欲望，欲望使人即使到了天堂也会坐立不安。

巨蟒饱食后就去睡觉，直到需要再进食时它才醒来，绝大部分人不像巨蟒那样。习惯于吃几个枣充饥的阿拉伯人没有因为获得了东罗马帝国的财富，稍一点头，希腊奴隶就会为他们端上最精美的食物，然而是其他欲望使他们行动起来，尤其是以下四种：占有欲、竞争欲、虚荣心和权力欲。

Acquisitiveness – the wish to possess as much as possible of goods, or the title to goods – is a motive which, I suppose, has its origin in a combination of fear with the desire for necessaries.

占有欲——希望尽可能多地占有财产或拥有财产的所有权——是一个动机。我认为，该动机产生于恐惧心理和拥有必需品的欲望结合之中。

I once be friended two little girls from Esthonia, who had narrowly escaped death from starvation in a famine. They lived in my family, and of course had plenty to eat. But they spent all their leisure visiting neighbouring farms and stealing potatoes, which they hoarded. Rockfeller, who in his infancy had experienced great poverty, spent his adult life in a similar manner. Similarly the Arab chieftains on their silken Byzantine divans could not forget the desert, and hoarded riches far beyond any possible physical need. But whatever the psychoanalysis of acquisitiveness, no one can deny that it is one of the great motives—especially among the more powerful, for, as I said before, it is one of the infinite motives. However much you may acquire you will always wish to acquire more; satiety is a dream which will always elude you.

我曾经帮助过两个来自爱沙尼亚的小姑娘，她俩在一次饥荒中差点被饿死。她们住在我家，当然有许多吃的，可是她们却利用整个闲暇时间到附近的农场去转，偷土豆，还把偷来的土豆贮藏起来。洛克菲勒年幼时经历了极大的贫穷，成年后他仍以同样节俭的方式生活。同样，坐在拜占庭帝国丝绒沙发椅上的阿拉伯酋长也不会忘记沙漠，他们把远远超出任何可能的物质需要的财富囤积起来。然而，无论对占有欲进行怎样的精神分析，都没有人否认：占有欲是巨大的动机之一——尤其在享有较多权力的人当中更是如此，正如我上面讲到的那样，占有欲是永无止境的动机之一。无论你得到了多少，你还希望得到更多，满足是你永远实现不了的梦。

But acquisitiveness, although it is the mainspring of the capitalist system, is by no means the most powerful of the motives that survive the conquest of hunger. Rivalry is a much stronger motive, Over and over again in Muhammadan history, dynasties have come to grief because the sons of a sultan by different mothers could not agree, and in the resulting civil war universal ruin resulted. The same sort of thing happens in modern Europe When the British Government very unwisely allowed the Kaiser to be present at a naval review at Spithead, the thought which arose in his mind was not the one which we had intended. What he thought was. "I must have a Navy as good as Grandmam ma's. "And from this thought pier place than it is if acquisitiveness were always stronger than rivalry. But in fact, a great many men will cheerfully face impoverishment if they can thereby secure complete ruin for their rivals, Hence the present level of taxation.

虽然占有欲是资本主义制度的主要动机，但它并不是征服饥饿后的一个强大动机，更为强烈的动机乃是竞争。在伊斯兰教史上，王朝一次又一次地遭难，是因为同父异母的子女们常常意见不同，从而导致了内战，造成了普遍的破坏。现代欧洲也发生过同样的事情。当英国政府极不明智地允许德皇出席斯匹特海德海军检阅式时，出现在德皇脑海里的想法并不是我们所想的那种，他想的是："我必须拥有一个海军，跟祖母的一样好"。就是他的这个想法造成了一系列的麻烦。如果占有欲总是比竞争欲强烈，那么世界会比现在更充满幸福。但事实上，许多人只要保证把他们的竞争对手彻底击败，宁肯面对贫穷，于是就出现了目前的税制。

Motive of immense potency. Anyone who has much to do with children knows how they are constantly performing some antic and saying "Look at me" "Look at me" is one of the most fundamental desires of the human heart. It can take innumerable was a Renaissance Italian princeling who was asked by the priest on his deathbed if he had anything to repent of "Yes," he said "There is one thing. On one occasion I had a visit from the Emperor and the Pope simultaneously. I too tem to the top of my tower to see the view, and I neglected the opportunity to throw them both down. Which would have given me immortal fame." History does not relate whether the priest gave him absolution. One of the troubles about vanity is that it grows with what it feeds on. The talked about. The condemned murderer who is allowed to see the account of his trial in the Press is indignant if he finds a newspaper which has reported it inadequately. And the more he finds about himself in other newspapers, the more indignant he will be with those whose reports are meager. Politicians and literary men are in the same case. And the more famous they become, the more difficult the press cutting agency finds it to satisfy them. It is scarcely possible to exaggerate the influence of vanity throughout the range of human life, from the child of three to the potentate at whose frown the world trembles. Mankind have even committed the impiety of attributing similar desires to the deity, whom they imaging avid for continual praise.

虚荣心是一个有巨大潜力的动机。与孩子们打交道的人都知道，孩子们是如何一边做了一些滑稽动作，一边说着“看我”。“看我”是人心中最基本的欲望，它以不同的形式出现，从讲粗俗的笑话到追求死后的声望，形式各异。有一位文艺复兴时期的意大利王公，临终前，牧师问他是否有什么需要忏悔的，他说：“是的，有一件事。”“有一天，皇上和教皇同时到我这里来参观，我领他们登上塔顶观景，我没有利用这个把他俩扔下去的机会，如果我那样做了，一定会获得不朽的声望。”历史没有告诉我们那位牧师是否给这个王公免了罪。虚荣心的问题之一是随着鼓励的增加而增加，越是被别人谈论，越希望被别人谈论。让判了刑的杀人犯阅读一下报上登载的审判他的报告，如果他发现哪家报纸没做充分的报道，他会十分气愤的。报纸报道他的越多，对那些报道他少的报纸他感到气愤。政治家和文人就是这样。他们越出名，剪报机构觉得越难满足他们。在人类生活阶段，从三岁幼童到皱一皱眉世界就得抖一抖的君主，要夸大虚荣心的影响不太可能，人类犯了个大不敬的错误，认为神灵敢有同样的欲望，想象神灵也渴望得到不断的歌颂。

But great as is the influence of the motives we have been considering, there is one which out weighs these all…. Power, like vanity, is insatiable, Nothing short of omnipotence could satisfy it completely. And as it is especially the vice of energetic men, the casual efficacy of love of power is out of all proportion to its frequency. It is, indeed, by far the strongest motive in the lives of important men. Love of power is greatly increased by the experience of power, and this applies to petty power as well as to that of potentates, In the happy days before 1914, when well - to - do ladies could acquire a host of servants, their pleasure in exercising power over the domestics steadily increased with age. Similarly, in any autocratic regime, the holders of power become increasingly, tyrannical with experience of the delights that power can afford. Since power over human beings is shown in making them do what they would rather not do, the man who is actuated by love of power is more apt to inflict pain than to permit pleasure. If you ask your boss for leave lf absence from the office on some legitimate occasion, his love of power will derive more satisfaction from refusal than from consent. If you require a building permit, the petty official concerned will obviously get more pleasure from saying “No” than from saying “Yes”. It is this sort of thing which makes the love of power such a dangerous motive, But it has other sides which are more desirable. The pursuit of knowledge is, I think, mainly actuated by love lf power, And so are all advances in scientific technique, In politics also, a reformer may have just as strong a love of power as a despot. It would be a complete mistake to decry love of power altogether as a motive, Whether you will be led by this motive to actions which are useful, or to actions which are pernicious, depends upon the social system, and upon your capacities.

虽然我们谈到的动机影响很大，但权力欲的影响更大。如同虚荣心一样，权力欲也无法得到满足。简直可以这样说：只有无限权力，才能使它满足。由于精力充沛的人特别容易染上这一恶习，权力欲的偶然被实现与人们希望得到权力的欲望不成比例。的确，重要人物生活中最强烈的动机就是权力欲，体验到权力后便增加了人的权力欲，无论是小小的芝麻官还是至尊的当权者都是如此。在1914年以前那段幸福的日子里，家境富裕的太太们能雇用一帮仆人，行使权力的快乐与年龄俱增。同样，在任何独裁社会制度里，当掌权者享受到权力给他带来的快乐后，他变得更加专横跋扈了。由于对人的权力表现在能迫使人去做他不愿意做的事情上，那么受权力欲影响的人往往易于给人造成痛苦而让他快乐。如果你有正当理由向上司请假不上班，拒绝比同意更能满足他的权力欲。如果你申请建一座楼房，很显然，说“不行”比说“行”更能使那个小负责人得到快乐。就是这类事情使权力欲变成了一个危险的动机。权力欲也有它符合需要的方面。我认为，寻求知识主要受权力欲的影响，科学技术的进步也受它的影响，在政治方面，改革者可能和暴君有同样强的权力欲。把权力欲完全当成一个动机是十分错误的，这个动机是引导你去做有益的事情还是去做有害的事情，取决于社会制度，取决于你的能力。

感悟罗素：内心深处的柔情小语

走进罗素的世界，你会感觉内心有若鲜花绽放似的瞬间瑰丽的闪现。这绝对是哲学的亮光，照了进来，很灿烂的一束光，洒落在你我沉睡的词语山坡上。探索、孤独、牺牲以及永恒全都包容其中，青草一样地摇曳不已。让你躁动不安的心灵渐渐地归于平静。

就在这种心灵的海洋中沉浮，那种感觉诡异而茫然，不只带着哲学的声音与香味，还带着思想、逻辑的声音与香味。

一种感觉的实在与真实，很形而上，但它们终究没有超出已知的事实范围。一棵草与另一棵草彼此酷似，但又绝非是同一棵草，依此类推。“相似”为我们的思维开辟了另一条蹊径，即超出相似的艰难，个性的、非记忆的、自由幻想的、不可想象的均在我们的认识之中。而不可想象的结果，却由此成为新的存在，再负载起前人的经验，迫使我们向着更新的神秘与不可知的地带无畏地走去。

走吧，去看看罗素，他的内心深处，又有着一种怎样的柔情小语。

罗素自传前言：我为何而生

罗素为其自传所写的序言，篇幅虽短，但因包含着巨大的情感容量，因此历来被人们所传诵。

对爱情的渴望、对知识的追求、对人类苦难不可遏制的同情心，是支配我一生的单纯而强烈的三种感情。这些感情如阵阵飓风，吹拂在我动荡不定的生涯中，有时甚至吹过深沉痛苦的海洋，直抵绝望的边缘。

我所以追求爱情，有三方面的原因。首先，爱情有时给我带来狂喜，这种狂喜竟如此有力，以致使我常常会为了体验几小时爱的喜悦，而宁愿牺牲生命中其他一切。其次，爱情可以摆脱孤寂——身历那种可怕孤寂的人的战栗意识，有时会由世界的边缘，观察到冷酷无生命的无底深渊。最后，在爱的结合中，我看到了古今圣贤以及诗人们所梦想的天堂的缩影，这正是我所追寻的人生境界。虽然它对一般的人类生活也许太美好了，但这正是我透过爱情所得到的最终发现。

我曾以同样的感情追求知识，我渴望去了解人类，也渴望知道星星为什么会发光，同时我还想理解毕达哥拉斯的力量。

爱情与知识的可能领域，总是引领我到天堂的境界，可对人类苦难的同情经常把我带回现实世界。那些痛苦的呼唤经常在我内心深处引起回响。饥饿中的孩子，被压迫被折磨者，给子女造成重担的孤苦无依的老人，以及全球性的孤独、贫穷和痛苦的存在，是对人类生活理想的无视和讽刺。我常常希望能尽自己的微薄之力去减轻这不必要的痛苦，但我发现我完全失败了，因此，我自己也感到很痛苦。

这就是我的一生，我发现人是值得活的。如果有谁再给我一次生活的机会，我将欣然接受这难得的赐予。

罗素名言录

1. “对爱情的渴望、对知识的追求、对人类苦难无可遏制的同情心，这三种简单而又强烈的感情支配了我的一生。”这就是出自罗素自传的前

言的开头。

2. 希望是坚韧的拐杖，忍耐是旅行袋。携带它们，人可以走完世界，登上永恒之旅。

3. 美好的人生是为爱所激励、为知识所引导的人生。

4. 作为一个人，对父母要尊敬，对子女要慈爱，对穷亲戚要慷慨，对一切人要有礼貌。

罗素眼中的中国文化

1922 年，罗素出版了《中国问题》一书，阐述了他对中国文化的看法。

罗素一反当时西方人把中国视为“东亚病夫”的藐视立场，对中国文化大加赞赏，他说：“要判断一个社会的优劣，我们必须不仅仅考虑这个社会内部有多少善与恶，也要看它在促使别的社会产生善与恶方面起何作用，还要看这个社会享有的善较之于他处的恶而言有多少。如此说来，中国要胜于我们英国。”“中国有一种思想极为根深蒂固，即正确的道德品质比细致的科学知识更重要。现在的西方人正好走向另一个极端，认为技术上的功效最可贵而道德毫无用处。”“中华民族是全世界最富忍耐力的，当其他的民族只顾及到数十年的近忧之时，中国则已想到几个世纪之后的远虑。现在那些自称‘文明’的国度，滥用封锁、毒气、炸药、潜水艇和黑人军队，很可能在未来几百年里互相残杀，从世界舞台上消失，而只剩下那些爱好和平的国家，中国人能自由地追求符合人道的目标，‘中国人温文尔雅’，他们所要求的只不过是正义和自由。他们的文化比起我们的更能使人类快乐。”

罗素对中国文化和西方文化进行了比较，发现了中国与西方文化之间的差异以及中国文化中的一些极有价值的成分。他说，儒家学说使中国人避免了历史上一些政教合一的国家因宗教偏执所造成的恶果。由于儒家体系是一种纯属道德而非宗教教条的体系，它没有造就强大的僧侣队伍，也没有导致宗教迫害，它却成功地造就了一个言行得体、彬彬有礼的民族。所以，他认为，中国人，从上层社会到底层百姓，都有一种冷静安详的尊严。典型的中国人欣赏“天人合一”的和谐思想，希望尽可能多地享受自然环境之美。依靠这种实力，中国最终征服了最初用武力征服中国的一切征服者。

中国人与别人谈话时注重理解别人的意思而不是改变或干涉他人的言论。这种性格实在是无上的美德，在西方世界绝少见到。所以，中国人的宽容是欧洲人无法想象的。

罗素乐观地预言说："我相信，中国人如能对我们的文明扬善弃恶，再结合自身的传统文化，必将取得辉煌的成就。"因为向来重视学问的中国人会迫切地学习西方的学问，用一种全新的观念武装自己，迅速将中国人的面貌现代化。如果中国的改革者在国力足以自卫时，放弃征服异族，用全部精力投入于科学和艺术，开创一种比现在更好的经济制度，那么，中国对世界可谓是尽了最恰当的义务，给人类一个全新的希望。正因为这一希望是能够实现的，所以中国人应该受到所有热爱人类的人们的极高崇敬。

结　语

罗素对剑桥一直怀有很深的感情，而剑桥大学在 20 世纪初的辉煌，则得益于英国皇家委员会在 19 世纪下半叶对大学实施的许多有益的改革，特别是鼓励和支持大学的现代科学研究。现代科研热潮使剑桥的智力水准得到空前的强化。曾于 1890 年 10 月进入剑桥大学三一学院的伯特兰 · 罗素曾这样评价剑桥：

> 我在母校剑桥得到的唯一具有真正价值的思维习惯是智力上的真诚。

在剑桥的悠悠岁月，对罗素而言，不仅仅是头脑的武装，更有心灵的净化。剑桥是安静而沉稳的，表面上看似波澜不惊，实则暗潮涌动。只不过，剑桥是博大的、宽容的，无论学子们有什么怪异的想法，它都会微笑着鼓励你：大胆地坚持，科学地探索。在这样一个缤纷的舞台上，罗素的心儿也渐渐醉了，他舞得天昏地暗，也舞得精彩无比。剑桥，承载了他一生的不羁。无论他走得多远，也走不出剑桥的思念。

是这样的吧，自己的世界与非自己的世界，总是共存而又分裂，矛盾重重。罗素说，哲学家活在这个世上就是要考虑这些问题，尽管这些问题他不一定能够解决。但实际上，又有哪一位哲学家能够将其彻底解决呢？

罗素的哲学，归根结底还是一种建构中的哲学，他 76 岁高龄之时，其哲学仍在建构之中，他总是处于一种自我否定的状态。每一位哲学家都是要遭受后来者对其学说的反驳的，甚至是一种诋毁、一种消灭，而罗素却把这样的机会留给了自己。从另一个方面来看，哲学的反驳是成就，也是快乐。哲学就如同太阳一样照耀着大地，也照耀着沼泽、处女地和魔鬼般的角落。而罗素就像一只自由的小鸟，在这里高远的蓝天中，尽情地翱翔，不知疲倦，驾驭着他想要的思想、生活以及那一种永恒的渴望。

克里克和沃森：发现生命的螺旋之美

站在生命的旋梯上

我想，吉姆和我最值得称赞的是我们选对了问题，并坚持不懈地为之奋斗。为了找到黄金，我们一路跌跌撞撞，总是犯错误，这是真的，但事实是我们仍然在一直寻找黄金。

——克里克

双螺旋 DNA：奏响人类生命的华彩乐章

激动人心的伟大发现

1953 年 2 月 28 日，在英国剑桥一家名叫鹰（Eagle）的酒廊里，弗朗西斯·克里克（Francis Crick Harry Complen）一进来就兴奋地嚷道，他和詹姆斯·沃森（James D. Watson）已经“找到生命的秘密”了。在场的人都知道他在说什么。因为在过去两年里，两人不分昼夜地设法寻找DNA结构的秘密。这一天早上，他们终于解开了谜团，也结束了当时生物科学界对这项研究的角逐战。他们搭建的DNA双螺旋结构模型充分显示了DNA是如何完成传递细胞遗传信息的使命的。

DNA双螺旋模型（包括中心法则）的发现，是20世纪最为重大的科学发现之一，也是生物学历史上唯一可与达尔文进化论相比的最重大的发现，它与自然选择一起，统一了生物学的大概念，标志着分子遗传学的诞生。这门综合了遗传学、生物化学、生物物理和信息学，主宰了生物学所有学科研究的新生学科的诞生，是许多人共同奋斗的结果，其中克里克和沃森，尤其功不可没。

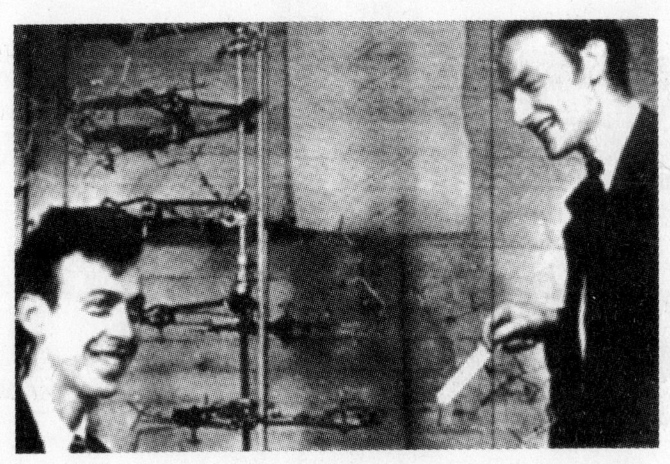

1953年2月，两位名不见经传的年轻人，靠着自己敏感的科学直觉，在剑桥大学的卡文迪什实验室发现了DNA的双螺旋结构；1953年4月25日，权威科学杂志《自然》发表了他们措辞谨慎的短文，向全世界宣告了这一发现，引起举世瞩目，掀起了一场发掘遗传学“金矿”的科学风暴。这个发现奠定了现代分子生物的基础，并被认定为是20世纪生命科学领域最伟大的科学发现。从此，沃森和克里克这两个名字便开始形影相随。

沃森和克里克是一对传奇人物：沃森 15 岁就读芝加哥大学，22 岁获得动物学博士学位，23 岁时由于一场学术报告而疯狂迷恋上 DNA，仅仅 26 岁就揭开了双螺旋结构之谜；克里克当年也只有 37 岁，此前是物理学出身，1947 年转向生物学。遥想当年，两人正值意气风发，青春年少，没有条条框框的限制，凭借天才的头脑和无与伦比的科学直觉，提出 DNA 是双链互补结构，并且呈螺旋状延展。就连沃森也惊异于自己的成就，“不时拧自己一把，以证明我不是身处美梦之中”。

辉煌的遗传学成就

DNA 双螺旋模型对遗传学研究具有重大意义。一是它能够说明遗传物质的自我复制。这个“半保留复制”的设想后来被马修·麦赛尔逊（Matthew Meselson）和富兰克林·斯塔勒（Franklin W. Stahl）用同位素追踪实验证实。二是它能够说明遗传物质是如何携带遗传信息的。三是它能够说明基因是如何突变的。基因突变是由于碱基序列发生了变化，这样的变化可以通过复制而得到保留。

1958 年，克里克提出了两个学说，奠定了分子遗传学的理论基础。第一个学说是“序列假说”。它认为一段核酸的特殊性完全由它的碱基序列所决定，碱基序列编码一个特定蛋白质的氨基酸序列，蛋白质的氨基酸序列决定了蛋白质的三维结构。第二个学说是“中心法则”。遗传信息只能从核酸传递给核酸，或核酸传递给蛋白质，而不能从蛋白质传递给蛋白质，或从蛋白质传回核酸。

那么，碱基序列又是如何编码氨基酸的呢？克里克在破译这个遗传密码的问题上也做出了重大贡献。组成蛋白质的氨基酸有 20 种，而碱基只有 4 种，显然，不可能由 1 个碱基编码 1 个氨基酸。如果由 2 个碱基编码 1 个氨基酸，只有 16 种（4 的二次方）组合，也还不够。因此，至少由 3 个碱基编码 1 个氨基酸，共有 64 种组合，才能满足需要。1961 年，克里克等人在噬菌体 T4 中用遗传学方法证明了蛋白质中 1 个氨基酸的顺序是由 3 个碱基编码的（称为一个密码子）。同年，两位美国分子遗传学家马歇尔·尼伦伯格（Marshall Nirenberg）和约翰·马特哈伊（John Matthaei）破解了第一个密码子。到 1966 年，全部 64 个密码子（包括 3 个合成终止信号）被鉴定出来。作为所有生物来自同一个祖先的证据之一，密码子在所有生物中都是基本相同的。人类从此有了一张破解遗传奥秘的密码表。

珠联璧合：共同破解生命难题

1953 年 4 月 25 日，詹姆斯·沃森和弗朗西斯·克里克在国际权威科学杂志《自然》上发表了一篇题为《核酸的分子结构——DNA 的一种可能结构》的论文。文章很短，只有 128 行文字，可它却是现代生命科学历史上的里程碑。寥寥几行文字，描述了 DNA 的双螺旋结构，揭示了地球上生命的奥秘。詹姆斯·沃森和弗朗西斯·克里克因此一举获得 1962 年诺贝尔医学奖，并由此开创了一门新学科——分子生物学。

沃森最初的理想是成为一名博物学者，他后来转向遗传学发展的主要原因是在芝加哥大学上三年级时读了著名的量子物理学创始人薛定谔写的《生命是什么》一书，决心要解决这一问题。

1951 年春，沃森在意大利那不勒斯召开的一次会议上听到了伦敦国王大学莫里斯·威尔金斯教授的报告，他在会上展示了一张表明 DNA 是有规则的晶体结构的 X 射线衍射图片。他想，一定有什么简单的方法能测定这种结构。一旦 DNA 的结构被揭晓，就能更好地理解基因是怎样发挥作用的。沃森意识到需要尽快掌握 X 射线衍射技术并期望能与威尔金斯一起做 DNA 工作，但却一直未曾有这样的机会。后来，已经获得博士学位的沃森设法在剑桥大学的卡文迪什实验室谋取到了一个职位，参加一个由从事蛋白质三维结构研究的物理学家和化学家组成的小组工作。当时卡文迪什实验室主任布拉格爵士是 X 射线晶体学奠基人之一。

沃森和克里克的初次见面也在这里。同威尔金斯一样，克里克也是后来转向生物学研究的物理学家，但实际上他并没有立刻投入 DNA 世界。第二次世界大战爆发时，他同其他科学家一样参加了战争，已经开始攻读博士学位的工作被迫中断。直到他与沃森见面时，35 岁的他仍是一位博士生，在从事血红蛋白 X 射线衍射的研究工作。

尽管他们都在做着蛋白质晶体结构的研究工作，但两人都对“基因到底是什么”有兴趣。他们深信，一旦解读了 DNA 的结构，对搞清真相将很有帮助。沃森在《双螺旋》一书中这样写道："现在克里克在实验室老想同我讨论基因问题；他也不想再把有关 DNA 的问题束之高阁了。要是他一周仅仅花费几个小时考虑 DNA，并帮助解决一两个非常重要的问题，我想也不会有人介意的。"

显然，他们非常投机。克里克在《疯狂的追逐》一书中是这样阐述原因的："吉姆（克里克对沃森的昵称）和我一拍即合，部分原因是我们的兴趣惊人的相似，另外，我想，我们的身上都自然地流露出年轻人特有的傲慢、鲁莽和草率。"此外，两人都喜欢大声讲话，无论是沿着河边散步、吃饭，还是在鹰酒廊聊天，一聊能说好几个小时。更重要的是，两人意志坚定，一旦他们下定决心要解决 DNA 的结构问题就不会放手，直到他们找到了答案或是别人捷足先登为止。

他们最钦佩的人是当时世界首席化学家鲍林，鲍林在化学键研究上颇有成就。事实上，在沃森到卡文迪什的前几个月，鲍林就因先提出了角蛋白的 α 螺旋模型，而使卡文迪什在建立蛋白质结构的角逐中陷入了窘境。在沃森借助 X 射线晶体仪诠释分子水平活动时，鲍林则更多地依靠自己对原子间结合方式的深刻理解，搭建蛋白质的三维模型并不断地进行改良。

卡文迪什实验室固执地走另外一条路，结果证明是失败的。克里克和沃森担心这种失败可能还会再次发生。因为鲍林当然会意识到 DNA 结构将是他下一个最大的挑战。一旦他投入全部精力，肯定会有所收获。沃森写道："在我到达后的几天之内，我们就知道要做些什么：模仿鲍林并且以其之矛攻其之盾。"要这么做，就需要有 DNA 的 X 射线图。由于卡文迪什的结晶学家只对蛋白质有兴趣，因此他们不得不到伦敦国王大学去，那里的主要研究领域才是 DNA。

几星期后，克里克和沃森已相当肯定他们的结论：DNA 是有三条链的螺旋结构。他们邀请威尔金斯来看模型。出乎他们意料的是，富兰克林也来了。很快，沃森记忆错误的后果就显露出来了。DNA 分子中水的含量几乎是他假定的十倍。而这对于克里克和沃森充满自信的结构来说是不可能。

沃森极不情愿地转向了烟草花叶病毒结构的研究，克里克则继续以前的血红蛋白研究。即使这样，也阻止不了他们谈论 DNA 的问题。尽管这次失败使他们很沮丧，但并没使他们气馁。

1952年的整个夏天和秋天，沃森和克里克都在谈论有关DNA的一些毫无关联的结论，并试图将它们结合到一起。其中一个就是生化学家埃尔文·查迦夫在早些年做出的一个发现。他通过分析很多不同有机体的DNA，发现4种DNA碱基的总比例因物种不同而变化，但腺嘌呤的数量总是同胸腺嘧啶相等，鸟嘌呤与胞嘧啶相等。

1952年12月，他们得到了一个坏消息。鲍林在给剑桥读研究生的儿子彼得的信中表明，他很快要发表一篇关于DNA结构的论文。一个月后，彼得收到了父亲的论文并告诉了沃森和克里克。“没等克里克提出想看看那个副本，我就抢先从彼得的外衣口袋里把它抽了出来，急切地翻阅起来。”沃森写道。

鲍林提出的模型是一个以糖和磷酸骨架为中心的三条链的螺旋结构。沃森几乎立即意识到这是毫无意义的。他写道：“很快就觉察到他的模型有点不对头，可又指不出错在哪里。我又仔细地把示意图研究了一番，才恍然大悟。原来鲍林模型里的磷酸基团没有离子化……从某种意义上来说，鲍林的核酸根本就不是一种酸。”

但是，DNA当然是一种酸。鲍林，这个世界上最伟大的化学家居然犯了一个常识性的错误。与此同时，沃森和克里克也比以前更紧张了。论文预定在3月发表。到那时，一旦他觉察出自己的错误，是不会轻易罢休的。等他回过头来再全力研究DNA结构时，他们至多只能争取到六个多星期的时间。沃森也想到要提醒一下威尔金斯。他去了国王大学。在闲谈中，威尔金斯拿出了一张富兰克林称为“B型”DNA的照片副本。沃森在《双螺旋》写道：“我一看照片，立刻目瞪口呆，心跳也加快了。无疑，这种图像比以前得到的图像要简单得多。而且，只有螺旋结构才会呈现在照片上是那种醒目的交叉形的黑色反射线条。”在回剑桥的火车上，沃森想在双螺旋结构和三条链结构中做出选择。后来他决定要做一个双链模型。

其实，使沃森和克里克感到兴奋的不只是富兰克林图片的清晰。每34埃就重复一次的图谱特征使他们领悟到分子间结合角度的重要信息。更有意义的是，图像表明连接到骨架上的碱基是一个挨一个整齐地堆积起来的。但同时也冒出了新的问题，糖—磷酸骨架是在内部还是外部呢？沃

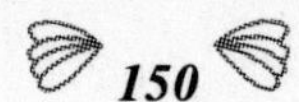

森认为应把骨架放在中心，但克里克认为两种可能都应该考虑。沃森花了几天时间尝试，结果发现似乎没有什么理由能站得住脚。他写道："当我拆毁了一个使人讨厌的以骨架为中心的分子模型时，我断定花几天时间制作一个骨架在外部的模型并不会有什么害处。"

一星期后，沃森告诉卡文迪什机械车间，他们要做新模型了，但他已经急不可待了。前一天，他用了一下午时间从硬纸板上剪切碱基零件。第二天便开始用它们再次"同类配对"。"突然，我发现一个由两个氢键维系的腺嘌呤－胸腺嘧啶对竟然和一个至少由两个氢键维系的鸟嘌呤－胞嘧啶对有着相同的形状"，沃森写道。如果碱基以这种方式结合，骨架就不会凹凸不平了。而且，这样的排列能够很好地解释查迦夫的发现。A 总是和 T 配对，自然它们的数量就相等，这对 G 和 C 也同样适用。

"更令人兴奋的是，这种双螺旋结构还提出了一种 DNA 复制机制，腺嘌呤总是与胸腺嘧啶配对，鸟嘌呤总是与胞嘧啶配对。这说明两条相互缠绕的链上碱基序列是彼此互补的。只要确定其中一条链的碱基序列，另一条链的碱基序列也就自然确定了。因此，一条链怎样作为模板合成另一条具有互补碱基序列的链，也就不难设想了。"于是，他马上询问了多纳休对于这些碱基对的看法，这回没有得到反对意见。接着，他又迫不及待地告诉克里克，说他们已经掌握了全部的答案。尽管还剩下一些细节问题需要解决，但沃森担心会重演以前的惨败。"当克里克飞快地跑进 Eagle 酒廊，用所有在场吃午饭的人都能听得见的声音宣布我们已发现了生命的奥秘时，我感到多少有点不大舒服。"他写道。

但是，无疑他们已经成功了。威尔金斯和富兰克林在随后几天内将得到通知。全世界的人们也将通过 1953 年 4 月 25 日刊登在《自然》杂志上的一页文字获知 DNA 双螺旋结构的秘密。

从伦理学的角度思考基因技术

达尔文将人类从顶端处拉了下来，DNA 将人类的面孔碾碎成生物学意义上的浆汁。这个过程不过一百年光景，如今，从宇宙、生物圈到人类的层析式认知，躯体、器官、组织、细胞、亚细胞、DNA、基因片段，"还原论"的洋葱皮已经剥到"芯"了，有机生命与无机物质的分水岭就在眼前，从生物碱基转变成有生命表达的基因片段，DNA 的合成与复制，标示了生命的拐点所在。随后也迎来克隆技术的诞生，尽管人们可以希冀基因技术将会带来医学革命，通过替代有缺陷的、危险的 DNA 能够治愈人类的遗传病，延缓衰老，对抗癌症、糖尿病等等医疗奇迹，但是也把人们拖入由克隆人带来的恐惧之中，基因工厂、基因工程除了给人类造福之外，还将给人类带来何种危险与灾难，不得而知。基因密码的“黑匣子”的背后已经不仅仅只是技术命题与技术纠错了。它涉及社会、心理、伦理，乃至政治、历史、文化传统的诸多冲突与失重，将面临由基因再造引发的社会心理、伦理再造，乃至文化再造。这是新技术的魅力，也是新技术的魔力，科学是一把双刃剑，在 20 世纪，核子技术的应用已经敲响了警钟，基因技术也应该在飙升中寻求安妥与平衡。

走近克里克：智慧来自执著

也许用任何称呼都不能恰当地概括克里克一生的成就，但我们可以把他称为创造性的思想家和熟练的思想交流者。

在《生命本身：起源和本质》（*Life Itself*：*Its Origin and Nature*）一书中，克里克提出了直接的有生源说理论，以此来解释生命的起源。虽然他认为来自宇宙空间的微生物或生物化合物是地球上生命的起源这一理论仍徘徊在科学的主流之外，但由这种理论引发的各种支持和反对意见却富有启发性和建设性意义。

除了在有生之年对于科学做出的广泛而卓越的贡献，让我们记住克里克的还有他的科学精神和人格魅力。也许克里克并不是最聪明的科学家，但他却拥有一名优秀科学家所具备的最重要的品质：敏锐的洞察力和坚韧不拔的毅力。

在生活中，这个执著的科研者喜欢大声讲话，无论是沿着河边散步、吃饭，还是在老鹰酒廊聊天，他都一口气能说好几个小时。他是理想的研究伙伴，也是真诚的好朋友。沃森说：“我将永远缅怀弗朗西斯，记住他高人一筹、专注于一点的智慧，记住他对我的友善和对我树立信心的帮助。”

克里克

领略克里克的风采

弗朗西斯·克里克，英国生物物理学家。1916年6月8日，克里克出生在英格兰北汉普顿市。幼时的克里克便对科学问题充满好奇和疑问。

他曾在伦敦大学学习物理，第二次世界大战的爆发使他被迫中断攻读博士的学习，来到英国海军部研究制造水雷。第二次世界大战后，他对“生物与非生物的区别”产生了浓厚的兴趣，但那时他在生物学、有机化学以及晶体学方面都没有什么基础，在此后的几年里他花了大量的时间自学这些知识，完成了从物理学家到生物学家的转变。这是他的第一次学科领域转换。

1947年，克里克进入剑桥大学斯坦格威斯实验室参与研究工作。随后又加入剑桥大学卡文迪什实验室。他的学术生涯的一个重要转折是1951年与美国科学家詹姆斯·沃森的相遇。由于有着一致的研究兴趣，两人可说是一拍即合。尽管他们都在做着蛋白质晶体结构的研究工作，但两人都对“基因到底是什么”感兴趣，他们深信一旦解读了DNA的结构，对搞清遗传的真相将很有帮助。

1952年，美国化学家鲍林发表了关于DNA三链模型的研究报告，这种模型被称为α螺旋。沃森与威尔金斯、富兰克林等讨论了鲍林的模型。威尔金斯出示了富兰克林在一年前拍下的DNAX射线衍射照片，沃森看出了DNA的内部是一种螺旋形的结构，他立即产生了一种新概念：DNA不是三链结构而应该是双链结构。

他们继续循着这个思路深入探讨，先在理论上得出一个共识：DNA是一种双链螺旋结构。随后沃森和克里克立即行动，在实验室中联手开始搭建DNA双螺旋模型，终于在1953年3月7日，将他们想象中的DNA模型搭建成功了。

1953年4月25日，克里克和沃森合作在顶级的《自然》杂志上发表了一篇名为《核酸的分子结构——DNA的一种可能结构》的论文。他们的论文被誉为是“生物学的一个标志，开创了新的时代”。在此基础上，克里克进一步分析了 DNA 在生命活动中的功能和定位，提出了著名的中心法则，由此奠定了整个分子遗传学的基础。克里克还和弗农·英格冉姆（Vernon - Ingram）一道，发现了遗传物质在决定蛋白质特性上的作用，因此被誉为“分子生物学之父”。

克里克在获诺贝尔奖之后

“按照原来的设想，诺贝尔奖既要嘉奖过去对科学作出的贡献，也要鼓励今后继续为科学做贡献”，但实际情况却产生了意料之外的效果，“这使许多科学家对诺贝尔奖的价值表示了怀疑”。

1962 年，弗朗西斯·克里克和詹姆斯·沃森因发现 DNA 双螺旋结构而获得诺贝尔生理学或医学奖。获奖后，蜂拥而来的社会活动使克里克不胜其烦，为了摆脱这种无休止的纠缠，他设计了一种通用的谢绝书，上面写道：

克里克博士对来函表示感谢。但十分遗憾，他不能应您的盛情邀请而：

给您签名，为您的事业出力；
赠送相片，阅读您的文稿；
为您治病，作一次报告；
接受采访，参加会议；
发布广播谈话，担任主席；
在电视中露面，充当编辑；
赴宴后作演讲，写一本书；
充当证人，接受名誉学位。

由此可以看出，克里克是一个天性超脱、内心对科学深深迷恋和狂热追求的真正的科学家，这使他最终抵挡了世俗的虚荣，把自己提升到了一个更高的境界。

停不下追逐的脚步：花甲之年转向意识研究

当我们回忆克里克时，首先想到的当然是他的DNA双螺旋结构。然而，他那与生俱来的好奇心使他没有把兴趣一直停留在一个问题上。

自DNA双螺旋结构被揭示后，在现代生命科学中，需要解决的基础理论只剩下生命的起源、意识的产生和生命发育过程三个问题，而对意识问题的揭示，则成为了生命科学的最后一个堡垒。

1966年，当生物医学的基础轮廓已经被清楚地勾画出来之后，克里克认为是将兴趣转向神经科学，尤其是“意识”问题的时候了。1976年，他来到位于风景如画的加州圣迭戈的索尔克生物研究所，开始从事对脑和意识的研究——这时他已经60岁，开始科学生涯的第二次领域大转换。

他在科学史上第一次明确提出用自然科学的办法可以解决意识问题。因此，霍根在《科学极限》（*The End of Science*）一书中称赞道：“只有尼克松才能打开与中国的外交僵局；同样的，也只有克里克才能使意识成为合法的科学对象。”

克里克开始思考意识的本质，但他并没有走实验的道路，而是决定从理论研究入手。他对意识问题研究的另一个特点是他不仅从自己熟悉的分子角度研究问题，还注重从心理学、神经解剖学以及神经生理学等各个水平，甚至从哲学水平来看问题，以期架起连通各个领域的桥梁。

20世纪90年代中期，克里克在其科普著作《惊人的假说：灵魂的科学探索》中指出，我们的思想、意识完全可以用大脑中一些神经元的交互作用来解释，这就是他提出的关于意识的“惊人假说”。

2003年年初，克里克在著名的《自然—神经科学》杂志上发表论文《意识的框架》，提出意识不是先天就有，而是由大脑中位于“扣带前回”的一小组神经元产生和控制的。他的论文又一次奠定了他的意识问题的制高点，受到认知科学界的广泛关注。这已经是他生命的垂暮之年，克里克为世界各地的年轻科学家吹响了号角：脑科学还有很长的一段路要走，但它的吸引力和重要意义将不可避免地推动它不断前进。

2004年7月28日，克里克与世长辞，20世纪的一颗科学巨星陨落

了。来悼念他的人不但有全球各地的生物学家，还包括许多心理学家、认知科学家、神经科学家，他们都为克里克的辞世痛心不已——他晚年在脑与认知科学，特别是意识问题的研究方面，也取得了卓越的成就。

沃森：路漫漫其修远兮，吾将上下而求索

提起沃森，多少都会给人以玩世不恭的感觉，因为他有着很独特的个性，初入剑桥时他只有23岁，他那美国人的发型、衣饰与谈吐在欧洲的绅士群中也颇不受欢迎。而且他似乎无可救药地贪恋享乐，他为取悦鲍林而与其子大套近乎，他搞到竞争对手富兰克林那张DNA的X光衍射图片所用的手段根本无法拿到桌面上。就从当年的老照片上看，比起威尔金斯的儒雅谦逊，鲍林的睿智深沉，布拉格的恢弘雍容，我们这位顽劣的天才倒更像是马戏团里的龙套。

但是，他为什么能够和克里克一起提出DNA的双螺旋结构模型呢？对别人的数据提出一些似是而非的设想，然后便在理论上评头论足的人很多，然而这些人得不到奖。他们与这些人的不同之处就在于：他们能够将相互矛盾的各种实验结果的树干与枝叶区别开来，果断地削去枝叶，露出树干，开拓出前进的方向。也就是说，他们能够在分析的基础上，高屋建瓴，提出一个能够作为其他研究人员的指导方针的高水平的学说。

与志同道合的人联手，让自己的思想机器高速运转，这或许是他最具杀伤力的武器吧。

回首来时路，酸甜苦辣，百感交集；面对现在，他“迎着朝霞实干，不会对着晚霞幻想”；展望未来，路漫漫其修远兮，吾将上下而求索……

1928年4月6日，詹姆斯·D. 沃森出生于美国芝加哥的伊利诺伊一个圣公会教徒家庭，是詹姆斯家族的长子，时年老詹姆斯·D. 沃森31岁，是民主党的忠实追随者，而具有爱尔兰和苏格兰血统、信奉天主教的沃森母亲乔安娜·米切尔·沃森（Jean Mitchell Watson，1900－1957）27岁。

沃森

在詹姆斯家里，书籍和知识占有非常重要的位置。大部分书来自旧书店，较新的来自“每月读书俱乐部”；每周末沃森父亲都会带领儿子步行一英里去公共图书馆，阅读各种图书，而且每次都带回一大堆书在下周品味，父亲崇尚有思想的人，喜欢各类哲学书籍，而沃森从中挑出自己喜欢的科学类书籍来读，沃森7岁时收到最中意的圣诞节礼物，是一本关于鸟类迁徙的书。本来老詹姆斯从青少年起就沉醉于鸟类观察，受父亲的影响，沃森也欣然加入，使他的生活在大萧条时期仍然充满浪漫的情调，直至上高中仍然迷恋于在公园、野外沙丘间寻找稀有的鸟。在天气不适合看鸟的时候，他就仔细研读进化论方面的知识和达尔文的自然选择理论，他甚至开始梦想成为科学家。

1943年，沃森提前两年中学毕业，进入芝加哥大学，并非由于他特别的聪明，而是在很大程度上归功于他的母亲，因为乔安娜发现了芝加哥大学校长罗伯特·哈金斯正在进行一项教育改革，她为沃森填写奖学金申请表，并支付每天六美分的车费，沃森才如愿进入大学学习动物学。在芝加哥大学的最初两年，沃森的成绩并没有使他展露出在科学方面的天才；但在此期间，他有机会聆听当时世界上最优秀的基因学家之一斯沃尔·莱特的讲课，这是沃森崇拜的第一个科学英雄。基因的概念融入他的大脑，使他做出了一生最重要的决定，要把基因研究作为一生的主要研究目标。

1947年，在芝加哥大学毕业并获得理学学士之后，在芝加哥大学人类遗传学家斯兰德斯可夫的推荐下，印第安纳州立大学给沃森提供一个月薪900美元的研究工作，开始用X射线进行噬菌体研究，三年之后他在那里获得动物学博士学位。

1951年秋，沃森赴欧洲的哥本哈根，进行一年基因转移研究，并未获得令人振奋的结果。在国家小儿麻痹研究基金（National Foundation of Infantile Paralysis）资助下转往剑桥大学卡文迪什实验室，在那里沃森结识了比他年长的弗朗西斯·克里克。而后志趣相投的两个人就正式踏上了探索 DNA 结构的漫漫道路，并最终取得了成功。

而后，沃森则成为哈佛大学生物实验室一员，1961 年成为教授，任职至 1976 年。从 1968 年起，沃森担任纽约长岛冷泉港实验室（CSHL）主任。在美国，“冷泉港”被誉为生命科学的圣地，是分子生物学者们神往之处。1994 年起，沃森担任冷泉港实验室主席至今。沃森也是美国科学院院士及英国皇家学会会员。

沃森作为杰出科学家的另一重大贡献是与其他人一起发起了由全球合作、令人震撼的“人类基因组计划（Human Genome Project，HGP）”。HGP 与“曼哈顿原子弹”计划、“阿波罗登月”计划统称为自然科学史上的“三大计划”，但它对人类自身的影响，将远远超过另外两项计划。

一半是科学，一半是情思

在沃森的生命里，可不只有事业，爱情同样也是生活的另一个重要的支点。我们这位多情的剑桥才子，内心其实有着丰富而又细腻的情感。

让人意料不到的是，令他心动的女孩竟然不下十位，有些还是“名花有主”，但他自始至终念念不忘的女神，是哈佛大学著名生物学家恩斯特·迈尔的长女克丽斯塔。自到剑桥，沃森就在暗暗寻找一个完美的女朋友，在哈佛邂逅克丽斯塔之后，魂牵梦萦，再难忘怀。堂堂一位科学名人，会不惜每天去门房的信架上搜寻 17 岁少女的来信，并且喜怒哀乐如风向标一般随克丽斯塔情绪和态度的起落而变化，甚至在克丽斯塔正式表示一刀两断之后还诚心诚意地给女孩的父亲写信，表示“您可以想象，这对我是多么大的打击，不仅因为我爱她，而且直到现在我都认为我们彼此合适。”沃森的感情是炽烈的，也许正是数十年后仍难以忘怀这段刻骨铭心的初恋，才促使他以自己珍藏的 60 封在 1953 年 7 月至 1955 年 12 月写给克丽斯塔的信件为指引，重拾往日的温馨情怀吧。看见克丽斯塔的肖像，果然颇似高更画中的塔希提美女，欣赏有如此姣好容颜的一代佳人并为沃森惋惜之时，也不免令人暗想：如今的克丽斯塔，是否会为自己当年的选择而有一丝丝的遗憾呢？

结　语

可以毫不夸张地说，克里克和沃森的合作是“现代生物学历史上的一次最富有创造性、最激动人心，或许也是最神奇的合作”。

他们迥异的专业背景是那么的相得益彰。他们刚好互补的性格也使他们的合作如虎添翼，克里克极具天赋，执著，睿智，眼界开放而不囿于成见，思想深刻而不流于肤浅，在权威面前绝无缩手缩脚之态，他还习惯于谈论和思考，在伦敦大学和剑桥的深造使他的学术造诣日臻完善，而在卡文迪什实验室的经历也让他的思维更加开阔；而沃森则眼光独到，观察事物总有一种敏锐的穿透力，思想也具有很大的跳跃性。因为年轻，他也是那样的无拘无束，甚至他还有一些心眼，会一些算计。

更要命的是，他们还拥有一种旁人永远无法企及的敏捷。而这种敏捷则贯穿于他们合作的始终，也贯穿于他们学术生涯的始终，甚至布拉格爵士在为沃森的回忆录《双螺旋——发现 DNA 结构的个人经历》所作的序言中也戏称他们是“站在巨人的脚趾上”，也可看出这种敏捷。

牛顿已降，从此普天之下的学者功成名就之后，总是迫不及待地宣称，自己是站在巨人的肩膀上，而这两个人却站在巨人的脚趾上。是怠惰（懒得爬高）？是油滑（爬不了高）？抑或是标榜和吹嘘（自己本是巨人）？这种底气十足的说法终究还是来自两人的敏捷。

不管怎样，他们都是人类历史上第一个登上生命旋梯的人，并且在那里欣喜地发现了生命本身具有的螺旋之美，他们的微笑和功绩，将会永远地载入史册，光照日月，彪炳千秋。

哈耶克：20 世纪最伟大的自由主义学者

自由不是实现某个高尚政治目标的工具，它本身就是最高尚的政治目标。

——哈耶克

哈耶克的睿智人生

斯人已逝，王者归来

弗里德里克·A. 哈耶克（Friedrich August von Hayek）于 1992 年 3 月 23 日去世，享年 92 岁。他可能是 20 世纪最伟大的古典自由主义学者。虽然他 1974 年获得过诺贝尔经济学奖，但他的学术贡献却远远超出经济学范围。他毕生发表了 130 篇文章和 25 本专著，涵盖的范围从纯粹的经济学到理论心理学，从政治哲学到法律人类学，从科学哲学到思想史。在这方方面面，哈耶克绝不是玩票，而是见解卓著。他对我们至少关于三个领域的理解都做出了重大贡献：政府干预、社会主义经济的后果及社会结构的发展。我们恐怕再也看不到如此对人类科学兴致广泛的学者了。

斯人已逝，而王者归来。大师虽已作古，但他光辉的思想则会流芳百世，启迪着一代又一代的人们去为之不懈努力。开启本章，你将看到一个真实的哈耶克，一颗纯粹的心灵，一幅瑰丽多彩的人生画卷。

自由是哈耶克永恒的理想。他继承了 18 世纪启蒙思想家的思想，从个人主义出发，强调维护人的自主。这种自由包括政治自由、思想自由和经济自由。其中，经济自由是自由的基础。实现经济自由的途径是实行市场经济，让市场机制充分发挥调节作用，让人们在市场上进行自由竞争。因此，市场经济就是一种由个人主义出发而形成的，能保证人的自由的“自然秩序”，是一种最符合人性的经济制度。

哈耶克认为，经济研究的主题还是这种“自然秩序”。其间，他用消费者主权的概念来说明了市场经济的完善性。同时，他又认为，协调问题是市场发展过程中不可缺少的一部分。而协调的失败则能使市场经济达到更高程度的协调。

闪光的思想

我们可以把哈耶克的自由理论做一个简单的概括：

他的理论的基础是知识的分散性，没有任何人是全知全能的，没有任何人能对社会做出一个全面的设计，因此，应当让每个人自由地在各个方向上探索，而国家不能为每个人设定目标和努力的方向；相反，国家的作用仅仅在于提供一个公正的规则体系，让每个人自由地利用自己的知识，并通过市场制度利用他的知识，追求自己的幸福，而在公正规则体系下，这样对私人利益的追求，将会造福于他所不认识的人，从而推进社会的公共利益。

哈耶克流光溢彩的一生

哈耶克是 20 世纪最伟大的经济学家和政治哲学家，他的一生致力于追求人类自由、真理和发展的永恒事业中，并取得了举世公认的成就。他在 1944 年发表的著名作品《通向奴役之路》轰动了整个世界（他为此获得 1974 年的诺贝尔奖），深刻地影响了 20 世纪后半叶的世界格局。

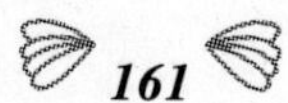

叛逆少年进化论思想的形成

1899 年 5 月 8 日，哈耶克出生于维也纳的一个知识家庭。他的父亲是维也纳大学的兼职植物学讲师。受父亲影响，他从小就对生物学产生了浓厚的兴趣，在对生物的痴迷研究中，他最早接触了达尔文的进化论原理。“自由竞争，优胜劣汰”和“适者生存”的观念深刻地嵌入他的思想灵魂，并对他今后对经济、政治和哲学的观念形成产生了深刻影响。

从经济学家到政治哲学家的转变

1918 年，哈耶克就读于维也纳大学，当时出于谋生的考虑，他选择了经济学专业。在那里，他最早接触了社会主义计划经济学说。他通过亲身经历第一次世界大战的洗礼，与许多理想激进的青年一样，他对各种新学说、新秩序、新思想都充满着浓厚的兴趣，渴望建立一个更加完满的社会秩序。

1938 年，哈耶克加入英国国籍，次年，第二次世界大战爆发。战后由于东欧社会主义国家的大量出现及其意识形态的蔓延，英国经济学术界也掀起了有关计划经济与市场经济孰优孰劣的大讨论。在这场大讨论中，哈耶克凭借他雄厚的自由经济市场知识以及多年对社会主义计划经济的思考，雄辩地指出了计划经济理论存在的缺陷，这就是他写的《通向奴役之路》。在这本书中，他大声疾呼：全权社会主义如果实现，将会带来政治、道德和经济上的全面奴役！

由于计划经济涉及了社会主义的意识形态理论，所以哈耶克不可避免地陷入了政治哲学之中。正如他在后来再版（1976 年）的《通向奴役之路》前言中所说：“不期而然地触及的这个问题（即政治哲学）更具有挑战性，也更为重要。”从此，他踏上了新的征程。

从知识分工理论到世界普遍的和平秩序

哈耶克对自由市场的论证基于这样的事实：“知识分散于所有人的心智中，这些零散的知识不可能被汇集到一个人的头脑中”。哈耶克认为，相对于整个社会知识（包括经济知识与政治知识）、个人的知识和理性是微不足道的，所以个人无法控制整个社会的知识运作，也就是说，政府的

“计划（或全权）”是无法控制社会的全部。

那么，对于经济而言，怎样才能充分利用和协调分散于所有人中的零星知识呢？哈耶克认为：是价格。因为价格是一个数的指标，它能发出“数”的信号，引导和协调个体间的交流、沟通、需要和变化。这个“数”就像“一只看不见的手”，使社会间的协调行为达到一种“最佳”状态（人的本能是追求“数”的最大化即利润最大化）。所以，价格的这种自发调整作用其实就是市场经济的杠杆作用，因为它是自发的（即看不见的手）。显然，计划经济的价格垄断性是不具备这种自发调整功能的，它也不能充分利用社会中分散的所有人的知识，从而导致了计划经济的低效率。

在长期的经济研究中，哈耶克发现了一条规律，即“自生秩序”观念。他认为，在自生秩序中（即自由状态下），个人可以按照自己的意愿彼此交换、互动，没有人集中个人的决策。

个人可以按自由的意愿行事，只要不伤害他人，这样，社会就会形成秩序和渐进的物质进步。自生秩序的前提是法治取代人治。

在“自生秩序”的基础上，哈耶克吸收了西方启蒙思想的成果，即进化不仅是生物的，也是科学的、社会的和政治的，“进化发展的通律贯穿太阳底下的一切活动”。进化是自然（自由）的和渐进的，任何人为的和外力的干预都是对进化的扰乱，“进化自然，而革命不自然”的观念是 19 世纪所有思想的基石。在这里，“自然（即自由）”是一切进化的基础，哈耶克在他的《法、立法与自由》中提出，“自由就是法律的至高无上”。

在自由进化（渐进）理念下，哈耶克对未来社会提出了他的观点。他在最后一本著作《致命的自负》中指出：“经过社会演进的过程，经济上最高效的社会——因而也是其最有效率的规则和道德——最终会占上风。”而通过自由竞争“优胜”出的社会制度便是一个把全人类融合为一个单一社会的乌托邦。这就是他著名的“世界普遍的和平秩序”。他认为，建立一个不是由专制的政府而是由民主来维系为一体的世界性社会的理想，是可以实现的。他在《法、立法与自由》中写道：“只有通过将正当行为规则扩展至所有人的关系之中，而与此同时，消除这些规则不能被普遍适用的强制性，只有这样，我们才能逼近某种普遍的和平秩序，将全人类融合为一个单一社会”。这样的社会将保障个人自由和群体秩序，也将使全人类获得最大的利益和幸福。

通往奴役之路

无疑，在哈耶克所有著作中，最重要的是《通往奴役之路》。该书写于1940—1943年，当时，苏联社会主义国家正处于发展的上升阶段，世界也处在资本主义和社会主义两种观念对峙与演变过程，在那个时候，人们曾经非常认真地考虑过要对生产资料实行国有化，哈耶克担心，英国也有可能滑向传统社会主义经济，而他认为，这将是一个灾难性的错误。这就是促使他写作该书的直接动因，他希望能用他的知识去影响社会舆论。事实上，他做到了。

在该书中，哈耶克根据知识分工理论论证了计划经济的“集中控制经济”的不可行性，他说：“社会主义者的意图是纯洁的，其目标是崇高的，但他们用政府强制手段人为地对社会经济部门进行直接控制是错误的，是对自由市场竞争和进化的破坏。”同时，他又指出：“私有财产是个人自由的保障，而政府控制了财富的生产也就是控制了人的生活本身，从而失去自由和导致奴役。”

《通往奴役之路》先后在英国、美国和奥地利等国出版后，立刻引起轰动，哈耶克也由此一举成名。

哈耶克对自由的经典诠释

第一，自由仅指人与人之间的一种关系，对自由的侵犯也仅来自人的有意识的强制。他所强调的“强制”，基本上是指人为的因素。比如，如果某人登山时坠入冰雪窟窿而无法自拔，则很难说他是不自由的。因为虽

然客观境况使他无法脱身，但是却没有人在强迫他或禁止他做某事。

第二，一个人是否自由，与他可选择的范围的大小没有关系。比如，穷人与五星级酒店。

第三，自由并不等于政治自由。有人认为，自由等于参与立法、参与政府决策的权利。

第四，民族的自由不等于个人自由。政治意义上的自由民族，未必就是由自由人组成的民族。个人自由的倡导者都同情上述民族自由的诉求，而且也正是这种同情，导致 19 世纪的自由运动与民族运动之间形成了持续的联合。但是，尽管民族自由的概念类似于个人自由的概念，但它们却并不是相同的概念，因为对民族自由的追求并不总是能够增进个人自由的。对民族自由的追求，有时会导使人们倾向于选择一个他们本族的专制君主，而不选择一个由外族多数构成的自由政府；而且它还常常能够为暴虐限制少数民族成员的个人自由提供借口。

第五，个人自由不等于内在自由。一个人是否认识到必然规律，是否理性，跟他是否自由没有关系。他由于知识不足而做出了错误选择，与另一个人尤其是政府强加于他某种东西而使他只能做出某种选择，这两者之间是完全不同的。

走进哈耶克的心灵家园

长期以来，凯恩斯理论和政策都是哈耶克批评的目标。哈耶克认为，判断一个社会好坏的标准不是经济福利，而是人的自由程度。哈耶克特别反对把经济福利作为理想社会的目标。他认为追求经济福利的目标必然导致国家干预经济。理想社会是通过法治实现的。理想社会要通过法治才能实现，要做到这一点，就要实现思想解放，把人的思想从崇尚国家的现代蒙昧主义下解放出来，自觉地为实现这种理想而奋斗。

诺贝尔奖：情有独钟哈耶克

读思想大师的原著固然必要，但这事也跟吃汤圆差不多，若是只吃汤圆不喝汤，是会失去很多味道的。我们要想知道那些思想是怎样成熟的，它后来的命运如何，它为何以那样的形态出现在我们面前，都得从思想史、从鲜活的历史脉络中寻找。

——摘自《哈耶克传》代译序

早在20世纪60年代，哈耶克的著作就已被翻译为中文。但哈耶克的思想真正受到重视却始于90年代。从90年代起，哈耶克著作的中译本层出不穷，如果说中国学术界出现了“哈耶克热”，也是有一定道理的。但哈耶克的思想复杂丰富，著作也只有部分地被翻译出版，要理解他的思想全貌有很大的难度。所以，有必要借助于《哈耶克传》。而且，我们也可以凭借这部传记看到整个20世纪经济、政治观念变迁的脉络。而哈耶克获得诺贝尔经济学奖，则是其中的一个转折点。

独一无二的获奖组合——1974年诺贝尔奖经济学奖获奖名单一公布，所有人都大吃一惊：弗里德里克·冯·哈耶克竟然获奖了！而且是跟贡纳尔·缪尔达尔一起获奖！对此，瑞典皇家科学院一位负责经济学评奖的人士解释说，之所以让两人分享该奖，是因为他们两人从方法论和研究的方向上有着惊人的相似性。

然而，用同样的方法，两人却得出了完全不同的结论。从某种程度上说，缪尔达尔是瑞典福利国家的理论创始人之一，并担任过内阁部长，亲自参与福利国家的政策和制度设计。从当时的政治潮流看，瑞典人对他给予表彰，是非常自然的事情。但哈耶克却是现代福利国家最激烈的批评者，早在20世纪40年代他就指出，这是“通往奴役之路”。但瑞典皇家科学院的院士们还是决定让他们联袂获奖。他们觉得，诺贝尔奖是一项纯科学的奖项，所以政治立场上的对立不应该影响两人一起走上领奖台。不过，瑞典皇家科学院也承认，在所有分享同一年奖金的经济学家中，这两人确实是共同点最少的。

这就是说，哈耶克是搭上了缪尔达尔的“便车”。结果公布后，哈耶克和缪尔达尔两人都吃惊不小。有一个笑话这样说：哈耶克很惊讶自己竟然能够获奖，而缪尔达尔也很惊讶，自己竟然要跟人分享！

哈耶克的思想逐渐受到重视

弗里德曼在祝贺信中这样说：“当得知瑞典人终于克服了他们的政治偏见而充分地承认你的贡献的时候，我简直难以形容我的喜悦……这已经

超出我们对他们所能抱有的期望。”（《哈耶克传》）弗里德曼的兴奋是可以理解的。因为哈耶克一辈子都在坚定地捍卫自由市场，他的获奖意味着坚持自由市场原则的经济学逐渐受到重视了。

这个时候经济学的主流思想还是凯恩斯主义。早在 20 世纪 30 年代，哈耶克一到伦敦，其主要学术论战对象就是凯恩斯。两人对于经济周期的成因和解决办法，各执己见。最后，凯恩斯的观点被学术界和各国政府普遍接受，而哈耶克却在这之后放弃了专业经济学研究。因此，自 1969 年诺贝尔经济学奖开始评选以来，获奖的经济学家都普遍地信奉凯恩斯主义的分析框架，他们都相信，国家干预对于经济事务来说是至关重要的。

而哈耶克却是获得诺贝尔经济学奖的第一位自由市场经济学家。自这之后，不少倾心市场的经济学家陆续获奖。哈耶克获奖两年后，弗里德曼获奖。尽管在经济学方法论和具体观点上，他跟哈耶克有很多不同看法，但他承认：“从我第一次读到他的著作的那个时候起，尤其是在我于 20 世纪 40 年代中期结识哈耶克之后，他强烈的思想倾向、他的道德勇气、他那理智而始终坚持原则的论说，大大地拓宽、深化了我对自由社会的含义和必要条件的理解。”

1982 年，乔治·斯蒂格勒获奖。哈耶克在芝加哥大学任教时，跟斯蒂格勒有密切来往，斯蒂格勒是经济学思想史领域的高手，他对哈耶克的观念史研究大有英雄相惜之慨。1986 年，哈耶克的同道詹姆斯·布坎南获奖。1991 年获奖的罗纳德·科斯三四十年代在伦敦经济学院读书、教书的时候，哈耶克是系里最杰出的教授。1990 年获奖的弗农·史密斯曾说，哈耶克揭示了经济活动的根本问题是如何发现和利用知识，而他所开创的实验经济学则用成百甚至上千的经济学实验，一再地证明了哈耶克对于市场的解释。

警惕经济学的傲慢

根据《哈耶克传》的记载，虽然获得诺贝尔奖是哈耶克晚年的一个转折点，但哈耶克对于诺贝尔经济学奖却有看法。1974 年 10 月 10 日，在诺贝尔奖盛大的颁奖晚宴上，哈耶克说了这样一番话：“如果当初有人来问我是否应当设立诺贝尔经济学奖，我会毅然决然地予以反对。”

第一个理由是，他担心“这样一个奖项会使更多的人追逐科学的时髦。”第二个理由是，诺贝尔奖将赋予那些经济学家以不应有的权威。经济学跟自然科学不一样。一个物理学家，即使获得了物理学奖，也只能影响本专业的物理学家们。而经济学家主要会影响外行：政治家、记者、公务员和一般公众。大家都愿意听听一个获得了诺贝尔奖的经济学家对于治理经济，甚至治理国家有什么好主意，而获奖者自己也很容易以为，自己真的是全知全能的。结果，就出现所谓“知识的僭妄”。按照他的说法，现实世界中的很多不很合适的政策，其实都是经济学家狂妄自负的产物。

因此，哈耶克提出了一个很有趣的建议：获得诺贝尔奖的经济学家都应当发誓，永远不在自己专业能力之外发表公共意见。

哈耶克幸福的晚年

《通往奴役之路》上千万册的发行量，无疑深刻地影响了公共舆论和人们的思想，这使得哈耶克大受鼓舞，他的学术兴趣也从经济领域转移到了社会政治及哲学等领域。难能可贵的是，哈耶克从他的成功中深深体会到“学术自由”的重要性，所以，他从不以“权威”自居。正如他在一次演说中所说：我们不应该通过“权威”影响人，而是用“知识”影响人。为此，他成名后在瑞士成立了“朝圣山学社”，它的宗旨就是“保障个人自由之秩序”。正如他所说：“自由不是实现某个高尚政治目标的工具，它本身就是最高尚的政治目标！”

在此后的几十年中，哈耶克继续致力于捍卫人类自由事业。在心理学、经济、社会、政治和哲学等方面都做了深入的研究，并取得了广泛的社会认可。他的主要著作有：《价格与生产》、《论理性的滥用》、《感觉秩序》、《自由宪章》、《哲学、政治学与经济学研究》、《立法与自由》和《致命的自负》等数十篇。他的作品也传播到了世界各地，为人类自由与真理事业提供了锐利的理论武器。

思想的花瓣——《通往奴役之路》名句精选

当代种种事件不同于历史之处，在于我们不知道它们会产生什么后果。

经验和利益的偶然结合，往往会向人们揭示出事件中人们还很少了解的方方面面。

如果从长远考虑，我们是自己命运的创造者，那么，从短期着眼，我们就是我们所创造的观念的俘虏。我们只有及时认识到这种危险，才能指望去避免它。

我们这一代人的共同信念将把我们引向何处，并不是某一党派的问题，而是我们每一个人的问题，是一个有着最重大意义的问题。

在我们竭尽全力自觉地根据一些崇高的理想缔造我们的未来时，我们却在实际上不知不觉地创造出与我们一直为之奋斗的东西截然相反的结果，人们还想象得出比这更大的悲剧吗？

品味哈耶克的万千风情

白驹过隙般，十几年的光阴弹指一挥间，哈耶克早已安静地长眠于地下。然而，今天的我们再次品味哈耶克，还是能够清晰地感到某种从骨子里渗出来的、那种无法言传的喜悦和激动，似乎一抬头，一个貌不惊人的老头儿就在我们面前，孤傲而又孤独地向前方走去。但眼中闪烁的，分明是眷恋和想念的点点星光。

哈耶克对古典自由主义传统的强力回归与《通往奴役之路》的问世，让他一下子成为了无数人或思考，或质疑，或附和，甚至是诋毁的对象。

然而，思想的确是强大的，即使是跨越千年的时空，它也能使我们的心灵产生共鸣。

哈耶克终归是灵性的，浩如烟海的著作背后，隐藏的是一颗鲜为人知的炽热的心。感情的洪流，其实是他无数灵感的源头。这位经典的大师，纵然大谈理性与自由，却也逃不出一生一世情感的羁绊。万千风情，哈耶克始终听从自己灵魂的意愿。

“这个世界，来的，去的，终归是那么多又那么少。然而什么才是属于我的?”哈耶克没有半点迟疑，就登上了那艘时间的轮渡，头也不回。

人生终究还是一段旅途，目的地模糊而又清晰，重要的是路边的风景。虽然不能为一朵花停留太久，但是有些花儿，错过了就是永远的遗憾。哈耶克懂得欣赏，懂得取舍，于是他且行且歌，在自由主义的光辉中还从容不迫地演绎只属于他的万千风情。让今天的我们读来，依然会感动，会流泪，会刻骨铭心。

哈耶克的爱情与婚姻：一道斜阳铺水中，半江瑟瑟半江红

哈耶克要离婚了。而且，是因为他爱上了第三者。

这是个惊人的消息。大家非常惊讶。因为差不多整个伦敦、剑桥都知道，弗里德里克·冯·哈耶克是一位道德感极端强烈、其身极为严正的奥地利贵族，姓名中“冯”就是贵族家族的标记，尽管他们家只是最低等的贵族。伦敦经济学院的同事们也都知道，尽管哈耶克跟他的妻子赫拉的家庭生活算不上十分美满，但两人已经生活了二十多年了，刚刚度过艰难的第二次世界大战的岁月，又有一对聪明伶俐的儿女。

这是 1948 年的事情。战争快结束时出版的《通往奴役之路》一书，让哈耶克成为全英国、美国非常知名的学者，也因此他的私人生活即将发生的变故，也在学界引起轩然大波。

然而，哈耶克还是下定了决心。他无法排遣开那段令人心疼的感情。已快五十的他觉得，没有理由再欺骗、折磨自己了，该面对自己真实的感情了。

爱情轻易地飞走了

哈耶克不喜欢回忆，所以他连自传都不写，但对那段青春年华，无法不去回忆。那是个艰难的岁月，不过，对年轻的哈耶克来说，也是个甜蜜的岁月。第一次世界大战终于结束了。他虽然上过意大利战场，一块头皮甚至被炮弹碎片削去，又差点跟战斗机同归于尽，但总算捡了一条命，回到了维也纳。

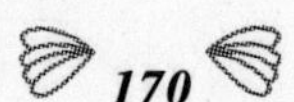

此时的维也纳饱受战争后遗症的折磨，物质生活贫穷得可怕，但维也纳的精神生活是丰裕的。哈耶克进入了那所也许是当时欧洲最伟大的大学——维也纳大学。此时，他 19 岁。对于一个聪明而又用功的小伙子来说，学业是再轻松不过了。他学的是法律专业，但他几乎没有好好地听过一节正经的课程。他有的是时间按自己的计划疯狂地吸取自己想获得的任何知识，他甚至去上过医学院的解剖课，有一年假期，他还跑到瑞士去研究人的大脑组织。

大学时代的青春期。白天上课，晚上跳舞，尽管政府实行灯火管制。女孩子差不多都是教授们的家属，小伙子可以约她们出去散步，但必须都有女方伴陪伴，毕竟那时离维多利亚时代还不远，维也纳尽管出了弗洛伊德，但性观念还是格外地保守。不过，哈耶克是个例外。他可以约一个姑娘出去散步，却不用跟着个尾巴，因为这个姑娘是他的远房外甥女。她叫海伦娜，比他小两岁，两人青梅竹马。

春心萌动，友谊萌生出了爱情。就像普通的恋人一样，他们跳舞、散步、聊天。但让我们记住，那还是个很保守的年代。

一晃几年过去了。哈耶克在四年中已经拿下了法律和政治专业两个学士学位。他准备做一名经济学家，那最好是到美国去留学，起码可以掌握好英文，经济学毕竟发源于盎格鲁·萨克逊世界。1923 年 3 月，哈耶克坐船去纽约。在那个繁华的城市，他是个穷学生。他没有资格参加纽约人的社交活动。不过，好在他的学业大有长进。

但天各一方，他与海伦娜基本失去了联系。他们在维也纳的时候，哈耶克始终没有大着胆子说出那句话："咱们结婚吧。"在纽约待了一年多，回到维也纳，他发现，海伦娜已经有了新男朋友。后来，跟别人结婚了。

哈耶克无可奈何。他更多的只是责备自己。现在，作为一个年轻人，他又得开始规划自己的人生、事业。两年后，他结婚了。新婚妻子赫拉是财政部一位秘书。哈耶克开始承担起一个已婚男人的职责：养家糊口，同时，也寻找自己的事业。

靠着天才和机遇，哈耶克的事业很快就成功了，32 岁就成为赫赫有名的伦敦经济学院讲座教授。他的家庭生活跟普通人一样平淡，甚至可以说是不幸的。

哈耶克的一位弟子曾回忆说，20 世纪 30 年代末期，他到哈耶克在伦

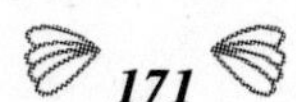

敦的家里吃饭，那真是一桩让人尴尬的事。当时，哈耶克跟他的妻子互不搭理。坐在餐桌前，他们两人跟这个说完跟那个说，而他们两人彼此却不说话。这位弟子相信，哈耶克这段时间之所以很高产，部分地就跟他不幸福的家庭生活有关，他把自己的精力全副投入到研究工作中。

不过，哈耶克有一个秘密：赫拉的相貌依稀有点海伦娜的影子。往日的回忆也许能带来一丝苦涩的甜蜜。然而，可能正是这一决策，产生了哈耶克自己后来经常说的“非意图的后果”：他本来想用赫拉替代心中的海伦娜，但最终，却让他更加惦念海伦娜。

事实上，搬到伦敦后，哈耶克也经常回奥地利去开会、办事、看望家人，差不多每年都回去一次。他刚买汽车那年，甚至自己驾车从伦敦开到维也纳。而且，一般情况下，他都是孤身一人回去，而每次，他最多的私人时间，都是跟海伦娜一起消磨。

与海伦娜相比，战争的危险甚至都不算什么了。1939 年七八月份，战争随时会爆发——事实上，战争一个月后就爆发了——但他仍然决定回一趟奥地利。那时的奥地利早已经被纳粹控制了。哈耶克相信，他熟悉奥地利边境地区的山脉，即使战争爆发，自己也能偷跑出来。也许吧，毕竟，哈耶克最喜欢的运动是登山，这是他们家的传统，而他奉行这一传统至死不渝。

离婚战争

战争结束了。哈耶克格外地痛恨这场战争。它差点毁灭了西方文明，同时，它也让哈耶克有七年时间无法见到海伦娜。直到 1946 年，他才回维也纳见到被战争分开的老恋人。战争中，生命格外脆弱，但唯其如此，他们更坚定了走到一起的决心。

首先得离婚。赫拉拒绝了。这使得在英国完成离婚的法律程序，几乎成为不可能。同时，他必须找到一份薪水更高的工作，好同时养活自己跟海伦娜将建立的新家，以及赫拉与两个孩子守在伦敦的家。伦敦的舆论也对他非常不利。

哈耶克决定去美国。他进入芝加哥大学，不是经济系，但社会思想委员会——林毓生就是在那里投奔他门下的——其实更适合他。同时，他特别安排在阿肯色州——就是克林顿的老家——待了半年。因为这里的离婚法律比较宽松。但条件是必须在这里居住半年以上。1949 年年底，他在一次学术会议上见到阿肯色州立大学经济系主任，悄悄询问是否可以到那里做客座教授。这时的哈耶克已经是大名鼎鼎的人物了，他能屈尊到这个内地小大学，当然求之不得。于是，哈耶克在这个学校待了半年，1950 年 7 月 13 日，他终于在阿肯色州华盛顿县衡平法院办理了离婚手续。随后，他很快回维也纳，与海伦娜结婚，并接她到芝加哥。

有情人终成眷属

海伦娜不是个普通的主妇，在研究中对他有很多帮助。她将哈耶克的《科学的反革命》、《自由宪章》译成德语。哈耶克说，他是她“思想上的伴侣”。他后来做学术旅行时也都带上海伦娜；以前，他可没带过赫拉——当然，也许那时的他还不够带家属旅行的资格。凡是见过海伦娜的人，都用两个词来形容她：漂亮、优雅。他们有很多默契，甚至连音乐欣赏的爱好都比较接近。他们都喜欢从莫扎特到勃拉姆斯中间那一串古典音乐家。也许因为他们有正宗的奥地利风格，优雅，不乏感情，但知道节制；不像马勒、瓦格纳，有太多德国人的狂热。

不过，对哈耶克来说，幸福的家庭生活并不意味着精神折磨的终结。伦敦的朋友们因此跟他闹翻了。他们普遍地同情赫拉。她是个贤妻良母，为这个家庭付出了很多。他们觉得，哈耶克不应该如此绝情。

一点都不意外，态度最激烈的是老朋友莱昂内尔·罗宾斯。他是 20 世纪英国最杰出的经济学家之一，年仅 30 岁就出任伦敦经济学院经济系主任。正是他，慧眼识英雄，邀请跟他年纪相若的哈耶克到伦敦任教。他们两人合作无间，形成了一个颇具影响力的伦敦学派，与凯恩斯所在的剑桥学派展开唇枪舌剑。两家的私人关系也极其密切。哪一家来了客人有好吃的，另一个人可以不打招呼，进门就坐下大吃。哈耶克写作的时候，需要哪本参考书，他可以直接跑到不远处的罗宾斯家中书房，拿上就走。

但后来，随着凯恩斯主义声望日益提高，罗宾斯又开始逐渐地参与政治、经济决策，他早年在维也纳米塞斯的私人讨论班中接受的半吊子奥地利学派立场发生了动摇，逐渐转到当时越来越“正确的”经济学立场：凯恩斯主义。转变是彻底的，罗宾斯后来在自传中说，他宁愿他那本以哈耶克的商业周期理论为基础撰写的《大萧条》一书被人忘记。

离婚事件使两人最终撕破了脸，罗宾斯甚至退出了哈耶克刚刚创建的自由主义知识分子的组织——朝圣山学社——尽管可能跟理念不合也有关系。他们两人断绝了一切私人来往。罗宾斯在一封信中这样解释说："我觉得，他（哈耶克）的那种做法与我心目中对他的认识不符，也与我们20多年来的交往中我所珍视的他的道德标准不符。我觉得，我认识的那个人已经死了，如果看到他的继任者，我就会觉得难以忍受的痛苦。"

在最好的朋友的心中死去，这当然是人生莫大的损失。尽管哈耶克早已经加入英国籍，在感情上也完全成了英国人，但伦敦显然已经人事两非了。直到赫拉去世后，两个老朋友在自我隔绝十年后，才开始寻求和解。但伦敦学派却早早死亡，整个世界也快步跑进了凯恩斯主义时代。

哈耶克的心雨

哈耶克经常说，生命是个高度复杂的系统，不能用物理学的线性方法去研究。他因爱而痛苦，又因幸福而焦虑。当作为一种本能的对于幸福（包括爱情）的渴望同作为一种道德义务的对于家庭的责任发生冲突的时候，即使是一位对理性有最透彻研究的伟大学者，也可能做出连他自己都觉得"错误"的抉择。这倒是又出人意料地证明了哈耶克的根本论断：人的理性是有限的。如果人的理性在最简单的私人事务中尚不能决定情感，那么，在复杂的公共事务中，完全依靠理性，只能导致灾难。

当然，哈耶克还告诉我们，在理性不及的地方，道德、传统将规范人们的行为；然而，如果到了道德、传统也失灵的时候，就像密尔、凯恩斯及哈耶克本人面对异乎寻常的爱的时候那样，还有什么可以规范人们的选择？如同20世纪六七十年代的西方，人们似乎进入了一片由本能领航的水域。

结　语

事实上，在无数英国人的心目中，哈耶克始终都是一个伟大的传奇。他因为坚持自己的信念而潦倒，又因为坚持自己的信念而发迹，这起伏的

一生，若是在中国，早已是讴歌或唾弃的对象——然而他却很坦然地坚持着，不管面对着多大的压力，都始终坚信着自己认为对的观念，保持着一个学者应有的学术良知。

然而，这位大师的故土却在维也纳，他是于 1938 年加入英国国籍的，也许在那个年代，英国发达的经济和良好的教育背景，给了哈耶克十分有力的武器，他看准时机，在那个计划经济和市场经济水火不相容且各行其道的时候，出来振臂一呼，于是大家都在瞬间豁然开朗，孰优孰劣，我们没有能力去做出绝对的判断，但是我们可以实践，可以预言，可以通过自身的行动去施加好的影响，让结果成为我们的预期目标。

而哈耶克则是这个领域里，一个无比伟大的预言家。在自己的世界里低头耕耘的时候，哈耶克通常都会忘记自己在哪里，他只记得冰与火的交融，理性与情感的冲击，以及世俗的感觉与独树一帜的美妙。当冰雪从天空降落渗入大地，当烈火从大地升起又冲向天空，那就是他为自己营造的黄昏和云翳。

纯粹的自由终会毁灭那所谓的正义与邪恶，他知道，总会有这么一天。所以从来都不曾逃避，就这样安静地等待着消亡与再生。这是来自他的国度的古老的预言。这些力量和祝福已然让他的心灵之树长出了新根，就在他转身退去的时候，那回眸的一笑，足以灿烂千年。今天的我们，就是乘坐着他的理论快车，安然地，也是信心满怀地，向着更美好的明天驶去。

下　篇　品味英伦

人文英伦：探询英国人性格特征

典型的英人性格

Ask any man what nationality he would prefer to be, and ninety nine out of a hundred will tell you that they would prefer to be Englishmen.

——Cecil Rhodes

信奉管理，谨慎自律；孤傲宁静，幽默宽容……说起英国人的性格，也许你的脑海中会立刻浮现出这些词汇，其实，也可以用保守、含蓄、幽默这几个词来形容英国人的性格。

比如，在英国，汽车的方向盘在左边，行车时也靠左，这种与其他国家大相径庭的做法一直保留至今。英国人的保守可见一斑。

同其他欧美国家的人相比，英国人显得格外沉默寡言。他们只有在熟人面前才会表现得无拘无束。但是，英国人的语言却含蓄中不乏幽默。比如，一位英国朋友向你推荐一部极好的电影，他会说："It is not a bad film, you know."其实，句中的 not bad（不坏）代表的意思是"极好的、第一流的"。

英国人的普遍性格

由于地理、历史、文化等原因，世界上的各个民族都形成了不同于其他民族的性格特点。英国人也不例外，经过了几千年的社会变迁，他们形成了自己独特的思维和行为方式，有着与其他国家人民不同的品质和特

点。概括起来，大致有以下几种性格特点：

其六，大多数英国人具有与他人格格不入的孤傲和自大特质。孤傲是英国人最明显的性格特征，他们不愿意和别人多说话，从来不谈论自己，感情不外露，更不会喜形于色。其他国家的人很难了解英国人的内心世界。

英国人有着一颗自大的心。他们普遍有一种深层次的优越感。用英国人自己的话来说：他们是英国人。他们都认为他们的做事方式是最好的、最合理的。英国普通民众对于发生在世界另一半的事情完全是漠然的。电视新闻和报纸甚至连报道本地一个老人的狗走失了，也不报道世界各国的大事；即使有报道，也都是和英国利益相关的美国、欧洲各国或是英国前殖民地。这也体现出英国人不屑去理会其他“低等”国家的自大心态。

这里有一个例子，一位英国贵妇人在一艘地中海上的西班牙豪华游轮上抱怨为什么身边的人不讲英语。有人向她指出，这是一艘西班牙船，她是个外国人。贵妇人顿时勃然大怒，厉声说道：“告诉他们，我可不是什么外国人，我是英国人!”

英国人的自恋情结十分严重，他们认为，世界上只有他们自己，没有别人；世界上没有其他国家，只有英国；看到一个长得俊朗的外国人时，他们通常会说：看他长得多像英国人，不过很遗憾，他不是英国人。

近两个世纪以来，英国的政治制度只有轻微的变化。法国已经经历了一个君主制、两个帝国和五个共和国的政治变迁。而德国仅在一半的时间里就完成了从君主到共和的剧变，从一个主权国家分裂为资本主义和社会主义两种社会形态，最后又重新合并成为一个联邦共和国。只有英国始终保持着一个议会君主制的国家，没有大规模的动荡：21 世纪的社会变迁，福利社会的出现等更是建立在共同理想而不是意识形态的基础上。英国人很骄傲，他们不需要其他聪明国家的人来告诉他们，他们究竟是谁。在他们眼里，这甚至算不上是一个问题。

英国人为什么具有孤傲和自大的性格特征呢？原因有：

第一，英国是一个岛国，英吉利海峡割断了它和外部世界的联系，英国人甚至不把自己看作是欧洲人。

第二，英国人对本民族的历史感到非常骄傲和自豪。其中，詹姆斯钦定本《圣经》和莎士比亚的戏剧对西方及世界文化产生了巨大的影响。

英国议会是欧洲最古老的议会，英国是世界上第一个完成工业革命的国家。特殊的地理位置和与众不同的祖国文明史使得英国人形成了现在的性格特点。

第三，英国曾经有过称霸世界的辉煌历史，曾经被称为“日不落帝国”，这种君临天下的感觉已经成为他们性格中不可磨灭的一部分。虽今不如昔，却在他们的言谈举止中找到平衡。

第四，如今英语可以说是国际语言，全世界的学生都在学习英语，这无疑更加增添了英国人的优越感和惰性（尽管英语的通行大部分是美国的功劳）。

当一个冰岛人遇到葡萄牙人的时候，他们的通用语是英语；第二次世界大战时，轴心国的讨论，德国、日本、意大利等国的商讨使用的也是英语。它是技术、科学、旅游和国际政治的传播媒介。你知道吗？这世界上1/3 的信都是用英文写的，储存在电脑里的信息有 4/5 都是英文，世界上将近 2/3 的科学家使用的也是英文。这种世界通用的语言，很容易学，也很容易说得很糟糕，但是，学一点就可以让你走得很远，再学一点你就会拥有更广阔的舞台。所以，有人预测说 1/4 的世界人口都在说这种语言。英国使馆曾报道说在千禧年之际，有差不多十亿人在使用英文。

其二，大多数英国人有守旧而又不愿接受新生事物的保守思想。英国人的保守早就为世人所知。有人说，英国人需要 20—40 年的时间才能接受美国目前的新生事物，此话虽然有一点夸张，但也不无道理。英国人直到现在也没有采用世界通用的米制长度单位，仍然使用英制长度单位，直到1971 年才将货币单位改为十进制。英国是世界上为数较少的保持君主制的国家之一，其保守性可见一斑。当美国人发明中央空调的时候，英国人以对身体有害为由拒绝接受这种新生事物，继续使用壁炉和电炉。英国的全民公决曾经否决了政府加入欧元区的提议，原因是英国人恋旧而不愿变革。在历史上，从国家体制到王室地位，英国的革新从来都是慢于其他欧洲国家的。而维系整个英国社会的恰恰是这种深厚的传统和刻板保守的风格。

18 世纪初，苏格兰曾有一个名叫约翰·阿巴思诺特的医生兼作家出版了一本政治讽刺小说，借以讽刺当时辉格党的战争政策，书名叫《约翰·布尔的历史》。书中的主人公约翰·布尔是一位保守的乡村绅士，他身材矮胖、性情急躁、举止笨拙滑稽，身后总是跟着一条斗牛犬。由于这个形象很能代表英国乡绅，因此19世纪以来，欧美等国的许多漫画家便纷纷用约翰·布尔这个形象来指代传统的英国人。由于人物刻画逼真，形象生动，“约翰·布尔”的“美名”很快就传播开来，逐渐成为英国人的代名词。“布尔”在英语里是“牛”的意思，因此我们通常把“约翰·布尔”译成“约翰牛”，这充分体现了英国人性格中固执倔强的一面，十分传神。英国人的性格从这个绰号中就可以窥见一斑：他是绝对的独立、骄傲，经常喝得醉醺醺，反应迟钝，呆头呆脑，容易冲动，感觉迟钝，鄙视外国人。虽然经过几个时代的变迁，他们没有原来那样爱生气和喜爱奢华了，但是骨子里的很多特征还是没有改变：他还是坚持自己的主张和想法，而不是盲目地跟从和随波逐流；他信奉法律制度，本能地保守，恋家，快活，诚实，可信，实际，独特，自由。

其三，大多数英国人具有讲究文明用语和礼貌的好习惯。英国人总是为别人着想，他们不会要求别人做不愿意做的事情。如果他们不得不要求别人做什么事的时候，说得非常客气，诸如：“I know the trouble I am causing you, but would you mind…?”或“I don't really like to ask you, but…”等。在日常生活中，如果要麻烦别人，通常说 excuse me，如果无意识地干扰了别人，要说 sorry。要求别人重复，一般不说 what，而是说 pardon 或 sorry。please 和 thank you 是经常挂在嘴边的用语。在公共场所，人们不会大声喊叫，他们认为那是不文明的行为。

英国人性格中的温和是最吸引人的。一踏上英国领土，你就可以感受得到，公共汽车售票员的耐心、警察的温文尔雅，都会让你如沐春风，感觉很好。英国的犯罪率也很低，远远低于日本，并且是法国和德国的一半。英国还是欧洲公认的“君子国”，社会文明有序，井井有条。在公交车站、商店、银行，只要有排队，一定是整整齐齐的一条线，前后两个人拉开一点距离，缓缓向前移动，绝不拥挤和混乱。更可贵的是，无论队列多么长，时间多么久，所有人仍然安安静静，毫无怨言。英国还是个讲求诚信的社会。人与人之间极少有坑蒙拐骗的事。商店售出的商品，只要顾客不喜欢，随时可以不问任何理由地退回。一些家庭经营的有两层楼的书店或杂货店，往往只有一个人在店堂里，而地下一层没有任何看护措施，就算是顾客拿些东西，店主也根本不会知道。

英国人对他们不认识的人也都表现得彬彬有礼，亲切友好。在生活节奏不太快的中小城镇里，走在外面，迎面过来的路人总会和你打招呼；在公交车上或店铺里，不认识的人也会和你聊上几句。每当长途客车行驶在高速公路上，只要对面有长途客车开过，不论年龄大小，每位司机都无一例外地伸出手来做手势和对方打招呼，让人备感温馨。在英国，向公交车上的人问路而得到全车人的指点。英国人热衷慈善事业，英国各地大大小小的慈善商店通过售卖捐赠物品来为各种慈善工作筹款。这主要与英国社会比较富裕和人们长期形成的习惯有关。

不过，英国有世界上历史最悠久的现代公共管理体系，几个世纪优良风尚的积淀早已经成就了这种温文尔雅的绅士风度。

不仅如此，英国人还非常乐于帮助别人。我怀孕七个月的时候，在伦敦的一个火车站，拖着一个大包，这时，一个黑人主动走过来帮助我；在机场的时候，也是一对白人母女过来帮我拿的包。还记得有一次，我和我的英国同事 JON 在伦敦换乘地铁的时候，他也主动帮助一个美国家庭把行李提到楼上，而且还是面带微笑，让人备感温馨和亲切。

不过一提到“吃”，英国人就开始汗颜了，他们的味觉似乎天生迟钝，以至于对世界上那么多的“美味佳肴”都视而不见。在遍及世界的美食餐馆中，享誉全球的有中国菜、法国菜、日本料理等，而单单没有英国菜。这也难怪，他们确实没有什么太好吃的可以作为招牌式的东西。“鱼和薯条”，放些醋、咖喱汁就已经是他们的美食了。但在作为世界熔炉的伦敦，你可以享受到全世界的各种美食。可是，如果你去伯明翰或者曼彻斯特想吃顿大餐的话，当地人肯定建议你去唐人街碰碰运气。而中高档的英国餐馆里的餐具也足以让你看一眼就要晕倒。头盘有头盘的刀和叉，汤有专门的汤勺，正餐和点心也都有各自不同的餐具。不仅如此，还有诸多的礼仪要遵守：喝汤的时候，要坐直，用下嘴唇轻抿，不是把整个汤勺都送到嘴里；吃完饭的时候，要说些赞美的话，比如“太丰盛了，太好吃了，我吃饱了”之类的话。如果邀请你的人，还要你多吃点，英国人的回答通常是带着歉意但又很让人欣赏：“我真的不应该再吃了，你是知道的，但是要不然再来一点也是可以的吧。”

其四，大多数英国人酷爱独居和个人自由的天性。也许是由于缺乏空间的缘故，英国人喜欢独居和个人自由。在英国，当英国人搬到新家，他会在自己的房屋周围竖起篱笆，以便和邻居隔开。

有一个著名的美国战地记者，名叫 MARTHA GELLHORN，她嫁给了海明威，婚后却选择了居住在英国。当别人问她这是为什么时，她的回答却并不是常见的“英国有一流的歌剧舞剧院”，“英国有世界联线的航线”，“英国还有高度发达的媒体”等。她的原因独特而有见地：“只有在这里，我才可以离开 6 个月去丛林而回到家时，周围的人却不会问我去哪里了，我都在做什么。他们只是说‘很高兴见到你，来喝杯茶吧’。”据悉，现在有很多美国影星都会选择到英国居住。我的同事罗宾（ROBIN）住在切希尔（CHESHIRE）的马尔珀斯（MALPHAS），他家附近有个酒吧，好莱坞大牌明星斯蒂夫·马丁（STEVE MARTIN）每年都会带着他的女朋友去那里度假。尽管周围的英国人都知道他们是谁，可是没有人去打搅他们，也没有人要求签名。瞧，这就是英国人！够独特吧。

有这样一个故事：1835 年，有一个名叫亚历山大·金莱克的英格兰人决定离开剑桥去非洲探险。他向开罗出发，身边只有两个阿拉伯人、骆驼和几杆枪。在沙漠里走了几天之后，有一天，他们发现远处有另外三匹骆驼向他们缓缓走来，越来越近了，这个英国人发现其中两个骆驼上坐着人，而另一匹骆驼则驮着行李。走到跟前时，他发现其中有一人穿着的是英国军服，并且长着一副欧洲人的脸庞。金莱克心想：我是否应该跟他说话呢？我想这个陌生人应该会和我们打招呼的吧。如果他这样做了，那么我一定会显出很会社交的样子，侃侃而谈，这可是我的个性表现。可是我实在想不出来我要对他说什么啊。我可一点都不想停下来，仿佛一个落魄的游客来到一个广阔的孤岛上似的。金莱克没有想到对方也是英国人——一个英国军官要从印度穿越沙漠回到英国。最后两个陌生人终于见面了，但他们只是抬起胳膊，举起手，象征性地敬了个礼，表示尊敬。“我们有距离地交臂而过，但没有说一个字”。可是，骆驼们却好像是老乡见到老乡一样又都跑了回来。所以这两个英国人也都回到了刚才见面的地方。金莱克写道：“后来他主动说话了，可他不知道应该怎样称呼我，也许心里想的和我一样吧，是希望我能主动打招呼，用试探性的口气开头，当我们走到很近的距离时，他张了张嘴，蹦出来的却是‘我猜你应该想知道在开罗的瘟疫究竟怎么样了吧？’”

英国人为什么会这样固执地拒绝彼此相交呢？许多外国人到英国后，都会觉得英国人很难接近，而被英国人接受的最好办法就是比他更加冷

漠。英国人似乎并不在乎别人是否喜欢他。尽管大不列颠不再统治世界，但是英国人依旧让外国人觉得他很伟大。福尔摩斯不只是一个伟大的探长，他和他的助手华生解决了无数的世界级谋杀案难题。但最让他们感到麻烦的却是，当他们坐在伦敦贝克街的一个安静的房子里时，会突然闯进来一个陌生人，绝望地乞求他们的帮助。这就是和外部世界保持联系的麻烦，它总是打扰英国人一向偏爱的宁静。

因此，有很多在英国工作的外国人都会发现，英国同事唯一请他们去他家里的时候就是在他们离职的时候。他们交际的场所通常都是在餐厅和酒吧。如果真的有英国人邀请你去他家，那这就的确意味着什么。在英国，人们恪守着这样一句名言：My home is my castle. The wind can come in，but the Kings and Queens and human beings can never come in without my permission.（我的家就是我的城堡，没有我的邀请，国王和皇后也不能进来。）

如果让英国人选择有后花园的大房子和大家共享的游泳池，共同游玩的广场小区，那么大多数英国人都会毫不犹豫地选择前者。在法国、德国和意大利等国，20 世纪 90 年代建的住宅大部分都是公寓，而这种比例在英国仅仅只有 15%。这是典型的英国人性格的深刻反映：就是与其在大街上与人闲聊，他们更愿意回到家，关上门，陶醉在自我的世界里。English life at home is complementary to life at sea：security and monotony are its essential characterisitics.（Elias Canetti，Crowds and Power）

有一个德国外交官在英国居住了七年之后，曾写了一本关于英国的书。他是英国的绝对崇拜者，但同时他也表示，英国并不是没有一点缺点。“所有的城市建筑风格都是大同小异，到处是令人乏味的小房子。”英国是唯一一个迄今为止还住在单个房子里的发达国家。而欧洲大陆的大部分人群都已经住在了公寓里。这位外交官说，他最崇拜和欣赏的还是英国人的性格。他们那简单自然的风格，随和而令人愉快。而且他们自己设计的居所，也是为了居住舒服而不是精雕细刻，为了炫耀或张扬。还有，也许是英国潮湿的空气，使他们更愿意待在家里，惬意地坐在火炉旁，手边放着一杯茶，随意地读着书，过着一种悠闲的生活……

其五，大多数英国人具有感情不外露的冷淡和缄默性格。英国人一般不会向别人展示自己的内心世界，当他们高兴时不会喜形于色，当他们悲伤时也不会愁容满面，这一特点在上层社会中非常明显。在早晨上班乘坐的地铁中人们彼此不说话，只是在看自己的报纸，车内鸦雀无声，偶尔能听到下车的人因为不小心踩到别人脚时说“sorry”的声音。下车后，人们只是走各自的路，彼此不会交谈。另外，即使在一起工作多年的同事也不知道对方的家庭住址、家庭成员、兴趣爱好等情况，因为他们从不谈论这些事情。

其六，大多数英国人具有自我嘲笑的幽默。英国人都是顶尖的幽默大师，他们的幽默是一种语言的艺术，乍听起来似乎平淡无奇，但在有点英国文化背景的人听起来却忍俊不禁，回味无穷。

举个例子来说吧。牛津大学和剑桥大学一向有点互相比拼，学生也就经常借机“攻击”一下对方，长自己的志气。有一次，两个学校的一些学生一起参加一个活动，在洗手间，剑桥学生发现牛津学生小便后没有洗手，于是按捺着兴奋，不动声色地说：“难道牛津大学的教授没有教您方便后要洗手吗?”牛津学生本已处于绝对劣势，但是他毫不慌乱，平静地反击道：“难道剑桥大学的教授没有教您方便的时候不要弄脏自己的手吗?”这种性格的形成，我认为也许有两个原因吧。一个是幽默是一种非常从容的境界，就是把事情看得不是很严重。你发现凡是这个民族真正的强大过，当过超级大国的，它就有这种真正的幽默境界。另一个是它曾经是世界第一强国，在它眼中没有更严重的事情，它什么都能摆平。只有当一个人什么都能摆平的时候，他才能够自嘲。他不是光笑话人家，他也笑话自己——我也不行了，稀里糊涂的。

不过，英国人虽然很幽默，但都是一些自我嘲弄的幽默。他们喜欢嘲笑自己的错误、自己的缺点、自己的尴尬境地等。但这种幽默不势利、不刻薄。英国人从不取笑残疾人，更不会对别人的不幸幸灾乐祸。他们的这种生活态度是多年来形成的，对别人并没有什么恶意。

有个性的英国人

有这样一个故事，一艘船要沉了，但船上的乘客却不肯跳船求生，正当船长发愁的时候，一名大副自告奋勇地说：“这个问题我能解决。”他分别跟那些乘客讲了一些话后，他们果真都跳下了船。船长问他究竟跟乘客说了些什么，他回答：他跟英国人说，现在跳下去是一件具有绅士风度的事情；对法国人说，这是一件浪漫潇洒的事情；对德国人说，这是命令；对俄国人说，这是革命的需要；对美国人说，这是买了保险的；而对意大利人却说，这是犯法的。

英国人是地球上最容易被辨认出来的，你可以通过他们的语言、他们的举止装束，以及他们喝茶的样子和茶具来分辨出典型的英国人模样。彬彬有礼，遇事不惊，保守，等级分明，喜欢自我否定，不擅长表达自己的感受。稳重，值得信赖，视荣誉和尊严为第一。HIGH STREET 上的酒吧永远不变，从祖父传到儿子，再到孙子，一家人永远监守着他们祖辈的产业。英国绅士从来都是注入到血液里根深蒂固的情结。

曾有一份报纸对法国和英国的 850 多名 10—11 岁的小学生进行了一次问卷调查。问题是：你对自己是英国人（法国人）感到自豪吗？有趣的是，有 75% 的法国孩子和 35% 的英国孩子表示认可。在被问到对国家的看法时，英国孩子说：这里不冷也不热，我们有清洁的水和食物，英国人很友好、健康，我们是独立的国家，大名鼎鼎的曼联也是英国的……而与此相反，法国孩子的陈述却是：我们是一个美丽、自由、平等的国家。甚至还有个学生写道：因为法国是个伟大的、民主的、受欢迎的国家。

这种不同是有趣的，也是值得我们思考的。在 11 岁的年龄阶段，英国孩子们学会的是如何正确回答问题，体现出传统英国人的聪明和智慧，而同年龄的法国孩子们却在背诵标语。为什么呢？原来是法国政府认为有必要给年轻的孩子们灌输他们的国家如何如何伟大，而事实则是这个国家还需要付出巨大的努力。

在英国，你经常可以想到的是：板球，Do—it—yourself，自我解嘲，活跃的政治，莎士比亚，双层公共汽车，猜谜，干石头墙，园艺，乡村教堂和那里和蔼可亲的牧师，甲壳虫乐队，糟糕的酒店，好喝的啤酒，教堂钟声，嘲笑外国人，妇女协会，炸鱼和薯条，咖喱，在国王学院庆祝圣诞夜，文明而又粗鲁的语言，宾利，劳斯莱斯……以上也许不能全部代表英国人，但如果把其中任何三个放在一起，你就能够强烈地感受到那种从骨子里流露出来的正统的“英人情结”。

法国革命的结果是产生了“公民”，而英国人则独辟蹊径，创造了许多游戏：世界性的体育运动——足球、棒球等都是英国孩子每天的运动；MARYLEBONE 板球俱乐部重新开发了网球，就一炮打响，风靡至今；世界上第一届温伯尔顿公开赛于1877年在英国举行；英国人还设定了跑步、游泳、划船等比赛距离的标准，开创了第一届现代赛马运动，是第一个喂养现代赛马的国家；即使是从国外引进的体育运动，像水球或潜水，比赛规则也是英国人设定的。18世纪的英国拳击冠军杰克·布劳顿（Jack Broughton）是第一个戴上拳击手套的……这样的清单可以无休止地写下去。

也许你会问，他们为什么会有这么多的发明创造？可能是因为娱乐时间内的安全和兴旺，也可能是因为早期欧洲设定的标准不尽如人意，需要新的挑战。

在英国，如果称赞一个男人或女人擅长体育，那对他（她）来说真是至高无上的荣誉。板球是英国的一种国家运动。ROBERT WINDER在1996年去印度观看世界杯的时候，就被不同国家人民的反应所震撼了。他写道："如果你是巴基斯坦人或印度人，假使你们的球队受了羞辱，你们简直就要去自杀；如果你是西印度人，球场上出了问题，你就感觉整个世界要崩溃了，因为这些国家的板球是民族骄傲的象征。而在英国，你却并不支持球队，但是你跟随他们。其实你支持的是这项运动，而不是哪一个球队。"

不过，英国的强大实力和对世界的影响的确是不容忽视的，他们的发明创造或多或少地改变了这个世界。是他们开启了当代旅游业的先河，第一个推出了套餐旅游服务；也是他们开发了第一家豪华酒店（The Savoy），甚至于我们今天很熟悉的三明治、圣诞卡、童子军、邮票、现代保险和侦探小说等。一个意大利作家Luigi Barzini曾写道：在19世纪30年代，整个欧洲的男士都采用了英国服装的黑色作为他们服装的主导颜色，这不仅显示了昔日帝国的政治军事的强势，也同样体现出当时英国文化对周边国家的强大辐射。当然，英国人还有一些很优秀的品质：诚实、爱国、自我控制、公平竞争和勇气，正是这些宝贵的品质才缔造出这样一个伟大的民族。可以毫不夸张地说：在19世纪，大英帝国就是整个世界的模板。

然而，历史发展到今天，英国已经不再是白人的天下，牙买加人、印度人、中国人等少数民族充斥着英国。据1998年统计，在伦敦的中学里，白人的孩子已经占少数。伦敦1/3的孩子的母语都不是英语。我们所说的英国人——曾经的日不落帝国的居民们，拿着英国护照，他们不必考虑自己究竟是英格兰人、苏格兰人、威尔士人，还是北爱尔兰人，他们都高傲地确认自己是大英帝国人。

临乱不惊的英国人

英国人深沉、稳重，喜怒哀乐不形于色，遇到困难，抿紧嘴唇硬挺，所谓“Stiff Upper Lip”，是典型的英国精神。这种精神让身处逆境时的英国人显得坦然自若。

还记得早年有一篇描写泰坦尼克号沉没时的文章曾这样写道：“这一艘伟大豪华的邮轮，正在很快地沉下去，于是急忙解下救生艇，放进海里，这时全船男子一致自动后退，高呼着：‘让妇女与小孩先下去!’有一个男子将其妻子送下救生艇以后，自己又退回到后面去。也有几个妇女不愿与丈夫分离，坚决地留在船上。等到妇女和小孩都下了救生艇，男子们才依次下去，一个也不争先。有一个男子已经伴着他的妻子坐在艇里了，忽然看见还有一个妇女没有下艇，他马上站起来将自己的座位让给她。转瞬之间，船身就要完全沉没了。人多艇少，那些来不及下船的人，都立在船上，依旧都很镇静，无人有一句怨言。这时乐队奏起了‘上帝啊，我们走近你了’的音乐。到了2时20分左右，船尾转了一转之后，就沉下去了，那些留在船上的1503人也跟着同沉海底!”

崇尚公平竞争的英国人

英国是许多体育项目的发源地及竞赛规则的制定者。体育比赛中的公平竞争原则成为英国人的行为准则。拳击比赛中“允许击打已倒下的对手”的规则，在英国老幼皆知。公平原则在生活中最明显的体现是英国人的排队习惯，不管是乘车，还是买物品，英国人总是按先后顺序自觉排队。写到此还不禁想起了一位叫罗宾（Robin）的英国工程师，当时在一个大厦的施工组工作。施工单位习惯于五天一小请，十天一大喝，这位罗宾先生也不客气，每叫必到，而且酒量惊人。当酒桌上出现众人轮流灌一人的场面时，罗宾总是站起来提议一对一，言称 playing fair，他的建议听起来倒是合理，但害人多了，以前顶多喝倒一个人，一对一交战，一下子能灌倒好几个。英国人忌讳说谎，即所谓“你不必说出全部的真话，但你说出来的必须是真话”。表达意见时也不必拐弯抹角，英国人喜欢“一个反对者远胜于一个奉承者”的格言。

英国人喜欢保持距离

在拥挤的电梯或高峰时刻的车厢里，你总能够看到许多英国人缩着身子避免相互碰撞，他们最常说的一句话就是：保持距离。

冷漠的英国人

“冷漠的英国人”，有人曾经这样描述英国人。法国作家安德鲁·莫罗伊斯（Andre Maurois）在他的书里，甚至曾经建议你可以对英国人说任何事情，而不要有任何害羞或害怕的感觉。英国人太骄傲抑或是太冷漠了，以至于不会对任何事物有任何感动的感觉。悠久的繁荣历史让英国人不会有卑贱的情结。应该感谢上帝和海军，英国从未被侵略过。有位哲人说过两个矛盾的东西不可能同时出现在一种东西上，然而英国人似乎就把这些处理得很好。他们早已经适应了他们不再风光的历史。著名作家奥德特·柯恩（Odette Keun）曾这样描述英国人：“他们彬彬有礼，友好，尊重别人，有责任感，忍耐力强，善于自我控制，举止恰当，他们有着高度发达的文明。这实在是令人崇拜的方面。但是这却是有价钱的。”她有一次站在英国的公共厕所前面，那上面赫然写着：收费标准：“绅士一便士，男人免费；淑女一便士，女人免费。”就在她对着这个牌子目瞪口呆的时候，一个警察走了过来，并且彬彬有礼地问她是否缺少一便士。真是令人啼笑皆非！

其实，英国人的冷漠更多地表现在他们在感情上的不外露，即使是很伤心的事，也不轻易表示出来。有人说英国人是从冰里刚刚出来的冷鱼，而英国人则总是自我嘲解地说：“啊，这是因为我们的气候关系。”英国人这种冷漠的个性，在与别人接触中表现得尤为突出。例如，一般英国人进餐馆，总要找一处远离他人的座位。

每天早晨七点到九点，伦敦地铁大约有600万人来来往往，但几乎听

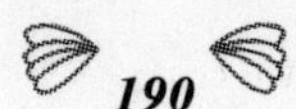

不到说话声，都静静地坐在车上看书、阅报。彼此之间说的唯一的一句话，就是“对不起”，然后匆匆地走了。有这么一个故事：有个外国学生，从英国南部多佛乘车到苏格兰，他要在火车上待20多个小时。在同一个车厢里，面对面坐着四位乘客，都是去苏格兰的同行者，但在20多个小时的行程中，只有一人说了一句问他的话：“对不起，盥洗室在哪里?”除此之外，彼此没有说过一句话。

英国人还比较保守，不喜欢公开表达他们的感情，在语言运用上也是如此。如果他们认为一件东西很好或一个人很美，他们可能会说：“这东西还可以。”“她长得还不错。”而感情外露的人则可能会说：“这东西棒极了。”“她貌若天仙。”所以，我们必须要明白英国人所谓的“还可以”、“还不错”，通常就是表示“很好”的意思。

脾气好但耐性差的英国人

英国人普遍脾气比较好，但忍耐性比较差；中国人脾气比较急，但忍耐心比较强。例如，英国人夫妻吵架，虽吵却不厉害，也没有耐心坐下来谈谈，多数是立马走人，甚至几天不归，或者从此不回来。工作上也是如此，工作人员和老板意见不一致，工作人员经常是不吵、不闹，也不谈谈，但第二天就不干了，走人！有人说，英国人创造性很强，但具体实施的坚持性很差。

英国人讲究仪表整洁

无论是参加正式活动，还是去办公室，抑或是洽谈生意，英国人从来都是衣冠楚楚，彬彬有礼，很讲究风度的。

英国人务实。

英国人大多脚踏实地，实事求是，他们不喜欢空洞的理论和假设。

英国人高尚的职业道德

英国人的职业道德真是令人敬佩不已。我的一个朋友在英国的哈利法克斯（HALIFAX）银行工作，她说她的英国同事们中午休息的时候，即使

需要打私人电话，也没有任何一个人用公司的电话打私人电话，有手机的就用手机，没有手机的就跑出去用公用投币电话来打。英国火车上的检票员，一般只有一人，每一班车，他（她）都要从火车头走到火车尾，耐心地查看每一个乘客的火车票，并且说“谢谢”，从来没有少说过一句。有一次，我带一个黑龙江大学的校长去英国考察，需要在五天内换很多次火车，当我在伦敦维多利亚（Victoria）火车站的预定柜台边报着一个个的站名时，一个黑人售票员起身去了办公室，并拿了一个地址给我们这两个“老外”，告诉我们说像我们那样买很多次单程太贵了，他建议我们去英国旅游局的一个办公室，在那里可以买到联程票，在七天内每个人只需花费150英镑，就可以在任何时间上下车，且不受高峰时段或不同火车公司的限制。而从伦敦到米德尔斯堡的单程就要120英镑。欣喜的我们到了旅游局的售票处后，就打算买已经省了很多钱的联程票，然而，令我们更为惊喜的是，那个工作人员告诉我们说因为是冬天的旅游淡季，所以我们有权利享受更好的折扣，最后我们每个人只花了120英镑，就可以在英国的七天内，随便上下火车，这样我们每个人至少省出了700多英镑。这件事在此后的很长一段时间里，都令我欷歔不已。除了帮助我们省钱之外，我们更为赞叹的是，英国人高尚的职业道德。我们是老外（虽然我在英国生活了十多年），没有太多的机会知道他们的一些优惠政策，如果他们不说，我们也永远不会知道。但是，他们却主动告诉了我们，并为我们提供了力所能及的帮助，也没有因为我们是外国人而对我们守口如瓶。

特别不怕冷的英国人

英国人不怕冷，不管是儿童还是老人都是如此，这一点不得不让人深深佩服。中国有句俗话说：寒从脚下起。因此，我们平时特别注意保暖，注重自己穿上很温暖的鞋袜、下装，这样整个身体就处于温暖的状态，人也就舒服了。而在英国，全然不是这样。非常寒冷的冬天，我早已是秋裤、毛衣、羽绒服全副武装了，但是站在瑟瑟寒风呼啸而过的车站等车，感觉仍然全身冰凉。可大街上，常常可以看到春夏秋冬的衣服在展示，既有怕冷之人穿着羽绒衣的，也有已经习惯气候不怕冷穿短衣短裤的，甚至还有要靓不要命穿超短裙背心的。年轻的时髦者这样穿是为了美，想做冷美人，可英国中小学的女学生们全都光着腿，穿着校裙，只是上身加一件防寒服！甚至还见到一些上了年岁、拄着拐杖的老年人，也是这般装束！你简直分不清楚是在哪个季节。看着自己要全副武装，很是怀疑自己的身体是否太差。我经常盯着她们的腿脚看，感觉那似乎不是腿，而是没感觉的木墩子！因为，他们从小就是这样被带大的，已经完全习惯了。在长年累月这样的生活中，英国人的抗寒能力到了让人惊讶的程度。

随处可见的、胖得走不动路的英国人

据统计，英国成年人身体过胖的情况在过去25年内上升了差不多3倍，现在英国成人中有接近1/4的人属于“痴肥”（身体出现病态肥胖），所以可以形象地将英国比作是一个“肥得流油的国家”。这里的胖人泛滥现象跟现在所流行的骨感美形成了鲜明的对比。任何一个中国人都能在这里找到自信，我们绝对属于苗条型。这是由于英国人喝太多酒精饮品，吃太多外卖店的食品，而且，看太多电视，缺乏运动造成的。

爱泡酒吧的英国男人

有研究认为，英国男性平均每人每年花在喝啤酒上的钱就高达1144英镑。也就是说，英国家庭平均年收入的5%都被男人贡献给了啤酒厂商和下酒小菜，有近1/4的人每周至少去酒吧两次。他们去酒吧不是进行孤独的活动，比如看报纸（在欧洲的咖啡厅里很常见），或是集中精力下棋，他们去酒吧就是去喝酒的。英国的男人对酒馆的热爱，没来过英国的人是想象不出来的。那些大大小小，或高级或低档的酒馆谈不上什么装修风格，有些甚至很简陋，但对英国男人来说，酒馆就像是他们家之外的另一个起居室，能一边喝酒一边看球赛就足矣，不需要那么多无关的东西。

爱文身、穿刺的英国年轻人

在英国，你随处都可以看到在胳膊、胸口和后腰做了文身，或在嘴唇、鼻孔、眉毛甚至舌头上进行了穿刺的时尚者。英国人喜欢将自己身体的部位暴露出来，展示他们的美。女士爱穿低胸衣，露出迷人的乳沟，然后再在上面文上她们喜欢的图案，只要身材稍好一些的人，就喜欢穿短上衣、低腰裤，露出肚脐和腰部。她们喜欢在肚脐做穿刺，镶上钻石以示突出，在后腰文上图案；男人则喜欢在手腕、胳膊和胸口上文图案。在耳朵的周围穿上好多个小耳环已不是什么新潮了，好些前卫的人在自己的鼻孔、眉毛、嘴唇或舌头上穿上鼻针、眉针、鼻环、唇环或舌环，这让人看了并不觉得美，反倒多少有点替他们担惊受怕，总觉得那样会不舒服，甚至疼痛。

含着奶嘴、像洋娃娃般的英国孩童

英国的儿童长得特别漂亮，白皙的皮肤，深凹的眼睛，高挺的鼻梁，小巧的嘴唇，卷卷的金发，跟商店里卖的洋娃娃一模一样，真的很让人喜爱。在大街上见不到抱孩子的父母，他们全是将孩子放在童车里，车里有固定孩子的装置，然后给孩子的嘴里含一个奶嘴。街上到处可见推着童车上街购物的年轻父母。英国的公交车上，很人性化地设置了专门放童车的位置，年轻的父母一般将童车推上公交车，安置在车上固定的位置，然后自己坐在旁边，很轻松。孩子则在小车里自己不停地咀嚼奶嘴。我问他们为什么随时要给孩子含着奶嘴这个问题，回答是，这样小孩就不会哭闹。英国的父母真会给自己减轻负担，尽量让自己处于放松状态，不像中国的父母随时将孩子抱在怀里，生怕有个什么闪失，其实这样并不利于孩子的成长，因为以后要让孩子逐步离开父母，开始独立时需要花很长的时间、较大的代价。我想在这一点上我们是应该向英国人学习的。

英国男性的绅士风度

英国的“绅士风度”是对英国男性行为举止、文明礼貌、尊重女性等一系列行为规范的总称。这种独特的男性行为规范得到了世人的认同和欣赏。

英国男性的绅士风度突出表现在注重仪表和讲究卫生上。英国男性平日一般都穿休闲装，无论穿什么，从头到脚都很注重整洁和颜色的搭配。一般英国男士服饰颜色都比较素暗，衬衣颜色则醒目一些。穿着整洁被看成是有涵养和有魅力的体现。英国男士上班或者约见重要朋友，都穿上得体的西服，鞋子擦得很亮，以示对别人的尊重。给人印象最深的是，英国男性的衣服总是很干净，衬衣永远是雪白的，一尘不染。我通过对英国朋友的观察发现，他们几乎每天都要两次洗澡并更换衬衣，同样的内衣有好几件。英国男性还很重视牙齿卫生，每年到医院定期药物洗牙两次。在英国，牙齿里有食垢，口腔有异味，是修养很差的表现。

绅士风度还体现在英国男性说话、语气、手势、坐姿上。英国男性与人交谈没听明白时，都要说声“对不起”，以示意对方再说一遍。我有一位叫凯文的英国朋友，他是一位音乐家。他每次与人谈话时坐得比较直，手势和谐，动作不大，语调适中，显得很有风度，无形中增大了他的个人魅力。在英国，男性与人谈话时，动作很多、很大、高声喧哗，特别是前仰后合，以及谈话中粗话不断，会被看成是没有受过教育的粗野表现。他很可能会因为这种不雅的行为举止而失去朋友。

尊重女性是英国绅士风度的集中体现。在公共场合，男士抢座位，特别是与女士抢座位是非常不文明的举动。无论是在商场、地铁、公共汽车上，还是在办公室，男士遇到女士进门的时候一定要请她先走。现在，英国男士已经不用说“女士优先”的客气话，而是用一个友好而优雅的手势，示意女士先行。开门时遇到后面有人，特别是女士即将走进来，一定要等到女士走过来把门接住才能离开。开车经过十字路口等汽车交会地点，可能的情况下男士一般都让女士先行，女士一般都向男士招手致谢。晚上有时候女性开车得到男性照顾，还会按两到三下安全警示灯，表示感谢。有一次，一位女士的汽车挤在车队里难以通过，一位男士看自己汽车后面还有一段距离，马上把汽车后退一段，并礼貌地示意这位女士通过。通过的瞬间，她微笑着摘下墨镜，向他招手致谢。都市文明的这一幕真是让人难以忘怀。

著名的 DEREK VANE 曾这样描述典型的英国绅士：“他视他的祖国为世界上最伟大的国家；他不会把自己的意见强加于别人，即使他认为事实就该如此；他很可能毕业于伊顿公学，能小玩一把高尔夫；他精于马术，能笔挺地坐在马背上；他擅长水球和射击；有足够的钱花，而不需要去工作；他们就属于这样一类人，确实地在英国存在着，当然也遍及世界各地。你可能会在伦敦或者斐济遇到他们，在珠穆朗玛峰看到他们，甚至在撒哈拉大沙漠寒风瑟瑟的夜晚遇到他们。他们就是他们，是被烙上了特殊印记的另类。他们通常比较勇敢、独断、固执，但是一往直前，无所畏惧，易于忍受，值得信任，他们是英国的统治阶层。不论你把他们发配到世界哪个角落，他们都会去统治那个世界，坚定并公正地。他们所需要的只不过是一些过期的‘时代报’和一铁盒雪茄而已。”

这类人都是英国私立贵族学校的产物，而且都是男校毕业的。伊顿公学向来被称为“精英的摇篮”，而同样出名的哈罗公学也曾经出过20位英国首相，除了丘吉尔，英国大诗人拜伦、雪莱，经济学家凯恩斯等本土名人外，它还是约旦前国王侯赛因、印度前总理尼赫鲁、泰国国王普密蓬等名人的母校。这些人都是充满活力和野心的人，为他们自己也为了帝国，生活在艰苦的环境里，有着斯巴达式的精神，自我控制远远超过了肉体所能承受的极限。在英国对南非的伯尔斯（Boers）战争末期，有一个英国作家福特·马多克斯·福特（Ford Madox Ford）在火车站，遇到了他的一个老朋友——一名退休上校在等他归来的儿子。他的儿子奔赴了战场，并且无上荣耀地凯旋而归，但是却付出了巨大的代价。在站台等待的时候，他们两个人不停地闲聊，谈论天气、耕种以及火车的晚点，彼此都心照不宣地避开那个敏感的话题。上校的儿子被地雷炸中，丧失了一条胳膊、一条腿和整个脸。福特这样描述道：“当那个残疾的儿子从火车下来，你看见的却是奇怪但并不令人尴尬的场面，父亲的右手重重地握住孩子残留的左手，仓促而沉重。上校说‘你好，鲍勃’，‘你好，总督’，便再没有了其他的话语和动作。没有人知道后来这个总督私下里流了多少泪水，但在公共场合里，他所能表现的，就是泰然自若、坚忍和淡漠”。这个作家后来评价道：“这样的事情在这片伟大的国土上，每天都发生着；而这种斯巴达式的情感压抑，却是这个民族孕育出来的性格上的奇迹”。真是值得佩服，值得尊重啊！

从天气看英国人的性格

对英国人的性格，拉尔夫·沃尔多·伊默森（Ralph Waldo Emerson）这样解释道：“出生在粗糙和潮湿的气候里，使得英国人总是待在屋里。家庭生活是使国家发展和扩充的主线；而工业和贸易的发展结果则是为了进一步巩固家里的独立和隐私。”早在200年前，约翰逊（Johnson）博士就曾说到两个英国人见面时，开场白总会是天气。而到今天，还是如此。而普通的英国大众对电视里天气预报的迷恋程度则更是令人忍俊不禁。根据布莱克·尼尔（Bracknell）的分析调查，天气预报是英国的电视节目中，最没有技术含量的一个，然而值得深思的是，几个毫无魅力的主持人，穿着毫无吸引力的服装，说着毫无特色的话语，却吸引了高达800万观众的眼球。由此，天气对英国人生活的影响便可窥见一斑。

英国人爱谈论天气，见面时常以谈论天气来代替通常的问候。他们可能会说："今天天气不错。""是啊，天气不错。"如果我们想要和一个英国人交谈，而又不知从何谈起时，就可以从谈论天气开始。英国人喜欢谈论天气可能跟英国的气候有关。英国的气候常常难以预测，变幻无常。早晨还是晴空万里，说不定中午就会大雨倾盆。因此，如果有人看到在晴朗的早晨，一个英国人离开家时，手里拿着一把伞，也就不足为怪了。

比如，在威尔士或苏格兰的山地不幸偶遇凄风苦雨的肆虐，那海风毫不留情，不是卷翻绅士的长伞，就是撩起淑女的衣裙，使得那些体面人士不意间斯文扫地的事也常有发生。此时，只有那些久经风雨的老太太们仍会表现得处变不惊，恬静淡定，裹起塑料薄膜小帽，紧一把腰带，俨然披挂起盔甲的武士，任凭风吹雨打，胜似闲庭信步。

然而，当你有一天真正融入并开始了解英国文化时，你会越来越强烈地感受到，正是这类气候环境才凝练出了英国古典文学中那忧郁哀怨、冷艳清绝之经典美的灵魂。君不见，英国经典小说里的情境，多是这种天气下的"英格兰乡村风光"。在苔丝漏夜出奔的地方，多少年来一直斜雨飘忽。苍茫的旷野，天地一色；远树弥漫，曲径荒幽。芜坡缓处，矗立着灰色的城堡或小教堂，十数间爬着乱藤印满苔痕的瓦顶石屋木房，疏落散布。以深、灰为主的色调，再配以一年四季大都绿得赏心悦目的草地和庄园里鲜活的湖泊、天鹅和野鸭，这不正是经典的英国文学审美的基调和背景吗？

冬季有圣诞节和新年假期，天气虽灰暗了些，但遮不住浓烈的节日圣季气氛给人们带来喜庆的愉悦。赶早回家的人们，点燃了壁炉，闲装舒履；望着蓝色的火苗，一杯殷红的葡萄酒在手，或与亲朋挚友围炉夜话，从光荣革命到伊拉克战争，从劳伦斯到贝克汉姆，那是一种"欲平治天下，当今之世，舍我其谁也？"的潇洒；或独倚摇椅翻读闲书，上下几千年，纵横数万里，那是一种"独上高楼，望断天涯路"的超然。

寒假期间的傍晚，酒足饭饱后，可去附近的社区公园或湖边做消食散步。天气有几许清冷，而更多的是清新。不远处小楼上忽明忽暗闪烁的彩灯，使人从寂寞清静中又能感受到一种温暖与祥和。带着几分醉眼，可欣赏湖边的枯藤老树，湖中的寒鸭戏水，天边的疏星冷月和水中的茕茕孤影。偶尔有遛狗的老人笑嘻嘻地从对面走来，略带夸张地老远就给你让道，照面时歪一下头，道一声新年的祝福。有时，你会碰到一位姑娘侧身坐在小道边的长凳上，白玉般的脸上带几分英式的忧郁，转过身来羞涩地对着你微笑；在你加快脚步想逃离的同时，却情不自禁地回过头来又多顾盼了一眼。邂逅瞬间即逝，而一个尖俏的下巴和两排长长翘起的睫毛却永远地嵌入了你的记忆。若干年后，当一切化为往事淡淡而去时，也许只有这些带着冬日苦雨的黄昏记忆，却是你悠悠的情愫，梦里的追怀。

一旦学会欣赏英国自然、人文的恬静温雅之美，你就不再会有抱怨那潮湿阴郁天气的意识；相反，你会开始喜欢它，会把偶尔的风吹雨淋看成是英国文化中冷艳清绝之美的一部分，至少是为体验这种美而值得付出的一点代价吧。

成也天气，败也天气

特殊的气候和自然构成了特殊的生存环境，特殊的环境又造就了特殊的文化性格，而特殊的性格又谱写了特殊的民族发展史。试想，一个四季温差不大日照不多的岛国，除了能长点草养几只羊种点土豆外，还能干点什么呢？要得到茶叶、丝绸、瓷器等物品，就得走出去，或买或蒙或抢直到到手为止，由此就产生了“日不落帝国”的殖民主义侵略；向外就得出海，就需要轮船，就得有蒸汽机，由此就发生了工业革命，从根本上改变了英国的经济结构和人类的生产生存方式；远距离征服的回报高、风险大，就催生了世界上最早的银行系统、股票市场，以及保险制度。

另一方面，因岛国物产的极不丰富，才有了“地狱里的厨师一定是英国人”的殊荣，是啊，巧妇难为无米之炊，就几个土豆，几根胡萝卜，即使有易牙郇厨再世，也炒不出什么美味佳肴来；由于一年中淫雨晦暗的日子多，男人们被困于屋内的时间就长，导致了他们内向、保守和压抑的性格，狂吃滥饮酗酒打架的恶习和中年谢顶、肥胖臃肿的体态……

然而，资源和自然条件的制约倒是刺激了英国人的“穷则思变”，囚于室内劳作的单调和烦闷却引发了新机器的发明。若论对人类的贡献大小，世间所有民族中，英国人是可排名于榜首的。诚然，远有华夏民族发明了指南针、造纸、火药、活版印刷；近有老美发明了电能、飞机、电脑；但正是这些女王脚下的小国岛民却创造了一整套的近代科学、近代工业和议会民主体系。是故，有人断言：工业革命的创举是除了上帝造人和燧人氏取火外的更重大的“发明”。

温和的天气是极易娇惯人的，特别是新移民。许多上世纪80—90年代来英的华人，来后的头几年享受了这里天气的温柔和蔼，但逐渐地发现，自身对气候的适应力却每况愈下，女同胞的反应尤甚。不少人得了花粉过敏症，一年里有一半时间像患感冒似的，鼻涕眼泪不断；许多人开始对阳光过敏，阳光会使面部皮肤红肿，痛痒难挨。

记得有一年圣诞节前后，大伦敦地区下了场雪，路面出现了少有的结冰，此时才发现绝大多数司机连走“之”字和点刹车这类基本开车常识都不具备，街道霎时变成了碰碰车场。在伦敦北边的公路上，由于风雪侵扰，据报道，有近千辆车龟爬在路上寸步难行；饥寒交迫的车主们，不设法去解决温饱，却聚在一起尽情调侃，诅咒政府的无能。嘻，多么典型的英国人和英式思维！忍俊不禁之余，我马上想起了那些开着大卡车终年穿行在格尔木冰雪线上的中国军人。从长远看，工业化与过度舒适的生活对人类自身的发展而言，福兮祸兮？还真不好说。

天气也造就了英国人特殊的性格特点，有人觉得英国人雍容高贵、自尊、矜持、幽默、守纪律，也有人觉得他们虚伪、迂腐、傲慢、保守、死板、爱抱怨；评价莫衷一是，亦褒亦贬，见仁见智了。对英国来说，无论是它历史上的辉煌还是龌龊，似乎都与其气候有关，真可谓“成也天气，败也天气”！看来要想深入地了解英国，还得先从英国的天气入手啊。

英伦的天气真是说不尽，道不完。还是套用一部经典电视剧中的话吧：如果恨一个人，送他到英国吧，因为那里的天气如地狱般的潮湿阴晦；如果爱一个人，送他到英国吧，因为那里的天气若天堂般的温柔明快。

细细解读英国人

保守也好，幽默也罢，大多数英国人对自己的性格还是比较满意的，毕竟，罗马不是一天建成的，“日不落帝国”的誉名也不是那么容易就消失的。作为世界一个教育输出国，世界音乐制作出口大国，世界第一个股市交易所，“日不落帝国”虽已成为一个美妙的童话，但是，英国在当代社会举足轻重的地位依旧让人惊叹不已。一度成为世界上最神秘的帝国。

它拥有着世界上最生机勃勃的剧院，比世界上其他任何国家品位和质量都高的报纸和电视节目；有着地球上最精致的教堂和建筑，有着富有创造性和企业家般的人民，欧洲最美的音乐以及多姿多彩的艺术表演；还有着世界上最美的乡村，世界上最著名的大学牛津、剑桥、伦敦大学以及无数享誉全球的世界级精英……你不得不承认，这就是英国的魅力。

只是峥嵘岁月早已悠然远去，昔日的风光到如今也褪尽了许多铅华，伴随着美国的崛起，欧洲的追赶，亚洲的蒸蒸日上，英国人有惊讶、有恐惧，当然更多的还是理性的思考。那么，他们是怎样看待自己的呢？欧洲其他国度的人们眼中的英国人又是怎样一幅图画呢？

自古以来，就是繁花容易丝丝落，而嫩蕊商量细细开……

英国人的自我剖析

英国人一向认为上帝自己就是英国人，所以上帝才会如此偏爱英国人，并赐给他们这天底下最宝贵的礼物——智慧。他们认为，在耶稣还是个孩子的时候，就曾到达过英国。Arimathea 的约瑟夫曾经请求将耶稣的圣体从庞修斯·彼拉多［（Pontius Pilate）钉死耶稣的古代罗马的犹太总督］那里带回到英格兰。罗马教皇也曾对伊丽莎白女皇讲英格兰是被上帝单独挑选出来的，所以英国人就是上帝所钟爱的特殊的人们。18 世纪的时候，这种自信变得愈加强烈。英国人是 Convenanted 人，就好像是古代的以色列。伊萨克·沃茨（Issac Watts）在 1719 年翻译赞美诗的时候，以色列这个词会很容易不假思索地被大不列颠所代替。所以英国人会认为由于他们的天赐，他们会有个特殊的天堂，那是专为他们所独有的。19 世纪的传道士去英国的殖民地传播福音的时候，他们近乎虔诚地相信他们所传播的话语是来自英格兰的新耶路撒冷。

时光回溯到 1879 年，爱德华·海因（Edward Hine）在切尔西的演讲中，讲到了英国即是以色列，讲到卡纳安弟斯·爱尔兰、雅各布（Jacob）的巨石在威斯敏斯特教堂。爱德华的追随者认为，他的这种说法是最成功的说法。

忽然记起一段采访英国作家 CLEMENCE DANE 关于自己国家的看法。她原来是个演员，她的名字是从她所在的斯特兰（Strand）一个教堂——圣克莱蒙特丹（ST. Clement Dane）而来的。她开口就说“英国是个绝对超凡的国家”。她说，有一次她曾经开车去肯特的原来的家。一路上，她都是那样缓缓地开着车，并注意到在过去的 40 年里，这里一如往昔，几乎没有什么大的变化，恍若昨日，尽管这里离伦敦市中心只有 25 英里。在她不动声色的话语里，我们慢慢地穿过一片片金黄色的田地，并且可以看到大朵大朵的金凤花在怒放，几只小鹿也在公园悠闲地玩耍，乡间蜿蜒的小路与路旁缀着粉色和白色相间花骨朵的五月树交互延伸着，一幅阡阡小路芊芊草的幽幽景象……

她突然转换了话题：“你知道是什么使英国对我们来说意味着这样多吗?”然后她望向窗外：“我认为答案就是那神圣的英文的《圣经》。”阳光下，沉甸甸的麦穗儿也仿佛笑得格外欢畅。

在讲述了《圣经》翻译成英文的历史后，克莱蒙斯·丹（Clemence Dane）以这样的故事结束，她描述了与一个农民的妻子的会面。这位农夫参加了第一次世界大战，继而又报名参加了第二次，目前在南非服军役。他在写给家里的最后一封信中，开始也只是询问两个正在成长的女儿和小儿子的情况，还有关于田地和犁耕的事，然后就是一些满含爱意的话语。在信的末尾，他加了句附言，你可以深深地感觉到他写信时手中握着的不是钢笔而是铁锹，他写道：“So Be of Good Cheer，Mydear Ones”。这句话来自《圣经》马太福音，耶稣在海面上行走，出现在他的门徒面前。Be Of Good Cheer！多好的话！这是历经英国几个世纪而流传下来的，任何人都可以使用它，它代表的是整个国民所描述的英国世界。这是凯德蒙（Caedmon）、艾尔弗雷德（Alfred）、威克利夫（Wycliffe）、廷代尔（Tyndale）、伊丽莎白（Elizabeth）、克伦威尔（Cromwell）、尼尔森（Nelson）、戈登（Gordon）曾说过的话，哦，是的，数以万计的英国人都在说着这句话：Be Of Good Cheer！My dear ones！

丘吉尔首相曾称，第二次世界大战是英国的 FINE HOUR，他所强调的不只是英国，大英帝国，而是在此期间英国人民所体现的精神。尽管伦敦遭受着德国空军的狂轰滥炸，还有军队筑起的堡垒，但是，成千上万的英国人民心中燃烧着的却是同样的信念和理想：“我们来世界上不是享受自己的”，“穿着军服就意味着对世界上的责任”。在德国飞机狂轰滥炸伦敦的时候，我们看到的是男女老少有秩序地进防空洞，没有拥挤，没有吵闹，没有惊慌，大家耐心地排队。听到妇女们彼此安慰“别着急，一会儿我们一起喝杯茶”。有一部美国电影《飞鹰之下》，外面是一片枪林弹雨，而军营里面的英国军人在磨咖啡，一副悠然的模样，会让你不觉得是在第二次世界大战中，而仿佛是在邻家花园。

在1940年8月21—25日，伦敦遭到了德军疯狂的轰炸，柏林顿时欢呼雀跃。法西斯已经不再继续摧毁英国军队，而是旨在炸平首都，彻底摧毁英国人民的意志。从9月7日开始，持续了50天，然而结果并没有德国人预料中的那么好：狂轰滥炸产生了相反的效果：不但没有削弱人民的抵抗，反而增强了他们的意志。孩子们在乡村挖出了200万个防空洞，超过30个雇员的公司要求每个晚上有人负责防火，轰炸成了对人民毅力的考验。《每晚新闻》报道说：无论轰炸有多严重，每天早晨伦敦的交通照样运行，邮递员照样挨家挨户地送信，牛奶和面包照样送到每家每户，杂货店的窗口上照样摆满了时令的水果和蔬菜。据说，还有一个妇女对敌人的宣传单巧妙地进行了废物利用——她把这些宣传单当做纪念品来卖，并把挣到的钱全部捐给了红十字会。

德国飞机扔下的宣传单“对理性的最后呼吁”也只是遭到了英国人民的嘲笑。他们总是清楚什么能做，什么不能做，就连那些向他们扔炸弹的人也从他们那里感受到了什么才是真正的文明和广阔的胸怀。《每日邮报》报道说：有一个德国飞行员被击落在英格兰南部，躺在离他的枪不远的地方。素莉太太和史密森（Smithson）小姐迎面走了过来，这个飞行员胸前挂着一个铁十字架，他的第一个问题就是：你们现在要射死我吗？素莉太太却一本正经地说：不，我们在英格兰不做那种事，你要不要喝杯茶？

第二次世界大战对英国的影响是深远的，也是值得的，因为它把整个民族都紧密地团结在了一起，人们有了一个共同的目标，他们所表现出的也不是恨，而是对纳粹的嘲笑和对自己必胜无疑的信心，你能够从他们的波澜不惊中深切地感受到这个民族的伟大和坚强。

英国 VS 德国

英国：自由　志愿者精神　友好　忍受　幽默自嘲　耐心　平静　几

千年历史的和平

德国：暴政　斤斤计较　残忍　迫害型　呆板机械　侵略型　狂躁　千年帝国

1951 年，英国《人民杂志》在读者里面进行了调查，收到了 1.1 万份反馈。得出的结论是，在过去的 150 年里，英国人的性格一直没有改变。表面上的变化包括无法律意识的民族变得开始守法，喜欢斗狗，钩熊，公共场所的绞刑已被废除或更人性化，腐败被诚实所代替。但一直没有变化的却太多了：热爱自由，对性生活没有兴趣，教育对性格构成的影响，对于婚姻和家庭的认可，等等。当时的编辑看到第一批问卷调查时，强烈的感受就是“这些人过的是多么枯燥无聊的生活”，但接下来的感叹就是“多好的民族呀！”

毋庸置疑，英国是文学的发源地，莎士比亚、克里斯托弗·马龙（Christopher Marlone）、约翰·多恩（John Donne）、约翰·布尼安（John Bunyan）和约翰·米尔顿（John Milton）等，都是我们所熟知的闪光的名字。没有哪一个国家的人们会像英国人那样，被“单词”所深深地迷惑以及对文学艺术和音乐有着狂热的喜爱。在英国，一年出版的新书超过了 10 万种，已经大于了整个美国的出版业。它的人均报纸量也是世界上最多的。读者的信总是源源不断地涌向编辑。一个外交官曾经做过这样的描述：“书甚至是英国通行的国家货币。”

1999 年，《太阳报》在圣乔治日的时候，推出了一篇文章，主题就是《作为英国人的 100 个伟大理由》。有排第 3 名的裸体女郎，第 23 名的天气，第 25 名的高速路，第 28 名的猪肉，第 45 名的全球报纸发行量，第 55 名的查理·狄更斯，第 71 名的最大停车场……

著名的“国家基金”除了保护全国各地的名胜古迹以外，还是一个实体俱乐部，它会在不知不觉中让所有成员都有一种归属感，让英国人形成对自己的一种认知框架：第一，历史的感觉已经深深地印刻在英国人的头脑中，用不着刻意去引导，人们就能够意识到他们是谁，比如对莎士比亚没有理由的喜爱，对欧洲其他领导人没有理由的怀疑。第二，深深的保守。每个传统的英国家庭里都有一个房间，一个柜橱，一个阁楼，屋顶和屋内贴的却是 20 年前样式的墙纸，家里的盒子里也装着一些旧电器，即使坏了也不会轻易丢弃。因为他们认为总有一天，这些东西会派上别的用场（其实是它们多愁善感的主人不愿抛弃它们）。第三，英国人等级分明，又喜欢探究别人的事。每年参观丘吉尔庄园的就能够达到16万多人。而参观德文希尔（Devonshire）公爵庄园的人却只是轻描淡写地说："原来DEVONSHIRE公爵的庄园，看起来也不过很普通。"

漫画家格雷厄姆·莱德勒（Graham Laidler）在1930年的时候为《笨拙》（*Punch*）杂志创作了一系列漫画，标题是"英国人的性格"。这些漫画的说明性文字是：喜欢新鲜空气，不善于学习外语，讨厌扔掉东西，不善于交谈。

英国中产阶级一直很喜欢漫画对他们的刻画。许多人认同自己身上表现出这些内容，本应该感到脸红的反而觉得很自豪，比如，他们不愿意完全认真地对待任何事情。1940年的漫画显示，在花园里遇见一个德国冲锋队员而怒火中烧的家庭妇女说："你怎么敢闯到这里来?"英国对希特勒不愿认真对待几乎让他们陷入灭顶之灾，当然，他们同样抵制工业变化、语言、与欧洲的合作等。但是直到最近，他们多数人一直非常沾沾自喜，自我感觉良好，英国人比美国人有文化，比法国人友好，比德国人漂亮，比几乎任何人都更幽默，更善于作战。

剑桥大学教授彼得·曼德勒（Peter Mandler）曾把英国人性格的形成时间确定在19世纪中叶。那个时期催生了大量历史著作，许多是自我吹捧的，最著名的人物包括如麦考利（Macaulay）、巴克尔（Buckle）和斯塔布斯（Stubbs）等大编年史家，还有庞大的军团，虽然不是那么有名，但语言更加疯狂的被启发者试图解释他们为什么是这么优秀的人。

在那些天真的岁月，他们自豪于所谓的条顿人（Teutonic）根源，认为英国主宰国联是理所当然的。在112本维多利亚时代这个岛历史的教科书中有108本自称是英国历史。多数人庆祝国家的机构，尤其是政府管理体制应该作为倒霉的欧洲大陆人学习的典范。许多维多利亚时代的人认为，英国已经找到把上院和下院结合进统治阶级的非常聪明的方法。《笨拙》的漫画约翰牛（The John Bull）让人有同感地感到他就不是一个绅士，而是勇敢的自耕农农民、铁匠或者此类人，了解自己的位置，尊重上层人，对孩子或者狗非常好，特别对国家的未来信心十足。布尔战争让这种洋洋得意的自我形象第一次受到严重的震动，曼德勒说，第一次世界大战是更严重的一次震动。

在两次世界大战之间，英国人对自己产生了新的认识，因为斯特鲁布

(Strube) 的漫画而非常有名的《小男人》。这个小男人外观的一个重要方面是讨厌外国人，因为两次世界大战而进一步加深了这种感觉。最形象地表现出来的是乔治六世在1940年法国陷落后他表达感激：他们再也没有需要担心的盟友了。

这是个矛盾，许多英国人认为，一生中需要旅行很多，但是不是很喜欢讨论他们在旅行中的所见所闻。法国传记作家安德烈·莫洛亚（AndréMaurois）根据他对英国人在西线的经历发表了一本很著名的书《布朗布勒上校的沉默》（*Les silences du Colonel Bramble*），英国人喜欢该书，因为书中把他们描写成众多的谜、神秘困惑、矛盾的人，好像是恭维而不是另外的解释，许多英国人沉默寡言是因为他们没有什么有意思的话要说。

曼德勒说，在20世纪前半叶，英国人自己和外国人对英国人性格的描述是典型的绅士。他喝杜松子酒，蓄小胡子，戴圆顶礼帽，如果不小心碰到女士，肯定把帽子摘下来表示歉意。但是，到了1945年后，要想确定英国人全球接受的形象就非常困难了。

比如，《每日快报》（*Daily Express*）每天刊登三个阶层明显不同的笑话：吉尔斯（Giles）对工人的漫画、甘布斯（Gambols）对让人吃惊的没有性别的中产阶级夫妇可笑的描写和欧思伯德·兰卡斯特（Osbert Lancaster）关于利特尔汉普顿夫妇（Lord and Lady Littlehampton）的漫画。所有这些艺术家的主要人物都拥有对公共事务的冷漠甚至蔑视，爱国和保守，但是很大程度上他们又缺乏文化修养，完全沉迷在自己的日常生活中。

曼德勒注意到，从20世纪40年代末期以后，欧洲大陆人对英国人性格的传统的好奇和着迷急剧下降，国内对英国人性格的分析也少了。他们的重要性降低了。英国人，包括外国人在内看不出英国人值得羡慕的地方了，因而越来越对他们是谁感到困惑。绅士不再时髦。业余爱好者精神被看做是把英国60年代搞得一团糟的罪魁祸首。曼德勒的研究对文学来源关注不足。人们了解英国人性格是从狄更斯或者特罗洛普（Trollope）或者其他人的小说中，而不是从这类记录各种笑话但不能提供任何自己观点的研究中。正如狄更斯在19世纪为英国人的自我剖析做出重大贡献一样，兰·戴顿（Len Deighton）60年代的侦探小说形象地刻画了新英国人对老英国人的蔑视。

旅居海外的英国人阿兰·帕西·琼斯（Alan Pryce - Jones）在1968

年注意到，英国是“奇怪的国家，里面是非常好的人，半睡半醒”。曼德勒在其著作的结尾段落描绘了一个深深怀疑自己的国家，或者希望如此这般的国家。在过去的半个世纪中，这个岛国的多数居民越来越关心个人身份认同而不是国家认同。1963 年，新社会（New Society）的调查显示，73% 的受访者认为“个人幸福”比“国家伟大”更重要。我想如果今天再做类似的调查，这个比例恐怕还要高些。

就连民族主义历史学家阿瑟·拜伦特（Arthur Bryant）也绝望了，哀叹“没有把我们团结在一起的共同信仰了”。在 20 世纪 70 年代末期，小说家安东尼娅·拜阿特（Antonia Byatt）没有任何不好意思地欢呼多元文化主义的美德：“我越来越觉得我们的国家就像鲜艳的马赛克，由五光十色互不相关的小碎块合成。”

“不一样”的英国人——英格兰人、威尔士人与苏格兰人

威尔士人与苏格兰人会指出，“英国人”主要是指“英格兰人”。而英格兰人自己永远也想不到这种区别，而且他们老是在“不列颠的”与“英格兰的”之间画等号。

自相矛盾的英格兰人。英国人意味着彬彬有礼，阶级分明，没有敌意，他们善待妇女，善待敌人。然而，英格兰人并不是一个容易让人爱的民族，他们没有爱尔兰人的魅力、威尔士人的友好或者是苏格兰人的直率。他们颇具模棱两可的天赋。英国人的结婚率在欧洲名列前茅，但离婚率仅次于丹麦人。英国人每周平均工作时数高于欧盟其他国家，但生产力却是最低的。英国拥有欧洲最多的教堂，可迄今为止，积极参与教会活动的人口比率在全欧洲倒数第一。英国人赞美家庭生活，但许多人却又宁可把子女尽早送到寄宿学校，把年迈的父母托送到养老院里。在战争年代，英国人团结一致，并以此为荣，而在和平时期，却墨守导致分裂的等级制度。

英国是个岛国，因此，尽管它已“成家立业”，入了欧盟大家庭，但还保留着“单身贵族”的观点。英国人具有强烈的个人主义性格。

健谈的威尔士人。在英格兰人看来，威尔士人热情奔放、热心友好、感情外露，但也相当狡猾，非常饶舌，比英格兰人更具同一民族性。英格兰人有些反感威尔士人。莎士比亚在《亨利四世》中取笑威尔士人的夸

张。就威尔士人而言，他们不得不像许多少数民族一样，在强大的邻居面前努力保护民族自尊心和民族文化，但又害怕独立。

在威尔士内部，威尔士人却不那么统一了。在北威尔士，人们广泛使用威尔士语，这里的许多人瞧不起南威尔士人，因为南威尔士人的血统不那么纯正，生活习惯也英格兰化了。自然，南威尔士人也反唇相讥，说北威尔士人落后、不合群。不过，不管他们愿意讲英语还是愿意讲威尔士语，但有一点无法否定，那就是大多数威尔士人都极健谈。

不屈的苏格兰人。关于苏格兰，我想有一部电影不得不在这里提起，它就是《勇敢的心》，看过此片的人一定会对苏格兰的美丽风景、苏格兰的历史以及不屈的苏格兰人留下深刻的印象。在英格兰人看来，苏格兰人“郁郁寡欢”，与威尔士人的性格恰恰相反。不过，在嘈杂的格拉斯哥小酒店里，英格兰人可就无法自圆其说了。引起苏格兰人不满的主要原因是，伦敦的议会把他们当做二等公民，实施其经济政策时尤甚。这抱怨由来已久，可以追溯到两国联合之前更为久远的过去，至今大多数苏格兰人仍旧认为1707年的联合是在武力强迫下达成的。后来的教皇庇护二世时总结道：“没有别的什么比辱骂英格兰人更让苏格兰人愉快的了。”

与英格兰人和威尔士人不同，苏格兰人从未被罗马人征服过，征服者威廉征服英格兰后，苏格兰人也躲过了诺曼中央集权统治。苏格兰人的宗教史也与英格兰人、威尔士人不同，英格兰以一系列狡猾的妥协吸纳了宗教改革运动，而苏格兰则经历了一场革命，用严肃的长老制彻底取代了罗马天主教，长老制的宗旨是让人民直接与上帝对话，没有人天生比他人优越。

苏格兰人的性格在许多方面都令英格兰人困惑不解。他们的性格融合了乖张与幽默、小气吝啬与慷慨大度、自负与宽容、专唱反调和骑士风度、多愁善感和精明冷静。

英国人的性格总的来说比较保守、冷漠，但比较诚实守信，待人接物彬彬有礼，也就是所谓的绅士风度吧。与美国、加拿大、澳洲这些移民国家相比，亚洲人种是很难融入到他们的生活中去的。但是，作为一个旅游者在英国会感到很舒服，因为这个国家旅游业做得非常好，旅游设施也比较完善，很少有欺诈行为和人身安全的威胁。在英国旅游，你不会感到任何不方便和不安全。

英国的旅行社很少，英国人很喜欢自助游，或一家自驾游，或几个朋友背包徒步行走。在旅游景点，特别是山区，经常可以看到背着很大的背包、手拿一根手杖徒步行走的旅行者。另外，还有部分英国人喜欢周末、节假日骑车旅行。总之，英国是一个很崇尚自然和运动的国家。

欧洲人：这样解读英国人

在其他欧洲人看来，英国人，尤其是英格兰人，最显著的特点是其“缄默”。一个缄默的人不大与陌生人交谈，感情不大外露，也很少情绪激昂。要了解一个缄默的人很难。他从不告诉你关于他自己的任何情况。你有可能和这样一个人在一起工作多年，而不知他住在哪里，有几个孩子，对什么感兴趣。英国人往往就是这样。

他们乘公共汽车时，总是想方设法找一个空座；乘火车时，就尽量找个没人的车厢。如果他们不得不与陌生人乘坐在列车上的同一车厢里，两人或许好久也不会开始交谈。如果真的开始交谈，有关个人情况的问题，如“您多大年纪?”甚至“您贵姓?”也不是轻易问的。

从某些方面来说，这种不愿与他人交往的特性是令人遗憾的事。因为这往往给人一种冷漠的印象。英国人（也许北方的英国人除外）不以慷慨大方、热情好客著称。不过话又说回来，他们虽然外表难以接近，却也很有人情味，要是一位友善的陌生人或外国人一时冲破了这一障碍，英国人可能也会十分高兴。说到这里，或许我们也该提一句，北部和西部的英国人，特别是威尔士人，远不像南部和东部的英国人那样缄默。

与英国人的缄默紧密相关的是英国人的谦逊。英国人在内心深处的高傲自负一点也不比别的民族少，但在与他人交往中，他们注重谦逊，起码要表现出谦逊的姿态。自夸被认为是没有礼貌的表现。比如说，有一个人网球打得很好，要是有人问他是不是个好手，他不大会回答说“是的，我很棒”，因为这样一来，别人就会认为他自傲。他可能会回答说“马马虎虎”，或“我自己觉得还行”，或“哦，我挺喜欢打网球的”（也就是说我爱好打网球）。即使他去年在当地的网球锦标赛中打入了决赛，他也会说得似乎只是碰上了好运气。

著名的英国式幽默感也与此相似。其出发点是自贬，其大敌是自负。其目的是能够自嘲，嘲笑自身的缺点、自己的失败，甚至自己的理想与追求。在高度评价幽默的英国，经常听到一句批评别人的话，“他没有幽默感”。幽默感其实是对生活的一种态度，而不是仅仅指听到趣事能开怀大笑。这一态度绝非冷酷，绝非无礼，绝非恶毒。英国人绝不取笑残疾人或疯子，也不会对一件不幸或虽败犹荣的事幸灾乐祸。

由于缄默、谦虚的表现以及幽默感是其天性，典型的英国人往往期望别人也具有这些品质。他心底里看不起那些很容易激动的民族，并认为自己比那些人更可靠。他不相信言过其实的允诺、过于外露的感情，对于用华丽的辞藻做出的承诺和表达出来的感情尤其不会相信。他对任何形式的自诩之词均持怀疑态度，对当面向他自夸的人是如此，对在信中向他自夸的人也是如此。在那些喜欢华丽辞藻的人看来，英格兰人显得过分冷漠，使人感到别扭。

最后一点是公平和宽容的风度。和幽默感一样，这也是一种英国式的理想品质，尽管并非每个英格兰人都能做到。我们应该认识到，现代体育运动几乎全是英国人的发明。拳击、橄榄球、足球、曲棍球、网球和板球等多种运动都是首先在英国开展起来的，并在英国制定出比赛规则。规则反映了体育运动的本质，而运动员的风度就是能够按照规则进行比赛，同时又能对对手宽大为怀，失败时能心平气和。现代国际体育竞赛的巨大压力使得这种体育风范难以保持，不过，在英国，至少还能予以高度的重视，而且英国人比那些容易激动的民族，在身体力行方面做得更好。

此外，公平和宽容的风度作为理想准则也适用于日常生活。这一点已被在日常讲话中所使用的若干条体育准则所证明。每个人都谈到了公平比赛、按规则进行比赛或公平地进行比赛。成语“直接出击”起源于拳击运动，用来表示一针见血的措辞严厉的批评，“击打腰带以下”则用来表示不公正的批评。生活的最基本的准则之一是“绝不打已经倒在地上的人”，也就是说，绝不落井下石。英国中小学里的男生相处时，常常极大地表现出这种运动员风度。

心灵咖啡屋

其实，只言片语，是道不尽英国人的性格的。尽管他们有着我们不太喜欢的一些性格特征，比如冷漠、保守、不善言谈等，但是，从整体来说，这的确是一个近乎优秀的民族，他们身上也有着许多让我们艳羡的高贵的品质：谦虚、自立、温文尔雅、彬彬有礼、临乱不惊、崇尚公平、坚持正义等。行走在这个优美的岛国，感受着异域的独特风情，迎面而来的张张陌生却又友好的面庞好似阵阵清爽的风，慢慢拂去你心头的阴霾和忧伤。

也许，我们真正应该关心的，是如何向这个优秀的民族学习，毕竟，他山之石，亦可以攻玉……

教育英伦：英式教育的辉煌成就

伊顿公学：培养精英的摇篮

伊顿公学：英国精英的摇篮

英国最著名的贵族学校伊顿公学坐落在温莎镇，与英国女王伊丽莎白二世钟爱的温莎堡隔泰晤士河相望，伊顿公学于1440年由英王亨利六世创办，曾经出过20位英国首相，还培养出了诗人雪莱、经济学家凯恩斯和泰国国王普密蓬等世界名人，一向以“精英的摇篮”、“绅士的发源地”之名闻名于世界。

同时，伊顿公学也深受英国王室和贵族家庭青睐，英国的威廉王子、哈里王子，包括他们的父亲查尔斯王子等都是该校的毕业生。

然而，英国每1500名男孩中，只有一人能有幸进入伊顿读书。有些英国名门望族为了能让子弟进入伊顿上学，当男孩出生后刚领到“出生证”时，就立即向该校报名，好等待12年后入学。

领略伊顿的风采

三五成群的翩翩少年，身着黑色燕尾服、白色高领恤衫、细条纹长裤，戴着雪白的衣领圈，在街道上昂然走过。在风景如画的英格兰伊顿小镇上，这些身着中世纪服装的男学生引来众多游客的驻足观望。小镇上著名的伊顿公学是英国政界、经济界精英的培训之地。除培养了威廉王子和哈里王子等王室子弟外，英国历史上20位首相都是该校毕业生，堪称“首相的摇篮”。

何为公学

在英国，所有的人在5—16岁期间都要接受义务教育，而英国的学校则分公立和私立两种。

公立学校不招收外国学生

私立学校收费昂贵，考试门类复杂，但招收外国学生；而公立学校则基本免费入学，经费主要来自地方政府税收，但不招外国学生。英国法律规定，上公立学校应该就近入学（这同我国的学区制度非常相似），一些英国家长为了能让孩子就读某些名牌公立学校，甚至将家搬迁到学校附近。

"公学"其实是私立学校

英国的"公学"指的并非公立学校，而是"公开招生"的学校，所谓的"公学"其实是私立学校的一部分。历史上早期的公学是开放给穷人子弟就读的一种学校，因为当时的富家子弟大都有私人教师专门辅导，但后来，英国公学渐渐演变成了实行精英教育的贵族学校，学费十分昂贵，一般只有王亲国戚和富家子弟才能读得起，穷人子弟反而无法问津。

英国的私立学校更强调体育活动，而不是一味地死读书。学校通过宗教的教化和熏陶来潜移默化地引导学生本能地保守，教育他们成为防卫者，而不是进攻者。在那里，性格的塑造、心灵的净化和力量的培养才是第一位的；而学习、思想和知识则位居第二位。这种教育的结果就是使英国人无所畏惧、勇往直前，有着不怕任何困难的精神，而且似乎对于任何难题，他们都能够迎刃而解，游刃有余。

"私校"每年学费约2万英镑

英国私立中学每年分3个学期，而每个学期的学费都高达4000—7000英镑，所以一学年的学费在1.2万—2.1万英镑之间，不过，其中已经包括学生的食宿费、教材费、学校设施使用费、保险费等。公学在英国国民教育制度中自成系统，其培养目标就是为牛津和剑桥等大学源源不断地输送新生。据统计，英国的高官大多出身于公学。

伊顿印象

对于很多人来说，英国的贵族学校一直充满了神秘感，因为在许多英国人眼中，只要上了伊顿公学、哈罗公学这样的贵族学校，就等于一只脚迈进了牛津大学、剑桥大学等名牌大学的门槛。

出过20位英国首相的伊顿公学被称为"精英的摇篮"，而哈罗公学除了出过英国前首相丘吉尔、英国大诗人拜伦等本土名人外，还是约旦前国王侯赛因、印度前总理尼赫鲁等名人的母校。

和英国其他私立学校一样，伊顿公学被视为进入"上流社会"的跳板。因其只接纳男生入学，又有“绅士摇篮”之称。目前，学校有1300多名13—18岁的学生，都是由中学到大学预科的男孩。能够进入这样一所名校，除了成绩出色外，大多具有良好的家庭背景，因为每年高达2万英镑的学费也确实不菲。

英国的贵族学校门槛很高，这主要不是钱的问题，每年2万英镑学费对很多人来说都不在话下，有钱难进的真正原因是“学位有限”，比如，最著名的伊顿公学每年只招250名左右的新生，这也使得贵族学校“更贵族”。

不过，现在伊顿公学内的真“贵族”已经所剩无几，“贵族”已经成了“昂贵一族”的代名词，因为学生如果要上伊顿公学，除了有“才”气外，还必须有“财”力相助。伊顿公学一年的学费高达2万多英镑（包括住宿费），令许多工薪阶层和普通家庭望而却步。据悉，每年报考伊顿公学的学生有1000多人，但最后被录取的只有250人左右。

伊顿的校规显示它处处与众不同，不论入学者是王孙贵族，还是富家公子，进入伊顿后都得遵守校规，人人平等，谁想以自己的“身份”显摆，只能自讨没趣。伊顿学校的校规之一就是必须严格着装，伊顿的校服类似于绅士的黑色燕尾服、白色衬衫、黑色马甲、长裤和皮鞋，打扮成一个标准的伊顿人，单是一身行头就至少要花数千英镑，据说这身打扮是为了悼念英国国王乔治三世而设计的。不过，随着时代的变迁，学生的校服也在逐渐改变。进入21世纪后，学生头上那顶传统的黑色礼帽已经可以不戴了，而在课余时间，甚至还能穿上牛仔裤等便装在学校里游逛。

海外学生也能上伊顿

英国私立小学的优秀生和公立小学成绩异常突出的学生是伊顿公学的主要生源，海外学生也能报考伊顿公学。伊顿公学曾是英国殖民地上层社会家庭孩子入学的首选学校，从印度王子到阿拉伯王子，人人以一口“伊顿”口音为骄傲。

无论是美国富翁还是亚洲赌王，很多有实力的人都争着将孩子送往伊顿公学，希望能培养出一个和英国未来首相同班同学的儿子。连俄罗斯首富、英国切尔西足球俱乐部老板阿布拉莫维奇的孩子，也在申请就读伊顿公学的排队名单中。目前该校1300多名学生里，有50名是外国学生。

伊顿毕业多入名牌大学

在许多英国人眼中，孩子只要进了伊顿公学，就等于一只脚迈进了牛津大学、剑桥大学等名牌大学的门槛。伊顿每年250名左右的毕业生，其中70多人会进入牛津大学、剑桥大学就读，而另外70%的学生则会进入各大世界级名牌大学读书，其中包括美国哈佛大学、耶鲁大学等。

独特的伊顿风情

每年的6月4日是伊顿公学的颁奖典礼，这一天，青少年个个穿上黑色燕尾服，胸前衣领饰孔上缀着蓝色康乃馨或牡丹，引领学生家长检阅学习成绩展览，出席感恩崇拜，然后观看伊顿船队在泰晤士河上游行的盛况。这个从1793年便有纪录的船队游行，通常在清晨阳光升起时开始。每艘船上坐着8个少年，他们在沿岸奏着“伊顿船歌”的伴随下，缓缓划行。参加校庆的，常常有议员、贵族和著名的毕业生，有时女王、亲王和王子们也来参加盛典。

重点培养自信独立的个性

伊顿公学校长托尼·里特对记者说，伊顿之所以如此受欢迎，除了其辉煌的历史以外，更重要的是具有独特的办学理念。学校不仅是一个教知识的地方，更重要的是培养孩子们的个性——领导能力；自信、独立的个性。

据托尼校长介绍，在伊顿，每个男孩都能找到适合自己的社团和体育活动，而他们40%的时间是花在课外活动上。晚上，学生们会在学校里看戏、听音乐会、参加协会活动、听演讲，他们的生活非常丰富。

托尼校长还说，伊顿公学所设的学科都要比普通中学教得深，而且学生必须修读古典文学。近年来，为了赶上世界潮流，学校也颇为重视数理和语言等学科，学校还新开了中文课。此外，每名学生在入校后，学校都会安排一名导师，专门负责监督他的学业进度以及品德与社交方面的发展。学生们每周都会以小组的形式接受一次导师的辅导。而当学生开始进入大学预科阶段时，他可以选择一名新的导师，专门辅导主修学科。

最后，托尼校长告诉记者，近年来，这所古老的学府也开始进行改革。首先是特设助学金，奖励70名勤奋好学但缴不起学费的优秀学生进入该校读书。其次是向外国学生开放，以改善伊顿的国际形象。校长说，伊顿已经有500多年的历史了，他希望古老的伊顿在全球化的今天能够有崭新的内涵。

亲历伊顿：泰晤士河畔的书香

一个戴黑框眼镜、穿黑色披风的小男孩，骑着一把扫帚，在好似古堡的魔法学校里到处乱飞，这恐怕是曾风靡全球的电影《哈利·波特》给人留下的最深印象。其实，《哈利·波特》剧本的翻译和它的拍摄过程，都或多或少地同一座古老的英国贵族学校联系在一起，它就是著名的伊顿公学，一个充满着故事、代表着英国最具特色的绅士文化、传说中拥有“魔力”的地方。伦敦以西20多英里外的温莎小镇，绿草如茵，景色宜人，更因为有女王钟爱的温莎堡，每年游客络绎不绝。然而，精通英国风情的游客绝不会就此止步，因为距女王“夏宫”数百米之遥，即是闻名遐迩的精英摇篮——伊顿公学。

伊顿名为“公学”，是众多英国父母及其子女向往却又“高攀不起”的贵族学校。成立之初，它就与英皇室结下了不解之缘：1440年，国王亨利六世钦命建立了“温莎伊顿夫人国王学院”。之后，学校更不断地得到皇室的眷顾。19世纪后，凭借得天独厚的条件，伊顿成为贵族社会与上层精英的子弟学校，被称为英国最有“魔力”的地方。

然而，眼前的伊顿不仅校门破旧，饱经岁月，虫蚁摧残，而且整个校舍也显得老气横秋，更有一些建筑外墙留有严重工业污染的痕迹，如果不是主楼那宏伟的城堡式建筑，还真以为走错了地方。

不过，就像经历了岁月的老照片，一些东西的特色恰恰来自它的陈旧、保守，甚至故步自封。即使在英国——这个好像已被世人确认为守旧的地方，伊顿也绝对是个“冥顽不化”的另类。在今天，恐怕只有伊顿仍保留着只收男生的传统，他们的学生人数永远“奇怪地”固定在1480名，年龄一律要求在13—18岁之间。当然，他们的学生中不乏名人，比如，查尔斯王储的小儿子哈里王子、英国保守党领袖史密斯的儿子等；伊顿毕业生的前途也是一片光明，毕业后，半数以上的学生会考入牛津或剑桥这样的名校深造。

在古老而空旷的校园散步，亲眼目睹，甚至抚摩了刻在课桌、窗户上的一个个伊顿名人的名字，你会忽然有一种沾染“贵气”的感觉。来这里上学真的很贵。即便如此，想踏入这里的门槛，还必须经过烦琐得近乎严苛的程序，因为如果父母们有志将小孩送来上学，就必须在孩子一出生或至少在十一岁半之前到学校登记。待十一岁半后，学校会通知申请者参加60分钟的面试和包括英语、法语、地理、历史、拉丁文、数学以及宗教学等科目在内的笔试。

当然，入校以后，你在伊顿接受的教育绝对是一流的。在这里，你不但可以“享受”正宗的英国皇家教育，还有机会在课外投身到英国人热衷的制造绅士的活动中。在伊顿，学生必须参加包括马球、赛艇、击剑、柔道在内的30多种贵族运动，还要接受严格的音乐教育。这里开设了10多种乐器课，并重金礼聘名师任教。曾访问过中国、享誉世界的伊顿男童合唱团，其指导老师均来自英国皇家音乐学院，其录音棚的精良设备更是可与知名唱片公司媲美。

望着校园里偶尔走过的穿着礼服的少年，再向校方打听，才知道传闻中在伊顿上课至今仍要穿燕尾服的说法是真的。学校方面的人介绍说，为了保持良好的传统，在伊顿，对学生的衣着有着详细的规定。学生必须穿黑色燕尾服配白色衬衣、黑色长裤及黑色英式传统皮鞋上课。他还向记者展示了一张令人多少有些“触目惊心”的伊顿学生必备服饰清单，清单中按校服、正式服装、地方外出装、体育与网球装、娱乐装、内衣、板球装以及个人用品等分类，每类均对件数和颜色有着详细的规定。仅个人用品，就包括2套睡衣、1件浴衣、拖鞋及4条浴巾等十几项内容。所有衣服还要求必须印上学生的名字、清洗号。可能绅士们正是在忍耐、约束，甚至折磨中造就的吧，如果说美国式教育以老师上课把脚跷在桌子上，学生可以随便吃东西出名，那么伊顿所代表的英式传统，则是以它出奇的严格确立风范。几乎不可想象，在伊顿，每个学生都配有私人导师，导师同学生每周见一次面，了解其学习、生活、起居等情况。

伊顿每幢学生宿舍楼都有一位楼长，负责处理学生从生活到学习的一切问题，学生如果犯了错，也由楼长决定如何处罚。伊顿曾有过体罚制度，据说现在还有所保留，也据说，19 世纪有位校长虽已是六十高龄，每日还能鞭打 80 多个学生。

伊顿的学生们虽然衣食无忧，但作息时间却极其严格。他们每天早上必须 7 时 30 分起床，参加祷告仪式，然后一直上课到午后 1 时 45 分，下午参加各种文体活动，晚上 9 时 30 分准时熄灯就寝。这样刻板而一成不变的时间表，常常令伊顿的老师们都感叹生活太紧张，简直不是人过的。

漫步校园，你会发现各种肤色的来自世界各地的游客，他们都是慕名而来的好奇的参观者。伊顿没有让大家失望，的确是奇得实至名归，简直是英国绅士文化的一个活标本，所以其意义也就超越了一个学校，变成了一道独特的景观。当然，这道景观的一成不变即使在英国国内也是受到非议的。

“真正与人无关的，神却保佑了她的美丽。”在伊顿公学一个不起眼的小校区，满院樱花却正铺天盖地开着，粉红而娇嫩的花瓣边开边落，义无反顾。在樱花树下透过花枝看英国的蓝天，一闭上眼睛就仿佛置身于晴空下的一片汪洋花海之中。

伊顿公学校园

穿礼服的伊顿学生

威廉王子皇家传记

威廉王子皇家档案

全名：Prince William Arthur Philip Louis Windsor

出生日期：1982 年 6 月 21 日

头衔：His Royal Highness Prince William

未来国王头衔：King William V of England（威廉五世）

兄弟：哈里

身高：6.2 英尺

体重：约 150 磅

头发颜色：金色

眼睛颜色：蓝色

宠物：名叫 Widgeon 的狗

喜爱的食物：意大利面、巧克力、野味、水果沙拉

喜爱的饮料：可乐、红酒

昵称：Wills，Billy the Basher，Dreamboat Willy，Wombat，Prince of Wails，His Naughtiness，Willful Wills

爱好和运动：滑雪、网球、足球、曲棍球、皮划艇、划船、射击和马球

特征：左撇子

学校：2000 年 6 月从伊顿中学毕业，现在在苏格兰圣安德鲁斯（St. Andrews）大学就读

大略统计：有几个亲密的女朋友

音乐：舞曲、流行

祖母伊丽莎白二世，祖父菲利普亲王，父查尔斯王储，母戴安娜王妃，叔爱德华王子和安德鲁王子，弟弟哈里

威廉王子成长的故事

在他出生的时候，威廉王子就打破了传统。1982 年 6 月 21 日在伦敦玛利亚医院出生，他是第一个出生在皇室以外医院里的皇室成员。他通过“Hear ye，hear ye... 查尔斯王子有了一个儿子”被介绍到世界各地。当戴安娜和查尔斯离开医院的时候，威廉的照相生涯便从此开始了……摄影人员呼喊“戴安娜，让我们看看你的儿子！”

然而尽管情况这样，查尔斯和戴安娜尽量给威廉及他们的小儿子哈利创造一个正常的生长环境。例如，威廉王子在伦敦的 Mynors’s Nursery 学

校开始接受教育，第一位皇室成员进入 Nursery 学校而非像他父亲那样拥有自己的私人教师。

然而威廉王子是一个很叛逆的孩子，媒体关注着他的每一个成长过程。当粗暴的威廉在别的孩子的聚会上拒绝吹灭生日蜡烛时，他大嚷道："当我做国王的时候我将命令我的骑士来把你们的头砍下来。"然而随着年龄的增长，他变得越来越沉静。戴安娜曾评价说，他是个"深沉的思考者"。

在 Mrs. Mynor's 待了两年之后，威廉进入了伦敦 Wetherby 学校。在那里他的读写都很优秀。他的运动细胞也开始展现。他和戴安娜曾经在"Parent's day"参加游戏。三年之后，他离开了 Wetherby 学校，同时又加入了另外一个寄宿学校——Ludgrove，他在那里生活了 5 年，并且和 4 个孩子同用一个房间。也是在那儿他学会了在父母分开后寻求安慰。学校的同学也很少谈论他而是把他作为普通同学对待。

当他的父母离婚以后，威廉和哈利在父母间周旋。戴安娜继续以做母亲的方式，带他们去麦当劳或者娱乐场所。查尔斯也因早年的"Uncaring parent"称号而出名。威廉在 Ludgrove 校园发生了一个被高尔夫球俱乐部学生击中头部的意外。查尔斯在了解到没有什么大碍后，便离开了医院而去参加皇家的一个典礼仪式。

1995 年，威廉进入了伊顿中学，他是第一个加入这所有 500 年历史学校的未来国王。在伊顿，他发现人们对他在更多的方面给予肯定。人们不是根据他的头衔来评判他，而是根据他的灵活度、他的体育天才、他所喜爱的事物来评判他。开始第一年，他不能忍受一些戏弄，例如，一些上层人士传真他父亲的裸体照片，还有一次被一些雪球轰炸。最后，他也变成了"Cool set"一群的一员。

1997 年 8 月 31 日，威廉的世界一片混乱。他的母亲戴安娜在巴黎一场车祸中丧生。他的父亲用无线电把他和他的弟弟的房间隔离起来，因此他们没有马上听到这个意外事件。在 9 月 1 日早晨，他的父亲查尔斯告诉了他们这个消息。他们在巴尔莫勒尔（Balmoral）待了一段时间……但是几天以后他们还是坚持参加了母亲的追悼会。威廉王子在安排葬礼的时候发言了。他是在葬礼队伍中走在母亲灵车后面的其中一员。

戴安娜死后，查尔斯王子和他的儿子们走得更近了。他常常去看以前的保姆泰吉·佩蒂弗（Tiggy Pettifer）小姐和他以前的朋友。他越来越憎恨那些新闻界……那些他责备应该对戴安娜的死负责的人。

然而随着时间的流逝，威廉在镜头面前越来越放松，更多的是顺其自然。在2000年4月，在克洛斯特（Klosters），他对着照相机镜头微笑，甚至还和摄影人员开玩笑，当被问到他即将18岁的时候，他回答说："那一定很有趣。"在2000年7月，威廉王子以A的成绩从伊顿毕业。然后他在2001年休息了一年，不过他已经于前年毕业于苏格兰的圣安德鲁斯大学，在那里他先后学习了艺术史和地理专业。

目前威廉王子在桑赫斯特军校受训。

骑着白马的威廉王子

随着英国威廉王子的一天天长大，查尔斯发现自己距离王位也一天天远了，越来越多的英国人希望女王跳过查尔斯，直接将王位传给花样年华的威廉。放眼天下，最钻石王老五的非威廉莫属了，身世显赫，挺拔英俊，真是万千宠爱集于一身。

没有吸毒酗酒的恶习，没有飞扬跋扈的丑闻，高贵却不失亲和力，秉承了其母戴安娜生前的亲民形象，使公众增加了对王室的好感度。在合适的场合说恰当的话，比如，戴安娜前管家伯勒尔披露王室丑闻时，威廉王子怒斥伯勒尔，马上为王室捞回印象分；比如，有传闻说威廉不想继承王位，他于是明确表态——是否想成为国王对我而言并不是一个问题，而是一种与生俱来的责任。

这种回答无疑是坦率而成熟的，可以明显看出六年前戴安娜葬礼上满含热泪的少年，已颇有一国之君的风度。

威廉王子独立、反叛，崇尚自由，蔑视宫廷禁忌。他从伊顿公学毕业后，并没有像父辈那样去剑桥大学接受教育，而是选择了较为平民化的圣安德鲁斯大学。他多次远赴非洲，甚至去学一种叫做斯瓦利的肯尼亚土语，据说是因为王子在那里找到了爱情。

作为英国王室第二号继承人，威廉选妃显然是一桩盛事。在爱情上，威廉王子乱花渐欲迷人眼，不停地转换舞伴，有出身富豪之家的荷莉，有布什侄女劳伦，小提琴家陈美，小甜甜布兰妮……王妃的花冠到底戴在谁

头上，这是威廉人生路上的一道填空题，但无论如何，威廉都注定是万人迷，这位有着性感双眼的青年男子到底为什么会成为大众的宠儿呢？世上的王子有很多，西班牙的、沙特的，或者还有其弟哈里，为什么唯独威廉一枝独秀，聚火辣辣目光于一身？

在童话故事里，王子通常都年轻英俊，王子代表着将来黄袍加身的那一天。所以，在责任还没有铺天盖地涌来前，王子通常会去寻找公主。比如，拿着只水晶鞋，将灰姑娘从煤灰堆里解放出来，或者王子去打猎，撞见了被后妈追杀的白雪公主，然后两个年轻人一见钟情，从此过上了幸福生活。

每个女孩都是灰姑娘辛德瑞拉，在王妃宝座待定的情况下，都保留着成功的几率——不要笑，千万不要笑，虽然中大奖的机会等于一生被雷劈中两次，可事实上，总有一位女子会摘下威廉这枚硕果。当然，我不否认操一口英语的白人姑娘更有机会，而出身名门知书达理者则机会翻倍，但只要一想到查尔斯终生迷恋卡米拉，就不免让人觉得王子的审美也很可能是出人意料的。所以，谁都不要放弃信心，即使语言不通，威廉王子也会刻苦学习，他为了一个叫杰西卡的非洲辣妹，连偏僻冷门的斯瓦利语都肯学，还有什么做不出来的？

也许你会说，王妃的出身很重要，其实这并不是一个很严重的问题，戴安娜就是平民王妃，而威廉王子也一向以平民化形象示众，娶一个平民女子，只会让威廉王子更和蔼可亲。事实上，只要威廉王子愿意，他娶异国女子完全没问题，只要她不是罗马天主教徒，没有离婚史，这是多么低的一个门槛啊。威廉王子所热爱的是冲浪、滑雪、足球、游泳，那么，辛德瑞拉们加紧练习吧，反正技多不压身。

虽然威廉王子的身份是一个政治人物，但不可否认，他具有极强的娱乐性，在其成长岁月里，公众的目光始终如影相随，孜孜不倦地注视着这位年轻的王子。他有义务保持自己的尊贵，又有责任深入民间。威廉是一个优秀的崇拜对象，对男性来说，满足他们在权利、地位、财富方面的想象；对女人来说，就是爱情。

像威廉这样的男人，会有女人不爱他吗？如果他来追求你，将钻石呈上，玫瑰花堆满一屋，豪华的跑车停你门前，含情脉脉的眼睛凝视着你，要带你去冲浪去滑雪，你有勇气拒绝吗？你可以说不吗？你怎么可能不爱他？也只有威廉，才是真正的白马王子，他代表着我们所能想象的全部美好。真不知哪个辛德瑞拉会有这么好的运气，能踩着成万上亿颗破碎的心，爬到王妃的宝座上去。

威廉王子：当国王是他最终的宿命

从1997年秋天戴安娜王妃的葬礼开始，威廉和哈里兄弟作为王室的新一代成员就吸引了原本投向他们父母的目光。

与哈里被“驯服”为致力于慈善事业的优秀王室成员相比，威廉似乎一直都在王室预定的轨道上行走。多年来，他展现在公众面前的一直是一个勤奋、健康的完美形象。作为英国王室未来的继承人，威廉不仅遗传了母亲戴安娜王妃的出色外表，同时也秉承了母亲的博爱之心。他虽贵为王子，却仍然非常平民化。在许多人眼中，威廉是一个心地善良、个性平易、很容易打交道的男孩。

从专门培养皇室贵族子弟的伊顿公学毕业之后，威廉进入苏格兰一所有将近600年历史的圣安德鲁大学修读文学史，而不是像父亲查尔斯王储那样到剑桥大学继续接受贵族教育。这所古老的大学自视并不亚于牛津和剑桥，但是不像它们那样充满贵族和精英色彩。

这里有6000名注册学生，每年的学费是1000英镑，学生大多来自英国中产家庭。随着威廉王子的入学，财大气粗的美国学生（他们的学费是英联邦国家学生的10倍）的比例已经迅速上升到25%，他们大多来自大金融家和实业家家庭，而且大多是女生，来这里唯一的目的是成为王子的同学，确切地说是女朋友。

“这是一个很小的社区，我可以少受外界的打搅。”威廉说之所以选择这所大学作为大学生涯的开始，是因为那里整洁的环境和美丽的田园风光。但有媒体分析，这可能是王室为了培养亲民后代的有意安排，“古老的白金汉宫想从威廉开始倾听新世纪的声音”。

有人说，这位在大学主修了文化史和地理的威廉王子最近对被媒体追逐的生活有懈怠情绪，希望毕业之后到非洲清静几年。不过，目前威廉王子在军队服役。

但不管怎样，做国王将是他不大可能摆脱的命运。随着欧洲一体化不

断深入，君主制的存废越来越频繁地成为人们讨论的话题。如何在一个不再受宗教约束且愤世嫉俗的社会保存和发展王室，也许才是威廉王子作为第二王室继承人将要面对的最大问题。

永远的牛津与剑桥

长久以来，牛津大学和剑桥大学一直是被人们联在一起的。在英文里则有一个专有的词：牛桥——Oxbridge。其实两所大学的差别并不大。学校组织、建筑格式等非常类似。况且，剑桥本身就是牛津大学学生和市民冲突之后，师生流落到剑桥建立的。两校之间的接触交流一直都很密切。

当然，不同之处是不需刻意就可以找到的。有人曾对牛津大学和剑桥大学做了分析，牛津大学会问："What do you think?" 剑桥大学会问："What do you know?" 看来，牛津大学更注重思想，而剑桥大学更注重求知。这大概就是牛津大学出了29名首相，而剑桥大学出了82个诺贝尔奖获得者的原因。一所大学，成绩斐然至此，也就无人能出其右了。

牛津大学：英语世界最古老的大学

牛津是泰晤士河谷地的主要城市，其重要性是1167年英国牛津大学在此成立。牛津的确立与牛有关。传说古代牛群涉水而过，因而取名牛津（Oxford）。牛津向来是伦敦西行路线上的重点，早在1096年，就已有人在牛津讲学。

牛津大学是英语国家中最古老的大学。在12世纪之前，英国是没有大学的，人们都是去法国和其他欧陆国家求学。1167年，英格兰国王同法兰西国王发生争吵，英王一气之下，把寄读于巴黎大学的英国学者召回，禁止他们再去巴黎大学。另一说法是，法王一气之下，把英国学者从巴黎大学赶回英国。不管如何，这些学者从巴黎回国，聚集于牛津，从事经院哲学的教学与研究。于是人们开始把牛津作为一个"总学"，这实际上就是牛津大学的前身。学者们之所以会聚集在牛津，是由于当时亨利二世把他的一个宫殿建在牛津，学者们为取得国王的保护，就来到了这里。12 世纪末期，牛津被称为“师生大学”。1201 年，牛津有了第一位校长。1213 年，该校从罗马教皇的使节那里得到第一张特许状。

牛津大学：英国的童话世界

牛津大学的校训是拉丁文 Dominus illuminatio mea。意思是：“上帝是我的光明。”（The Lord is my light）出自《圣经》中的赞美诗第 27 篇。

步入牛津城

牛津大学不同于其他大学，城市与大学融为一体，街道就从校园里穿过。牛津大学不仅没有校门和围墙，而且连正式的招牌也没有。楼房的尖塔在烟雨濛濛中若隐若现，高高的石墙上爬满老藤，稀疏的绿叶中绽放着红红的花朵，小城显得古朴素雅。牛津城的建筑古色古香，分别属于不同历史年代的不同建筑流派。在牛津街道上散步，感觉就像回到了历史之中——这风情万种的建筑，这云飞浪卷的校园，这几百年积淀的斑斓文化。

英国人把牛津当做一种传统、一种象征、一种怀恋和一种追寻。在那里可以回忆起过去的美好时光，可以重温昔日的辉煌。市内有圣迈克尔教堂的萨克森人塔楼、诺曼人碉堡和城墙遗址等，处处给人以历史的纵深感，难怪英国有一句民谚：“穿过牛津城，犹如进入历史。”漫步在齐尔维河和爱西斯河（泰晤士河流经本市之名）的河滨步道，你也可租一艘平底船，在齐尔维河上消磨悠闲的午后。

牛津的学院中有许多中世纪建筑瑰宝，并且群聚在市中心周围。街两旁布满中世纪的四合院，每个四合院就是一所学院，由于当时学术是教会的专利，因此学院都以修院式建筑来设计，不过四周往往围绕着美丽的庭园。尽管大多数学院这些年来多有改变，但是依然融合许多原有特色。每所学院均有其辉煌的历史、神话般的建筑遗迹，可以描绘出各种有趣的史实。人们初到牛津，一般都会觉得每个学院都像是中国各地那些破旧的古庙，一进门就给人一种寂寞与荒凉的感觉。因为每个学院完全是中世纪修道院的模样，这也反映牛津人强烈的思古情怀。

城内多塔状建筑，故又得名“塔城”。中世纪的塔楼古色古香，文艺复兴风格的建筑，弥漫着浪漫气息；位于民众方庭的图书馆，建于1371年，是英格兰最古老的图书馆；大学植物园，建于1621年，是英国最早的教学植物园；蜿蜒曲折、幽深绵长的皇后小巷，从牛津建校一直保留到现在，有800多年历史了，路边的石凳长满了青苔，让人回忆起牛津的起始。王尔德坐过的木凳、肖伯纳倚过的书架，都照原样没动。外部的环境如此，走进楼内，更加让人感到历史的分量。在学校最早的图书馆韩夫瑞公爵图书馆里，时光仿佛是静止不动的，寂静充满了这书本的圣殿。从地板到屋顶，全是手稿和未刊资料，它们像宝库一样等待着后人去开发。

雷德克利夫广场（Radicliffe Square）是大学举行庆典及各项文艺活动的中心，这是整个古城的中心，它远隔了主要街道的喧闹。附近红砖地的铜鼻小巷（Brasenose Lane），巷中三两个人，绿树遮天，让人觉得心旷神怡。圣玛利教堂（St. Mary's Church）坐落在广场南边，17世纪前，学校的主要庆典、音乐会都在这里举行。广场西侧是建于1509年的布雷斯诺斯学院（Brasenose College），学院因创建时，大门上有一只铜制的“狮鼻叩门环”而得名。学院正门的天庭中，有一座宝蓝色的日晷钟，但因为英格兰特有的阴霾天气，一个夏天，也难得见到几次钟上的日影。有人说：英国只有气候，没有天气。这并不夸张，往往一日之间可以见到下雪、下雨，甚至出太阳，是很平常的情况。

克莱斯特教堂被牛津人亲切地呼为“The House”。灵圣学院（All Souls College）是牛津众多学院中唯一没有大学生的学院，因为学院中只有研究生，因而被视为世界最具学术权威的高等学府之一。城东的莫德林学院的城堡，被人们称为“凝固了的音乐”，的确优美异常。钟楼以大青石砌筑，朝天高指。据说，楼内挂着十口铁钟，当它们相继敲响时，仿佛一曲雄浑磅礴的交响乐！

建于17世纪的谢尔登尼安剧院是列恩所设计的第一栋建筑，是牛津大学传统上授予学位典礼的举行场地。每年夏天，学期结束时，身披黑袍，头戴方帽的学子们，将列队经过大街，进入剧院，在此获得被授予学位的荣誉。

牛津大学是学术机构的天下。牛津大学共有104个图书馆。其中最大的博德利图书馆于1602年开放，比大英博物馆的图书馆早150年，现有藏书600多万册，拥有巨大的地下藏书库。剑桥大学也有近100个图书馆，藏书约500多万册，每年的购书经费约300万英镑（折合4000多万元人民币）。根据1611年英国书业公所的决定，英国任何一家出版社的图书都必须免费提供一册给牛津大学和剑桥大学的图书馆，至今如此。

独特的牛津“导师制”

牛津大学教学的最大特点是“导师制”。学生的导师由研究人员担任，他们多为品学俱佳的学者，在一定的领域卓有建树。导师制要求学生每周与导师见一次面，将自己一周内研究和撰写的论文向导师宣读。此外，还有许多讲座。每个讲座不论是导师还是学生，不论是高年级学生还是低年级学生，都可以自由发言，平等讨论。海阔天空的议论是很吸引人的，但在议论之后，要交作业。在与导师单独见面，宣读一周内研究和撰写的论文时，导师要评论，要提问，如果论文质量不行，答辩不好，要影响成绩，影响毕业。须知，一周一次，不得耽误，而且周复一周，哪有那么多新见解、新思想呢？可是，导师不相信解释。这种学习方法确实带动、启发学生独立思考，鼓励、督促学生上进，但这一周一次的压力无论如何让青年学生杰出的牛津人轻松不起来。

在近800年的历史中，牛津大学培养了5个国王、26位英国首相、多位外国政府首脑（如美国前总统克林顿）、近40位诺贝尔奖获得者以及一大批著名科学家，如经济学家亚当·斯密、哲学家培根、诗人雪莱、作家格林、化学家罗伯特·玻意耳、天文学家哈雷等。就连2001年诺贝尔文学奖获得者奈保尔，也毕业于牛津大学英文系。牛津大学为人类文明的发展进步做出了重大的贡献。下面就让我们走进英国前首相布莱尔，去领略一下他精彩别样的人生……

走近英国前首相布莱尔

托尼·布莱尔（Tony Blair）1953年5月6日生于英国北部的爱丁堡市一个中产阶级家庭。他毕业于牛津大学圣约翰学院法律系，1984年成为大律师，1994年被女王封为枢密院成员。

布莱尔1975年加入英国工党，1983年当选英国下院议员，并先后任工党财经和贸工发言人。他于1994年当选工党领袖，是工党历史上最年轻的领袖。同年被女王封为枢密院成员。1997年5月任首相，成为自1812年以来英国最年轻的首相，后兼任首席财政大臣和文官部大臣。2001年6月在大选中再次获胜，连任首相，成为英国历史上首位连任的工党首相。布莱尔领导的工党在2005年5月5日的英国大选中再次获得胜利，也成为工党历史上第一位三次蝉联首相职务的领导人。2007年5月10日，布莱尔在中部塞奇菲尔德选区发表公开讲话时宣布，即日辞去工党领袖职务，并表示将于当年6月27日辞去首相职务。

2005年5月，布莱尔一家在伦敦唐宁街10号门前。图片中的人物分别是布莱尔（右二），其小儿子利奥（右三），妻子谢丽（左三），儿子尤安（左二），儿子尼基（左一），女儿凯瑟琳（右一）。

布莱尔首相的政治生涯

布莱尔1953年出生于苏格兰爱丁堡，父亲是律师，母亲是教员，他童年时期的大部分时间是在杜伦（Durham）度过的。布莱尔在有“苏格兰的伊顿”之称的费蒂斯公学接受教育，后来又在牛津大学圣约翰学院学习法律，并获得学位。大学毕业后，布莱尔于1975年加入工党，1982年代表工党在一个传统的保守党选区比肯斯菲尔德（Beaconsfield）参选国会议员失败。在20世纪80年代早期，布莱尔在工党内被认为是“软左派”，当时这一派正试图控制工党。

1983年，他当选为塞奇菲尔德（Sedgefield）选区国会议员，并连任。1983年和1987年工党两次在大选中败于撒切尔夫人之后，布莱尔坚定地站在党内改革派一边。他与改革派领袖尼尔·基诺克（Neil Kinnock）合作，成为影子内阁的一名成员，将工党改造成一个更温和的政党。当基诺克因1992年工党选举失败而辞职之后，布莱尔继续在约翰·史密斯（John Smith）的影子内阁中任内政大臣。

1994年，史密斯心脏病发去世，布莱尔与影子内阁的另一名成员戈登·布朗（Gordon Brown）做成一项政治交易，由布莱尔担任工党领袖，

而布朗则将担任未来工党政府的财政大臣。布莱尔与布朗一起改造工党，修改党章，删除了有关国有化的政策，而更强调自己善于财政议题（当时的保守党政府无法解决经济问题），并将自己称作“新工党”。

虽然这些改革遭到了政治对手和工党传统支持者的批评，但这些改革却是成功的。工党本身的改革，加上保守党政府关于欧盟政策的分歧，以及一系列腐败丑闻的影响，“新工党”在 1997 年的英国大选中获得了巨大的胜利。

布莱尔是 20 世纪英国第一个在职首相在唐宁街生儿育女。1998 年 12 月 26 日，布莱尔成为第一位在爱尔兰议会发表演说的英国首相。

在 2001 年英国大选中，工党再度保持了其前所未有的巨大优势，布莱尔成为第一位赢得第二任工党首相。保守党领袖威廉·黑格（William Hague）辞职，他是自 20 世纪 20 年代奥斯丁·张伯伦以来第一位没有成为首相的保守党领袖。

在美国“9·11”事件后，布莱尔很快就宣布与美国站在一起，在阿富汗战争之前，他参与了一系列穿梭外交，帮助巩固了国际反恐联盟。直到今天，他依然扮演着这个角色，访问了许多其他国家领导人可能认为太危险的国家。

布莱尔是美国总统乔治·W. 布什有关进攻伊拉克计划的坚定支持者，虽然这项计划具有很大的争议性。布莱尔很快就成为主战派的代表人物之一，经常与持坚定反战立场的法国总统希拉克发生摩擦。布莱尔被认为比布什更善于演说，他在战争爆发前发表了多篇演说，强调推翻萨达姆政权的必要性。

2007 年 6 月 27 日一过，布莱尔便转身离去，为自己的政治生涯画上了一个圆满的句号。忆往昔，得意岁月君须记；看未来，别样人生更精彩。

他人眼中的英国前首相

思维敏捷　长于表达

尼克·赖登，律师，托尼的中学好友： 我和托尼认识时都是 13 岁的人，那时我们在爱丁堡的费蒂斯公学就读。我们成了好朋友，后来关系一直很密

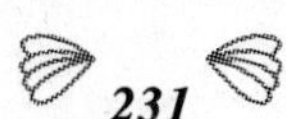

切。当时托尼热衷于辩论和表演，没有任何迹象表明他日后会成大器，不过表演和辩论的技能对于任何一个成功的政治家都是至关重要的。他为人真诚体贴，而且有表演才能。他思维敏捷，擅长表达，足以舌战群儒。

酷爱阅读　博览群书

凯蒂·凯，托尼的邻居：（认识布莱尔已经20年，现为他的特别顾问。）我们20世纪80年代搬到哈克尼，在那里结识了布莱尔夫妇，不久来往就很密切了，互相串门，有时一块儿吃饭。后来两家人开始一起去度假，要么去意大利，要么去法国。给我印象很深的是，托尼酷爱阅读，喜欢一个人静静地坐着读书，读《圣经》和其他严肃的书籍。他还喜欢坐在院子外面，同路人聊天，一聊就是几个小时。

托尼是百灵鸟而不是猫头鹰，他喜欢早睡早起，通常天刚蒙蒙亮就起床，把才几个月的大儿子放在幼儿体操架上，自己坐在旁边喝咖啡看书。等我们起床出门，他已经起来四个小时了。

喜欢社交　不咄咄逼人

查利·福尔克纳，布莱尔的政治同僚：（曾一起当过律师，现在布莱尔政府任职）自20世纪60年代末我们认识以来，托尼·布莱尔本质上就没变过。他是一个喜欢社交的人，令人难以置信的是，他不咄咄逼人，在与人交谈中不霸道，发表自己的观点不会大嚷大叫。他的说服能力令人惊叹。托尼非常自信，但不傲慢自大。他雄心勃勃，非常有魅力。

跟撒切尔夫人式的政治家不同，他从不将自己的意志强加于人，对别人发号施令，而是以理服人。我从来没有想到他会成为首相。由于他不那么咄咄逼人，他会花很多时间找有关的事实依据，一旦找到解决方案，他就会付诸实施。

剑桥大学：康河上那一片美丽的云彩

剑桥大学（University of Cambridge）成立于1209年，最早是由一批为躲避殴斗而从牛津大学逃离出来的学者建立的。亨利三世国王在1231年授予剑桥大学教学的垄断权。它还是英国的名校联盟“罗素集团”

（Russell Group of Universities）和欧洲的大学联盟科英布拉集团（Coimbra Group）的成员。

1536年，实行宗教改革的亨利八世下令学校解雇其研究天主教教规的教授们并停止教授“经院哲学”（Scholastic philosophy）。从此剑桥大学的教学和研究重点从宗教和神学转为希腊和拉丁经典、圣经和数学。今天的剑桥大学基本上涵盖了所有的科学、人文学科。

悠悠岁月，悠悠剑桥

剑桥（Cambridge）是音译与意译合成的地名，就是剑河之桥的意思。这里确实有一条剑河，在市内形成一条大弧圈向东北流去，河上修建了各式风格的桥梁，因而人们将这座城市命名为剑桥。

剑桥由12世纪修道士定居于此而诞生。直到剑桥大学成立后，这个城镇的名字才渐为人所知。这个小城连同居民共计10万余人，由剑桥大学各个学院组成，因而具有浓厚的历史气氛。

尽管这里保存了许多中世纪的建筑，但就整个剑桥的外观而言仍是明快而且现代化的。正如其他英国城市一样，剑桥的商业也很繁荣，但仍不失典型的英格兰的田园风光。似乎与城市规模不相称的众多剧场、美术馆、博物馆等设施，更使得这座大学城散发出一股浓浓的文艺气息。

在剑桥，你可以尽情地鉴赏这所学校几百年来的传统与历史之美妙，又可以与年轻的学生们交流，有时间还可以在街市上去转一转，感受这座美妙城市跳动着的时代脉搏。

剑桥大学成立于1209年，学院则于1284年出现。现在，剑桥大学有31个学院，3个女子学院，2个专门的研究生院，各学院历史背景不同，每个学院在某种程度上就像一个微型大学，有自己的校规校纪，剑桥大学拥有62个系。图书馆内有600万册以上的藏书。剑桥大学的学位分为毕业文凭、初级学位（学士）和高级学位（硕士或博士）。位于伦敦北面的这所举世闻名的大学没有围墙，也没有校牌，剑桥各学院分散在全城各处，和剑桥融为一体，没有通常意义上的完整校园，但又可以说整个剑桥市都是它的校园。整个校园郁郁葱葱、气韵自华。南北走向的剑河微微弯曲，穿城而过，垂柳沿岸，一派田园情调。坐着手撑的平底小船，慢慢欣赏大学城的景点，早已成为剑桥的传统和特色。剑河很浅，清澈见底，水中鱼儿清晰可见。日落黄昏之际，这里是划独木舟的好地方。河畔草地和小径，更是双双情侣漫步、静坐谈心的好去处。“最有灵性”的剑河，不论是夏绿或秋黄，总是那么徐徐自得、柔情万种。难怪当年的才子徐志摩在《再别康桥》（*Cambridge*）一诗中吟出了“在康河（Cam River）的柔波里，我甘愿做一条水草”。实在是深娴剑桥传统。

剑桥之美融合了乡间的幽静，古典建筑的精美，凸显出它跨越时代的

特质。这里新旧结合，充满了对比，景色四季变化多端。狭窄幽静的小巷，有时豁然开朗通入广大的庭院。闹市与庄严的学府，比邻而居。小河两边，牛羊与古老的教堂，相映成趣。昔日王朝建筑的风采，在小城依然可见。中国古人出世入世的烦恼在这里已然被化解为绕城的一泓静美。

夏日，在剑河上撑篙是种无法言喻的乐趣

永远的徐志摩　永远的康河柔波

——品味经典《再别康桥》

轻轻的我走了，正如我轻轻的来；
我轻轻的招手，作别西天的云彩。

那河畔的金柳，是夕阳中的新娘；
波光里的艳影，在我的心头荡漾。

软泥上的青荇，油油的在水底招摇；
在康河的柔波里，我甘愿做一条水草！

那榆荫下的一潭，不是清泉，是天上虹

揉碎在浮藻间，沉淀着彩虹似的梦。

寻梦？撑一支长篙，向青草更青处漫溯，
满载一船星辉，在星辉斑斓里放歌。

但我不能放歌，悄悄是别离的笙箫；
夏虫也为我沉默，沉默是今晚的康桥！

悄悄的我走了，正如我悄悄的来；
我挥一挥衣袖，不带走一片云彩。

这是一首优美的抒情诗，宛如一曲优雅动听的轻音乐。1928 年秋，徐志摩再次来到英国访问，旧地重游，于是诗兴勃发，便将自己的生活体验化作缕缕情思，融汇在所抒写的康桥美丽的景色里，也驰骋在他自己的想象之中。

全诗以“轻轻的”、“走”、“来”、“招手”、“作别云彩”起笔，接着用虚实相间的手法，描绘了一幅幅流动的画面，构成了一处处美妙的意境，细致入微地将他对康桥的爱恋，对往昔生活的憧憬，对眼前的无可奈何的离愁，表现得真挚、浓郁、隽永。

从此，在无数中国学子的心目中，剑桥大学就不仅仅是一个求学的圣地，更是一个令人魂牵梦萦的地方。“到剑桥寻梦，在康河放歌”不知澎湃了多少“朝圣者”追逐梦想的激情。

夕阳西下，回首遥望，美丽的剑桥静静地矗立在夕阳的余晖里，闪耀着柔和的、然而也是金色的光芒……

剑桥特色之学院制

剑桥大学最大的特色是学院制。它的 35 个学院错落有致地分布在只有 10 万人左右的小镇里。这些学院建于不同的年代，最早的已有七八百年历史。每个学院都有各自的风格和独立的个性。上至行政财务，下至招生教学，学院都有很大的自主权。大学与学院虽然相辅相成，却是不同的实体，在经济上也是独立的。大学是公有制，由国家拨款，而学院则为私有，自负盈亏。大学负责研究生的招生，学院负责本科生的招生，数量由大学统一规划。所有学生的教学是由大学负责，而学院负责学生的生活和本科生的业余辅导。每年年底，大学按照各学院本科生的成绩，按一定规则打分，把学院排队，促使学院之间相互竞争。在毕业典礼上，最能看到剑桥如何重视学院。学生要由学院院长牵手引到校长面前跪下，接受祝福，象征他是由学院教导成才。历年来有 63 位教职员曾获诺贝尔奖（包括 28 个物理奖，18 个医学奖，17 个化学奖）。

震古烁今剑桥人

几百年来，剑桥大学更是以其优异的教育质量著称于世。这里英才荟萃，星光灿烂。且不说牛顿、达尔文、霍金等自然科学家的长长名单，就是在社会科学方面也培养出大批栋梁之才。哲学家培根、经济学家凯恩斯、历史学家特里维廉、文学家萨克雷都曾负笈剑桥，终成泰斗。剑桥的弥尔顿、拜伦、丁尼生等人更是诗国的桂冠和骄子。剑桥还哺育出 7 名首相。印度总理尼赫鲁、英国王储查尔斯也曾在这里就读。剑桥的毕业生遍及政界、商界和学术界。有人说，牛津和剑桥统治着英国，看来确有几分道理。历年来有 82 位诺贝尔奖获得者出自剑桥，比牛津的两倍还多，比整个法国多。但是剑桥却没有大张旗鼓地去宣扬。3 名法国人获得诺贝尔奖的时候，法国政府宣布当天为公共日，学校放假一天。而剑桥的阿伦·克卢格（Aaron klug）当时正在他的分子生物实验室工作，被电话告知他获得了 1982 年诺贝尔化学奖时，他只是高高地举起胳膊，伸向空中，兴奋地喊道：“哈哈，我可以买得起一辆自行车了。”

拜谒达尔文

1909 年 2 月 12 日，达尔文出生在英国的施鲁斯伯里。祖父和父亲都是当地的名医，家里希望他将来继承祖业。16 岁时，他便被

父亲送到爱丁堡大学学医。但达尔文从小就热爱大自然，尤其喜欢打猎，采集矿物和动植物标本。到医学院后，他仍然经常到野外采集动植物标本。父亲认为他“游手好闲、不务正业”，一怒之下，于1828年又送他到剑桥大学，改学神学，希望他将来成为一个“尊贵的牧师”。但他对神学院的神创论等谬说十分厌烦，仍然把大部分时间用在听自然科学讲座，自学大量的自然科学书籍上。同时热心于收集甲虫等动植物标本，对神秘的大自然充满了浓厚的兴趣。

1828年的一天，在伦敦郊外的一片树林里，一位大学生围着一棵老树转悠。突然，他发现在将要脱落的树皮下，有虫子在里面蠕动，便急忙剥开树皮，发现两只奇特的甲虫，正急速地向前爬去。这位大学生马上左右开弓，抓在手里，兴奋地观看起来。正在这时，树皮里又跳出一只甲虫，大学生措手不及，迅即把手里的甲虫藏到嘴里，伸手又把第三只甲虫抓到。看着这些奇怪的甲虫，大学生真有点爱不释手，只顾得意地欣赏手中的甲虫，早把嘴里的哪只给忘记了。嘴里的那只甲虫憋得受不了啦，便放出一股辛辣的毒汁，把这大学生的舌头蜇得又麻又痛。他这才想起口中的甲虫，张口把它吐到手里。然后，不顾口中的疼痛，得意洋洋地向市内的剑桥大学走去。这个大学生就是查理·达尔文。后来，人们为了纪念他首先发现的这种甲虫，就把它命为“达尔文”。

1831年，达尔文从剑桥大学毕业。他放弃了待遇丰厚的牧师职业，依然热衷于自己的自然科学研究。同年12月，英国政府组织了“贝格尔”号军舰的环球考察，达尔文经人推荐，以“博物学家”的身份，自费搭船，开始了漫长而又艰苦的环球考察活动。

达尔文每到一地总要进行认真的考察研究，采访当地的居民，有时请他们当向导，跋山涉水，采集矿物和动植物标本，挖掘生物化石，发现了许多没有记载的新物种。他白天收集谷类岩石标本、动物化石，晚上又忙着记录收集经过。1832年1月，“贝格尔”号停泊在大西洋中佛得角群岛的圣地亚哥岛。水兵们都去考察海水的流向，达尔文和他的助手则背起背包，拿着地质锤，爬到山上去收集岩石标本。

1832年2月底，“贝格尔”号到达巴西，达尔文上岸考察，向船长提出要攀登南美洲的安第斯山。当他们爬到海拔4000多米的高山上时，达尔文意外地在山顶上发现了贝壳化石。达尔文非常吃惊，他心中想到：

“海底的贝壳怎么会跑到高山上了呢?”经过反复思索，他终于明白了地壳升降的道理。达尔文脑海中一阵翻腾，对自己的猜想有了更进一步的认识：“物种不是一成不变的，而是随着客观条件的不同而相应变异!”

具有颠覆性的、伟大的《物种起源》

后来，达尔文又随船横渡太平洋，经过澳大利亚，越过印度洋，绕过好望角，于1836年10月回到英国。在历时5年的环球考察中，达尔文积累了大量的资料。回国之后，他一面整理这些资料，一面又深入实践，同时，查阅大量书籍，为他的生物进化理论寻找根据。1842年，他第一次写出《物种起源》的简要提纲。1859年11月，达尔文经过20多年研究而写成的科学巨著《物种起源》终于出版了。在这部书里，达尔文旗帜鲜明地提出了“进化论”的思想，说明物种是在不断地变化之中，是由低级到高级、由简单到复杂的演变过程。

这部著作的问世，第一次把生物学建立在完全科学的基础上，以全新的生物进化思想，推翻了“神创论”和物种不变的理论。《物种起源》是达尔文进化论的代表作，标志着进化论的正式确立。进化论解除了人们的思想禁锢，启发和教育人们从宗教迷信的束缚下解放出来。

紧接着，达尔文又开始他的第二部巨著《动物和植物在家养下的变异》的写作，以不可争辩的事实和严谨的科学论断，进一步阐述了他的进化论观点，提出物种的变异和遗传、生物的生存斗争与自然选择的重要论点，并很快出版了这部巨著。达尔文认为，“他一生中主要的乐趣和唯一的事业”，是他的科学著作，还有一些他在旅行中直接考察得到的最重要的科学成果，比如，他写的著名《考察日记》、《贝格尔号地质学》、和《贝格尔号的动物学》等。不过，具有特别重大历史意义的还是《物种起源》，它表明达尔文的进化论思想和自然选择理论的逐步发展过程。它的出版是一件具有世界意义的大事，因为这标志着19世纪绝大多数有学问的人对生物界和人类在生物界中的地位的看法发生了极其深刻的变化。也可以说，就从那时起，人类观察自然，观察自身都有了一个全新的视角。

1882年4月19日，这位伟大的科学家因病逝世，人们把他的遗体安葬在牛顿的墓旁，以表达对这位科学家的敬仰。

英国人如何教育孩子

英国人普遍认为，对孩子的溺爱和娇宠是孩子独立性格形成的最大障碍。要使孩子在日后能适应社会的需要，独立地去生活、工作，就必须从小就培养他们独立生活的能力，让他们学会尊重他人和自我克制，知道对自己的行为负责任。

在对待孩子的教育方面，英国人认为，应该为孩子日后的独立生活负责，现实原则是第一位的，而亲情则是第二位的。所谓“子不教，父之过”，这也是英国人的观点。父母应对孩子长大成人后的行为负责，如果孩子日后不能像其他人一样适应社会，对社会有所贡献，作为父母就没能尽到教育的职责，这样的父母是不称职的，他们应该感到愧疚，并向社会检讨。

英国人的德育教育

关于德育，我们大家都相信要从娃娃抓起。但是，怎么抓？英国有些基本的观念似乎与我们不大一样，或许不无借鉴意义。

道德不靠教导

英国中小学校里的道德教育不叫道德教育，而称“个人的社会健康教育”，或称“社会化过程”。目的不是让孩子们树立远大理想或者争当舍己为人的英雄，而是让他们懂得平常做人的基本道理，如何自律以融入社会，成为社会的一分子。核心道德观念有四：尊重生命、公平、诚实、守信。

英国人还有个观念，即“道德是被感染的，而不是被教导的”。这个“感染”，跟“感染感冒”，是同一个动词的同一个用法。体现在英国中小学的道德教育里，那就是不要求孩子们去死记硬背道德准则，但是，要求孩子们从心灵深处、从日常生活中懂得和理解伦理道德。

小孩不是白纸

我们小时候背毛主席语录："一张白纸，没有负担，好写最新最美的文字，好画最新最美的图画。"后来，大家以为小孩子也跟白纸一样，大人教什么，小孩子将来就长成什么样子。一位英国朋友说，西方人过去也有"白纸"论。认为小孩子都是"TABULARAsA"（拉丁文，即空白状态），但现在科学研究已经证明，孩子来到这个世上，先天就已经部分地继承了父母的脾气、性格等心理基因，因此，"白纸论"是个把事情过分简单化的观点，在西方已经过时了。

诚实不是孤立的品德

英国学校一般不设专门的道德教育课，但开设包括佛教和道教在内的各种世界主要宗教信仰课供选修。这门课被认为是对孩子品德和良知培养十分重要的一门课。

不仅如此，多数英国学校每周都组织班级讨论，选取一些学校里或者社会上发生的事情，让孩子们发表看法，共同讨论，自己去领悟和判断对错与是非。集体游戏也是一种重要方式，让孩子懂得顾及与体谅别人，懂得如何与同伴合作。英国学校还普遍鼓励孩子饲养小动物，组织学生到敬老院陪老人聊天、为慈善组织募捐及参加其他公益或环保活动，培养孩子的爱心和社会交往能力。在英国教育工作者看来，诚实不是一种孤立的品德，而是与自重和尊重别人，与对生命和大自然的爱紧密地联系在一起的。

不淡泊输赢，但更要享受过程

老师并不是教学生去学老庄的超脱，淡泊输赢结果；相反，英国学校里，"输赢"二字总被挂在嘴上，因为各种比赛名目繁多，充满学生的学校生活，但正因为比赛多，每个学生都有机会领略到老师所要传达的信息：你会赢，但不会每次都是你赢，每个人都有赢的时候，也有输的时候，要紧的是享受参与的过程，去做自己想做的事。不少移居英国的中国移民感触最深的是，英国人对人生的选择往往是去做自己喜欢做的事情，即使这事儿不合潮流，也不时髦。功名利禄都想要，但最要紧的是这是自己心之所喜，性之所趋。

不要妨碍别人

英国的社会道德教育，还有一点令人印象至深，那就是从小教育小孩子要学会照顾自己，同时注意不要妨碍他人。这其实就是公道与私德的分水岭，也有人称为“对陌生人的道德要求”。

英国小学很重视培养孩子的独立能力，个人清洁卫生、学习用具收拾整齐等都在道德教育范围之内。孔子说：“己所不欲，勿施于人。”西方其实有很相似但也许更为积极的说法：希望别人如何对待自己，就要照这样对待别人。

英国社会的方方面面，到处渗透这一思维方式。就拿交规来说，为什么可见度良好时不能打开车尾雾灯？别人超车时为什么要把远光灯改成近光灯？开车时如果考虑别人的处境，考虑可能会给别的道路使用者带来的危险，也就意味着考虑自己行车的安全。一部英国交规，处处体现着这个并没有明说的道理。

英国家庭中的“绅士教育”

家庭是孩子成长的摇篮。父母及其他家庭成员的观念与行为，对孩子道德意识的养成起着决定性的作用。英国家庭教育在西方各国中是较有特色的，我们来看看他们的一些做法。

在英国的家庭中，绝对看不到对儿童的没有理由的娇宠，犯了错误的孩子会受到纠正甚至惩罚。父母们往往在尊重孩子独立人格的前提下，对孩子进行严格的管束，让他们明白，他们的行为不是没有边际的，不可以为所欲为。英国的法律明确规定允许父母体罚孩子，至今许多学校仍保留着体罚学生的规矩。

在一般的家庭当中，5 岁以下的孩子都不准与大人同桌吃饭，不允许挑吃挑穿，到了该做什么的时候，一律按规矩办事，故意犯错误和欺负幼小，都将受到严厉的惩罚。不管是对什么人，孩子必须懂礼貌，说话客气，对父母兄弟姐妹也不例外。反之，孩子将受到父母的训斥，包括身体的惩罚。只有懂事而有礼貌的孩子，才会受到父母的夸奖。这仅仅是英国家庭中绅士教育的一个侧面。言谈举止符合标准，对人彬彬有礼是对每一个孩子的基本要求。

英国父母：花钱“培养”孩子顽皮

我们小的时候，父母总是以某个孩子从来不出去乱跑为榜样来教育我们。可是在英国，孩子们永远顽皮或者说父母是花钱培养他们顽皮。每个周末都有活动，不是到某个朋友家吃饭（往往是全家一起去，父母辈的聊天，孩子辈的玩耍），就是有某个小朋友的生日派对，或者是去游泳、踢球。总之，差不多就是父母和孩子的互动日，很少待在家里看电视之类的。

忙于参加俱乐部

英国人是 Club（俱乐部）的动物，我说的 Club 并不只是指酒吧。比如詹姆斯（James），6 岁，每周有一次网球 Club 的活动，两次游泳 Club，还有 Sports party（体育俱乐部）之类的不定期活动；安格斯（Angus），3 岁，参加唱歌俱乐部、幼儿高尔夫俱乐部等。詹姆斯的 6 岁生日派对（Party）足足办了 3 场，整个 8 月都在筹备他的生日派对。安格斯才满 3 岁，平均每两周参加一次他的朋友们的生日派对，乐此不疲。

吃饭礼仪不能乱

虽然这里的孩子可以用“无法无天，没规没矩”来形容，他们可以在家里上蹿下跳，随便乱翻，甚至对别人家也如此，父母只是说他们非常有活力。但是，他们对于礼貌是很注意的，比如，吃饭的时候用刀叉的正确方法，吃完了饭要对主人家表示感谢，并且要问父母是不是能离开桌子等。不像我们有的孩子，要父母端着碗跟在屁股后面求他吃一口，或者大哭大闹要吃这不要吃那的。

最重要的是友好（Nice）

在英国人的眼睛里，看一个人最重要的是他是不是 Nice（友好），和他的职业、性别、收入、教育、私生活都无关。他们教育孩子从小要善待一切生命，包括动物、植物等。天气好的时候，他们会带孩子到农场去看看大自然，或者在自家的花园。即使像蚂蚁这样的小生命，即使是在夏天厨房爬满了蚂蚁的时候，他们的妈妈一边消灭蚂蚁，一边告诫他们的孩子，绝对不能玩弄蚂蚁，不能让它们死得太痛苦。而且只要打一两个就可以了，这样其他的蚂蚁会发出警报，让其他的同伴不要到这里来了。或者把蚂蚁捉到小瓶子里，然后拿到花园去放生。

前几周，我一回家，邻居家小孩安格斯就很悲伤地告诉我，巴里（Barry）死了。巴里是他们养的金鱼，养了快三年，对一条金鱼来说也不容易了，每天欣赏摇滚乐能活那么久也该安享天年了。他妈妈让詹姆斯打电话告诉正在上班的爸爸这个坏消息，第二天还在附近的教堂举办了个简短的葬礼。上周，安格斯居然还夸张地做了个噩梦，说梦到巴里了，他妈妈对他解释说，生命总有结束的时候，但是巴里活得很开心，因为大家都爱它。

我不知道3岁的孩子能明白多少，不过，至少我知道这样的教育虽然在我们看来有些傻得可爱，却并没有错。

勇气：最重要的品质

英国人给世界的印象就和法国作家儒勒-凡尔纳的小说《八十天环游地球》中的主人公菲利亚-福格一样，是个一板一眼、严格遵守规则的英国绅士。

一直以来，我们都认为，英国的教育一定也是循规蹈矩的。其实，现代的英国人非常注重培养孩子勇敢和坚忍的性格，他们深知勇气是一个人主动进取的动力。

英国父母常常带着自己的孩子去探险，深入到大自然中，在险恶的环境中生存，目的是十分明确的，就是为了锻炼孩子的意志和勇敢精神，为今后的人生做好人格方面的准备。

英国的家长认为，对孩子的娇宠于孩子十分有害，所以家庭教育中特别注重对孩子独立意识的培养。在孩子很小的时候，家长就会放手让孩子尝试去做生活中的各种事情，如自己吃饭、自己穿脱衣裤、自己整理房间等为自我服务的事情。

英国的私家车的拥有量是很高的，很多家庭都有自己的轿车，可以很方便地接送孩子上下学。但是，英国的家长们很少会开车接送孩子，他们都是让孩子自己背着书包徒步或乘坐校车去学校。

英国人在公共汽车上遇到老人、残疾人和孕妇都会主动让座，但是，他们唯独不会给孩子让座，英国人认为孩子是需要锻炼的，应该鼓励孩子独立。

英国的家庭教育

不论中国孩子、英国孩子，一日三餐总是必不可少的。也许你会说，不就是吃饭么，又有什么好说的。可别小看餐桌，那上面可大有学问呢。下面即列出英国家长在餐桌上对孩子的教育做法，相信你最后一定会有所启发。

进餐能力

鼓励孩子自己进餐。孩子长到一周岁至一周岁半时，开始喜欢自己用汤匙喝汤吃菜。绝大多数英国家长认为，孩子想自己进食，标志着一种对“人格独立”的向往，完全应给予积极鼓励。

对待偏食

杜绝偏食、挑食。英国人普遍认为，一个人偏食、挑食的坏习惯多是幼儿时期家长迁就造成的，因而他们特别重视幼儿时期的偏食、挑食情况，如幼儿一个劲儿地只吃某种菜而对其他菜不屑一顾时，家长往往会把此菜收起来。他们还认为，餐桌上对孩子的迁就，不仅会影响孩子摄人全面、充分的营养，而且会使孩子养成任性、自私、难以自控等人见人厌的性格。

进餐礼仪

学习用餐礼仪，英国孩子一般两岁时就开始系统地学习用餐礼仪，四岁时就学会用餐时所用礼仪了。

进餐前后

让孩子帮忙做事。稍大一些（比如5岁左右）的孩子都乐于做一些在餐前摆放餐具、餐后收拾餐具等力所能及的杂事。这样，既可以减轻家长负担，又也让孩子有一种参与感。

环保意识

重视环保教育。五六岁的孩子应该知道哪些是经再生制造的“环保餐具”，哪些塑料袋可能成为污染环境的“永久垃圾”。外出郊游时，他们会在家长的指导下自制饮料，尽量少买易拉罐等现成食品，并注意节约用水用电，因为他们懂得“滥用资源即意味着对环境的侵害”。

原来，英国家庭素有“把餐桌当成课堂”的传统，从孩子上餐桌起，家长就开始对其进行或有形或无形的“进餐教育”了。这其中所蕴涵的教育意义，无疑是值得我们深思并学习的。

心灵咖啡屋

日暮西山远，我们又结束了一天的英伦之行。英国是一个有着浓厚教育氛围的国度，而它的教育，带给你的却是一种如脱胎换骨般的新生。它传授给你最先进的知识，告诉你为人处世的方法；它不仅让你学会如何求知，更重要的是，它从内在赋予你一身或高贵，或典雅的独特气质。你在这里潜心研习，就如同蛹化蝶般，最终完美地演绎出凤凰涅槃那样的美丽。

英国学校的“贵族”气质是毋庸置疑的。他们除了注重外表的华丽外，更多地注重一个人的出身、教育背景、思想、主张、地位和影响力。

在大多数英国人的眼里，贵族学校就是王子与首相们的摇篮，从那里毕业的人，都是彬彬有礼、风度翩翩、温文尔雅的人，在气质上就已经技高一筹。

而贵族是需要长期培养的。可谓冰冻三尺非一日之寒啊！《现代汉语词典》对贵族的解释是：奴隶社会、封建社会以及现代君主国家里统治阶级的上层，享有特权。而《牛津现代高级英汉双解词典》对贵族的解释则是：Nobleman，指出身高贵的人，而 Noble 一词本义是高贵、高尚、伟大。可见，西方对于贵族的理解更多地强调其文化诉求、人格光芒、人格魅力和思想魅力，讲究的是思想和行为的品质。

英国人崇拜贵族的传统在办学上得以充分地体现出来。比如大名鼎鼎的伊顿公学，走在阳光下宁静的校园，你会有一种安然的、超脱的感觉，学生们严格的作息，传统的着装，精英式的教育，都会令你赞叹不已；而牛津市共有人口 11 万左右，其中学生 1.3 万人，分布在市内约 40 所大学。这些大学多是以教学楼围起的一片庭院，外围多被回廊环绕。

对于思想，英国人向来不是去杀死它们，而是让它们死于被忽视。英式解决问题的方法不是去找到一个方法论，而是去嗅它，真实地触摸它、感知它。他们通常都是先腾空问题的核心，然后再找出解决方案。他们喜欢将实用的东西变成他们独有的思想。著名的埃默森（Emerson）曾这样写道："他们喜欢杠杆、螺旋、滑轮、瀑布、风车，甚至迷恋于用海洋和风去推动轮船，使它乘风破浪。"也许你现在可以明白为什么英国出了那么多的科学家了吧。

站在牛津教堂的尖塔的展望台上，在阳光下放眼望去，整个牛津城悠然静卧在典型的英国田园中。这景致像极了《桃花源记》中的人间仙境，美不胜收。而各种各样的思潮就在这个宁静国度的背后涌动。在这样一个多元化的社会里，没有人让你相信什么，或者让你不相信什么。只有人跟你说：这个东西的优势是什么，劣势又是什么。学子们学会的是批判性地看待任何事情，而这个其实对于所有人的人生都很重要。

激情英伦：感受英国足球的无限魅力

源远流长的足球文化

足球比赛在英国不单单是一种竞技活动，它的外延远远大于内涵，俱乐部在赛事日可以邀请一个家庭在球场的包厢里举行聚会，一家人边吃饭边看球，共度美好周末；合作伙伴也可以到球场看球，或许一笔大买卖就在侃球的过程中做成了。

足球是英国人生活的一部分，足球与生活不可分割，这两者在英国实现了完美的融合。体育的确有育人的作用，足球首当其冲。榜样的力量是无穷的，那些喜欢足球或者亲身踢球的孩子从小就感受到足球所营造出的特殊氛围，并在自己喜欢的球星身上汲取积极向上的人格力量。因此，那些在比赛开始阶段随球员一起出场的孩子们是幸运的，也是幸福的。

英国的球迷也非常专业，他们看球赛就像看一场演出，知道什么时候该喊加油，什么时候该发出嘘声。同时，英国球迷也很可爱，他们对足球保持着一种很纯粹的爱，他们看重结果，但更享受那种快乐的过程，足球是他们的精神家园。英国的足球文化源远流长，就像一杯久酿的女儿红，浑厚、甘甜、醇香，丝丝缕缕，沁人心脾，最适宜伴着岁月的节拍，细细品味，自斟自饮。

追寻英国足球的足迹

英国是现代足球的起源地，也是现代足球得以发展的摇篮。关于现代足球的起源和发展，有过许多类似考古学的调查，因为这都是距今两百年

前的事了。调查者中不乏好大喜功者，也有被狭隘的民族主义蒙蔽判断力者，于是关于“现代足球起源于13世纪”的说法，始终在英国流传。这种说法，不过是笑话而已。在那个时代，的确也有过一种古老的足球：在英国东南沿海地区，两个邻近的乡村，会每年聚会一次，两村老少妇孺在旷野上追逐一只球来争夺本村的荣誉，但这不是现代足球真正的起源，足球真正的起源和这项运动所需要的政治、经济和人文的时代背景应该是息息相关的。到19世纪初，第一次工业革命的英国，经济上进入了大生产时代，大量农村失业人口进入城市，城市迅速扩大，同时影响力遍及全球的英国贸易，也催生了一个能以很高的效率在全球范围内传递资信的信息网。

就在这种时代背景下，一些伦敦周边贵族私立学校的孩子们，开始在课余时间进行足球游戏。学校十分鼓励学生们参与团队体育运动，为的是强健其体魄，也为了培养他们的团队精神。此时的足球运动根本没有什么规则可言，手抱脚踢，大家在阴雨下泥地里奔跑，展现着青春的力量。

孩子们从这些学校毕业后，大部分都直接进入牛剑大学和剑桥大学深造。在两所最高学府里，文明的未来社会的栋梁们，也在课余时间用这种野蛮的游戏来享受生活中的另一面。足球对他们来说是和平时期的战争，是展示雄性魅力的游戏。

在那个日新月异的时代里，任何新奇事物都会引起广泛关注，何况这项运动诞生于牛剑。现代足球可谓从校园诞生，在工矿得到发展，从一个贵族青少年的业余游戏，变成劳工阶层的闲暇娱乐。到19世纪40年代，在伯明翰、曼彻斯特和谢菲尔德等工业基地城市里，成百上千的工人们开始了他们的足球游戏。原本的意图，有的是想在冬季工休时对抗英格兰阴寒的天气，有的是想以此暂时从极度压抑的工作环境中得到解脱。最终获得最大利益的却是这项运动本身。

足球像野火一样，席卷英格兰的所有工业城市，迅速波及北部的苏格兰、西南的威尔士，以及临近的爱尔兰。这时，牵涉到足球生死存亡的第一个大考验出现了：该按照什么规则来玩这个游戏？

在牛津大学和剑桥大学的校园里，足球可以手抱脚踢，球员彼此间可以发生强烈的肌体冲撞，而游戏的场地也没有什么限制，只要是一块平地就行。但是，当这项运动越来越普及，不仅参与者自得其乐，旁观者也如临其境时，规则的重要性便凸显了出来。尤其是在不同学校、不同地区球队之间的自发比赛里，由于大家平时玩耍的规则不同，于是比赛就失去了公平竞技的基础，而英国人最重视的美德之一，便是费尔泼赖（Fair Play）。

能解决这个难题的，当然不是在煤矿里终年不见天日的矿工，也不是在曼彻斯特纺织厂里埋头于震耳欲聋机器声中的纺纱工。1848 年，剑桥的足球爱好者们推出了一个“剑桥足球法典”，对于现代足球的基本游戏规则，做了一个初步的界定。法典中最重要的部分，便是把现代足球和橄榄球进行了区分：用脚踢的是足球，手脚并用的是橄榄球。此后百余年来，直到今日，足球的比赛规则还在不断地被修改，但是作为一项高度组织化的团队运动，剑桥法典给现代足球指出了一条明路。

规则确定后，颇有些纲举目张的作用，足球运动发展得就更迅速了，特别是在人口密度极大而又缺乏其他娱乐方式的大型新兴工业城市，比如，在曼彻斯特、谢菲尔德、伯明翰、纽卡斯尔、格拉斯哥、利物浦和伦敦这些地区，城市人口猛然暴涨，人们之间缺乏交流，也缺少能促进社区交流的社交形式，于是一场足球赛，特别是一场能代表社团之间、厂矿之间或学校之间荣誉和友谊的足球赛，便往往是千百人聚会社交的好机会。人以类聚，顺其自然，因足球而结缘的足球俱乐部便出现了。1855 年，世界上第一个足球俱乐部，谢菲尔德足球俱乐部组成，此后各种足球俱乐部在各地纷纷出现。由于谢菲尔德足球俱乐部在第二次世界大战之后消亡，现存最古老的足球俱乐部是 1862 年成立的诺茨郡（即英乙），虽然该俱乐部联赛成绩平平，却培养了许多球星。最近一位便是 15 岁便闻名英伦的杰梅因·彭南特，阿森纳主帅旺热以 200 万英镑买走这位 16 岁的中场天才，至今仍是英国 18 岁以下球员的转会纪录。

其他一些老牌俱乐部还包括：诞生于 1863 年的斯托克城（即英甲）、1865 年组建、曾两夺欧洲冠军杯的诺丁汉森林（即英甲），1866 年成立的切斯特菲尔德（即英乙）和 1867 年成立的谢菲尔德星期三队（即英乙）。

足球俱乐部的数量越来越多，彼此之间的友谊赛也就越来越多，由于这些俱乐部组成的背景或者是同一地区、同一行业或同一宗教社区，因此友谊赛也有着不同地区、行业的支持者，争夺的往往是本地区、本社群的荣耀，这就使观众对这项本就十分刺激的运动更加向往。即便比赛持续增多，可是足球没有一个统一的管理者，比赛没有规律性，仍然无法满足观众饥渴的需求。于是一些俱乐部之间开始组织一个统一协调的机构，1863年，世界上最古老的足球管理机构——英格兰足球总会（Football Association）成立。英足总成立之初，加盟的俱乐部只有8家，并没有什么全国性的影响，直到足总开始系统组织比赛，尤其在1872年举办英格兰足总挑战（F A Challenge Cup）杯比赛时，足总才声名远扬，这项赛事便是今天的足总杯，也是世界上最古老的足球赛事。1872年参加首届足总杯的只有15支球队，决赛中博尔顿队1:0小胜皇家工程师队夺冠，成为现代足球历史上的第一支冠军球队。在足总杯早期，这项赛事影响力并不是很大，博尔顿在前7届足总杯中5次夺冠。到了21世纪，每年参加足总杯的球队都在600支以上。

足总杯的强大魅力和巨大悬念，仍然无法满足英国人对足球的狂热，于是一种终年进行的足球联赛有了市场需求，足总的组织作用到此时有了更大的用处。1888年，7家俱乐部在伦敦开会，商讨足球联赛方案，很快他们就拟订了方案。参加这种全国性足球联赛的俱乐部，大多来自英格兰中部和北部的工业基地，这也体现了当时英国足球作为劳工阶层运动的特性。1888—1889赛季是英格兰甲级联赛的处子赛季，普莱斯顿俱乐部以整个赛季不败的成绩夺取了联赛和足总杯双料冠军，不过，当时联赛参赛队只有12支。到1892年，由于众多俱乐部的存在，而且甲级联赛无法覆盖英格兰大部分地区，英足总又在甲级联赛之下补建一个乙级联赛。1920年，丙级联赛出现，1958年，丁级联赛建立，至此英格兰足球的四级联赛体系已经十分完整。

另一场革命发生于20世纪90年代初，其标志是英超的出现。从俱乐部成绩和升降级关系来看，英超和以前的英甲相同，实际上英超是英国社会剧烈转型的必然结果，它有一个重要特征：即社会的高度商业化。英超的诞生，跟一些英格兰足球豪门不满于跟弱小俱乐部平均分配商业收入相关，他们需要一个更完善的体制，来尽可能地挖掘俱乐部商业潜力，扩大俱乐部品牌的全球影响力！因此，英超是英国足球史上一个划时代的产物，也是目前世界各国足球联赛中商业化程度最高者。

还有两项杯赛为英格兰足球的组成部分。1908年，慈善盾杯成为了每个赛季之前的开场戏。最开始的慈善盾杯是足总组织的邀请赛，旨在让各球队在热身的同时，将比赛收入捐给社会慈善组织。后来，这项赛事变成了前一赛季联赛冠军和杯赛冠军在新赛季开始前的一次较量。2003 年，这项赛事更名为社区盾。

1960 年，英足总又创办了联赛杯。此项杯赛和足总杯的区别在于，它只准许在英格兰四级职业联赛中的 92 个俱乐部参赛，获胜者将得到下赛季欧洲联盟杯的参赛资格。

英国现在的 92 个职业足球俱乐部，大部分分布在工业革命时期的新兴工业城市及周边地区，差不多每一个当时的工业重地，都有一个甚至更多个驰名久远的足球俱乐部：曼彻斯特有曼城和曼联，利物浦有利物浦和埃弗顿，谢菲尔德有谢菲尔德星期三和谢菲尔德联队，伯明翰有伯明翰和阿斯顿维拉，纽卡斯尔有纽卡斯尔联队和桑德兰队，南安普顿有南安普敦队和普茨矛斯队。伦敦因为其首都的特殊地位，拥有的职业俱乐部亦为英伦之最，城中许多著名俱乐部，也和工业革命有关：阿森纳本是泰晤士河南岸军工厂沃尔维起的工人俱乐部，最初由诺丁汉森林队的两个球员组建而成；切尔西是伦敦南部的工人俱乐部，西汉姆联和米尔沃尔亦同。

这种现代工业催生现代足球俱乐部的现象，在英格兰之外也处处可见。例如，工业重地格拉斯哥有流浪者和凯尔特人双雄，威尔士的卡迪夫，甚至还有英国人在海外传播足球过程中建立的许多俱乐部。

足球俱乐部的分布，主要集中于英格兰中部和西北部这两个传统工业地区，围绕着伯明翰和曼彻斯特两个中心城市。此外，伦敦和纽卡斯尔一南一北两个城市周边，也有不少足球俱乐部，可这两个地区的足球文化和足球传统，就不如中部和西北部那样集中和丰富了。

写意布拉莫巷球场

虽然现在谢菲尔德联赛的主场布拉莫巷球场在英超赛场上并不是最耀眼的主场，但它却拥有很多令其他球场羡慕的纪录：这里曾是世界上第一个使用球场照明灯的足球场，这里曾是英格兰队最早的主场，这里也曾是英格兰足总杯最早的决赛场地……那么，现在就让我们轻轻地走进布拉莫巷球场，在这里深深地感受一番英国足球的精神吧！

教练席背后是球迷席

来到球场中圈，体育场里空空荡荡的，没有球迷，即使如此，你此时的心里也会有一种莫名的激动。你甚至还可以坐在沃诺克（谢菲联主教练）的位子上体验一下，有很多人都想坐他的位子呢。教练席的背后就是观众席，但他们的教练似乎从来不担心会被身后的球迷喊“下课”，因为英国球迷从来都不会放弃自己的球队。

上场前亲吻主队队徽

每场比赛开始前的球员入场式总是让球迷们激动不已，但那时在球迷们看不见的球员通道内却基本没有发生过什么不愉快的事。在球员通道上方，有一个非常大的谢菲联队徽，每一位主场球员出场前都会亲吻这个队徽，它能给队员们带来好运，它也提醒队员们要为谢菲联而战斗。

客队休息室是绝对禁区

球员通道的一头有两条路，分别通向主、客队休息室。客队休息室在球场内是禁区，除保洁人员外，任何人都不能进入。因为它只有主队休息室的1/3那么大。他们在客队休息室门口张贴了大量谢菲联的图片，就是要让客队知道，他们是在谢菲联做客。

首发队员球衣要挂起

来到主队休息室，一进门，你就会看见一排摆放整齐的球衣。这是替补队员的，主力队员的左边。每场比赛开始之前，主教练都会把首发队员的球衣挂在钩子上，并且将号码朝外。当球员进来时，如果看见自己的球衣被挂起来了，他将非常高兴。在这个不大的房间内，放着一张按摩床，还有一台电视机和一套组合音响。比赛前队员们会听一些音乐，这样他们可以放松自己。

搬不走的球场文化

布拉莫巷球场坐落在谢菲尔德市中心。布拉莫巷球场刚建成时，它的周围都是田地。正因为有了这个球场，球迷们才开始在它周围聚集，它的

周围也逐渐出现了饭店、商店、工厂……一个体育场带动了一座城市的发展，城市的发展又促进体育场的更新，最终在球场及其周围形成特殊的球场文化。

英国很多足球俱乐部都有百年以上的历史，有些球队一直坚守着自己的球场文化，比如谢菲联。这支球队诞生以后，他们就从来没有更换过主场。如今的布拉莫巷球场已经有过四次扩建和翻新，球场在 1999 年还进行过一次改造。随着英超联赛影响力的不断扩大，很多球场由于容量太小，已经不能满足当地球迷的需要，所以，很多俱乐部都开始重新修建体育场。比如，阿森纳就不得不放弃自己的精神象征——海布利球场，而搬进了崭新的酋长体育场。从能容纳 3 万多人的海布利到能容纳 6 万人的酋长体育场，阿森纳俱乐部在硬件上上了一个台阶，但他们也因此失去了从 1913 年培养至今的球场文化，海布利看台入口的那句名言“欢迎来到足球之家—— 海布利”正在成为历史。去曼彻斯特城市体育场看比赛时，总觉得那里的球迷没有布拉莫巷的球迷那么热闹。也许正是因为豪华的曼彻斯特城市体育场是曼城最近几年才租借来的，它最缺少的就是核心灵魂——球场文化吧。

英国足球的历史美

爱好足球的人都知道英格兰是现代足球的发源地，但如果说发源地意味着什么，可能很难有人说得清楚了。也许，这意味着一种浓重的历史感和沧桑美。

有一次去英甲领头羊弗勒姆队，该队修建在泰晤士河畔的体育场破旧得让人心寒，坐在我身旁的一位至少 60 岁的老记者说：“我小时候就这样。”听到这句话你肯定会倒吸一口凉气，似乎走进了一条黑暗的历史隧道，看到 50 多年前的岁月。然而，却是一样的赛场，一样的比赛，一样热心的球迷。老记者说得是那样轻松，似乎让你感觉 50 年是那么轻松而又短暂的一瞬。

其实也难怪，19 世纪初，足球在英格兰就已经非常流行了。在这里，随处可以体会到这种历史的沧桑感。有一天晚上，去西汉姆联队看一场比赛，有一幕让人永远不能忘记：一个头发花白、年迈苍苍的老人，拄着双拐艰难地一步步爬上高高的看台，当球员进入赛场时，他倚在栏杆上，回过身为球员鼓掌加油。

在阿森纳队与法国里昂队的欧洲冠军杯赛时，坐在我身后的文物商希尔先生从7岁开始就成了阿森纳的球迷，从1970年起，他开始购买阿森纳的赛季票，到2000年已经30多年了。更让人吃惊的是，他说："我在这个座位上已经坐了20年。20年中我没有坐过其他座位。"

30年来，希尔一共坐过3个座位，一开始坐在主看台对面的看台上，在那里坐了3年后，又转移到主看台正对面看台的下层，7年后，终于在主看台上的上层固定下来，这一坐就是20年。

这个球迷的经历让我感动了很久，但有一次与一对70多岁的老夫妻的不期而遇，更是让我的心灵着实受到了不小的震撼，他们两人都是水晶宫队的球迷，20岁左右时在水晶宫看球相识，也是在看台上相爱，谈恋爱时一块看球，直到结婚，现在仍然坐在原来的两个座位上，算起来已经快50年了。

突然感觉英格兰足球就像一条长河，悠悠地流过来，溯流而上，在细水长流中，你能够真切地感受到两百年间积淀的那份厚重的美丽——那就是足球的无限魅力！

足球流氓：足球文化不可避免的副产品

足球号称世界第一运动，其魅力无与伦比。世界各地都有成千上万的球迷为之疯狂，由此也延伸出现代社会的一个怪胎：足球流氓。尤其是在足球发源地英国，足球流氓已经成为一种社会公害，大大地损害着足球运动本身。英国的足球流氓凶残暴力，制造了一起起球场惨案。

早在13世纪，英国就出现了足球流氓。由于中世纪的足球比赛并不限制比赛人数，因为经常是上百人，甚至是整个村庄、整个城镇的年轻人都会参加一场足球比赛，对抗另一个村庄或城镇的年轻人。这个时候，足球赛场就被当做是解决仇恨、了结恩怨，甚至土地争端的舞台。几百号人围着一个破牛皮缝制的球没有边际地围追堵截，打架斗殴自然是家常便饭。

随着时代的进步，足球成了场上22人的游戏，但是赛场外不能上场

比赛的球迷的对抗却延续了下来。19 世纪 90 年代，足球暴力就被认为是一种“街上的犯罪行为”或“流氓行为”。20 世纪 60 年代，随着足球赛事的电视转播，一场比赛聚集的球迷越来越多，支持同一支球队的球迷在赛前精心排练、制作标语、设计队歌，组成一个紧密的团队。而相互对立的两支球队背后、相互对立的球迷之间，不可避免地就会发生摩擦甚至冲突。但这些还不算是足球流氓。

直到 1964 年，英国出现了一种新的球迷闹事群体——他们不支持任何一支球队，而是将比赛看成是与其他球迷群体正面斗争的场所。1967 年，球迷暴力行为出现了一种新的形式，其目标是将对方球迷赶出看台，尽量破坏对方球迷的支持行动。当时的足球流氓多以工人为主。在英国，从传统意义上讲，足球就是一种下层工人阶层的运动，足球更激起他们的原始神经，于是支持他们的球队和与对方的球迷打架就成为他们一种精神和感官上的刺激。随后 10 年，球场暴力由英国蔓延到欧洲其他国家，并逐渐发展成为整个欧洲各国共同面临的一个严重的社会问题。英国的足球流氓活动，在 20 世纪 80 年代曾猖獗一时，直至 1985 年的“海瑟尔惨案”导致 38 名意大利球迷丧生。英国政府痛定思痛，严厉打击，才使得足球流氓的行为略加收敛。

英国莱斯特大学的一项研究表明，从 1996 年 6 月到 1999 年 10 月，英国发生 3 起与足球有关的谋杀案，而意大利发生 5 起，阿根廷发生 39 起。进一步调查表明，观众骚乱在南美、非洲、亚洲以及整个欧洲都是个严重的问题。

足球：最是那飞扬的激情

据统计，仅英格兰就有 3 万个业余足球俱乐部，俱乐部会员达到 300 万人，这些人可能不是那些豪门球队的拥护者，但肯定是自己所在俱乐部的坚定支持者和参与者。他是这样，他的孩子也是这样，孙子更是这样。民间足球或者说草根足球才是英国足球文化中的核心部分，也是职业足球或者说精英足球的基础，缺了这个基石，英超联赛恐怕早就消失了。

每逢周末，英国大小酒吧里都聚集着很多球迷，大家一边痛饮啤酒，一边欣赏足球赛，足球赛似乎成了一道别致的下酒小菜。而且两队的球迷各喊各的，分别为自己喜欢的球队加油，大家井水不犯河水，友谊第一，比赛第二。一方面，球队是他们的精神寄托；另一方面，比赛也是他们宣泄情感的载体。对于那些老年球迷，比赛则是他们坐在一起谈话的材料。阿森纳队的许多老球迷在死后都把自己的骨灰埋在了球队主场海布利球场的周边，并以此为荣耀，意味着足球和球队是他们的终身伴侣。

深度解读：走近英国足球赛事

英超联赛

英国（英格兰）是现代足球的发源地。据史料记载，中世纪时在英国就出现了类似今天这种足球活动。到 19 世纪初，足球运动在英国已经相当普及。由于需要对足球比赛形成一个统一的观点，1863 年 10 月 26 日，有关人士在伦敦女王大街的弗雷马森酒店聚会，讨论并同意成立足球协会，会上除宣布足协正式成立外，还制定和通过了一部较为统一的足球竞赛规则，它是现代足球竞赛规则的雏形。它的成立标志着现代足球的诞生。

令英格兰人引以为荣的不单是他们创办了首个足球协会，而且第一场国际比赛也是由他们组织的，那是在 1872 年 11 月 30 日进行的英格兰代表队和苏格兰代表队的比赛。英格兰足总的成立带动了欧洲和拉美一些国家足球运动的蓬勃发展，各国陆续成立了足球协会，于是推动了国际足联和欧洲足联的成立。可见，英格兰也就无可争议地被称为现代足球运动的鼻祖。

1858 年，英格兰成立了职业足球运动员协会。

1862 年，英格兰第一个足球俱乐部在诺丁汉郡成立，从此，英格兰各足球俱乐部陆续成立。到 1870 年，英格兰有 39 个足球俱乐部；到 1881 年，英格兰有 128 个足球组织。今天，共有 160 个职业足球俱乐部，其中 40 个俱乐部的历史在百年以上。

1871 年创立的足协挑战杯赛是第一个全英格兰的比赛。该比赛采用

连续淘汰制，比赛双方在预先抽签决定的一方场地进行一场比赛定胜负。英格兰历史上第一场足协挑战杯赛的决赛是在 1872 年进行的。从 1872—2000 年共举行了 119 届，由于足总杯赛不单由甲级队参加，英格兰所有球队均可参加，因此频频爆冷，许多强队被弱队战胜，所以被称为“爆冷的温床”。今天，英格兰足球仍在不断地发展壮大之中。

为了扩大足球的影响，英格兰足协在 1888 年 3 月 22 日做出决定，创办全国性的甲级联赛。首届联赛参赛队共 12 支。最后，普雷斯顿队夺取了首届联赛的冠军，并在第二年成功卫冕。1892 年，英格兰足协开始举行乙级联赛；1920 年，出现了丙级联赛；1958 年，又增加了丁级联赛。至此，英格兰足球联赛初具规模，分甲、乙、丙、丁四个级别，实行升降级制度。英格兰足球联赛是世界上诞生最早，也是赛制最完善的全国性统一联赛，后来，世界各国广泛借鉴这一联赛体制。1992 年，英格兰足球协会为适应日益发展的足球运动，在甲级联赛基础上创办了超级联赛，原乙、丙、丁级联赛相应提升一级。首届超级联赛冠军被实力强劲的曼联队夺得。

现在，联赛的升降级制度的大致情况为：

比赛队伍共有 20 队，以双循环得分制作赛（双循环：两队球队分别以主场和做客身份对赛 2 次）。

得分计算：每场赛事胜方得 3 分，负方无分，和局两队各得 1 分。最后以积分多少排名次。若积分相同，则以得失球差及总入球数等来区别排名。

另外，超级联赛榜后三个队为降班队伍；由英格兰冠军联赛前三个队球队升上超级联赛竞逐；英冠冠军及亚军直接升上超级联赛，余下第三名至第六名的 4 个队球队会采取两回合主客场淘汰制的英格兰冠军联赛升班附加赛，由第三名对第六名，第四名对第五名，经抽签决定哪队首先做主场，最后两支胜方队会在中立球场进行一场比赛，胜方可获升级。

足总杯

英格兰足总杯（简称“足总杯”）是由英格兰足球协会命名并主办的一项男子足球杯赛。

英格兰足总杯是世界上历史最悠久的足球比赛，英格兰各级足球俱乐

部进行一对一的淘汰赛，在足总杯的比赛中，经常有低级别俱乐部淘汰高级别俱乐部的冷门出现。

英格兰足总杯没有设立种子球队，对阵和主客场完全由抽签决定。如果比赛打平则双方交换主客场重赛，如果再次平局则进行加时赛和点球决胜。

每年 8 月，英格兰足球总会下属的所有拥有基本设施的非联赛俱乐部开始进行淘汰性质的预赛。2004/2005 赛季，有 660 个俱乐部参与了足总杯的赛事，打破了 1921/1922 赛季 656 只参赛球队的纪录。额外预赛之后是预赛，四轮资格赛和六轮正式比赛，最后是半决赛和决赛。所有联赛俱乐部和参与过足总锦标（FA Trophy）或足总瓶（FA Vase）并目前在被认为“可以接受”的赛事中参赛的非联赛俱乐部都被允许参与英格兰足总杯的比赛，所有参赛俱乐部都要有合适和安全的球场。

高级别的非联赛和联赛俱乐部被允许跳过足总杯开始的一些轮次。例如，英冠联赛和英格兰超级联赛的俱乐部被允许直接参加第三轮的正式比赛。足总杯的决赛一般在 5 月底举行。

夺得足总杯冠军的球队可以获得参加次年欧洲联盟杯第一轮的资格。如果该球队因为联赛排名获得欧洲冠军联赛参赛的资格，则足总杯的亚军将取代冠军获得欧洲联盟杯的参赛资格，如果亚军也拥有欧洲冠军联赛参赛资格，那么这个欧洲联盟杯的参赛名额将根据英格兰超级联赛排名给其他球队。

足总杯是世界上最古老的足球赛事，凡是在英足总注册的球队均可以报名参加，英超球队一般从第三轮开始参加比赛，比赛赛制为一对一单场淘汰赛，打平进行重赛。传统上，决赛安排在全英最负盛名的温布利大球场进行。由于 2001 年对该球场进行重建，最近几年的决赛都安排在卡迪夫千禧球场进行。

联赛杯

英格兰联赛杯，标准的称呼应该叫做英格兰足球联盟杯，是英格兰所有 92 个俱乐部之间不分级别的比赛。这一杯赛由足球联盟成立于 1962 年，目的是为了让各个俱乐部在联赛之外，拥有一个以淘汰赛制为基础的比赛，以挑战英格兰足总掌管的足总杯赛，因为当时足总杯在球迷心中的地位要远远高于联赛。成立于 1886 年的足球联盟本来掌管着英格兰所有 92 个职业俱乐部的各级联赛，但 1992 年甲级联赛的 20 支球队成立与之平行的超级联盟后，它旗下的俱乐部只剩下 72 个。既然掌管的俱乐部水平不是最高的，说话的分量自然也大不如以前，而想要让英超前几名的俱乐部参加联赛杯，自然要看别人的脸色。联赛杯的地位本来就位居英超（1992 年以前是英甲）和足总杯之后，对曼联和阿森纳这些英超顶尖的俱乐部来说，联赛杯只是锻炼替补队员的比赛。

当然，对于这些俱乐部来说，漠视联赛杯也是无奈之举，因为他们除了参加联赛、足总杯赛、联赛杯外，还要参加利润丰厚的欧洲冠军杯或者是联盟杯赛，如果成绩很好，一路杀下去，如夺取三项冠军的利物浦队一样，一个赛季 9 个月的比赛可达到近 70 场，一周的比赛近两场，而球员不是铁打的。

联赛杯的没落还有足球联盟自己的原因，为了吸引赞助商，足球联盟把联赛杯的名字卖来卖去，先是成了牛奶杯，后来成了可口可乐杯，前几年卖给了啤酒商，而近几年的联赛杯的名字变成了沃丁顿（啤酒）杯。初到英国，你会对这个杯赛感到莫名其妙，杯名的变化更使这项有 40 年历史的传统赛事在球迷中丧失了号召力。对联赛杯持支持态度的俱乐部也不少，他们的心态主要分两种：一是如纽卡斯尔、热刺和阿斯顿维拉这些英超中游的俱乐部，他们长期没有实力夺取联赛冠军，可以在曼联等俱乐部不重视的情况下，夺取联赛杯冠军以鼓舞士气，同时也把它作为获得参加欧洲联盟杯赛资格的第二条道路。二是英超之外的其他三个联赛的俱乐部，可以利用联赛杯获得与强队交手的机会，借光上上电视和报纸，比如某个赛季水晶宫队在与利物浦队交手之际，平常对水晶宫队不理不睬的主流媒体对该队大炒了一番，天空电视台还对这场比赛进行了直播，水晶宫队既可以获得电视转播收入，又扩大了影响。

另外，如果小俱乐部不小心爆出冷门，对球迷来说也是天大的喜事，而大俱乐部对这种比赛的失败也不会感到过度伤心，而是各得其所。当然，最为重视的还是第二种俱乐部，因为英超俱乐部必须把更多的精力集中到联赛上，否则一旦因为参加联赛杯队员受伤影响了状态，最后弄个降级，即使夺取联赛杯冠军也只是丢了西瓜拣来芝麻，得不偿失。其实，现在讨大牌俱乐部厌的除联赛杯外还有足总杯，可以参加这项世界上最古老赛事的除92个职业俱乐部外，还有近400支业余球队。可想而知，曼联如果不小心与打入正赛的业余球队抽到一起，该是怎样的想法？不过，总体来看，正是有联赛杯和足总杯这样的“鸡肋”，才使小球队每年都有与大球队交手的机会，使他们看到一些希望，有些盼头，要不然，“穷人”的日子更难过了。

社区盾杯

由应届英超联赛冠军与足总杯冠军竞逐，比赛以一场决胜负的形式进行，若在法定时间内打成平手，则需加时；加时赛仍未能分出胜负，则以互射12码决胜负。比赛场地位于威尔斯的胡利安·卡迪夫千禧球场。

“你永远不会独行”：回首利物浦足球俱乐部

利物浦足球俱乐部（Liverpool Football Club，1892－）是英格兰超级联赛的球队之一，位于英格兰西北港口城市利物浦，是英格兰最著名和最成功的足球俱乐部之一。他们曾夺得18次联赛冠军、7次足总杯和联赛杯冠军、5次欧洲联赛冠军杯冠军及3次欧洲超级杯冠军。目前的主教练是西班牙人拉法埃尔·贝尼特斯。利物浦与阿森纳及曼联同是G—14的成员之一。

利物浦足球俱乐部的总部位于利物浦，于1893年加入英格兰乙级联赛，在1921—1922赛季及1922—1923赛季，利物浦首次获得冠军并卫冕成功，主要功臣就是当时的队长、英格兰国家队的全能后卫伊弗雷姆·郎沃斯。此后直至1947年，利物浦才再次夺得冠军，但是后劲不足，最终在1954年降级。1959年12月，比尔·香克利开始担任俱乐部主教练。上任伊始，他便解雇了24名球员并重建球队，终于在执教的第三年，带领利物浦夺得了乙级联赛冠军，重返甲级联赛，此后从未由顶级联赛降级。

20世纪60年代可以说是球队成功的转折点，在香克利的带领下，利

物浦由一支乙级球队慢慢成为欧洲霸主。七八十年代是利物浦的全盛时期，在主教练比尔·香克利、鲍勃·佩斯利、乔·费根以及肯尼·达格利什的带领下，球队20年内夺得了11次顶级联赛冠军，更4次赢得欧洲冠军杯，而队中一众人物像伊恩·拉什、格雷姆·索内斯、肯尼·达格利什等都成为英格兰球坛的经典人物。

利物浦传统的球衣颜色是红色和白色，但在成立初期，当球会从埃弗顿手上取得安菲尔德球场时，他们也都以埃弗顿的蓝色和白色作为主场颜色。直至1894年开始采用利物浦市的红色。在其后的17年，利物浦的球衣就是红衫白裤。（袜子经常转变，有时是红、黑、白等颜色）

在1964年，利物浦的主教练比尔·香克利决定以全红作为主场球衣，伊恩·圣约翰曾在他的自传中这样回忆：

他把球衣的颜色带上精神上的影响——红色是危险，红色是力量。有一天，他来到更衣室，并扔了一条红裤给朗尼·耶斯，说："穿这条红裤来看看。""你们看着十分有威严并可怕！就像有七尺高呢！"这时我提议："为什么我们不整套也使用红色？我们不如全身红色吧！"比尔·香克利赞成我的意见，终于这套传奇性的球衣诞生了。

利物浦的客场球衣最早是白衫黑裤，或是全黄色的。直到1987年，全灰色的客场球衣面世。这款球衣一直使用到1991—1992的百周年赛季才被绿衫白裤取代。自此以后全灰色的客场球衣就再没有被采用了。现在的客场球衣是全黄色，而欧足联客场球衣则主要是白色，在右手边有一条绿道，由手袖一直落到裤子。

1901年，球队选用利物浦市的象征利物鸟作为球队的徽章。现在的徽章在基本的利物鸟上加上球会著名的格言："你永远不会独行"（You'll Never Walk Alone）。两边的火焰则是对希尔斯伯勒惨案的纪念。

同为英国足球的"明星城市"曼彻斯特和利物浦，其实两个城市相距不过30英里，但是，在性格上它们呈现出的却是迥然不同的两种感觉。曼城以重工业为主，是一个咄咄逼人的矿产和贸易城市；而利物浦则是个港口城市，而且是一个温和而充满智慧的港口城市；两个城市也有着截然不同的口音和风格迥异的球法，而英国人的性格：容忍、独立和幽默也在温切斯特（Salisbury）和索里兹伯里（Winchester）中表现得更为显著。

英国前首相布莱尔：经常“干涉”英国足球事务

在英国，很多人都熟知前首相布莱尔爱好网球和音乐，但实际上，布莱尔对足球的爱好也是相当强烈的，甚至直接介入了该领域的不少事务。曾有一度，英国政府的前信息主管坎贝尔向公众讲述了布莱尔与足球的许多颇有意思的故事。下面让我们一睹为快吧。

就小贝伤势发表评论

坎贝尔透露，布莱尔对英国许多著名的主教练和球员一直都非常关心。他常常关切地询问他们的情况，因此尽管他并没有见到他们，但他对他们的具体情况其实非常熟悉和了解。

在英格兰队出征2002年世界杯足球赛前，布莱尔专门在唐宁街10号首相府接见了英格兰队队员和教练，祝福他们取得好成绩。在此之前，布莱尔对英国赫赫有名的足球明星贝克汉姆的伤势表示了高度关注，还就小贝的伤势发表过评论。当时英国媒体都认为，一国元首特意为某位运动员的情况发表评论，这种情况还是比较罕见的，足见布莱尔对足球的热爱。

“炒”掉著名教练

不过，在对本国足球队员、教练表示鼓励和支持的同时，布莱尔对那些不合格的足球人士似乎也是毫不留情的。

最典型的一件事就是布莱尔“炒”掉了英格兰足球队前主教练霍德尔。1999年4月，“多嘴”的霍德尔向英国报纸发表讲话说，残疾人并不值得同情，残疾人是“上天对他们的安排，他们必须认命”等，引起了社会舆论的轩然大波。此前，霍德尔还主张带一名巫师随英格兰队征战，也遭到了不少谴责。

对此，布莱尔发表讲话说：“如果霍德尔真的说了那些话，那么他作为英格兰队的主教练就不合适了。”首相此言一出，霍德尔不久就丢了帅位。

不忘大显身手

对于足球，布莱尔不仅仅是热爱，而且有时还会亲自参与。2002 年 6 月，为了表示支持苏格兰和爱尔兰联合申办 2008 年的欧洲足球锦标赛，布莱尔特地为申办做了一些宣传活动。中间，虽然西装革履，布莱尔也不忘向公众展示一下自己的“掂球”功夫。

平时的周末，布莱尔夫妇常常带着几个孩子到位于伦敦郊外的一座 16 世纪的古堡，呼吸乡间的清新空气。有时，布莱尔一家就在这里同保镖们摆开架势，展开一场别开生面的“家庭足球大赛”。

爱好运动的布莱尔曾自豪地说，他现在的身材跟大学刚毕业时一样标准。

心灵咖啡屋

英国的足球文化，的确是博大精深，源远流长，行走在英国，我们时时刻刻都能够感受到这里独有的足球氛围，那是氤氲在空气里的流光溢彩。当然，能够成为职业球员的毕竟只是少数人，绝大多数英国人都是从观看比赛、支持自己喜爱的球队中获得快乐，对他们来说，过程远比结果重要得多。也许我们永远不会理解为什么许多英国人从一生下来就注定是某个球队的铁杆球迷，只支持那一支球队，只进那一个球场，只坐那一个固定的座位，并且是几十年如一日，忠贞不渝，甚至在死了以后，都要把自己的骨灰埋在球场周边，还在自己坐过的座位上做一个铭牌，以表示：我曾经来过，我还会再来 。

难道仅仅是源自父辈或者祖辈简简单单的一脉相承吗？或许，信仰的力量才是无穷的，人的心灵其实是一个很奇妙的载体，在我们并不算太壮美的生命的画卷上，我们会扬弃许多，也会珍存许多，近乎于痴迷的执著，看似毫无意义，实则是对生命和信仰最大的尊重。也许在他们的心里，那支球队、那个球场，早已是镌刻于血液中的永恒，与生俱来，不离不弃。是的，这个世界变化得太快、太多，而唯有那一方小小的球场、那一个坚定的信仰、那一份沉甸甸的寄托，才可以给他们那寂寞的灵魂，一个最深情的慰藉。

艺术英伦：一场时尚与音乐的宏伟盛宴

魅力无限的英国时尚

在英国人的概念里，时尚与艺术其实是一回事。他们的一场秀下来，真不知道是在搞舞台剧，还是在走秀，时尚里透着领先太多的艺术成分。而他们的艺术却也如时尚一般，看似很平民很街头，漂亮好玩得扎眼，却一点也不流于表面。所以，现如今英国的时尚艺术均是世界最前沿的，也在不经意间成了全世界的灵感源泉。

开花的身体：美丽时装的罗曼蒂克

胡塞因·查拉扬的皇帝新装

后现代思潮下的时装设计师之所以将他们的衣服弄成破烂、夸张、丑陋、暴露的样式，是因为他们确信不如此不足以颠覆传统中的抱残守缺。所谓“矫枉有时必须过正”，这话用在当今的时装界也十分合适。在这方面，胡塞因·查拉扬（Hussein Chalayan）的颠覆可以说达到了极致。

1998 年，这位来自英国的设计师在沙滩上发布了他的春夏作品。首先，他在沙滩上竖立起三根小棍，这些小棍以细线相连，形成一个虚拟的三角形。然后，他在这个三角形里放进一个裸体的模特。这就是他的作品：什么也没穿！然而你也可以像那位可笑的皇帝一样，认为模特已经穿上了漂亮的新装——这就是那些小木棍和细线所暗示的含义。

这件“皇帝的新衣”，既可以看做对时装的彻底解构，也可以当成一次艺术范围内的行为表演，时装的概念在这里已经被完全打破。“我并不在意我本人和时装的发展史有什么瓜葛，”在谈到自己的设计时这位解构大师说，“对那些令人炫目的时装杂志也不着迷。我只是想将身体的功能折射到建筑、科学、自然等文化层面上去，再试试能否将我的所得表现到服装上来。”

与许多时装设计师相反，1970 年出生于言不及浦普路斯的查拉扬似乎并不怎么喜欢巴黎。1993 年从中央圣马丁艺术学院毕业后，这个傲慢的年轻人就将自己的作品卖给了布朗斯公司，并在中央圣马丁艺术学院举行了时装发布会。从概念的产生到作品的完成，查拉扬的时装表演经历了一个漫长的过程：模特们必须先注射抗破伤风疫苗，才能穿上那些布满了铁锈的夹克。这场挑战传统的时装展立刻引起轰动，并为他带来空前的声誉。1994 年 4 月，查拉扬顺利地推出了自己的品牌。

胡塞因·查拉扬的时装以极简而不空洞、现代而不做作的风格著称，但同时他也设计了一些意义晦涩的时装，例如，将穆斯林式的面纱水滴般地垂落在模特的身上，合体的斗篷虽然显示了很好的防风雨功能，但由于设计过于复杂而令人无法准确地定义。

尽管查拉扬很少使用英国自产的面料，但他却坚持只在伦敦时装周上展示自己的时装。他认为：“英国时装带来相当多的美观性和前卫性，对世界的影响是显而易见的。……那种融入生活的设计应该是通常可以在英国见到的那种自由表达、真实和诚挚的缩影。”

1999 年春，查拉扬为 TSE 公司设计了一款长及地面的安哥拉山羊毛筒裙，巨大的针织樽领拉直了就变成一副面罩。对此德文版的《时尚》杂志评价道：只有当你了解到这位设计师是用土耳其文数数，用英文思考，并同时用这两种语言做梦时，才会明白，这样的领子意味着伊斯兰妇女的面纱。

作为英国新生代设计师的代表人物，胡塞因·查拉扬的作品正在受到人们越来越多的关注，他的设计与流行无关，带有强烈的实验意味。2000 年春夏，他发布了一组立体构成感很强的服装：以硬质材料缝合的上衣完全打破了常规的裁剪法，略带随意地组合在一起。这种单色的硬性材料构成的、类似机械的服装，无疑是对后工业时代的一种反讽。意味深长的是，这些作品的下装却都是柔软、轻质的裙子，与坚硬的上衣形成有趣的反差。

这使人想起他在1998年春夏发表的一组同样带有反讽意味的时装：白色的上装采用对称手法，袖子的内侧却做了非常规的切割；上衣的外型线是传统样式的，但前襟却从胸的上部就开始斜下来，变成了露脐装。这组明显带有宗教色彩的时装，同样是对传统样式的一种玩弄。此外，他设计的服装上的细节往往具有暗示的作用，例如，模特前额上的“T”字、无形的服装、硬质材料上的手绘线等，这些被一些反对者称为小把戏的手法，在赞同者那里却具有摧枯拉朽的革命性。

天才约翰·加里亚诺

20世纪80年代中期，尽管英国几乎所有的设计师、时装集团都在忙着与传统时装的垄断而苦战，以期捍卫英国时装的创造性，但还是有越来越多的设计师放弃了伦敦时装周，宁愿远道去法国的巴黎或意大利的米兰，展出他们的新作品。到了90年代初期，伦敦的时装展终于陷入了历史上的低谷。

然而忽然之间，仿佛一切都苏醒了过来：帽子设计师菲利普·特雷西（Philip Treacy）推出了他的头上雕塑；手袋设计师鲁卢·吉尼斯（Lulu Guinness）的新品开始供不应求；帕特里克·科克斯（Patrick Cox）的平底鞋与著名的古奇（Guccl）平分秋色；就连拘谨的小方格图案大衣呢也忽然变得个性十足，在1999年的春夏时装展上受到热烈的追捧。

人们将这一切归功于一批新锐的设计师，他们全部毕业于圣马丁艺术学院，并且在巴黎最出名的三家时装公司和纽约的一家针织羊毛服装店都做得非常成功。这其中便包括约翰·加里亚诺（John Galliano）。

1961年出生于直布罗陀的约翰·加里亚诺，父母都是西班牙人，6岁时迁居到伦敦南部。1984年从中央圣马丁艺术学院毕业时，他的毕业设计即在发布会上引起轰动，并被著名的布朗斯时装店全部收购。从那一天起，加里亚诺便成为时尚界和媒体的宠儿，被不断地关注着。

很快，加里亚诺就找到了愿意为他投资的人，并在两个星期后推出以约翰·加利亚诺（John Galliano）命名的品牌。1987年，加里亚诺赢得了英国设计师大奖，第二年又获得巴伦夏加奖。他的品牌和规模也都迅速地成长，并推出二线产品如加利亚诺女孩（Galliano’s Girl）等。

加里亚诺的聪明之处在于，当许多设计师在街头找灵感的时候，他却一头扎进了故纸堆。他不仅研究了20世纪30年代时装大师维奥尼的斜裁技术，对巴伦夏加等人也进行了深入的探究。他以超凡的敏锐，将古典素材融进当今的技术和材料之中，并运用复杂的裁剪技术，创造出不俗的视觉效果。作为一个令人振奋的设计师，加里亚诺善于运用不同来源的素材组成全新风貌，并在过去和现在之间找到平衡点。他的作品有时令人无法理解，有时又常被其他设计师借用。

尽管在T台上风光无限，但是，这位天才的设计师却常常入不敷出。1991年，由于财务上濒临崩溃，加里亚诺不得不停止了创作——这种情况他遇到不止一次了，这次同样有救星降临。先是他忠实的朋友凯特·莫斯（Kate Moss）无偿地为他做模特，后又有巴黎时装设计师费克尔·阿莫（Faycal Amor）帮他制作1992—1995年间的所有时装系列。更重要的是，1995—1996年间，他先后被纪梵希和迪奥公司聘为创作主任。

加里亚诺的创作热情一发不可收。1994年春夏，在巴黎推出的时装系列中，有一款黑色连衣裙备受瞩目，简洁的线条变化、衣服上的挖洞和透明处理，体现了一个设计师对于时装结构的独到领悟。1997/1998年秋冬为迪奥推出的时装展示中，一款以人造毛皮为主要面料的晚礼服令人惊叹，那种华丽的“多层风貌”映照朴素的原始意味，既迎合了当时人们对环境的关注，也显示了高超的裁剪手法。2000年春夏，在巴黎推出了一组斜裁系列，对时装的构造进行了令人耳目一新的改造；同年秋冬，展示了来自朋克的时装，他将模特的脸画成猫的样子，然后让他们穿上斜裁风格的服装，再在外面罩上半袖的大衣。

约翰·加里亚诺最著名的设计是他为迪奥公司设计的一袭晚礼服：瀑布型的颈线，大量的裥褶，波浪形的花边裙裾，非常夸张，非常合身。尽管被伊夫·圣·洛朗嘲笑为“太像马戏团了”，但其裁剪上出人意料的高雅，却是公认的。

作为一名设计师，加里亚诺的运气真是够好的了，无论是奥斯卡的红地毯上，坎城影展的颁奖台上，或是威尼斯双年展上，我们都可以看到他的作品。不仅如此，他的香水和配饰也销得很好。

英国时装周：最典雅的英伦风情

英国时装周是全球最负盛名的四大时装周之一，虽然它的名气不及巴黎、米兰和纽约的时装展，没有法国时装的轻松浪漫，也没有意大利时装的艺术考究，CNN 就曾对伦敦时装周这样评价道："坦白地说，伦敦时装周一点儿也不时尚。"英伦时装的确推崇传统经典、复古怀旧的风格，尤其喜爱格子风格。然而，英国设计师朱利安·麦克唐纳却为伦敦时装周辩护说："伦敦依然是全球最有创造性的城市，我们有最好的时装学院（圣马丁艺术学院）。"

位于伦敦苏豪区中心的中央圣马丁艺术学院，是培养英国设计创造力量的最好学校，由于缝制的衣服具有镶带锋刃派的绘画风格，圣马丁曾经被指责为"土壤时髦"，可正是这里为英国的时装界培养了许多天才。泰拉特拉·范思哲就曾声称其品牌设计师、助手几乎全是这所学校毕业的。

也许正是由于天才辈出，于是创造性的街头风格便理所应当地成为伦敦的标志性风格，这种风格使得近年来英国时装周逐渐以另类服装设计概念以及奇异的展出形式闻名，并秉承了英国时装一直以来的经典与传统。在很多设计师看来，英国的时装设计水平已代表了当今时装设计最前卫的一面。当今的英国设计师正在不断地接纳新的设计元素，汲取着新的设计理念，已经具有相当实力，在国际时装舞台上日益扮演着越来越重要的角色。总之，在时装评论家的眼里，伦敦已经成为时装金字塔的塔尖部分。

更为重要的是，英国的时装于前卫中也从不厌弃传统经典的图案与款式，即使许多品牌历经沉浮，几度更换设计师，却依然保持着多年前的传统，因为他们深知，经典的时装是永远不会过时的，并且将永远领导潮流。

看过电影《勇敢的心》的人恐怕对片中一大群男人身着花格短裙的画面记忆尤为深刻，这是苏格兰的独特风格。到如今，这种苏格兰风格的格子图案早已成为英国时装不离不弃的时尚设计元素，并成为高品质、耐用的标志性图案。像 Burberry 和 Aquascutum 这两个英国品牌都以苏格兰格子面料闻名，传统典雅却各有特色，很容易辨认。

由蓝色、棕色、白色构成的经典 Aquascutum 小格子总让人过目难忘。

Aquascutum 将第一次世界大战时军人所穿的大衣略加修改，成为防水风衣款式，打响了知名度，至今这种风衣仍然流行，可谓服装品牌中的经典。不仅如此，Aquascutum 一成不变的小格子形象如今已经深入人心，在世界上拥有了许多忠实的消费者。

与 Aquascutum 相比，Burberry 的格子型号加大了许多。由浅驼色、黑色、红色、白色组成的三粗一细的交叉格子图案成为这一品牌独有的象征。从风衣、衬衣、长裤、T 恤、围巾、手袋到鞋帽，Burberry 独特的格子图案无处不在，成为 Burberry 的设计传统。灰色、米色是 Burberry 经典设计中的常用色彩，低调却不普通，很有贵族风范。

为了巩固英国时装周在国际时装舞台上的地位，英国政府也在支持方向上积极主动。伦敦政府正打算通过实施各种项目帮助刚起步的设计师，这些项目得到贸易和工业部资金的支持，并通过伦敦发展机构整合。

在一项政府计划中，5 位新设计师包括像阿利斯泰尔·卡尔（Alistair Carr）和克里斯·刘（Chris Liu）这样刚升起的新星，两年间每年得到伦敦发展机构 2 万英镑的事业支持。另外，当这些年轻设计师向伦敦发展机构提出申请时，他们可以使用伦敦时装周上的技术支持、顾问、工作室、零售空间和展位。

在伦敦发展的 37 岁的丹麦设计师詹斯·劳吉森（Jens Laugesen），对这个城市充满感激。他认为，伦敦是“一个伟大的创造平台”。他说：“在其他哪个地方你能得到如此多的帮助?”

目前，他每季将其先锋派的都市女装带到巴黎销售，现在全世界有 18 位零售代理商，每季销售增长大约 50%，一年的营业额为 25 万英镑。他说：“在世界上没有其他地方我能够在短短的三季之后就有如此多的收获。我会坚持下去。”

伦敦时装，依旧会以它的与众不同而前行。

极尽前卫之后，怀旧的英伦绅士取代诙谐风格跨越成为了时尚男士的新指标。两鬓与头顶对比强烈，为了突现头顶蓬松的造型，两旁的头发尽量打理出干净、简单的侧线。高低起伏的立体型曲线看似无序，其实却形成了前后的连贯，整体外线看起来流畅自然不僵硬，浓烈的英伦风尚又带了一点凌厉成熟的魅力。自由俊逸的无畏气息微妙地触动了新新人类那最易感动的心弦。

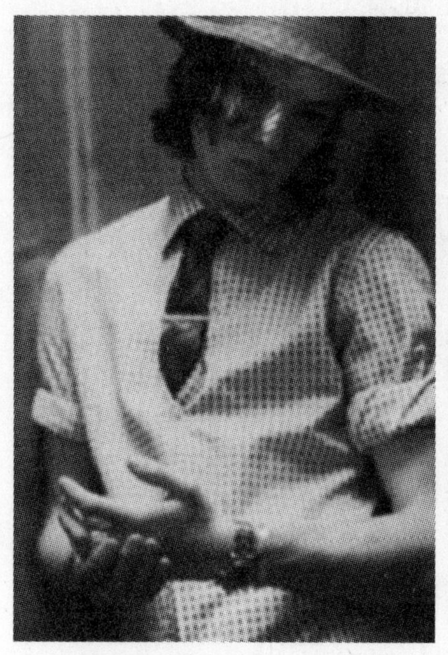

白底黑圈的明朗自然，混融出古典雅致的英伦风格，誓将怀旧复古之风进行到底

浓浓的古典英国味，让我们仿佛看到了最原始的英伦模样：传统而有教养的贵族形象

艺术的圣殿：中央圣马丁艺术学院

英国是个十分有趣的地方，有着全世界最有名气的大学：牛津大学和剑桥大学，所有认真读书的乖小孩都会怀揣着小小梦想：长大了也要去做做牛顿的校友。然而，还有一个叫做中央圣马丁艺术学院的学府，它却是许多怪僻小孩的圣地。不过，说不定哪个小孩以后就成了执掌世界名牌的首席设计师了。

位于伦敦市中心的中央圣马丁艺术学院，是世界时装界“产量”最高的一条时装人才生产流水线，培养了无数具有革新精神和高度创造性的设计师和时装传媒人士：约翰·加利亚诺、亚历山大·麦奎因（Alexander McQueen）、斯特拉·麦卡特尼（Stella McCartney）……

这群圣马丁的孩子们，无论他们现在处于怎样的位置和地位，却都有

着大致相同的成名路径。那便是一毕业，就在毕业生作品秀上迅速崭露头角，又各自经过一番周折，找到一个好东家，然后顺风顺水地有了自己的品牌，而且居然和东家大牌一样，广受追捧。

比如说约翰·加利亚诺，1980年进入中央圣马丁艺术学院，四年的学习生涯，对于他来说仅仅是一个播种的时候。1984年，他那以法国大革命为灵感来源的毕业设计作品发布会“LESIN—CROYABLES”展现在世人面前，引起了整个英伦的轰动。大学毕业后，他在伦敦东部一个废弃的仓库里开了自己的工作室，英国时装局颁给他1987年和1994年“年度设计师”的称号。1991年，他已经把个人发布会开到了伦敦。经过和吉文奇（Givenchy）的短暂合约，约翰·加利亚诺入主克里斯琴迪尔（Christian Dior），从此被彻底冠以“无可救药的浪漫主义大师”之名。

拜谒圣马丁

中央圣马丁艺术学院，一直是学服装设计的学子们梦寐以求的地方，它位于伦敦市中心，是英国最大的艺术与设计学院。它提供的课程十分广泛：时装和纺织品、美术、媒体制作、平面设计、戏剧和表演、三维设计、跨学科艺术和设计等。学生在课堂上所做的作品（从预科到研究生水平），均是英国艺术和设计方面最具有多样性和广泛性的课堂作品。

中央圣马丁艺术学院成立于1989年，由两个学校合并而成：中央艺术和工艺学校（始建于1896年）与圣马丁艺术学校（始建于1854年）。伦敦戏剧中心和柏亚姆肖艺术学校分别于1999年和2003年加入圣马丁艺术学院。

英国时装设计摇篮

中央圣马丁艺术学院是英国时装设计工业的“西点军校”，它的校友名单上写着一长串“Biggest Names”：Burberry 的设计总监克里斯·贝利（Chris Baily）、正在巴黎科利特（Collette）和伦敦布朗斯售卖珠宝的设计新贵凯蒂·希勒（Katie Hiller）、每年伦敦时装周的座上宾独立设计师马库斯·勒普费（Markus Lupfer），甚至包括时尚教母维维恩·韦斯特伍德（Vivienne Westwood）。威斯敏斯特大学（University of Westminster）设计学院——哈罗艺术学院（Harrow Art College）位于伦敦郊外的哈罗校园，维维恩·韦斯特伍德便曾经是该院的学生。著名的卢米里（Lumiere）兄弟正是在威斯敏斯特伦敦市区的中央伦敦校园放映了世界上第一场电影，在今日英国创意工业的分类里当然包括电影，由此甚至可以把威斯敏斯特的创意传统上溯到 1896 年。

如今威斯敏斯特有 2.3 万名学生，在设计学院的 Fashion Studio 里埋头打版车线的明日设计之星们的面孔几乎包括世界各个种族。这个设计师摇篮，看起来并没有多少耀眼夺目的标志，只是那条长长的白色走廊，一边是阳光破射而入的窗，一边则是学生手绘的设计图稿以及客座教授的排课表。那些设计图稿如今只是散乱排列，但是可以料想，其中的若干设计图稿便会是将来价值不菲的大师手稿。而排课表上的名字，则又是一个个如雷贯耳的“Big Names”：朱利安·麦克康纳（Julian MacDonald）、安东尼奥·贝拉迪（Antonio Berardi）、特里斯坦·韦伯（Tristan Webber）、约翰·加利亚诺……这便是在威斯敏斯特学设计最令人兴奋的地方——随时与大师直面的交流。所有任课教师也都是伦敦时尚界里头面活跃人物，有些教师本身就是设计师、买手或者时尚编辑。校友则遍布整个英国时装设计工业的流水线每一环节，男装、女装、童装、运动装，以及造型、化妆、时装评论，威斯敏斯特是随处可见的人脉标签。学院提供本科学生两种学制，或者是三年结业，或者是四年的“三明治”结业。选择后一种，则意味着学生有整整一年时间，由学校推荐，进入到伦敦或者世界各地的时尚设计工业第一线实习。

在 Fashion Studio 里，学生们自己穿上自己的设计作品，用一个便携

CD 机伴奏，走了一场朴素的秀，而一件件或许还稚拙的衣服里面，正可见到明日设计之星的端倪。

你的灵感具体吗，还是仍然虚无缥缈？

你想用另一种方式表达你的设计吗，还是继续找寻着那些云里雾里的形容词？

告诉你一种更为写实的表达方式，那就是来自中央圣马丁艺术学院的独特画本。

画本，是每一个毕业于中央圣马丁艺术学院（简称“圣马丁”）学生再熟悉不过的东西。那这个画本的具体含义是什么呢？画本的要求是记录灵感，要让老师非常清晰地看到你是怎样一步一步想到最终设计的。

留下过程

目前在国内，对一个设计作品的评判是依据效果图和最终成品，这是设计大赛的典型做法，也是各院校设计课程执行的主要内容。一系列或者一套设计成品，本身的好与坏决定这个设计师的分数，这给成品赋予了相当的话语权。但是，在圣马丁却不是这样的，有的时候某学生拿了大奖，但你看他的衣服会觉得没什么，可是他的分数很高，这就是因为他的画本，也就是设计过程。老师是从艺术的角度看这个设计是怎样把很多元素放在一起排列组合，而且要求非常到位。这就像一本小说，整个过程读下来才会非常的感人。

这样做有两个目的：第一，是为了证明你的思路是怎样的，你的成品不是抄的；第二，当你回顾自己的作品时，每次看画本的感觉都不一样，每次都会给自己新的启发。懂了这个过程，做其他新的设计题目时会有一套很好的方法，不会离题太远。有了画本也就不会失去灵感。

记录灵感

灵感也不是完全虚幻的东西，是点滴积累。“先有画本，就是平时随意的积累，我有时候出国旅游时也会带着画本，有的时候不知道这个灵感会用到哪里，我会先画，先照照片，收集乱七八糟一堆，别看现在的画本很清晰，实际上前期大部分时间是在收集。”这是大多数中央圣马丁艺术学院学生的切身感受，“收集完毕，下一步就是要扔东西。前期是把你喜欢的东西收集在一起，但是在命题设计时只是把你需要的留下来，多余的东西一定要扔掉。扔掉很多东西，并不是说我没有这么多元素和想法放在衣服上，因为当时你要有一个整体的构思。”

中央圣马丁艺术学院的优秀中国学生叶明子这样形容她的画册：“前几页概念会比较虚一点，但往后会一直细下去，这样，看的人就会感觉到你是怎样的想法，有时候艺术的感觉无法用语言说清楚，反而图画会有一个很到位的说明。在英国，有时候和老师说我的设计想法，可能你说半天他也不清楚，但你给他画本他马上就明白了。”

换个想法

在中央圣马丁艺术学院，老师一般不会做一些刻意的要求，一切看重你的新意，甚至在交作业的时候也会千奇百怪，有的学生会为作业做一个精致盒子，给老师一个惊喜。包括每次作业的画法，也会有很多新的概念。

其实，在中央圣马丁艺术学院学习，有时候很多学生会觉得压力很大，但是，只要你留意它好的地方，你会发逐渐发现它是一个没有限制、能让你天马行空、自由发挥的一片天地。

圣马丁的独特：将灵感折叠成画本

第一阶段：灵感源收集

第二阶段：逐步具体到细节

第三阶段：成品效果图（包括亲手织成的面料小样）

徜徉在音乐的殿堂

音乐本就是一门很有灵性的艺术。它没有国界，是真正的世界性语言。英国，同样是一个崇尚音乐的国度。每个国家的音乐，都深深地打上了富有本民族的民族烙印。英国的音乐、古典、传统、庄重，这是它一贯的本色。然而，岁月沉淀的精髓，不仅仅是流于表面的浮华。走进历史，踏进音乐的殿堂，就让我们一起乘着歌声的翅膀，醉倒在那一片五彩缤纷的旋律的海洋。

沿着英国音乐的历史长河

英国音乐的历史虽然也像其他国家一样，反映国家的经济、社会、宗教生活，但有些倾向是特别属于英国的。经久不变的因素之一是保守主义，这种态度即使在讲求试验的时期仍保存古老的传统。当强大的外来影响力来临时，英国的保守传统仍坚持把外来音乐的风格与曲式改变成适合本土的表达方式而后可。

英国民间的合唱传统历史悠久，民谣很盛。大英博物馆中有一篇手抄本的《夏天来了》(*Summer is icumen in*)，据说是13世纪写成的，是现存最早的多声部音乐（六部合唱卡农）。文艺复兴时期的英国音乐史上，有几位重要人物，如拜德尔、杜飞、泰利斯等，主要作品都是一些经文歌、宗教歌曲或声乐作品。接下来的亨利·普赛尔（Henry Purcell，1659－1695）则是英国非常具有代表性的作曲家。不过，在他死后，英国音乐便一直走下坡路，直到亨德尔的出现，才又重振了英国乐坛，亨德尔也成为巴洛克后期唯一可以和巴赫分庭抗礼的音乐家。

20世纪之交，英国现代音乐开始复兴。从1880—1966年可分为三个时期。

第一个时期代表人物是埃德加·艾尔加（Edward Elgar，1857－1934)。他的作品带有丰富的英国本土情感，曲风抒情。他的《威风堂皇进行曲》(*Pomp and Circumstance #1*）因为在毕业典礼上常奏，成了耳熟

能详的名曲。他的曲风受德国的影响很大。比较“英国味”的是他的弦乐小品——以弦乐表现合唱式的和音，是20世纪英国的音乐特产之一。

第二个时期是国民乐派时期，代表作曲家有戴流士（Deilus，1862－1934）、佛汉威廉士、霍尔斯特等，著名的乐曲如佛汉威廉士的《绿袖子幻想曲》、霍尔斯特的《行星组曲》等。其中，尤以《行星组曲》最为著名。

行星组曲：火星呈红色，名叫战神“马尔斯”（Mars），乐曲充满活力；金星呈白色，名叫爱神“维纳斯”（Venus），乐曲优雅安逸；水星名叫信使神“麦丘利”（Mercury），公转太阳很快，乐曲表现轻快；木星名叫宙斯“朱比特”（Jupiter），是行星中质量体积最大的，乐曲也是组曲中规模最大的，洋溢着欢乐；土星名叫“撒旦”（Saturn），也叫恶魔之星，乐曲阴郁苍凉；天王星名叫统治天空的大神“乌拉诺斯”（Uranus），这是一篇富有魔法的乐章；海王星名叫海神“涅普顿”（Neptune），是那时所知最远的行星，乐曲充满了浪漫神秘的色彩。

所以，在乐曲中各个行星所代表的意蕴也就是迥然不同的了：火星代表战争发动者；金星代表和平的使者；水星代表带翼的信使；木星代表欢乐使者；土星代表老年使者；天王星代表魔法师；海王星代表神秘主义者。这是一部杰出的、气势雄浑的大型交响乐，直到现在，它的旋律还在深深地震撼着许多人的灵魂。

第三个时期最出众的音乐家是本杰明－布瑞顿（Benjamin Britten，1913－1976），布瑞顿的歌剧被认为是继普赛尔之后唯一具国际声望的，他的其他重要作品有《为青少年的管弦乐入门》、《简易交响曲》，等等。

文艺复兴时期：英国音乐的黄金时代

在文艺复兴时期，英国音乐也迎来最辉煌的时代。15世纪和16世纪之交，一部重要的音乐作品集——《伊顿合唱曲集》的出现，它是当年供伊顿教堂各种仪式使用的，其中科尼什（Cornyshe，约1465－1523）的作品最为重要。这位跨哥特和文艺复兴两个时代的作曲家，创作了飘逸迷人的音乐，他的《圣母悼歌》和《圣母颂》等经文歌，体现了英式的甜美风格。

到16世纪上半叶，英国最杰出的复调大师塔弗纳（Taverner，约1495－1545）登上历史舞台。他共创作8首优美的弥撒曲，多以16世纪早期丰满华丽的英国风格写成，最著名的《圣三位一体弥撒曲》，绝美而精致，所营造的共鸣效果异常丰润，极高的女高音声部直抵天籁，达到感天动地的效果。他所作的《西风颂弥撒曲》，还将世俗歌曲引入宗教音乐。

16世纪中期，泰利斯（Tallis，约1505－1585）进一步发展了英国风格。他是一位个人特质和品位相当突出的作曲家，以富有新意和技巧精湛灵活而闻名。他的经文歌《寄希望于他人》竟然使用了40个声部，是一部结构复杂的宏伟之作。而所作12首《英国赞美诗》，直到20世纪仍被沃恩·威廉斯的《泰利斯主题幻想曲》所引用。

进入文艺复兴全盛期，泰利斯的弟子伯德（Byrd，1543－1623）又创作了三部杰出的弥撒曲，分别以三、四和五声部写成。它们所呈现的复调结构在当时几乎是独一无二的，所表达的情绪也十分多样化；在谱曲时，伯德只挑选自己感兴趣的文字，以求音乐充分与歌词相符合。伯德的弦乐曲《幻想曲》与《圣名曲》还开创了英国器乐风格。

伯德之后，吉本斯（Gibbons，1583－1625）延续了前辈开创的英国风格，写出了诸多华美的教堂音乐，其中特别是赞美歌，如《这是约翰所记》和《献给大卫之子的和撒那》等，都散发着迷人的芬芳。吉本斯还是杰出的牧歌作曲家，创作的《银天鹅》乃是英国牧歌精品中的精品。

巴洛克时期

到了16世纪后期，英国宗教界出现了一股清教主义运动潮流（清教主义者认为应当清除英国国教中的天主教残余影响而得名）。清教思潮反对人文主义思想，排斥尘世的娱乐，认为音乐舞蹈等艺术是有罪的。17世纪前半期，清教徒在政治上逐渐得势。他们多代表新兴的资产阶级和新贵族，成为英国资产阶级革命的骨干。宗教、政治纷争、清教主义的兴起使得18世纪前半期的英国音乐呈现出近乎空白的局面。英国资产阶级革命胜利后，主要由清教徒组成的政府取消了宗教仪式上的音乐，封闭了所有的歌剧院，英国的音乐界沉默了。

1658年，斯图亚特王朝在英国复辟。这一历史的倒退却成了英国音乐得以发展的转机。17世纪后期，英国最重要的音乐家是普赛尔（Henry Purcell，1659－1695）。普赛尔一生创作了大量优秀的宗教音乐、歌曲、话剧配乐，最重要的贡献是他晚年的歌剧，他的歌剧带有明显的英国市民趣味和民族特色，他的歌剧 Dido and Aeneas，如今还在演出。普赛尔去世后，英国歌剧发展再度陷入停顿，意大利正歌剧充斥着英国剧院。

1714年，亨德尔定居英国，为沉闷的英国歌剧界带来了活力。他的正歌剧《里纳尔多》等在英国大受欢迎。

18世纪20年代末，传统的意大利正歌剧因为其沉闷的脚本、空洞的内容和雷同的剧情不能适应市民阶层的口味，逐渐失去了市场。这时，一部针砭时弊的《乞丐的歌剧》（约翰·盖伊作词，佩普什作曲）在伦敦上演，它取材于日常生活，采用通俗幽默的对白和流行的曲调，赢得了市民的广泛好评。剧中对以亨德尔为代表的意大利正歌剧做了无情的讽刺，使意大利歌剧在英国受到了沉重打击，亨德尔经营的歌剧院最后因亏损而关闭。这时，亨德尔把精力转向了清唱剧（oratorio）的创作。清唱剧是一种大型宗教性声乐形式，内容多取材于《圣经》，所谓“清唱”是指没有舞台动作和服装布景的变换。亨德尔把这种形式推向了顶峰。他的《所罗门》、《以色列人在埃及》、《参孙》都大获成功，1641年，他的《弥赛亚》成了这一体裁的巅峰之作，其中的《哈里路亚》堪与巴赫的《B小调弥撒》并称为巴洛克声乐艺术的最高成就。亨德尔逝世后，英国每年都为纪念他都要举行清唱剧专场演出。但在他之后，英国乐坛再也没出现堪称伟大的音乐大师。

现代音乐时期

英国一直有很多高水平的听众，也有第一流的演出团体，至今伦敦仍然是西洋音乐的重镇。但普塞尔之后的200年，忽然没有了国际知名的英国作曲家。18世纪的伦敦音乐几乎是德国人亨德尔的天下，19世纪则由德国的交响曲与意大利的歌剧分享。直到20世纪初，世界级的英国作曲家才开始大量涌现。

追忆似水年华：怀念永远的甲壳虫

“甲壳虫”乐队（或译为“披头士”）的确是世界音乐史上的一个奇迹，从来没有哪一个乐队赢得过如此热烈、持久的来自世界各地的热潮，从来没有哪一个乐队在摇滚乐乃至西方社会打下如此深刻的烙印，以致创造了不仅仅是一个时代的辉煌。

这个乐队，是来自英国利物浦的四个小伙子发起组成的，他们是：约翰·列侬（John Lennon，1940－1980）、保罗·麦卡特尼（Paul Mc Cartney，1942－　）、乔治·哈里森（George Harrison，1943－　）和林戈·斯塔尔（Ringo Starr，原名 Richard Starkey，1940－　）。1956 年，16 岁的列侬结识了 14 岁的麦卡特尼，当时他们都在练习吉他技艺，以便仿效那些“节奏—布鲁斯”明星，实现自己的梦想。他们又找来了麦卡特尼的校友——哈里森。斯塔尔加入要晚一些。初期，乐队的名字不断更换，这也是当时青年乐队组合的常事。

1960 年，他们在德国汉堡的演出开始引起人们的注意，取得了一定的成功，名字也改回了曾经一度使用的“甲壳虫”（Beatles）。他们回到英国后，利物浦一个唱片商的儿子布莱恩·爱泼斯坦（Brian Epstein）认定他们前途无量，自愿成为了他们的经纪人。在以后的岁月里，爱泼斯坦积极新颖的策划，对推动当时“甲壳虫”事业的发展起到了重大的作用，被称为“甲壳虫”乐队的第五个成员。1962 年，“甲壳虫”的第一张单曲唱片《请爱我》（*Love me do*）发行后便引起了巨大的反响，成为上榜歌曲；紧接着《请使我高兴》（*Please，please me*）成了他们的第一首冠军歌曲。1963 年，他们在英伦三岛都受到了狂热的欢迎，《我想握住你的手》（*I want to hold your hand*）等歌曲常年上榜。

1964 年的成功更令人陶醉，“甲壳虫”不但在欧洲而且在新大陆也获得了英雄般的欢迎，他们甚至在著名的卡内基音乐厅登台演出。这时候，世界性的甲壳虫热潮已经形成。列侬意味深长的歌词创作和他与麦卡特尼的成功合作，是“甲壳虫”非凡成功的关键。他们的语言、装束、生活习惯，到处都被狂热的追随和模仿。他们的歌曲题材广泛，从爱情到反战，极大地扩展了摇滚乐的表现力，也反映了 20 世纪 60 年代青年的心声。1966 年后，他们的公开演出减少了，但创作依然活跃，《平装书作家》(*Paper back writer*) 和《黄色潜水艇》(*Yellow submarine*) 等都创作于这段时间，《你所需要的就是爱》(*All you need is love*) 等歌曲也一直榜上有名。但同时乐队中各人也已热衷于各自的发展，出的一些唱片也很成功。但是，天下毕竟没有不散的筵席，1967 年，他们终于正式宣布解散了。

“甲壳虫”虽然已不存在了，但是他们的歌声却常留于世。乐队的歌手也都有各自成功的独唱生涯。1980 年，当列侬在一次不幸的崇拜者枪击事件中去世时，全世界的摇滚乐爱好者又都沉浸在对“甲壳虫”的往昔的怀念之中，这足以证实他们的音乐有多大的魅力!

“在那段浮晃的黑白新闻短片中，四个大男孩站在所有伦敦女孩的尖叫声面前，欢迎他们的人潮不断地向前推挤着……镜头前不断地闪过一张张歇斯底里地尖叫与哭泣的脸孔。”这是许多年后人们通过录像看到的披头士，看到的那个时候的狂热。在那个最老牌、最保守、最绅士的国度里，横空出世般地出现了四个人，然而，最令人不可思议的是，他们竟然用这样不着边际的歌声，成就了一个时代的心愿。

那是一个我们已然错过的年代，也是一个充满激情的年代。是的，20 世纪六七十年代，在大不列颠，四个年轻人高歌着，他们用自己的心，歌唱自己的歌——那些自由、青春、激情、梦想和荣耀在天际盘旋，在云霄回荡。

那是一个充斥着梦想的年代，一个年轻人的年代，一段属于梦想者的岁月。

曾几何时，歌者在枪声中缓缓倒地；
曾几何时，歌声伴着枪声后的烟雾消散；
曾几何时，“和平与爱”的梦想被渐渐遗忘；
曾几何时，所有的激情都消失殆尽——心中只剩下一丝丝冷漠。

逝去的，就让它逝去吧！
时间让我们学会了遗忘，岁月让我们学会了冷静；
60 年代的激情，是流淌于血液中的永恒，
成熟的我们早已习惯了平静的生活。

但毕竟，世界上还有许多梦想者，
他们的心灵还没有麻木，
他们的灵魂还没有疲惫，
他们的心中还有没被岁月吞噬的激情与梦想。

是的，那个年代逝去了，
永远不会逝去的是那个年代的梦想；
歌者逝去了，
但梦里千回百转的，是他们宛若天籁的声音。

多少次的暗夜星空，
多少次的心灵吟唱，
你可以抗拒孤独，
却抗拒不了寂寞。

四个阳光男孩就是这样，
用他们清澈明媚的歌声，
温暖了许多许多孤寂的灵魂。

时间中有一种永恒叫做瞬间，
瞬间中有一种永恒叫做经典。

沉睡吧，我的歌者；
我的宝贝，我的天堂。

亨德尔：一个天才的英国作曲家

尽管英国在欧洲音乐繁盛的18—19世纪没有出现大作曲家，但是，英国却是一个富有音乐性的民族。英国的音乐家曾对欧洲中世纪、文艺复兴的音乐发展作出贡献。17世纪英国正值资产阶级革命辗转反侧的年代，

清教徒在反对天主教的运动中，破坏了大量的音乐学校、乐谱资料和乐器。然而这个时期出现了一位英国作曲家，他的音乐在欧洲历史上闪耀出不可磨灭的光芒。他就是亨德尔。

亨德尔（Georh Friedrich Handel，1685 – 1759）与巴赫同是巴洛克后期的两位伟大的音乐家，但是，他们的经历、性格和音乐风格却有很大的差异。亨德尔生于德国属萨克森王国的哈雷，父亲为理发师和外科医生。尽管从小学习音乐，但遵从父亲的愿望，进入哈雷大学学习法律，父亲去世后即退学投入音乐事业。他立志从事歌剧创作。1703 年前往汉堡，1706 年转赴意大利，先后结识何莱里、斯卡拉蒂父子。在意大利的三年时间里，他熟悉了意大利歌剧、清唱剧、协奏曲、室内乐的创作风格。他的歌剧在意大利获得好评，《罗德里戈》在梅第奇的赞助下于佛罗伦萨上演，《阿格罗皮那》是由那不勒斯总督、红衣主教撰写的脚本。后回德国汉诺。两次访英，第二次定居伦敦。

亨德尔以勃勃的雄心在英国从事意大利歌剧创作、演出和歌剧院经营事业，几度获得成功。他曾担任皇家音乐院——由国王和富有的贵族支持旨在上演意大利歌剧的机构——音乐指导这一重要职位。然而，宫廷派系和与对手的争斗，英国思想领袖对这位外来艺术宣扬者的批评及剧院明星的拒演，使他屡遭挫折。一部内容滑稽、讽刺英国上层社会和意大利歌剧的英国的《乞丐歌剧》所引起的轰动，使英国的意大利歌剧市场大大衰落。就是在这种环境下，亨德尔创作出了大量的歌剧。他创作的 46 部歌剧中多数是仓促之作，可是其中也不乏大师的手笔。

亨德尔对环境的敏锐的适应性，使他在意大利歌剧于英国日趋衰落之时转向清唱剧创作。他创作的 26 部英语清唱剧的过程，是他逐渐在英国蒸蒸日上的中产阶级中寻找到新的观众的过程，也是他迎合着时代的脉搏开辟新的艺术天地的探索历程。其中主要作品有《把罗》、《以色列人在埃及》、《弥赛亚》、《参孙》、《犹大·马加比》、《耶弗他》等。其中一些取自新教的英国公众熟悉的《旧约圣经》，其中那些有关民族兴亡和英雄的故事，使正处于革命动荡中的英国公众产生强烈的共鸣。

亨德尔的清唱剧虽然也是由咏叹调、宣叙调和合唱组成的，但是，它们与意大利音乐戏剧的观念不同，合唱成为戏剧表现的重要手段。其中既有新颖的叙述性、描绘象征性的合唱，又有宏伟史诗性的合唱。亨德尔常常以简捷的音乐手法创造出宏伟效果，在简练的主调和声风格的音乐中，常常伴以明快清晰的复调段落。

亨德尔的器乐作品有为露天演出而作的两首管弦乐曲《水上音乐》和《焰火音乐》，以及管风琴协奏曲、大协奏曲、奏鸣曲、三重奏鸣曲、钢琴曲等。

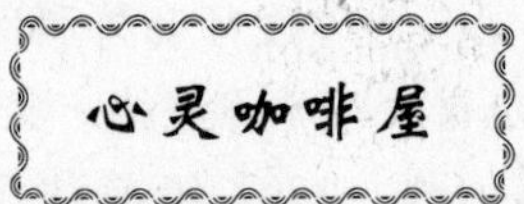

沐浴着皎洁的月光，在伦敦的街头轻轻踱步，感悟着最传统、最现代，然而也是最具有活力的英伦艺术风情，相信你的心灵，早已被其独特和典雅所深深浸润。是的，英国是个很讲究品位的国度，吃、穿、住，都很含蓄，优美而低调，但内在品质却很高。英国也是个很传统保守的国度，他们认为，曾经古老的，就应该是永恒的经典。这一点同样被英国的时装演绎得淋漓尽致。

然而，无论是英格兰的潇洒，还是苏格兰的豪迈，都在诠释着最古典的英伦风情。每一件时装，都是一个天才设计师灵感的涌现，也都是一段温情的、值得记忆的岁月。

伦敦时装周，就是这场盛宴的圣地，无数的思想、无数的感觉，都在这里一一闪现，碰撞、融合，继而诞生灵感，诞生独特，诞生成功。

耳边回荡着迷蒙而缥缈的歌声，丝丝缕缕，一点一点地浸润着你柔软的心灵。“甲壳虫”虽已随风而逝，不变的却是世人对它永远的缅怀和迷恋。这样的疯狂和执著，也只有在英国，才能够被淋漓尽致地演绎。

在多元文化迅速发展的今天，英伦的艺术也在保持自身优势的同时，大胆吸收、借鉴别的民族的特点，使自己更加显得妩媚动人，优雅而成熟。

曾经想过，有空的时候，我一定写一本名叫“踏遍万水千山”的书。去过世界上那样多的国家，领略过那样多不同感觉和格调的风景，没想到最倾心的却还是北京和伦敦。

喜欢北京，不仅仅是因为她是我们伟大祖国的首都，她拥有世界上迄今为止最大最完整的皇家宫殿，她还建起了我国最早的环城地铁，她还有我国最大最豪华的剧院——国家大剧院……记得曾在《北京晚报》上看过一篇文章《你方唱罢我登场》，写的就是北京单纯而独特的魅力。传统的小剧场和异国的小馆子比邻而居，名人和沙龙的“蝴蝶效应”，肯德基和星巴克的遍地开花，的哥的姐的幽默和率真，北京男孩的声音和女孩的活泼……这些都交织在一起，成为北京不可替代的几大妙处，也正是这些才构成了一个城市的灵魂，她使人眷恋不已，不肯离去，北京简直是世界上最美的地方。

而伦敦也同样让我久久徘徊，流连忘返。伦敦最吸引人的地方，则是它的大气和丰富的历史底蕴。一座历史悠久的国际大都市，足以吸引着全世界的人们趋之若鹜，络绎不绝。但是，伦敦的贫民区和其他国家相比，则大相径庭。它早已被作为大不列颠帝国的首都这种特殊的地位所淡化了。初到伦敦的游客们都会一方面惊叹于这座城市的显赫，另一方面又被它贫民窟的穷困和肮脏所震惊；一方面被它的富丽堂皇、生机勃勃和公共设施的完善所折服，另一方面又被到处充斥着的醉鬼、妓女和种种污秽所吓倒。一个外国作家曾这样写道：“在伦敦，你的眼里不只有公众，你看到的是责任、完善、随遇而安和激励。而在星期六的晚上，你通常看到的则是，所有的人都醉了，但是他们醉得开心，醉得忧郁，醉得沉重，醉得无边无际。”作为世界著名的金融中心——伦敦，商品货币的交易，时代脉搏的跳动都会让你觉得这里仿佛没有国界。而英国本土人则更是把伦敦戏称为“一群大小多样的乡村的完美结合”。

风情英伦：放歌在美丽的苏格兰

追寻风情万种的苏格兰

美丽的苏格兰

苏格兰是一个独特的地方，自然条件虽不得天独厚，历史的厚重感却随处可见。豪门望族的府第与城堡历历在目，仪仗队的士兵也还穿着传统服装。这里有全欧洲最美的城市，诉说着苏格兰昔日的荣光。

格拉姆斯城堡之所以闻名遐迩，却是因为曾经的两位主人——苏格兰国王麦克白与幼年时的伊丽莎白女王。如今这里的客人当数传说中挥之不去的幽灵，这些传说即使不是源于古老的民间故事，也大有借鉴的嫌疑。苏格兰人似乎生来就喜欢与神秘事物生活在一起，笃信超自然的力量，因此才有了这些世代相传的传说。

这里游人如织的另一个原因则是充满传奇色彩的洛赫·尼斯湖的怪兽。真假姑且不论，这个昵称尼西的怪兽在过去的半个世纪中已经吸引了无数的游客。如今它头上有50万英镑的悬赏，更使得有关它的争论热烈起来，或许也会令世界各地的游人对苏格兰更加趋之若鹜吧。

苏格兰是什么？是威士忌，是方格裙，是如泣如诉的风笛。让苏格兰高地人引以为豪的是他们创造了格子裙。当风笛声在苏格兰的群山与峡谷间回荡时，凯尔特人才真正为自己的灵魂找到了归宿。在风笛的旋律中，让我们走近苏格兰，品尝纯正的“液体金子”，体验浓郁的苏格兰风情。

独特的苏格兰古堡

曼妙空灵：聆听苏格兰风笛

毋庸置疑，风笛早已成为苏格兰民族的象征，这种起源于罗马的简单的乐器，在800年漫长的历史中被其他民族渐渐疏远淡忘的同时，却成为潇洒、幽默而爱好音乐的苏格兰人生活中的重要部分，风笛演奏的曲谱丰富多彩，既有高雅古典的变奏曲，也有促人奋起的进行曲，还有各种民间乐曲、集会曲和舞曲等，令古往今来无数的听众心痴神迷。而获得五项奥斯卡大奖的电影《勇敢的心》的主题曲《苏格兰勇士》，也让我们窥见了苏格兰音乐的灵魂。

无论是硝烟弥漫的战场上，还是欢歌笑语的节庆上，风笛都是不可或缺的乐器。在英联邦的许多城市，人们不难发现一两个穿戴整齐的苏格兰艺人独立街头一隅，专心致志地吹奏着风笛，而配饰（羽毛头饰、格子裙、羊毛袜、腰带、披肩、钱夹子）一样都不会少。对于苏格兰民族来说，风笛已经不仅仅是一件乐器，更是民族的精神图腾。

最初的苏格兰风笛是由一个气囊式的风箱、旋律笛管、吹风管、音高固定的低音笛管构成，这种风笛一直延续到公元1500年，直到第二支低音笛管配置到琴体上。大约在200年后，第三支低音笛管，也就是现在我们所看到的外形最大的低音笛管，才出现在风笛的琴体上。苏格兰风笛音乐原属于战争音乐，用于行军、用于召集高地人、用于哀悼亡灵。风笛音乐也属于和平的音乐，用于跳斯特拉斯佩舞，用于与小提琴、手风琴合奏，用于庆祝，也用于求爱。风笛曾一度替代了苏格兰人宠爱有加的竖琴。

在苏格兰，风笛，这一古老的器乐已为世界各地的人们所熟知与演奏着，苏格兰人更是通过风笛感受着凯尔特祖先留给他们的宝贵的精神财富。

吹风笛的苏格兰男子

用心灵感受那悠远的笛韵

大多数中国人最初受到苏格兰风笛震撼的，是带有苏格兰风情的《我心依旧》——《泰坦尼克号》主题曲，忧伤的音符音调，不时缠绵心间，挥之难离。特别是《泰坦尼克号》的尾声更是叫人刻骨铭心：生死恋人相望相守，多少爱，多少情，露丝从已冻死的穷画家手中挣扎出来，向生命微光浮去。情天恨海，随着苏格兰风笛的旋律起伏婉转，听者的灵魂亦缥缈悠远。

苏格兰风笛响得空灵，一声声悠远，浸透到心灵深处。幽幽的乐曲勾起了心中那抹淡淡的忧伤。与方格裙、与古朴飘逸、与原野牧场紧密相连。在无尽的怀想中，你不会不动心。在那样一个雨天，一个沉闷的雨天，怀着那个久远的梦去感受这苏格兰风笛的魔韵。是那样的沉稳、舒缓，带着丝丝的忧伤。从不强迫你接受，却悠悠地漫进你的肺腑，占据你的心灵。这正像我心中的苏格兰的形象。在那个久远的梦中，一切都走得越来越远，散漫的光阴仿佛古老起来，无处不在的风洞穿了无数的如烟往事，仿佛置身于空空的旷野，一任苍凉重生。

所有的疲惫和倦怠被那肃然淡定的忧伤无声无息地带走。真正的风笛，乐音很纯，很干净、很清越。但奇怪的是，其中飘出来的孤独的忧伤感却是无处不在，使你有一种无端的敬畏。也许，优秀的苏格兰民族大概就是忧郁而感伤的，也是有真正音乐质感的民族。起伏的曲线如一泠幽弧，随着秋水般沧桑的笛音一起飘荡。你仿佛能够感觉得到苏格兰高地那边风的孤独、云的寂寞，苏格兰人的怅然若失。听着它，穿越时空，那轻风拂过，鼻间满是芳草的芬芳，感觉自己的心已经随着这悠扬的风笛飘得很远很远了，虽然是那么的漫无边际，却可以让自己的心完全放松下来。闭着眼睛，仿佛看见一队穿呢裙的男人，伴着苏格兰风笛如泣而苍凉的旋律在行进，笛声悠远的飘过来，如风随影，亲吻着你的每一寸肌肤、每一个细胞，那便是一幅久居心中的最美的画面。

别具特色的苏格兰方格裙

苏格兰方格裙起源于一种叫“基尔特”的古老服装。这是一种从腰部到膝盖的短裙，用花呢制作，布面有连续的大方格，而且方格要鲜明地展现出来。在苏格兰人看来，“基尔特”不仅是他们爱穿的民族服装，而且是苏格兰民族文化的标志。

1707 年，苏格兰与英格兰合并后，“基尔特”作为苏格兰的民族服装被保留下来。苏格兰人穿着这种裙服表示他们对英格兰人统治的反抗和要求民族独立的强烈 。1745 年，英国汉诺威王朝镇压了苏格兰人的武装起义后，发布了英国历史上著名的“禁裙令”，禁止苏格兰人穿裙子，只能以英格兰的装束为标准，违背者将被处以监禁或放逐。苏格兰人为此展开了长达 30 多年的斗争，最后于 1782 年迫使汉诺威王朝取消了“禁裙令”，为自己赢得了穿裙的权利。

一套传统的苏格兰民族服装包括：一条长度及膝的方格呢裙，一件色调与之相配的背心和一件花呢夹克，一双长筒针织厚袜。裙子用皮质宽腰带系牢，下面悬挂一个大腰包，挂在花呢裙子前面的正中央，有时肩上还斜披一条花格呢毯，用卡子在左肩处卡住。

穿方格裙的苏格兰人

在外国游客看来，苏格兰人穿的方格裙并无多大区别，实际上并非如此。虽然采用的面料都是以方格为图案，但各有不同的设计。有的以大红为主底，上墨绿色条纹构成的方格；有的以墨绿为底，上面有浅绿的条纹。有的格子较小，有的格子较大；有的鲜艳，有的素雅。过去，每种设计都在官方登记备案，各民族之间不能随便乱用。但是，随着时间的推移，这种方格裙的样式越来越多，估计超过千余种。今天每当苏格兰高地的居民开喜庆联欢会时，总是穿上漂亮的方格裙，披上斗篷，头戴黑毛高冠，左边插一支洁白的羽毛，腰前配一个黑白相间的饰袋，穿着白鞋罩，短毛袜，长仅及膝的裤子，奏起欢快的风笛，跳起“辛特鲁勃哈斯”舞，一股浓郁的苏格兰民族风情扑面而来。

苏格兰裙的格纹图案也很有讲究。据说，英国苏格兰格子注册协会记载着几百种不同的格子图案，有些以姓氏命名，代表着不同的苏格兰家族。黑色格被称为“政府格”。也有特别为皇室成员定制的格子图案。贵族的身份高贵，他们穿着的格子图案也被称为“贵族格”。在 17 世纪和 18 世纪，苏格兰高原部落之间的战争常年不休，战场上的男人们便以所穿的格子图案来辨认敌我，有点儿像现在的“军服”。

13 世纪，古老而雄伟的爱丁堡城堡就坐落在这个城市的至高点上，至今依然是苏格兰的一处重要的军事驻地。站在城堡门口守卫的士兵，依然身着传统的裙式军服：黑色上衣，一排银色扣子，白色腰带和衣服上的同色镶边十分协调；那墨绿色配着明黄线条格呢制成的裙子配上红白格的袜子和白靴子，充分显示出苏格兰男装的独特之处。穿裙子的战士们认真地演练着换岗仪式，神情严肃地再现着这个古时的军事要塞的情景；骄傲地守卫着昔日的辉煌。

穿格裙的吹笛人、穿格裙的酒吧招待、穿格裙的军人、穿格裙的居家男人……对苏格兰而言，就像格裙和风笛不能分开一样，没有了穿格裙的男人的苏格兰也就变了味道。

只属于苏格兰的味道：暗香浮动威士忌

传说 15 世纪末，一位名叫约翰科尔的道士收到了苏格兰国王詹姆士四世提供的 1000 磅麦芽和 1 份 aqua vitae 的订单。aqua vitae 是拉丁文，意为“生命之水”——这就是威士忌最早的叫法。

威士忌只在苏格兰酿制，由麦芽发酵经蒸馏而成，最少于橡木桶内酿藏三年；有由麦芽或谷物所制，或两者混合调制而成 。在苏格兰出生的人被称为苏格兰人（Scots），他们酿制的威士忌也称为苏格兰威士忌（Scotch），两者绝不会混淆。全世界再没有其他国家能像苏格兰一样，与威士忌酒的关系那么密切，也没有像苏格兰有那么多威士忌酿酒厂。

对苏格兰的最初印象，除了风笛、格子呢和威士忌，还有就是高尔夫也起源于这里。苏格兰地区山多，气候湿润，多雾，极适合牧草生长。相传牧羊人在放牧闲暇用木板玩游戏，将石子击入兔子窝或洞中，久而久之便形成了使用不同的球杆并按一定规则击球的运动。苏格兰地区冬季异常寒冷，每次出去打球时，人们总爱带一瓶威士忌放在口袋中，发球前先喝一小瓶盖酒。一瓶酒 18 盎司，而一瓶盖刚好是 1 盎司。打完 18 洞，酒也喝完了，时间久了，很多人便认为一场球必须打 18 洞——这便是高尔夫与威士忌的渊源。

威士忌种类繁多，而苏格兰威士忌最具盛名，产销量也始终在烈性酒中占据着霸主地位。苏格兰威士忌的魅力来自于得天独厚的自然条件，来自于苏格兰人的勤劳、聪明和智慧。苏格兰人将优质的大麦或谷物浸于水中，使其发芽，再用木炭烟将其烘干，经发酵、蒸馏、陈酿而成。英国法律规定：威士忌必须存放于橡木桶中三年，方可装瓶出售。一般来说，封存时间越久，酒味越醇，价值也就越高。橡木本身的成分及透过橡木桶进入桶内的空气，会与威士忌发生作用，使酒中不洁之物得以澄清，产生独一无二的酒香，并会使酒染上焦糖般的颜色。威士忌是对苏格兰的浪漫和神秘最好的诠释，“生命之水”早已超越它原有的意义，成为了一个民族的象征。

芝华士 12 年

芝华士 12 年享有“苏格兰王子”之美誉，其酒质饱满丰润，独具水果馥郁芳香，口感平和顺畅，让人回味无穷。芝华士 12 年选用几十种上好的麦芽和谷物威士忌，并将其存放在橡木桶中至少 12 年，才最终酿制而成。

饮法：

完美品尝：适量的芝华士，半杯冰块。这是适合任何时候饮用的最为经典的方法。

芝华士冰冻：在加入冰块的杯子中，倒入适量的芝华士，上面倒入干姜水，最后加入青柠作为装饰。

芝华士薄雾：在装有碎冰的杯子中，倒入适

量的芝华士，加入鲜橙汁（需用鲜榨橙汁），橙皮作装饰。

格兰菲迪

格兰菲迪是世界销量第一的单一麦芽苏格兰威士忌。天然、工艺、勤奋和决心使得这个家族生产的麦芽威士忌如水晶般纯净，也使得格兰菲迪成长为全球最受欢迎的麦芽威士忌。格兰菲迪具有清醇、柔和、幽深的独特口味。在一天的繁忙之后，品尝一杯格兰菲迪，原来，生活如此简单，却沉淀百味。

饮法：

经典品尝：纯饮或加冰。

东方格兰菲迪：杯中盛碎冰，加入适量的格兰菲迪，上面倒入干姜水，最后加入橙皮适当搅拌。

完美格兰菲迪：在杯中放一勺蜂蜜，加入适量的格兰菲迪，搅拌一分钟，再加入冰块，最后以三片梨作装饰。

马谛氏

马谛氏苏格兰威士忌产自斯佩赛德河（Speyside）流域。其瓶身的设计打破了数百年来传统威士忌瓶身非方即圆的框架，出自名师设计上圆下方的全新独特酒瓶，柔和而不失稳重。马谛氏威士忌最大的卖点莫过于它全新的口感，在保留酒质醇美的同时创造出更符合东方人味蕾的口感，为此，调酒师花了两年多时间才找到满意的答案。新的口感突破了传统威士忌过于辛烈的特点，调配丰富、顺滑，有着丝绸般的特质。

饮法：无论纯饮，加冰块还是加水，都不必担心品酒的乐趣会受到丝毫影响，简单才是真滋味。

品味苏格兰威士忌的艺术

色泽

拿酒杯时应该捏住杯子的下方杯脚，而不能托着杯壁。因为手指的温度会让杯中的酒发生微妙的变化。在灯光下仔细观察，可以在酒杯的背后衬一张白纸作为背景。威士忌的颜色有很多种，从深琥珀色到浅琥珀色都有。酒的色泽和威士忌在橡木桶里存放时间的长短密切相关。一般来说，存放的时间越长，威士忌的色泽就越深。

挂杯

先把这杯酒慢慢地倾斜过来，一定要很轻柔很小心，然后再恢复原状。这时，你会发现，酒从杯壁流回去的时候，留下了一道道酒痕，这就是酒的挂杯。所谓“长挂杯”就是酒痕流的速度比较慢，“短挂杯”就是酒痕流的速度比较快。挂杯长意味着酒更浓、更稠、更香，也可能是酒精含量很高的缘故吧。

闻香

把事先准备好的冰水倒入威士忌中，这样更能使它释放出香气，就如下雨时，泥土、草的芳香被释放出来一样，加水后威士忌的香味会慢慢地氤氲开来，尤其是调和型威士忌，香味浓郁丰富，有烟熏味、干果味，甚至还包括果实的气息和花蜜的香味，“集天地之灵气，聚万物之精华”，这也许就是苏格兰威士忌的灵魂所在吧。

品味

可以依据个人喜好选择加冰与否，对于品质好、年份久的威士忌，建议在每喝一口之前先喝一大口冰水，然后再细品酒液，小口啜饮，让酒在齿间和舌尖慢慢回荡。喝冰水有助于冲淡威士忌的强烈味道，延长其口味和香味。这样，唇舌间，你就能够深切地感受到这种传统威士忌的馥郁、醇厚和绵长的余韵。

哈利·波特与威廉·华莱士

哈利·波特，一个戴眼镜的小男孩，骑着他的飞天扫帚，在世界各地掀起一股魔法旋风，全世界都为之疯狂。在他的世界里，奇迹、神话、魔法……什么都不会过分。那是一个神秘的国度，里面住满了巫师，猫头鹰是他们的信差，飞天扫帚是交通工具，西洋棋子会思考，幽灵顽皮鬼满天飞，画像里的人还会跑出来串门子，连吃的食物都与众不同！

让读者深陷其中不能自拔的，其实是罗琳为我们营造的这个魔法世界。它带给了我们太多的欢笑与泪水、幸福与悲伤。阿不思·邓布利多与小天狼星·布莱克之死令我们惋惜，而罗恩的滑稽表演则令我们捧腹大笑。现在，让我们也骑上飞天扫帚，和哈利·波特一起飞翔吧！

一提起威廉·华莱士（William Wallace）的名字，人们会立刻联想起13 世纪末 14 世纪初苏格兰民族独立运动的那段峥嵘岁月。的确，华莱士可以说是英国历史上最富有传奇色彩的人物。

华莱士的一生都在追寻自由，并且至死不渝，死时年仅 32 岁。

这两个看似风马牛不相及的人物，却因为美丽的苏格兰而被连在了一起，是的，他们有着太多的共性：勇敢，智慧，无畏；其实，细细想来，便不会觉得奇怪，因为他们都是被这片神秘的土地所孕育，从一开始，他们便注定与这片土地有着千丝万缕的联系。

哈利·波特的魔法世界

哈利·波特与魔法石

一岁的哈利·波特失去父母后，神秘地出现在姨父姨妈家的门前。哈利在姨父家饱受欺凌，度过了10年极其痛苦的日子。姨父和姨妈好似凶神恶煞，他们那混世魔王的儿子达力——一个肥胖、娇惯、欺负人的大块头，更是经常对哈利拳脚相加。哈利的“房间”是位于楼梯口的一个又暗又小的碗橱。10年来，从来没有人为他过过生日。

但是，在他11岁生日那天，一切都发生了变化，信使猫头鹰带来了一封神秘的信：邀请哈利去一个他——以及所有读到哈利故事的人——会觉得永远难忘的、不可思议的地方——霍格沃茨魔法学校。

在魔法学校，哈利不仅找到了朋友，学会了空中飞行，骑着一把型号为光轮2000的飞天扫帚打魁地奇球，还得到了一件隐形衣。他发现那里的一切——从上课到吃饭，再到睡觉都充满了魔力，但是一块魔法石出现了，它与哈利的命运息息相关……

哈利·波特与密室

哈利·波特在霍格沃茨魔法学校学习一年之后，暑假开始了。他在姨父姨妈家熬过痛苦的假期。正当他准备打点行装去学校时，小精灵多比前来发出警告：如果哈利返回霍格沃茨，灾难将会临头。

但哈利义无反顾地回到了霍格沃茨，新来的吉罗德·洛哈特教授装腔作势，让他作呕；游荡在女生盥洗室里的幽灵“哭泣的桃金娘”搅得他不得安宁；低年级的小女生金妮对他投来的关切目光常令他尴尬不已；小男生科林·克里维“追星”式的跟踪又经常使他落荒而逃。

但是，这一切仅仅是灾难的序曲。正如多比所预言的，哈利遭受了重重磨难，经历了种种危险，难解之谜又使他煞费苦心：霍格沃茨的学生接二连三地变成了石头。这一切是品德败坏的学生德拉科·马尔福精心策划的杰作？还是忠厚善良的海格无心铸成的大错？或者另有人将在霍格沃茨制造更大的阴谋？这一切又是否与传说中的密室有关？哈利决心揭开谜底……

哈利·波特与阿兹卡班的囚徒

哈利·波特在霍格沃茨魔法学校已经度过了不平凡的两年，而且早已听说魔法世界中有一座守备森严的阿兹卡班监狱，里面关押着一个臭名昭著的囚徒，名字叫小天狼星布莱克。传言布莱克是“黑魔法”高手伏地魔——杀害哈利父母的凶手——的忠实信徒，曾经用一句魔咒接连结束了13条性命。不幸的是，布莱克逃出了阿兹卡班，一心追寻哈利。布莱克在睡梦中仍然呓语不休：“他在霍格沃茨……他在霍格沃茨。”

哈利·波特虽然身在魔法学校的城堡内，既有朋友的真诚帮助，也有老师的悉心呵护，但校园内危机四伏，哈利的生命时时受到威胁。终于有一天，布莱克站到了哈利的面前……

哈利·波特与火焰杯

第四年，事态变得更为糟糕。坏巫师沃德莫特打开一本记载残酷谋害一个无辜者旧事的书。霍格沃茨学校迎来有一个世纪传统的竞技比赛会：巫师奥林匹克运动会。哈利必须同邪恶巫师赛高下，并且要同法国和比利时对手较量……

哈利在一天天长大，他聪明、机智、坚强，最关键的是，他有一颗勇敢的、敢于追逐的心，而这恰恰是格兰芬多最看重的品质。在人生的道路上，他将迎接更多的挑战，也将收获更多的欣喜。让我们祝福这个小魔法师：一路走好……

魔法妈妈 J. K. 罗琳

J. K. 罗琳（J. K. Rowling），英国女作家，创作了风靡全球的《哈利·波特》系列丛书。

本名乔安妮·凯瑟琳·罗琳，1965 年 7 月 31 日生于英国的格温特郡。她父亲是罗伊斯罗尔飞机制造厂的一名退休管理人员，母亲是一位实验室技术人员。罗琳小时候是个戴眼镜的相貌平平的女孩，非常爱学习，有点害羞，流着鼻涕，还比较野。她从小喜欢写作和讲故事，6 岁就写了一篇与兔子有关的故事。妹妹是她讲故事的对象。创作的动力和欲望，从此没有离开过她。她曾当过短时间的教师和秘书。

罗琳热爱英国文学，大学主修的是法语。毕业后，她只身前往葡萄牙发展，随即和当地的一位记者坠入情网。无奈的是，这段婚姻来得快也去得快。不久，她便带着3个月大的女儿洁西卡回到了英国，栖身于爱丁堡一间没有暖气的小公寓里。找不到工作的她，只好靠着微薄的失业救济金养活自己和女儿。

24岁那年，罗琳在曼彻斯特前往伦敦的火车旅途中，一个瘦弱、戴着眼镜的黑发小巫师，一直在车窗外对着她微笑。他一下子闯进了她的生命，使她萌生了创作哈利·波特的念头。虽然当时她的手边没有纸和笔，但她开始天马行空般地想象，终于把哈利·波特这个男孩的故事推向了世界。于是，哈利·波特诞生了——一个10岁的小男孩，瘦小的个子，黑色乱蓬蓬的头发，明亮的绿色眼睛，戴着圆形眼镜，前额上有一道细长、闪电状的伤疤……哈利·波特瞬间成为风靡全球的童话人物。

苏格兰爱丁堡：哈利·波特的“老家”

进入深冬的爱丁堡，天色暗得很早。街道上，中世纪风格的路灯在弥漫雾气的夜色中透出光芒，让人有重回数世纪前的错觉。在迎面走来的男男女女中，不经意间你也许会发现一个身材瘦弱、戴着一副黑边眼镜的男孩，莫非是哈利·波特与你擦肩而过？这就是爱丁堡，一个让你感到现实与魔幻交汇的城市。

爱丁堡在欧洲早已是首屈一指的古城，它所具备的传奇氛围对世界各地的游客来说，有着无法拒绝的魅力。而哈利·波特的诞生更使这座古城平添了一些神奇色彩。

爱丁堡分为新旧两个城区，站在作为分界线的王子街上，向南看去是一栋栋新修的现代式楼房，而向北望去却是屹立数百年的中世纪建筑，这让初到这里的人不免有些穿越时空的感觉。除了建筑上的古今并存给爱丁堡带来了现实与梦幻的氛围外，一位曾经走在这条王子街上不时地停下脚步注视高处古堡冥思的现代妇女，给爱丁堡这座城市带来了更多魔幻色彩。她就是《哈利·波特》系列小说的作者罗琳。

当年，罗琳就是受到了爱丁堡城堡魔幻色彩的启发，创作出了哈利·波特小说系列的第一部《哈利·波特与魔法石》。

在哈利·波特系列电影中，爱丁堡成为主要拍摄景地之一。虽然电影中的城堡都是罗琳想象出来的，但是，无论是哈利·波特所上的魔法学校，还是故事中恶魔所在的古堡，在罗琳笔下的字里行间都看得出爱丁堡城堡的影子。除了爱丁堡城堡外，附近的爱尔因威克古堡，也是电影中魔法学校的主要取景地。在那里，建于681年，气氛肃穆庄严的格洛斯特大教堂，成为哈利·波特与同学们常常流连的地方。而教堂的拱形回廊，很容易让人们产生置身于神秘的魔法学校走廊之中的感觉。

爱丁堡的名字源于苏格兰语“斜坡上的城堡”，而在爱丁堡市区的最高处，看到的就是这座有着15个世纪历史的古堡。爱丁堡城堡是这座城市里最雄伟的建筑物，其对于苏格兰，如同大本钟对于伦敦一样不可替代。建在海拔130多米、三面陡峭的山顶上的这座城堡，起初是7世纪由苏格兰国王埃德温为防御敌人而修建的。11世纪，苏格兰国王马尔科姆三世又在里面建了宫殿。1093年，苏格兰女王玛格利特在这里去世后，爱丁堡正式成为英国皇家住所和行政办公地所在。城堡所展现出的苏格兰建筑特色，以及城堡内所收藏的珍宝和兵器，是吸引游人驻足的主要原因。从爱丁堡城堡俯望就是人群穿梭不息的王子街，每逢节庆时，王子街上都会挂满蓝白相间的国旗，而身着苏格兰裙的男女老少则是街上一道别致的风景。在有足球赛事时，狂热的苏格兰球迷脸上涂着蓝白国旗的油彩，手持啤酒，热情地招呼游客加入其中。

现在，爱丁堡所体现的苏格兰文化对于全世界的人们来说已经相当熟悉了：高尔夫球、风笛、威士忌，还有苏格兰格子裙。这些也让从没来过爱丁堡的人对这座城市有着奇妙的亲近感。

走进霍格沃茨魔法学校

电影的全部场景都在英国拍摄。临近苏格兰爱丁堡的阿尼克（Alnwick）古堡是霍格沃茨（Hogwarts）魔法学校的主要取景场地。怎么样，晴朗天空下的阿尼克古堡是不是依旧有点魔幻的味道呢？

从伦敦乘两个小时火车，就能够来到靠近威尔斯的英伦小城格洛斯特。这个城相当小，只需几个小时就能绕城走一圈，景点也不多。不过，用来拍摄霍格沃茨魔法学校走廊的格洛斯特大教堂（Gloucester Cathedral），相信将成为吸引游客的旅游景点。

这座建于681年的格洛斯特大教堂，气氛肃穆庄严。电影里，哈利·波特与他的同学赫敏和罗恩，便常常在这长长的拱形回廊流连。走在这拱形回廊上，就能够想象自己置身于神秘的魔法学校走廊，而精雕细琢的回廊花纹则变成一串串魔法符号……

牛津大学城内的基督教会学院及Bodleian图书馆是霍格沃茨的主要拍摄场景。基督教会学院是牛津大学最大的学院，虽然开放给游人参观，但须小心翼翼跟着指定路线走，不得擅自乱闯。学院的宏伟饭堂被用做拍摄霍格沃茨的饭堂。

在故事里，要前往霍格沃茨魔法学校，必须在位于王十字火车站（King's Cross）第9与第10站台之间的$9^{3}/_{4}$站台，搭乘霍格沃茨快车。现实生活中，$9^{3}/_{4}$站台是否真的存在？

电影公司为了宣传，在那里的9站台挂上一张张印有“Hogwarts Express $9^{3}/_{4}$”的横额，而入口处还漆上一幅同样字样但更大的图案，俨然权当这里就是故事中的$9^{3}/_{4}$站台。

可是，在这里应该等不到霍格沃茨快车（Hogwarts Express）吧。

CRI online

King's Cros

PLATFORM 9 3/4

哈利·波特系列电影的逸闻趣事

《魔法石》

理查德·哈里斯（Richard Harris）开始并没有同意扮演阿不思·邓布利多。他 11 岁的孙女威胁说，他不演就再也不和他说话。他这才同意参演。

华纳开始想让斯蒂芬·斯皮尔博格当导演，但是，他因为无法接受罗

琳对于“全部演员均为英国演员”的坚持而拒绝了这一职位。斯皮尔博格本来希望美国童星霍利·乔尔·奥斯曼特（Haley Joel Osment）能出演哈利。

当剧组决定用英国格洛斯特的一处大教堂拍摄霍格沃茨部分内景时，当地媒体起了一阵轩然大波。抗议人给当地报纸写了成袋的抗议信，说这是对神的亵渎，并扬言要集体阻拦剧组进入教堂。但剧组去拍摄的当天只有一个抗议者露了面。

在拍摄途中，扮演洛丽斯夫人的斑猫突然跑掉了。两天之后它又自己回来了。扮演哈利的丹尼尔·拉德克利夫（Daniel Radcliffe）把扮演海格的罗比·科尔特朗（Robbie Coltrane）的手机语言换成了土耳其语。科尔特朗只好打电话给发型设计师艾思尼·芬内尔（Eithne Fennel）的土耳其籍父亲求救，以图找到土耳其语菜单里的“更换语言”项。

当哈利、罗恩和赫敏跑去找海格的时候，他正在吹风笛。他吹的曲子是《海德薇的旋律》。

滚动楼梯旁边的墙上有很多画像，你可以很清楚地看到有一幅画是安妮·博林（Anne Boleyn），她是亨利八世的第二个妻子，伊丽莎白一世的母亲。她被公众认为是位女巫。

在詹姆的魁地奇奖章上有 M. 麦格和 R. J. H. 金的题词。旁边也有 T. M. 里德尔的学校特殊贡献奖和 R. J. H. 金的奖章。R. J. H. 金是电影的美术监导约翰·金（John King）。

厄里斯魔镜上面刻着这么一行字：“rised stra ehru oyt ube cafru oyt on wohsi”。它倒过来就是“I show not your face but your heart's desire”，意即：“我映射出的不是你的脸，而是你内心的渴望”。

电影中“bloody”一词出现了6次，外加一次“arse”，一次“bugger”，以及两次“blasted's”。这些比较粗俗的词和森林中的一些较恐怖场景，是电影级别成为 PG 的原因。

电影告诉我们，龙血的第十二种用途是烤箱清洁剂。

尼可勒梅确实是个存在过的炼金术士，有些人相信他炼造出了魔法石。围绕他的死也有种种传闻。流言说，他仍然在世。如果他仍然活着，他应该像书里提到的那样是600多岁了。

海德薇由3只猫头鹰扮演。

蒂姆·罗思（Tim Roth）本来是斯内普教授一角的热门候选人，不过，他为了拍蒂姆·伯顿（Tim Burton）的《决战星球》而退出了选角竞争。

在电影剧本里，伏地魔杀死哈利双亲的一幕的撰写者正是罗琳本人［HP 编剧一直为史蒂夫·克罗维斯（Steve Cloves)］。制片人知道，只有她了解当时发生了什么。

罗琳亲自指名阿兰·里克曼（Alan Rickman）扮演斯内普教授。她也亲自挑选了罗比·科尔特朗扮演海格。

在女盥洗室的巨怪一幕里，丹尼尔·拉德克利夫并没有真正骑在巨怪脖子上。因为那样大的动作可能让人扭到脖子。他的影像是后期合成上去的。

在哈利和罗恩玩的巫师棋中，红方皇后的原型是刘易斯（Lewis）国际象棋——12 世纪以来最著名的国际象棋棋子。刘易斯国际象棋在 1831 年被人发掘出来。目前一共修复了 78 粒棋子，它们现在正分别被保管陈列在苏格兰国家博物馆和英国伦敦博物馆。

古灵阁的内景借用了澳大利亚驻伦敦大使馆。

剧组曾经考虑让加布里埃尔·汤姆森（Gabriel Thomson）扮演哈利。

海格的替身是前英国职业橄榄球联队运动员马丁·贝菲尔德（Martin Bayfield)。

所有停在女贞路的车子都是 Vauxhalls 牌子的。

在 HP3 电影中扮演卢平教授的 David Thewlis 本来是要扮演奇洛教授的。

电影里哈利的疤痕不在额头正中。这是应了罗琳的要求。很多人看了封面插图都以为哈利的疤痕在额头正中。事实上，书里没有明确指出伤疤究竟在哪儿。

West Anglia Great Northern 列车公司——“9 ³/₄ 站台”的所有公司——在车站的一个柱子上黏了半个行李箱，看起来好像箱子正消失在柱子里一样。游客可以拎着它拍些自己正要走进柱子的照片。

《密室》

很多哈利·波特影迷赶去看了电影《史酷比》，只是为了看一下它前

面的《密室》预告片。

为了拍摄哈利和罗恩在打人柳撞车那一幕，剧组一共毁了14辆福特汽车。

当海格把哈利从翻倒巷拽走的时候，背景上一家店的橱窗里摆着一整套《哈利·波特》。

实地拍摄的时候，多比只是一个黏在棍子上的橘黄色小球。

在哈利到邓布利多办公室四处张望的时候，墙上著名巫师的画像里有一张“灰衣甘道夫”。它位于门框上方，在哈利右边一点的位置。

在哈利从翻倒巷的店向外走的时候，向他致意的女巫是罗琳本人。

挪威一家电影院的经理抱怨说，电影让小影迷呕吐。不少影迷吃了很多糖和爆米花，然后在罗恩呕吐鼻涕虫那一幕都跟着吐起来。

霍格沃茨墙上的画像里也有道具设计师斯图尔特·克雷格（Stuart Craig）和执行制片马克·拉德克利夫（Mark Radcliffe）。

原剧本中，赫敏最后本来要拥抱哈利和罗恩两人的。但是，埃玛·沃森（Emma Watson）对在众演职人员面前拥抱感到很尴尬，于是导演哥伦布修改了剧本。

格兰芬多公共休息室里的挂毯是“少女和独角兽”系列的仿制品。它的原本是16世纪的挂毯，现在在巴黎克卢尼（Cluny）博物馆展览。

韦斯莱家的汽车牌照号码是7990TD。

导演哥伦布的四个孩子全部出演了电影。埃莉诺·哥伦布（Eleanor Columbus）扮演苏珊博恩斯（她也在第一部电影中扮演了这个角色），布伦丹·哥伦布（Brendan Columbus）扮演了大厅里学习的一个男生，瓦奥莱特·哥伦布（Violet Columbus）扮演了拿花的女孩，伊莎贝拉·哥伦布（Isabella Columbus）扮演了书店的一个女孩。

韦斯莱家的福特汽车原型是罗琳的同款车。她和她的好朋友年轻时放了学总会乘车到处兜风。

《阿兹卡班的囚徒》

剧组曾考虑让埃文·麦格雷戈（Ewan McGregor）扮演卢平。

特效组为了制作摄魂怪花了6个月的时间。

蜂蜜公爵一幕，剧组人员被告知“那些糖上面有清漆”，但实际上没

有。这么说的目的只是为了防止出现拍摄途中糖果不断失踪的现象。

蜂蜜公爵的小屋之前是《魔法石》时候的奥立凡德魔杖店。

埃玛·汤姆森为了让她四岁的女儿盖亚（Gaia）开心而接下了特里劳妮教授一角。

加里·奥尔德曼（Gary Oldman）因为急需工作而接下了小天狼星的角色。他已经一年没拍电影了。

丹尼尔在一幕里得做出敬畏的表情。导演阿方索提示他说："你想象卡梅隆·迪亚茨只穿着遮羞布站在你面前。"这招很管用。

在阿方索的合同里，有一条规定，导演不得向片场上的孩子们施毒咒。

前"石玫瑰"歌手伊恩·布朗（Ian Brown）在酒吧露了一面，他手里捧的书是《时间简史》。

在我们第一次看到活点地图的时候，一个小一点的人名显示"Newt Scamander"。他在哈利·波特的世界里撰写了《神奇动物在哪里》，但他不是霍格沃茨的教师。

为了防止有人偷拍电影用做盗版，华纳特意给电影院巡查员配备了夜视镜。

加里·奥尔德曼知道丹尼尔·拉德克利夫对音乐的热爱，他在第一次见到丹尼尔的时候送了他一把贝司吉他。

为了让三个主演对自己的角色有更深刻的认识，阿方索让三个孩子分别写以第一人称论述的关于他们角色的论文。埃玛·沃森交了整整16页文章，丹尼尔·拉德克利夫只写了1页，鲁珀特·格森特（Rupert Grint）交都没交。

在韦斯莱兄弟给哈利活点地图的时候，地图上的"Moony"（月亮脸）字样写成了"Mooney"。这是工作人员为视效监督卡尔·穆尼（Karl Mooney）开的一个内部玩笑。

《双重麻烦》的歌词来自莎士比亚的《麦克白》第四幕第一场。在《麦克白》中，三名女巫反复念着这段话给暴戾残忍的国王做了预言。莎士比亚从来诅咒戏剧演出的真正的女巫那里"借来"了这段话。如果你在剧院低声念"麦克白"，会给剧作带来厄运。以上是这条典故的出处。

当哈利在走廊查看彼得的去向的时候，身后画像中的人指责他手中的烛光。那个人是导演阿方索本人。

卢平教哈利防御摄魂怪的教室前面是《密室》里的邓布利多办公室。

当哈利走近罗斯默塔女士的酒吧的时候，坐在后面手持两根点燃的蜡烛的人是导演阿方索。

扮演卡多甘爵士的保罗·怀特豪斯（Paul Whitehouse）的戏被一点不漏地删掉了。

剧组搭造了两辆骑士公共汽车：一辆用来拍外景，一辆用做内景。

在《魔戒》里扮演甘道夫的伊恩·麦凯伦（Ian McKellen）拒绝了扮演邓布利多的邀请。他说："我演一部史诗已经给自己惹来的麻烦不少，两部实在是不可企及了。"

邓布利多以自己需要在死刑执行书上签名来拖延时间，他说，"他有个很长的名字"。他的全名出现在《凤凰社》里，全名是阿不思·珀西瓦尔·伍尔弗里克·布赖恩·邓布利多。

当哈利、罗恩和赫敏"目睹"巴克比克之死时，赫敏抱住了罗恩，哈利抱住了赫敏——这个镜头出自阿方索前一部电影《你的妈妈也一样》。

……

英国魔法六日游

第一天：飞向哈利·波特的魔法世界

集合于中正机场，从$9^{3}/_{4}$登机门出发，飞往伦敦，于当晚抵达哈利·波特的故乡——雾都——伦敦，发挥你的想象力，展开哈利·波特的魔法之旅。

第二天：深入伦敦，体验麻瓜的平民生活

麻瓜的伦敦一直是观光客的最爱，如果万一你到了伦敦找不到哈利·波特的踪影，没关系，做个麻瓜去逛伦敦一样是很棒的！前往伦敦塔，参观收藏王室宝物的珠宝屋，看白金汉宫前神气赳赳的皇家卫兵交班仪式、议会制度起源的国会大厦、大本钟、13世纪以来举行加冕典礼及皇室婚礼的西斯敏寺，并到汇集世界文明遗迹的殿堂——大英博物馆参观。最后搭乘全世界最大的观景摩天轮——伦敦之眼，将伦敦尽收眼底。

第三天：是不是麻瓜，戴上分类帽便知分晓

想知道漫步于哈利·波特就读的霍格沃茨魔法学校是什么样的感觉吗？今天前往心仪已久、闻名于世的大学城——剑桥，自由漫步在各具特色、风格殊异的学院间，感受一下在霍格沃茨一般的学园求学的气氛。国王学院是剑桥大学最著名的学院，学院内的国王礼拜堂（King's College Chapel）是剑桥建筑的一个代表，也是中世纪晚期英国建筑的重要典范。三一学院是剑桥大学最大的学院，在三一礼拜堂外，还有一棵从牛顿家乡移植来的苹果树，以纪念这位万有引力之父。当然也别忘了循着徐志摩的足迹，撑一根长篙泛舟于诗意的剑河上，留下值得一生收藏的回忆！

第四天：到活米村、稀奇古怪斜角巷、伦敦苏活区探奇去

活米村在伦敦的什么地方呢？以其稀奇古怪的程度来看，应该是在康顿市场的跳蚤市集！这里贩卖的东西千奇百怪、种类繁多，跟霍格沃茨学生欢度周末的活米村，简直就是一个模子打造出来的，你不妨慢慢而又仔细地到每家店中去寻宝。魔法的斜角巷？要不要去苏活区看看！这里所展现的文化融合和多样艺术，商店争奇斗艳、讲究个性化，不就是活生生的斜角巷？想买什么都找得到，还有更多你连想也想不到的怪东西，不论是LKK或Z世代，来这里绝不会失望。

第五天：$9\,^{3}/_{4}$站台，搭乘霍格沃茨特快

你当然要搭乘地铁寻宝去。到电影中$9\,^{3}/_{4}$站台的拍摄现场，王十字车站去，万一找不到站台入口，你也不必难过，你可以前往世界第一次万国博览会举办地——海德公园，享受麻瓜们闹中取静的休闲生活；或者前往市中心尽情瞎拼，包括名店街、丽晶街、牛津街等，或是到哈洛斯百货公司随兴逛逛，尽情采购；喜欢文艺活动的人，可以来一个博物馆之旅，包括特拉法加广场上的国家艺廊、大英博物馆，都不可错过。晚间可以到莱斯特广场附近的西区（West End），这里就是伦敦最著名的戏院区，聚集了将近40家戏院，包括歌剧魅影在内等200种戏码，天天上演，你也可以体验英国优雅的高品位生活。欣赏完歌剧之后，到英式酒吧喝杯小酒，也是很道地的玩法哟！

第六天：见识霍格沃茨魔法学校

早餐后，前往最古老的大学城——牛津，城里哥特式的尖塔林立，在静谧的气氛中，让人有一种走进历史的感觉：电影中霍格沃茨魔法学校有很多场景都取景于这里呢！基督教会学院是牛津大学最大的学院，其最引以为傲之处就是在近代200年内产生了16位英国首相；摩顿学院是牛津大学的第一个学院，中世纪时就在科学研究领域享有盛名，其同时拥有牛

津最古老的学院建筑，以及建于公元1378年全英格兰最古老的图书馆。在《哈利·波特》小说中，霍格沃茨魔法学校是英国式的传统城堡建筑，你可以亲自体会；前往英国女王夏宫——温莎古堡，历代君王所做的改建使其成为展现王权品位的非凡建筑。

威廉·华莱士那颗勇敢的心

威廉·华莱士雕像与纪念碑

历史上真实的威廉·华莱士

关于他的出生年份,没有一个确切可信的说法。传说的日期跨度近十年,人们根据各自的理解主观地加以取舍。希望这位悲剧式英雄的生命尽可能长一些的人,相信他出生于1267年;认为他是少年英雄的人则主张他的生辰其实是1275年或1276年;也有人为了凑历史的巧合,说他生于1272年或1274年,因为前者是他的死敌爱德华在十字军中继承王位的年份,后者是他回到伦敦加冕的年份;也有人说他生于1270年,可能是为了取整数。

他父亲的名字是马尔科姆还是理查也各有其说。老冯宁愿相信老爷子叫马尔科姆，而理查是叔叔。因为根据比较公认的说法，华家有三兄弟，老大叫马尔科姆，老二就是威廉，老三叫约翰，而一个堂兄弟叫理查。当时流行长子继承父名，所以，小马尔科姆这个名字来源于父名当在情理之中。

传说华莱士身高两米（六英尺七英寸），即使在今天也算得上巨人，更何况据考证当时成年男子平均高度才1.5米。在他的有生之年没有留下真实的画像，但作为人们寄托理想的英雄和崇拜效法的榜样，他的形象在苏格兰民间有很多版本，有青春偶像的，有小胡子的，有络腮胡子的，甚至还有须发皆白的，多数是披坚执锐的战斗姿态。但是，引起最大争议的还是新近在斯特陵旅游服务中心前落成的那尊塑像。因为很多人说，他们要纪念的是威廉·华莱士，而不是梅尔·吉布森（电影《勇敢的心》中威廉·华莱士的扮演者）。

华莱士家族，据说是由威尔士迁入苏格兰的。Wallace也作Walensis，词义为“说威尔士语的人”。这个家族是苏格兰西南部的小贵族，也就是向大诸侯称臣的小领主，这种多层分封的关系在中世纪的欧洲很普遍。作为苏格兰皇家司礼事务大臣（High Stewards）家族的封臣，华氏先人不迟于1250年获得了老树原（Elderslie，Field of Elder Trees）领地，位置在当时伦弗鲁郡（Renfrewshire）的佩斯利（Paisley）附近。威廉的母亲也出自望族，是艾尔郡（Ayrshire，在苏格兰西部沿海）郡长雷吉纳德·克劳福德（Sir Reginald de Crauford）的女儿。

威廉早年的经历无据可考，不过，按当时的习俗，威廉作为次子应担任神职。传说他的一个叔父就是斯特陵附近邓尼佩斯（Dunipace）的牧师，教授教给他拉丁语和《圣经》箴言，并且给他灌输了自由思想，据说他的剑术和骑射功夫也是当神职时期学的。

传奇中的华莱士武艺高强，可力敌数人并最终取胜。他能从屡次追剿和血战中生存下来，相信传说不虚。但事实并不止于此，华莱士还是一位优秀的指挥官。他显然没有受过正规的军事教育，但纵横山林多年的经历使他作战经验丰富，深谙游击战术，懂得收集和利用情报，能够根据敌我双方的特点，扬长避短，合理指挥部队，善于利用地形，对攻击的时机把握得恰到好处。

华莱士的另一面，却是嗜血成性、杀人如麻。有一幅画表现战斗中的华莱士，天上日光惨淡，地上浓雾弥漫，手握利剑的华莱士在遍野的尸堆中逡巡，仿佛饿虎下山，色调阴冷晦暗，气氛恐怖肃杀。对于英格兰人给他造成的伤害和侮辱，他都以冷酷的杀戮加倍报复。起义军每攻克英军盘踞的城堡或在野战中击败英军，都要杀尽包括平民在内的所有英格兰人及其外国雇佣兵，从不抓俘虏，心情稍好一点的时候会放过妇女、儿童与神职人员。有的时候甚至他的部下都觉得过于残暴而于心不安，以至于事后跑到主教那里去忏悔。毕竟他生活在一个以暴制暴的时代，野蛮是生存的需要。征服者的傲慢侮辱与残酷镇压，多年来你死我活的追杀，已经令复仇之火烧焦了他心里的最后一点仁慈和怜悯。

华莱士对英格兰人的刻骨仇恨，不仅仅出于对自由的信念，也来自亲身感受到的亡国毁家之痛，由家仇而知国恨。1291 年，当爱德华上演“至尊”闹剧时，耿介不阿的老马尔科姆属于少数拒绝低头的苏格兰人。为了躲避迫害，他带了长子离家出走，但终于还是被一个叫费尼克（Fenwick）的英格兰骑士杀害于艾尔郡的罗顿山（Loudoun Hill）。年方弱冠的威廉只好随母投亲，据说就是这段时间他进了教会学校，但不久，就因杀死向他挑衅的英国占领军而被通缉，从此浪迹江湖。此后的故事有些像《水浒》，斗殴、追捕、复仇、死里逃生，甚至有人说华莱士其实是传奇侠盗罗宾汉的原型之一。这些故事多半被饱受侵略者欺凌的苏格兰人加以夸大和演义，以寄托报仇雪恨的希望。

走进斯特陵华莱士纪念塔

斯特陵整个城市位于山谷之中的福斯河河湾和冲积平原上，地势依山傍水，与潼关相仿。华莱士纪念塔坐落在市区以北两英里的达雅山

（Dumyat Hill），像一座路标，从老远就能望得到。

纪念塔坐落在克雷格（Craig）修道院旧址上。修道院是斯特陵桥战役时华莱士的指挥所。纪念塔的建设历时 8 年，于 1869 年落成。塔高 220 英尺（67 米），共有 246 级台阶。全部费用超过 1 万英镑，在当时不啻是天文数字。这么一大笔钱都来自捐献，捐献者包括世界各地的苏格兰人，以及很多欧洲国家的领导人，包括同样为民族独立和自由理想奋战了一生的意大利民族英雄——解放者加里波第（Garibaldi）将军。

威廉·华莱士雕像与纪念塔

纪念塔是一座用浅黄色、褐色块石砌成的四方形塔楼，狭窄的窗户以及顶层的垛口、四角的圆形棱堡，很像一座古堡。塔是维多利亚时代哥特式建筑复兴的产物，里面外面处理得其实都很精细，不过要贴近才看得出来。但除了西北角的八角形壁柱和塔顶林立的小尖塔外，华丽、注重细节的哥特风格并不明显，斑驳的石料和不够清晰的轮廓线更使建筑显得朴实而古拙，在低垂的浓云下越发肃穆凝重。这样的风格倒更符合华莱士平民英雄的身份和悲壮的命运。

突出于塔的西南角的，是高达15英尺的华莱士雕像。华莱士络腮胡须，身躯强壮，穿着苏格兰短裙和披风，左手扶盾，右手高举利剑，面貌冷峻，直视前方，是在指天明誓要光复河山，还是指挥起义兄弟向敌军冲击？雕像距地面约30英尺（9米），居高临下，如同半空中一尊脚踏流云、驭风而飞的战神，给人以庄严、神圣之感。仰望雕像，心中油然而生崇敬之情，耳边回荡的山风仿佛是他的呼唤——Pro Liberty（为了自由）！

塔底大厅里有华莱士简介和纪念塔本身建筑的介绍。

沿着狭窄而封闭的旋转楼梯盘旋而上，绝对不是件轻松的事，但值得一试。

登上71级台阶，到达塔的第一层，是华莱士生平事迹陈列和斯特陵桥战役的介绍。最显著的是三维仿真的“华莱士在威斯特敏斯特大厅受审”场景。

华莱士的剑陈列在这里的一个墙角。这柄剑原来供奉在邓巴顿（Dunbarton）城堡，纪念塔落成后才移过来。这是一柄当时很常见的双手使用的阔剑，长约66寸（1676毫米），其中刃长约52寸（1321毫米），经历了700年的岁月却依然光亮夺目。剑原是当时一件普通的兵器，没有制造者的标记，打造的年代也不详。从材质上分析，是苏格兰国货，而当时英国常见的武器大多产自弗兰德或德国。1505年，苏格兰王詹姆斯四世给它重新装了柄，为的是让剑更能配得上英雄的名字。此举是典型的贵族思维，认为只有华丽才算高贵。虽然出于对英雄的崇敬，但未免浅薄。

要把这样一柄长大而沉重的武器运用自如，不仅需要膂力过人，还必须有足够的身高。这倒能从侧面印证关于华莱士身材高大的传说。

第二层高64级台阶，1885年增辟为“英雄厅”，陈列着罗伯特·布鲁斯·司各特爵士（Sir Walter Scott）、罗伯特·伯恩斯（Robert Burns）、戴维·利文斯顿（David Livingston）、詹姆斯·瓦特（James Watt）等苏格兰名人的大理石雕像和生平事迹，并以声像手段展示20世纪的苏格兰名人。

再上行62级台阶，便到达第三层，是一幅360°全景画，描绘周边景物，并标出不同历史时期几场大战的位置，比如1297年的斯特陵桥之战、

纪念塔侧面全景

1314 年的班诺克本之战等。

第四层是被称为“王冠”的塔顶。“王冠”是由八道粗壮的拱券飞架而成的。每条拱券上都有三座小尖塔，拱券合龙的最高处也有一座。这种建筑风格是哥特建筑在苏格兰的一个变种，模仿苏格兰王冠的形状，代表苏格兰的特有的民族性格。类似的风格在苏格兰的不少教堂方塔上也能找到，如 15 世纪修建的爱丁堡圣吉尔斯教堂的塔楼等，比起英格兰那些又尖又高、严肃刻板的典型哥特式方塔，倒更多些人文气息。不过，教堂的塔顶往往更轻灵通透，而纪念塔则厚重得多。

顶层是一个开放的露台，视野极其开阔，是俯瞰古战场的最佳地点。

美丽的斯特陵全景

环视周围，北面山脚下绿树掩映的是斯特陵大学静谧安详的校园，后面是绵延的奥奇尔丘陵，如一道坚实的墙壁，拱卫着后面地广人稀的苏格兰高地。西面遥远的山峰是高耸入云的罗蒙山。脚下的河谷是这两大屏障之间唯一的门户。福斯河在本来宽阔的谷底形成冲积平原，河道斗折蛇行，曼妙回转，画出一个又一个水草丰美的河曲，上面星星点点漫步着雪白的羊群。河流向东绵延远去，在远处的河口地带散为无数的港汊，浸润出一大片湿地，最后由福斯湾流入北海。西南山脚下不远处就是老桥，是15世纪修建的，紧邻曾经是战场的木桥遗址。两岸已建起了密密麻麻的房舍。斯特陵城堡隔着河谷与这厢遥遥相对。城堡与爱丁堡相似，雄踞峭壁之上，俯瞰南面的市区。城池南面一望无际的绿茵，是苏格兰中部的低地平原。

这儿真是龙争虎斗的兵家必争之地啊。

一部激情无限的电影：《勇敢的心》（*Brave Heart*）

15世纪时，苏格兰吟游诗人盲哈里把威廉·华莱士的故事编成11卷、1.2万行的传奇史诗《华莱士之歌》，人人争相传阅。该书自16世纪付梓后，在苏格兰的流行程度仅次于《圣经》。不仅仅在苏格兰，600多年后，威廉·华莱士的对手的后代——英国首相丘吉尔率领人民反抗法西斯暴政的时候，撰文歌颂他的勇气及精神，给予他极高的评价。又过了半个世纪，一个名叫蓝道·华莱士的美国人把他的故事写成一部小说——《勇敢的心》，电影《勇敢的心》就是以这部小说为蓝本拍摄的。

《勇敢的心》一直被视为一部悲壮的、融合血泪传奇的史诗巨片。在影片中，人们常常为苏格兰那蜿蜒的山脉、凄婉的风笛和苏格兰人民在贫困痛苦中发出的凄厉呼喊所感动，也为华莱士一往无前的精神所鼓舞。威廉·华莱士的精神就如同一面旗帜，指引着苏格兰人民争取到了最后的自由。他最喜欢的一首诗也流传至今——告诉你，我的孩子，在你的一生中，有许多事值得争取，但，自由无疑是最重要的。永远不要戴着脚镣，过奴隶那样的生活。

700年前的一位英雄，700年后的一部电影，激励着自人类有思想以来，每一位为了自由而战的英雄以及凡人。

剧情简介

威廉·华莱士于1272年生于艾尔德斯莱，父亲是苏格兰贵族詹姆斯·斯特沃特的佃农，叔叔是教区的神父。

当时的苏格兰王约翰·巴里奥尔横征暴敛，很失民心，全国各地都有暴动事件发生。巴里奥尔眼看大势已去，于是向英王爱德华一世求助，将君权双手奉送。爱德华一世接管苏格兰后，以残暴高压的手段控制局势，制造了数起大屠杀。苏格兰人不但要忍受高额的赋税，还要受到人格上的侮辱——每当新娘出嫁时，初夜权属于英格兰总督，这些暴政更加激起了人民的反抗，贵族、农民们纷纷拿起武器，与英国人作战。

华莱士的父亲组织了一个秘密抵抗组织，他带领手下人奋勇征战，打击英格兰侵略者。可是没过多久，父亲就被英国人处死了，华莱士也被叔叔带走了，告别了这个令人悲伤和恐怖的家乡。从此，华莱士被叔叔抚养成人，叔叔不但教给他很多知识，还教他学习武术。

光阴似箭，20 年后，华莱士成长为一个英俊的青年，他回到家乡，又一次见到了故乡那如诗如画的山水和童年的伙伴。他与邻家的女孩缪伦相爱了，在雨天的高原上，他们俩骑在一匹马上漫步，所有的一切都是那么美好。终于在一个晚上，他们秘密结婚了，华莱士希望同妻子从此过上安定和谐的生活。

可是，上天却不成全他们，英格兰人的暴行从未停止过，他们仍然到处肆虐，危害人民。在英军的一次袭击中，缪伦被一名英国军官看中，欲行非礼，她奋力反抗，却被残忍的英军当众割断了喉咙。

国仇家恨使华莱士终于爆发了，他孤身一人闯进英军驻地，杀死了多名英军。在广大村民高呼“英雄”的呼喊声中，他们揭竿而起，杀英兵宣布起义。华莱士屡战屡胜，威名日盛，引来众多人加入义军。

苏格兰贵族罗伯特想成为苏格兰领主，在其父布斯的教唆下，他假意与华莱士联盟。华莱士打败了前来进攻的英军，苏格兰贵族议会封他为爵士，任命他为苏格兰护国公。然而华莱士却发现这些苏格兰贵族考虑的只是自己的利益，丝毫不为人民和国家前途担心。

英王爱德华为了缓和局势，派儿媳伊莎贝拉前去和谈。但由于爱德华根本不考虑人民的自由和平等，只想以收买华莱士为条件，和谈失败了。伊莎贝拉回去后才发觉和谈根本就是幌子，爱德华想汇合爱尔兰军和英军共同包围华莱士的苏格兰军队。于是，她赶紧送信给华莱士。大军压境之下，贵族们慌作一团，华莱士领兵出战，混战一场，短兵相接中，他意外地发现了罗伯特竟与英王勾结，不禁备受打击。伊莎贝拉为华莱士的豪情倾倒，来到驻地向他倾吐了自己的真情，两人陶醉在爱情的幸福之中。

英王再次提出和谈。华莱士明知是圈套，但为了和平着想，他依旧前去。在爱丁堡，布斯设计抓住华莱士，并把他送交英王，罗伯特对父亲的诡计怒不可遏。

华莱士终于被判处死刑，伊莎贝拉求情不成，在英王临死前，她告诉英王她怀的不是王子的血脉，而这个孩子不久将成为新的英王。

华莱士刑前高呼“自由”震撼了所有人。几星期后，罗伯特高呼“为华莱士报仇”的口号，英勇地继承了华莱士的遗志，对抗英军。苏格兰人民最终取得了民族的独立。

《勇敢的心》中最震撼人心的两个场面

威廉·华莱士的战前动员演说

面对人数和装备远远优于自己的英军，由苏格兰贵族临时拼凑的队伍士气低落，很多人认为不值得为贵族卖命，准备扔掉武器逃走。威廉·华莱士纵马扬鞭，目光如电：“我就是威廉·华莱士，我看到我的同胞组成的雄师，齐心抵御暴政。你们是为自由而战，你们将成为自由人，没有自由你们将是什么？你们愿意打仗吗？”听到有人希望逃命求生的回答，威廉·华莱士接着说：“是的，战斗，你可能会死；逃跑，也许能逃生，求得片刻安宁。但是，将来有一天，在你即将寿终正寝的时候，你是否愿意用这些苟且偷生的日子，来换取一个机会？那就是回到这里，告诉我们的敌人，他们能夺去我们的性命，但是他们永远夺不走我们的——自由！”

威廉·华莱士就义的场面

威廉·华莱士被捕后，被诬告犯了“叛国罪”。他只剩下两种选择，要么认罪，这样可以死得快一些；要么沉默，等待他的将是酷刑折磨。他选择了后者。为了保持清醒的神志，以免呼叫求饶，他吐掉了爱慕他的王妃给他的麻醉药。

穿过拥挤的不断向他身上扔杂物的看热闹的人群，押解威廉·华莱士

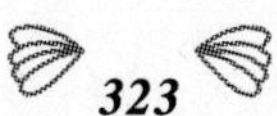

的囚车来到刑场。行刑官向他展示了即将使用的寒光闪闪的各式各样的刑具，也给了他最后一次机会："你认罪否?"威廉·华莱士的目光没有回避这些刑具，但他仍然选择了沉默，在沉默中忍受各种酷刑的折磨。刑罚的残酷和他的坚强让围观的英格兰百姓不忍再看下去。刑场上人山人海的人群屏住呼吸，期待他自己开口请求开恩。"自——由——"威廉·华莱士最后的呼喊激发了苏格兰人民的斗志，并穿越历史的长空，长久地震撼着大陆另一端的人们沉睡麻木的灵魂。

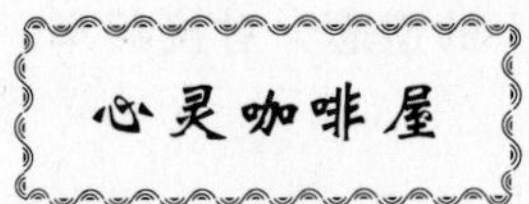

不知不觉之中，夜幕已经徐徐降临。在满天点点的星光中，漫步在苏格兰街头，相信你的心里，一定是起伏澎湃，心潮难平了，哈利·波特的魔幻之旅刚刚结束，可是我们品味英伦的魅力之行才刚刚开始。这里是小魔法师的故乡，也是一个钟灵毓秀的地方。其实，也只有这里的古典与现代的水乳交融，想象与信仰的激情相拥，冲动与理智的珠联璧合，才能够孕育出罗琳和她的哈利·波特式的传奇，这里的一草一木与青山秀水，这里的格洛斯特与安尼克堡，早已定格成为张张永不褪色的照片，镶嵌在英伦的历史长廊中，闪烁着灼灼的光芒。

说起苏格兰，仿佛总是与高品位联系在一起。高尔夫、威士忌，无一不尽显高贵的风范，这些在国内被看做是"奢侈"享受的消遣，在苏格兰却是普遍可见的，就连大街小巷人们穿的格子裙以及苏格兰古朴典雅的建筑，都流露出别样的韵味。于是苏格兰渐渐成为了高品位的代名词。

美丽的苏格兰，因为华莱士的传说而更显得妩媚动人，漫步在宽广的斯特陵大平原，仰望头顶上恣意漂浮的朵朵白云，你会蓦然发现，华莱士仿佛就在不远处的云端上，朝你微笑。阳光下的一切，都是那么安详静谧，多毛牛在悠闲地散步，神情安然自得。

可是，当你抬头仰望华莱士纪念塔时，你还是能够感受到一腔热血正在不可遏制地涌向你的全身，那种感觉无法抗拒，却又是那样的美妙。那就是激情，就是斗志，就是呐喊，就是英国人血脉里一脉相承的感动和自豪。

华莱士作为英国的民族英雄，已经被塑造成了各种各样威武的形象，

尽管他只活了32岁，但是在苏格兰漫步，我们仿佛还不时可以看到一个白发银须的为自由而战的英雄，一段凄美悲壮的史诗。最后一声“自由”的呼喊，随之飘然而落下的丝巾，以及那把指向苏格兰大草原的自由之剑，这一切都将成为英国人记忆中的永恒。威廉·华莱士，一个为了自由，为了尊严，为了爱情，为了独立而生的真正的战士。是的，他曾说过：“每个人都会死，但是并非每个人都曾真正地活过。”他还说过：“你们可以拿走我们的生命，但是你们永远不能夺去我们的自由。”

来吧，在苏格兰，尽情地感受英伦的激情，你也许会在某道明媚的阳光照射着你的那一瞬间，不经意地明白了，这个曾经的日不落帝国是怎样缔造出属于它的辉煌。而今，涛声依旧在，几度夕阳红，只不过，它又多了一些兼容并蓄，一些厚积薄发，还有一些引人入胜的精彩。

感悟英伦，不要只用眼睛去捕捉如画的风景，要用耳朵去聆听美妙的声音，还要用心灵去为所有的温馨和美好拍照。

尽情放歌吧，在美丽的苏格兰，在美丽的英伦。

诚信英伦：英国人心中至高无上的美德

西方（英国）社会的宗教与道德

人类既创造了历史，也创造了文化，对于我们来说，文化是一种向更高、更完善的方向迈进的理想境界，而这种理想赋予生命以真正崇高的意义，这正是人类世代渴望和孜孜以求的目标。无疑，宗教作为一种文化，它也具有文化的这种内涵。

但丁说："宗教与道德常常能弥补智慧的缺陷，智慧却永远填补不了宗教与道德的空白。"英国社会非常看重人的德行。他们认为，一个人如果没有良好的德行，那么便没有尊严和信誉，而一个没有尊严和信誉的人，社会是不会接纳的。在这种"傻"的氛围中，人人感到轻松、平和、宽容和安全，充满真诚与友爱，少了勾心斗角、尔虞我诈。这种"傻"能够使人在没有内耗的环境中，全心全意地把精力投入到工作和生活中去。

神圣的基督教：给人信仰

"宗教"一词来源于拉丁文动词"religare"（联系）或者"relegerie"（再读、再思）。它主要包括以下五个要素：

1. 教会。它在某种宗教的基础上，把那些真诚信奉这一宗教或者假装信奉这一宗教的人联合起来。

2. 仪式。它是在教会监督和领导下，按照某种宗教的教规来进行的那些宗教活动和法术活动的总汇。

3. 信仰和观念。由某种宗教的一整套信条组成。

4. 特殊的情感和体验。因相应的信仰和仪式而产生，它在宗教的所有构成要素中是最重要的一个要素。

5. 道德规范。尽管有真正的起源，但在某种宗教的信条体系中却得到了论证和阐释。

基督教，作为世界三大宗教之一，是西方文明之源——两希文明（希伯来文明和希腊文明）的结晶，它构成了西方社会两千年来的文化传统和特色，并影响到世界其他地区的历史发展和文化进程。西方文化有着三大源头：一是古希腊文明，以苏格拉底、亚里士多德为代表的对物的反思，发展为后来的科学传统；二是古希伯来文明和犹太教，从对上帝的敬畏，引发出宗教原罪思想；三是古罗马法制传统，发展为近代的法制观念。而这三大源头，都在基督教中汇总，并以这种宗教信仰的形式在西方构造起庞大的文化体系。基督教完成了古代文明发展中“知”、“行”、“信”三阶段的过渡和融合，将各种文化因素包含于内，达到理论与实际的并重、思辨与信仰的统一、文化与宗教的互渗，从而在很大程度上决定了西方文化的发展走向和特征，导致了西方文化乃基督教文化的传统说法。而这对现在西方人的性格特征和办事风格产生了很大的影响。

基督教的产生

基督教于公元1世纪产生在散居小亚等地的犹太下层人们中间，不久便迅速传播于整个罗马境内，后来与佛教、伊斯兰教并称为世界三大宗教。

基督教并不是罗马境内某一单个民族的产物，而是整个罗马社会的产物，是罗马社会的广大下层人们在现实斗争中绝望而在宗教上寻求出路的结果。

早期基督教的教义与组织

公元2世纪，传道者编成了《福音书》，流传至今的有《马可福音》、《马太福音》、《路迦福音》和《约翰福音》四种，并构成了《新约圣经》的主要内容。早期基督教所宣扬的主要思想是天国思想，即所谓的“天国临近了”，末世论思想与此相联系，但不是主要的。天国思想反映早期基督教徒的社会观，一是反对富人，反对罗马的暴虐统治；二是朴素的社会平等思想，反映在宗教上，就是所谓在“上帝面前，人人平等，人人皆有罪，上帝救人人，忍受人间苦，死后升天国”。

基督教的传播及其演变

从公元2世纪后半期起，由于基督教的迅速传播，城乡中等阶层的有产居民和其他有产者也纷纷入教。这些人入教，一则是因不同程度地遭受奴隶制危机的损害而感到惶恐无望，再则是因这时基督教已从公社转向教会，在整个罗马，当时约有5%的人口入了教，教会有了一定的力量。有产者加入教会，改变了早期基督教的社会成分，从而使基督教的思想和组织也随之改变。他们向教会捐献财物，加上比较有文化教养，因而在教会影响较大，并逐步取得了领导地位。同时，早期基督教那种平等博爱、同舟共济、敌视富人、反对罗马的精神也渐趋消失，而劝人驯服、爱人如己、希冀来世的教义则被提高到主要地位。

基督徒一向信奉他们的生命是神所赐予的，所以他们也就会有美好的品行，因为他们是照着上帝的形象和样式被创造的，行善是他们的本分，而他们也因为生命的改变而能够有行善的力量。不过，我们也切实看到，在人类历史中，基督教的信仰影响了整个世界的文化，影响了整个世界的伦理道德，带给了这个世界很多的爱与和平，那是因为基督徒们听从基督的教导，要他们在这个世界上面关爱孤儿寡妇，照顾所有需要照顾的人们，把正义、爱、真理带给世界上更多的人，也有很多的基督徒为了这个原因而付出了甚至是生命的代价，因为这个世界需要基督徒带着从神而来的爱带给人们更多的祝福，这个世界充满了冷漠，只有从神而来的爱，只有基督舍己的爱能够消灭人心的冷漠。特雷莎修女在印度的侍奉给他们留下了美好的见证，还有很多很多这样的故事。

感悟基督教的思想精髓

基督教的教义主要来自《圣经》，基本的信条有以下内容：

1. 十诫。除了他（上帝）以外，你不可有别的神；不可为自己雕刻和敬拜偶像；不可妄称耶和华你上帝的名；当守安息日为圣日；当孝敬父母；不可杀人；不可奸淫；不可偷盗；不可作假证陷害人；不可贪恋别人

的妻子和财物。

2. 三位一体。相信上帝唯一，但有三个“位格”，即圣父——天地万物的创造者和主宰；圣子——耶稣基督，上帝之子，受上帝之遣，通过童贞女玛利亚降生为人，造成肉身，并“受死”、“复活”、“升天”，为全人类作了救赎，必将再来，审判世人；圣灵——上帝圣灵。三者是一个本体，却有三个不同的位格。

3. 信原罪。这是基督教伦理道德观的基础，认为人类的祖先亚当和夏娃因偷食禁果犯的罪传给了后代子孙，成为人类一切罪恶的根源。人生来就有这种原罪，此外还有违背上帝意志而犯种种“本罪”，人不能自我拯救，而要靠耶稣基督的救赎。因而，原罪说以后逐渐发展为西方的“罪感文化”，对西欧人的心理及价值观念影响深远。

4. 信救赎。人类因有原罪和本罪而无法自救，要靠上帝派遣其独生子耶稣基督降世为人做牺牲，成为“赎价”，做了人类偿还上帝的债项，从而拯救了全人类。

5. 因信称义。人类凭信仰就可获得救赎，而且这是在上帝面前成为义人的必要条件。

6. 信天国和永生。人的生命是有限的，但人的灵魂会因信仰而重生，并可因获得上帝的拯救而永生，在上帝的国度——天国里得到永生的幸福。

7. 信地狱和永罚。人若不信或不思悔改，就会受到上帝的惩罚，要在地狱里受煎熬。

8. 信末世。相信在世界末日之时，人类包括死去的人都将在上帝面前接受最后的审判，无罪的人将进入天堂，而有罪者将下地狱。

……

这就是基督教，让人充满爱，而不是仇恨、憎恶和惩罚；让人不要发怒，要学会原谅别人，有一颗宽宏大量的心；让人孝敬父母，懂得回报，懂得感恩；让人行一切的善道；让人喜乐，不要在意世俗的种种，无争无战；让人学会满足，懂得知足常乐；让人不跪拜偶像，要努力实现自我价值；让人心中永存信念，不论是在怎样艰苦卓绝的环境中，都要有坚定的信仰，相信上帝会救自救之人，他会一直陪伴在我们的身旁，不离不弃，直到我们找到希望。

品味英国宗教的感觉

有一次，一位著名的作家去问牛津的教主，要怎样才能成为他的教堂成员。瞬间一丝迷惑的神情出现在他的脸上。“这似乎是一个很奇怪的问题”，他漫不经心地回答道，好像他从来没有遇到过这种问题。你无法想象一个犹太教或者罗马教的教主会这样回答。这个教主继续说道，用的也是典型的英国人的开场白：“噢，这得看那是什么情况了。”“还得看你要去的是哪个教堂。”

一个传播福音的教堂需要你全身心的彻底的信奉。一个传统的英国国教天主教教堂会教给你基督教的正教是如何不同于罗马的天主教教义。英国国教从来都不相信墨守成规的教条，他们喜欢给予人们很大的空间和普遍的自由。英国人就喜欢他们那样的宗教——就如同国事一般，令人愉快而又毫不张扬和夸耀。

在英国，你会惊讶地发现，教堂是最普遍的建筑，它遍及英国的大小城市，并一直绵延到乡村，它们就是那样安静地、不动声色地矗立在那里，沉稳而内敛，拜谒的人们经年累月，络绎不绝，从他们虔诚的表情中，你会读懂，什么叫做安全感，什么是随遇而安。多少岁月沉淀的信仰，是千千万万英国人心中坚不可摧的力量。也许他们自己也难以用语言来形容这到底是一种什么感觉，但他们能够真切地感受到这种信仰对他们生活的改变，心灵的净化，甚至于人生航向的掌舵。

点一盏心灯，给自己，在这个纷纭繁复的尘世中，岂能尽如人意，但求无愧我心。这也许就是英国人心中上帝赐予的最美的安魂曲吧。

在基督教和儒教之间，架起一座沟通的桥梁

在当今全球化迅速发展的时代，沟通基督教和儒教的时机已经到来，而且这是一项很重要的任务。比较这两种宗教，我们也许会对中西方人们不同的文化背景和处世方式有一些更深入的了解。

李政道博士曾经指出，15 世纪以前，中国领先于西方；15 世纪以后，西方逐渐领先于中国。这个问题，可由分析作为东西方文明推动力的儒教

和基督教的特点而得到适当的解释。

周公号为“多才与艺人也”，为儒教下定奠基石的孔子则是一位知识卓越的老教师。他提出的诗书易礼春秋之教，只有文化很高的士才有资格研究，占社会绝大多数的农、工、商民众则无法问津。而在古代生产力低下的时代，士的人数不可能很多。儒教文明因推动力不足而进展缓慢。

但若从周公算起，儒教比基督教约早一千年，若从孔子算起也早五百年。当公元5世纪时，现代西欧诸国人们的祖先还处于野蛮状态，中国早已衣冠礼乐相当文明了。所以能长久居领先地位。

耶稣立教简洁：他是上帝的独生子，是爱的化身，舍身钉在十字架为万人赎罪。只要悔改信他，听从他的用“爱人如己”一语概括的教导，就可以得天国永生。其教法之妙，令人赞叹不尽：他能复活在你的心中（至善的本性被唤醒），做你的救主、良师、密友。他是神人中保（唯复性可以合天）。他差遣圣灵（良知）时刻指引你的道路。基督教实行重于理论，耶稣12个使徒中的11个也殉道而死，感人之力极深，野蛮人听了也会化为仁慈。基督教社会进展神速，发展到了15世纪就超过东方了。基督教《圣经》妇孺皆知，宗教革命后的新教，主张人人读《圣经》，直接向上帝祈祷，自动担任传道者。这种超前趋势继续加大。

基督教是神人文化，主张在上帝面前，人人平等；儒教属人神文化，主张在皇上面前，人人平等。那么基督教之最终决断权在上帝那里，而儒教的圣裁由皇上做出。基督教讲究契约，《圣经》就是人与神的契约，分别称《新约全书》与《旧约全书》；儒教没有契约的概念，一切服从圣旨。基督教主张原罪与救赎，这是从犹太教那里承袭下来的，说道：亚当、夏娃偷吃了“知善恶树”的果实，犯下原罪，从此人类代代相传，生而有罪。人生伊始就是罪人，一生都必须为赎罪而忍受苦难，笃信耶稣才能为人赎罪。然而儒教崇尚“性善说”，认为人生而为善，所有的恶都是后天沾染的。《三字经》起始便以“人之初，性本善”教育一代又一代人。而这种“性善说”，使人生来就处于抵御侵蚀的状态，以免人性本来具有的善良被剥夺。它于是强调保守而不是进取，万里长城就是这种保守的图腾。反之，基督教主张吸纳来自一切方面的善，以克服自身与生俱来的恶，无论有意还是无意，都鼓励了进取之心，推而广之，西方文化对自然和社会的进取，触发了科学探索、殖民地征伐、社会体制改良等，都跟基督教的崇尚进取的原动力有关。而儒教崇尚的保守，则使科学探索在中国文化中毫无地位可言，“万般皆下品，唯有读书高”，其实仅仅因为读书为官之故，科学便成了三教九流里的货色，而闭关锁国、夜郎自大则是儒教在政治方面的硕果。

基督教宣扬爱心，爱心是平等的心与心的交流，尽管基督教相信上帝是真理的本体，但即使对上帝的爱也有上帝对教徒之爱为回报。而且，上帝不仅有慈爱、圣洁、诚信、怜悯、正义、善良的秉性，还具有奉献的品格，它们是伦理道德的典范，同时上帝也要求跟随他的人效法这种美德，对上帝崇敬之爱也包含了对这些美德的崇尚。而儒教绝不提倡对皇上的爱，唯有敬畏与服从，儒教主张的仁政，则是居高临下的恩赐。在儒家看来，人与人之间的关系推到本质便是“孝”，尽己便是忠，及人便是恕。仁的根本是孝悌，归结到最后，只剩下唯上是从的奴性。儒教的封闭保守特征，造就了两千余年毫无长进的小农经济，而这种自给自足的小农经济，反过来又滋润着儒教文化的巩固。

诚实守信的英国人

有这样一个故事：19 世纪的某一天，一位英国议员去办一件紧急的事情，他驾着马车，奔驰在伦敦泥泞的街道。忽然，马车的一个轮子陷进了一个坑。

议员着急啊，可是自己一个人显然搞不定。这时，来了一个小伙子，跟他一起用了很多办法，终于把马车推了出来。议员非常感激他，拉着小伙子的手说：“你帮助了我，我想给你一些报酬，你能告诉我，你希望得到什么吗?”小伙子没有客气，回答道：“我没有想过什么，就是想做一个医生。”议员听后，承诺一定帮他实现这个愿望。

斗转星移，时间到了 20 世纪 40 年代，一个人得了急性肺炎，需要当时的特效药青霉素消炎，否则性命难保，而这个得病的人，是温斯顿·丘吉尔先生。最终，人们找到了药，救了他，也最终救了英国。

而这药的发明人弗莱明，你猜怎么着，就是当时那个帮议员的小伙子——议员的确实现了自己的诺言。

还有更神的，这个议员就是温斯顿·丘吉尔的父亲。

是的，诚信在先，“蝴蝶效应”在后。

掩卷沉思，也许你会认为这不过就是一个巧合罢了。然而，一滴水虽小，却可以反射整个太阳的光辉。

英国人从来就是一个崇尚诚实守信的民族，在他们看来，这乃是一个人立身于世的第一要义，只有诚信，人与人之间才可以建立起良好的信誉，社会才可以快速有效地运转。

英国人的“傻”

如果你来到英国，那么第一个感觉，便是觉得英国人很傻。

如果你走在街上，不小心撞上了英国人，对方会很抱歉地说一声“Sorry”，好像是他碰了你一样，让人不可理解。

如果你买了东西，拿回家后，忽然又不想要了，无论你买了多长时间，只要没有污损，都可以拿回去退货。没有任何理由，只要你说不喜欢就行了。想想，也不怕亏本，真傻。

还有更傻的呢。一次，有位留学生从英国向国内寄回一块手表。可当家人收到时，只是一只空盒子。里面的手表不翼而飞，不知是落在邮路的哪一地界了。当他向英国邮局提出此事时，邮局却未让他出示任何证明且很快地向他赔偿了损失，也不怕其中有诈。

如此看来，英国人确实太傻了。时间长了，慢慢地理解了英国人的傻劲。

一位曾在英国某大学做访问学者的先生这么说：在实验室里，有许多贵重金属，如黄金、白金等，没有人专门管理，也没人监视。如需要，自己去拿就行了，用多少都不要紧的，但不能作为私用。如果你一念之差，顺便捎带了些回家，那么，这意味着你的信誉彻底完蛋，以后也不会有任何单位聘用你了。

这就是说，英国社会非常看重人的德行，十分讲究诚信，一个人如果一旦有不良诚信记录，他就很难找到工作。虽然平时很少在媒体和学校听到诚信方面的教育，但孩子们却自然诚实守信。这正应了中国那句老话：身教重于言教！在英国，很多商店就把东西放在门口，顾客选好后进店付钱。英国的火车站无人检票，人们可以自由地上下火车。他们认为：一个人如果没有良好的德行，那么便没什么尊严和信誉。而一个没有尊严和信誉的人，社会是不会接纳的。这也是英国社会在用人时，那么看重你有无犯罪记录的原因。

在这个前提下，再看英国人的傻，却是诚实的代名词了。

当然，你更不用怕超级市场的短斤少两和讨价还价。因为，他们的标价绝对诚实，也不会在秤上做什么文章。

说来也不奇怪，一个社会如果视名誉比金钱重要的话，那么，诚实就成为必然的了。

买了车，要去上保险。按规定，学生和老师是有一定优惠的。但是，办事人员没有要求他们出示任何证件和证明，就会很顺利地办好一切。

并且，在英国住旅馆根本就不看你的身份，而只需报出自己的姓名即可，然后服务人员便会直接领你去房间，并且交给你钥匙。如果你抵达旅馆时，主人没在，只有一位英国小姐在值班。这时你也只要报出自己的姓名和预定日期即可，她就会径直带你去看房。看完房间，交给你钥匙，这房间便完全由你使用了。除了早晨 11 点打扫一遍外，没有管理人员，也没有任何人监视你。你仿佛就是房间的主人，自由进出时没有人会注意到你何时离开，何时返回。同样，服务小姐根本不看你的护照，而且不仅没有钥匙押金，更没有限制你必须交预付款。你可以提前交，也可以离开时交。他们根本没有怕你不交款而偷偷离去的概念，更没有你会把房间的电视机或其他值钱的东西偷偷卷走的想法。他们以诚待人，也相信你完全是一个诚实信用的人。

其实，良好的社会首先使人感到的是安全和轻松。当然，它的前提便是人人诚实，不欺诈。因此，英国人有一种共识，就是自尊、诚实，守信。只有自尊了，别人才会尊重你；只有诚实了，别人才能对你诚实；只有守信了，整个社会才能形成良好的信用氛围。

英国人的彬彬有礼和耐心

英国人的彬彬有礼的确名不虚传！他们见面时常亲切地说“Are you all right?”而不是我们教科书上讲的“How are you?”或是谈论天气。他

们挂在嘴边，使用频率最高的词是：Excuse me 和 Sorry。就连你无意踩到别人脚上，对方也会连忙对你说“Sorry”。英国人还特别喜欢说“Thank you”，甚至更随意地说成“Cheers!”常听到乘客下车时对司机说“Cheers!”来表达谢意。在商场购物时，到处都能听到售货员与顾客之间互道“Cheers!”感触最深的是，有一次，我到移民局办证，有一份文件漏了签名，我走后，其公务员一直追到车站，我连忙道歉，他却说“Thank you for giving me more fresh air outside, cheers!”（感谢你给我机会出来透透气，谢谢!）我当时十分感动!

英国人的耐心令人叹服。在售票处、银行、超市、车站等到处都是耐心排队的人们，在队尾的人常被问道：“Are you in the queue?”接着，他们便自觉地排在其后，绝无插队现象。小小的排队可以反映出一种文明与进步。还有，你只要有问题去找英国服务行业的人帮忙解决，他们都会十分耐心，绝不敷衍了事。记得，为了银行卡的事，我到当地的 HSBC 分行去了解情况。因为卡是当时在伦敦办的，和当地的 HSBC 分行并无多大的关系，自己去那里也只是想了解些情况。没想到其工作人员非常耐心，不厌其烦地给我上网查找，打电话到伦敦去询问，然后决定给我重新办卡，为了我这件事，那个工作人员足足用了一个多小时，这种耐心让我深深折服。

想想看，用这么大的耐心去做一件本不是分内的事，那还有什么事做不了呢？这种态度，想不成功都难啊。

和英国人做生意

“与英国人谈判很难，但是合作起来很简单。”不过，英国人的“简单”，是建立在合同基础上的“简单”，讲究诚信的英国人，在这方面没有任何商量余地。

英国的国民特性与其文化背景密切相关。英国的经济发展较早，在大部分外国人的眼里，英国人“自命清高”和“难以接近”。但是，事实并非完全如此，他们之间善于互相理解，能体谅别人。无论办什么事情，总是尽可能不留坏印象，绅士风度，处处可见。他们懂得如何造就一个协调的环境，让大家和谐而愉快地生活。职业感强烈，是英国人的另一大特性。选择了一种职业，就一定要让自己的业务精益求精。在生意交往中，他们重交情，不刻意追求物质，不掂斤播两，一副大家风范。对生意场上的谈判，他们往往不做充分的准备，细节之处不加注意，显得有些松松垮垮。但英国商人很和善、友好，容易相处。因此，遇到问题也容易解决。他们好交际，善应变，有很好的灵活性，对建设性的意见反应积极。在英国，“外表决定一切”，与英国人交往要尽量避免感情外露。受到款待一定要致谢，事后致函表示谢意，更能引起注意，赠送小礼品能增加友谊。和英国人做生意，必须诚实守信，答应过的事情，一定要全力以赴，不折不扣地去完成。而且，英国人在生意场上，通常是直来直去，有什么想法都会直接告诉你，这样做的最大好处就是提高了沟通效率，并且，在谈判桌上，他们的回答也很简单，不是“Yes”就是“No”。一开始你也许不太习惯，但仔细一想其实本该如此。

英国的礼仪丰富多彩，彼此第一次认识时，一般都以握手为礼，不像东欧人那样常常拥抱。随便拍打客人被认为是非礼的行为，即使是在谈判结束之后也是如此。英国人有些禁忌必须注意，比如，他们从不从梯子下走过，在屋里不撑伞，从不把鞋子放在桌子上，给人像做装潢等。

英国人注意服装，穿着要因时而异。他们往往以貌取人，仪容态度尤须注意。英国人讲究穿戴，只要一出家门，就得衣冠楚楚。虽然英国人已无昔日的雄风，可是自尊心特别强。中、上层的人士由于过着舒适的生活，因此，养成了一种传统的“绅士”、“淑女”风度。他们守旧，一般都热衷于墨守成规，矜持庄重。一般家庭喜爱以前几代传下来的旧家具、旧摆设、旧钟表而炫耀于人。首都伦敦有许多“百年老店”，而且越是著名的商店，越对原有的式样或布置保持得越完整。汽车发动机虽然换上新型号的了，但车型还要尽量保持过去的老样子。伦敦有两家邮局，一年365天昼夜营业，从不休息，据说这是遵循英国的古老传统而保留下来的。

英国人性格孤僻，生活刻板，办事认真，对外界事物不感兴趣，往往寡言少语，对新鲜事物持谨慎态度，具有独特的冷静的幽默。他们保守、冷漠，感情不轻易外露，即便有很伤心的事，也常常不表现出来。他们很少发脾气，能忍耐，不愿意与别人作无谓的争论。英国人做事很有耐心，无论在什么情况下，他们都不面露焦急之色。

英国人待人彬彬有礼，讲话十分客气，“谢谢”、“请”字不离口。对英国人讲话也要客气，不论他们是服务员还是司机，都要以礼相待。请他办事时说话要委婉，不要使人感到有命令的口吻，否则，可能会使你遭到冷遇。英国人对于妇女是比较尊重的，在英国，“女士优先”的社会风气很浓。如走路时，要让女士先走。乘电梯时，要让女士先进。乘公共汽车、电车时，要让女士先上。斟酒时，要给女宾或女主人先斟。在街头行走时，男的应走外侧，以免发生危险时，保护妇女免受伤害。丈夫通常要偕同妻子参加各种社交活动，而且总是习惯先将妻子介绍给贵宾认识。按英国商务礼俗，宜穿三件套式西装，打传统保守式的领带，但是，勿打条纹领带，因为英国人会联想到那是旧“军团”或老学校的制服领带。英国人的时间观念很强，拜会或洽谈生意时，访前必须预约，准时很重要，最好提前几分钟到达。与他们相处之道是严守时间，遵守诺言。

英国各民族还是遵循传统的习惯，宜避免老用“English”一词来表示“英国的”。如遇到两个商人，一个是苏格兰人或威尔士人，你说他是“英国人”，那么，他会纠正你说，他是“苏格兰人”或“威尔士人”，宜用“British”一词。谈生意时态度须保守、谨慎。初次见面或在特殊场合，或者是表示赞同与祝贺时，才相互握手。在英国，不流行邀对方早餐谈生意。一般来说，他们的午餐比较简单，对晚餐比较重视，视为正餐。

因此，重大的宴请或商务洽谈活动，大家都放在晚餐时进行。去英国人家里做客时，最好带点价值较低的礼物，因为花费不多就不会有行贿之嫌。礼品一般有高级巧克力、名酒、鲜花，特别是中国具有民族特色的民间工艺美术品，他们格外欣赏。而对有客人公司标记的纪念品不感兴趣。在英国，服饰、香皂之类的物品未免太涉及个人的私生活，故一般不用来送人。菊花在任何欧洲国家都只用于万圣节或葬礼，一般不宜送人。白色的百合花在英国象征死亡，也不宜送人。其他的花都可送人。盆栽植物一般是宴会后派人送去。若请你到人家里做客，需要注意，如果是一种社交场合，不是公事，早到是不礼貌的，女主人要为你做准备，你去早了，她还没有准备好，会使她难堪。最好是晚到10分钟。在接受礼物方面，英国人和中国人的习惯有很大的不同。他们常常当着客人的面打开礼物，无论礼物价值如何，或是否有用，主人都会给以热情的赞扬表示谢意。一般来说，苏格兰威士忌是很通行的礼物，烈性威士忌则不然。

英国商人一般不喜欢邀请客人至家中饮宴，聚会大都在酒店、饭店进行。英国人的饮宴，在某种意义上说，是以俭朴为主。他们讨厌浪费的人。比如说，要泡茶请客，如果来客中有三位，一定只烧三份的水。英国对饮茶十分讲究，各阶层的人都喜欢饮茶，尤其是女士嗜茶成癖。英国人还有饮下午茶的习惯，即在下午3—4点钟的时候，放下手中的工作，喝一杯红茶，有时也吃块点心，休息一刻钟，称为“茶休”。主人常邀请你共同饮下午茶。遇到这种情况，大可不必推辞。在正式的宴会上，一般不准吸烟。因为进餐时吸烟，被视为失礼。

在英国，邀请对方午餐、晚餐或到酒吧喝酒或观看戏剧、芭蕾舞等，会被当做送礼的等价。主人提供的饮品，客人饮量以不超过3杯为宜，如果感到喝够了，可以将空杯迅速地转动一下，然后交给主人，这表示喝够了，多谢的意思。酒馆开门的时间一般是上午11时至下午3时，下午5时半到晚上11时。酒馆里喝酒的人一般比较多，高峰时，后来的客人没有座位，就买散酒随便站着喝。

英国商人一般对建设性的意见反应积极。衣着讲究，好讲派头，出席宴会或晚会时，习惯穿黑色礼服，衣裤须烫得笔挺。此外，还须注意他们的一些忌讳：忌谈个人私事、家事、婚丧、年龄、职业、收入、宗教等问题。由于宗教的原因，他们非常忌讳“13”这个数字，认为这是个不吉利的数字。日常生活中尽量避免“13”这个数字，用餐时，不准13人同桌，如果13日又是星期五的话，则认为这是双倍的不吉利。不能手背朝外，用手指表示“二”，这种“V”形手势，是蔑视别人的一种敌意做法。上街走路时，千万注意交通安全，因为所有车辆都是靠左边行驶的。商务活动最好安排在2—6月、9月中旬至11月。圣诞节及复活节前后两周一般是不适合谈生意的。英国银行有春假（圣灵降临）节，在6月第一个周末；银行暑假节，在8月最后一个周末。

英、美两国商人性格迥异。美国的商人即使昨天还是未见过面的陌生人，今天一见面就会立刻显露出如多年的知己老友那样的亲热感，直呼你的名字，甚至当天就可以做成一笔大生意。而英国的商人则会在开始时保持一段距离，然后才慢慢接近。这种人际关系的建立并非出于慎重，而是因为怕羞。但是，在遇到决策时，他们也会毫不犹豫地做出决定，遇到有纠纷时，也不会轻易地道歉，他们自信自己的所作所为是完美的。英国人的作风是很注重逻辑，凡是自己所想的事，总是想方设法做出逻辑性很强的说明。

另一方面，英国人会在考虑到对方的立场之后才开始行动，以免给别人造成不舒服的感觉。换言之，英国人是很规矩的，经常会考虑到别人的意识和行动。体谅别人是英国人的特点，就这点来说，可以认为英国人善于机变，惯于社交。

英国人属外柔内刚型，他们与中国人类似，具有一种别的民族所不具备的品质——恻隐之心。英国人在争论中有时也会脱口而出："这不公平！"这是一种语气很强硬的句子，是针对那些忽视对方立场，唯我独尊的态度的一种谴责。

英国人比较珍惜自己的职业，安于自己的岗位，在自己选择的职业中精益求精，对自己的职业感到自豪。

与英国人做生意，首先从建立信用着手，然后考虑到要"有助"于人。所以当交易中某些事项未能遂愿时，千万不能强人所难，这在英国的商界是行不通的。遇到这种情况时，就得另想办法，或等待下一次机会，诉之于感情的做法是万万行不通的。此外，与英国人做生意，凡事都有一定的程序，不能操之过急。

英国人很珍惜社会公德。以关门为例，当英国人发现两三米后面有人也要进来的话，他就会把门开着静候那人走之后才把门放开。英国人不会将这种等候的时间看成是一种损失。英国人常说的两句话是"谢谢"和"对不起"，正是这样，使生活变得很和谐。

英国人在上班时间里都能埋头苦干，不会稍有松懈，更不会有抽烟，看报之类的事来浪费自己的时间。英国一般员工很少加班，但经理级的人员通常会比较忙，工作都是从早到深夜的。

英国社会的最大特征，在于它那严格的等级制度依然存在。不同的等级，语言不同，连阅读的报纸也有差异。例如，上流阶层的人阅读《时报》、《金融时报》等高级报纸，中等阶层的人阅读《每日电讯报》，而下层人员则阅读《太阳报》或《每日镜报》等。甚至晚餐的时间也是越下层的人越早，越上层的人越晚。

英国人的特征，是各人依自己的想法生活，而不随声附和他人的意思。他们的基本想法是："除非受人之托，否则，就不干扰他人之事。"

亦即坚持自己的步调。

在商业生活中，英国也和别的国家一样，有了商业关系后，就会有私下的应酬。英国人招待客人的时间较长，先喝果汁苏打，接着换成白葡萄酒、红葡萄酒，然后是雪茄烟，最后再加一道白兰地酒，总共大约要花上3个小时。英国人的约会一旦确定，就会排除万难赴约。所以，和英国人的约会，若定的时间在很久以后，则被约的英国人就会支吾其词地回答，因此，和英国人交往时要把握住讲话的适当时机。

受到款待之后，一定要写信表示谢意，否则会被认为不懂礼貌。要约会时，如果是过去未曾见过面的，那么一定要写信告诉面谈的目的，然后再约时间。总之，凡事都要规规矩矩，不懂礼貌或不守约束的话，办事是难以顺利进行的。

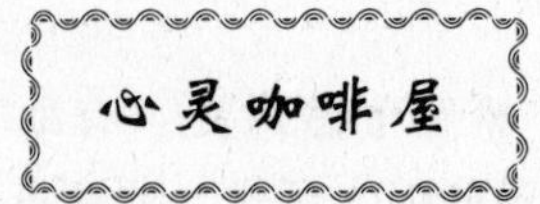

漫步在这个古老而传统的国度，仰望着浩渺无垠的星空，心灵会感悟到一种神圣，仿佛点点的银洁星光，慢慢地流泻，从你的心头划过。

是的，这是一种宗教的感觉、信仰的感觉。就像恍惚中，看见上帝在远远的天际，向你微笑，明净，爽朗。在那一刻，你的心灵也是那样的透明和纯洁。

其实，基督是一个很玄妙的东西，它给人信仰，也就让人有所敬畏。

在英伦，宗教的另一种境界是提升了一个人的修养，升华了一个人的灵魂。因为信奉上帝，他做事就会有所收敛，很有分寸，廉洁自律，洁身自好。

英国人诚实守信，一诺千金。和他们在一起，你也会变得简单，变得快乐，这其实是一种大智若愚的境界。

看天上云卷云舒，望庭前花开花落，在泰晤士河畔，轻轻地掬一捧清泉，在其中放入信仰的花瓣，虔诚的落英，慢慢沉淀，刹那间，馨香四溢，满心晶莹。

一饮而尽吧，让我们都诚实、守信、单纯、明净。

活力英伦：漫话英国的经济与环境

乘上英国经济的特快列车

英国人喜欢怀旧。在这个国家里，似乎老的旧的东西总是比新的好些，买房子要说老房子如何有情趣，卖首饰要说花纹如何有传统，连伦敦的出租车也是只换发动机，不换外形。英国的国旗正式形成也有400多年了，英国人始终认为，英国的米字旗比美国的星条旗更有内涵。它是多元化的、永远是大英帝国的一部分，更能代表世界发展的趋势。正如一位英国议员所说，每个英国人的花园里都应该插上英国国旗。

曾经沧海难为水，昨天的辉煌已然是明日黄花，“日不落帝国”虽已不再称霸世界，但依然风韵犹存，豪情万丈，这辆名为经济的特快列车，大英帝国依然驾驭得得心应手，游刃有余。英国早已是一个成熟的经济实体，它现在面临的问题，不过是如何才能让它运转得更加优美，你看那风调雨顺，国泰民安，到处是一派欣欣向荣的景象。今天的英国，含蓄、内敛、步调稳重、气宇轩昂，在整个欧洲乃至世界，它依然一枝独秀，绽放着自己潇洒而又豪迈的芬芳。

“日不落帝国”的辉煌与荣光

帝国的诞生

大英帝国是从1782年开始的，当时美国的前身——英属北美13个殖民地即将获得独立，在位的英王乔治三世认为，英国永远也不可能从这次

失败中恢复元气，“它将沦为欧洲一个微不足道的国家。”他甚至想到了退位。他没有想到的是，英国的海外扩张在其后150年里没有丝毫停止的迹象：西印度群岛和加拿大的殖民地继续臣服于英王，两三千万印度人成为英国属民，澳大利亚、新西兰和南非成为英国人新的西部，新加坡和中国香港为英国带来更繁荣的贸易机会。在以后的上百年和平时期里，英国海军可随时动用90多艘战舰，在从牙买加到孟买的广阔海域里展开行动。

丧失北美殖民地也没能触动英国的海外贸易，大部分欧洲以外地区的产品还是通过英国销往欧洲，1783年后的几年里，英国对新生美国的出口值大大超过了该地区以前的进口总额。另外，英国仍是最大的奴隶贩运者，把奴隶从非洲运到美洲。

这样，到了20世纪初，英国已经是欧洲首屈一指的强权国家，它的势力遍布全世界人类可到达的地方，也在改变世界的面目。这不仅远远超出了乔治三世的期望，也宣告了一个新的帝国时代来临。

第二次世界大战结束后，英国的国际地位曾一度随经济一落千丈。从20世纪80年代开始，英国大力发展金融业，如今金融服务业产生的价值已经占到了英国国内生产总值的一半以上。1997年，布莱尔领导工党上台执政，英国步入发展期。由于欧元区国家经济低迷，手握英镑自成一体的英国经济突飞猛进，成为欧洲地区位列三甲的强国。此外，布莱尔政府向美国学习，改革传统的高福利政策，强调自由机制。这使英国的低失业率、低通胀率、高增长等指标在欧洲傲视群雄。英国民众的个人生活水平也超过了欧洲第一强国德国。

走在伦敦街头，你会发现，各种肤色的人川流不息，伦敦市政府大楼恐怕是世界上形状最怪异的政府建筑，而形似摩天轮的“伦敦眼”则完全打破了被古老建筑切削成曲线的天际线。不少来自英联邦国家的人将伦敦称为自己的首都。一种自信在英国人心中油然而生。在政治领域，英国出兵阿富汗、伊拉克，支持北约东扩。它借助与美国的盟友关系对世界政治格局施加影响。这些政治和经济上的举动让不少人想起了英国维多利亚一世时代全球扩张的历史。

不断重现“帝国辉煌”

有人说，英国人的力量既来源于现实，也来源于历史。的确如此，英

国人对帝国梦想的难以割舍在其文化生活中表现得淋漓尽致。在伦敦市中心，特拉法加广场中央的纪念碑上有一尊雕像，他就是曾在两个世纪前率领英国海军击败西班牙和法国联合舰队的名将纳尔逊。塑像刚建好的时候，是伦敦当时最高的建筑。

2006年夏天，为了庆祝这场战役发生200周年，英国皇家海军倾其所有，将航空母舰等大小百余艘舰只连同其他国家参加庆贺的舰只一起，在英格兰南部的朴次茅斯水域列队庆贺，英国女王伊丽莎白二世作为国家元首登船检阅。当天的纪念活动被英国电视媒体全程实况转播，近10万英国人从各地前往活动现场观看，人们的兴奋程度甚至超过了庆祝圣诞节。

在英国生活久了，你就会发现，庆祝历史是举行全国性活动的主要原因。除了特拉法加海战外，英国近年来还举行了庆祝两次世界大战胜利结束、英国女王在位50周年等与“帝国辉煌”有关的活动。除了庆典，在英国的电视广播节目里，每天都可以看到或听到维多利亚时代的历史剧、纪录片，有些甚至是长年重播。在日常生活中，英国人无数次地调侃法国人兵败滑铁卢，并以模仿乔治五世和丘吉尔的口音来重温历史。

今日英国：激情与梦想同在

英国是世界经济强国之一。1997年5月，英国工党开始执政至2007年6月底，在布莱尔首相任期内，英国经济克服了世界经济衰退等不利因素的影响，基本保持了稳增长、低通胀、高就业、福利改善的运行态势，失业率降至30年来的最低点，实现了过去200年英国历史上从未有过的一个最长的经济持续增长期。

英国服务业是国民经济的支柱产业，农业占很小比重，钢铁、煤炭、纺织等传统制造业在英国产业结构改造中已逐步萎缩。按行业划分，英国产业大体分为五大部门，即农业、渔业和林业；制造业；建筑业；能源和自然资源业；服务业。各产业经济增加值在英国经济中的比重大致为：金融、批发及零售、房地产等部门在内的服务业占72%，制造业和建筑业占23%，能源和自然资源业占4%，农、林、渔业占1%。

英国经济增长的主要因素是资本投资增长、政府支出增加和出口回升。

对外贸易：英国是世界第六大货物贸易国，主张开放的多边贸易体系和世界贸易的进一步自由化。对外贸易是英国经济的重要组成部分，外贸依存度较高。英国人口占世界人口的1%，但其国际贸易占世界贸易总量的近6%，人均出口额超过美国和日本。目前，英国与欧盟成员间的贸易占主导地位，约占50%。

吸引外资：英国以其稳定的政治经济形势、完善的法律制度体系以及学术研究与商务应用良好的合作，在吸引境外投资方面一直保持着较强的竞争力。按部门划分，前五大投资行业依次是：信息技术、互联网和电子商务、软件、医药和生物技术、电子及管理。

金融服务市场：金融服务业是英国经济的重要支柱产业，每年创造50%以上的国民生产总值和190亿英镑的贸易顺差，雇用员工100余万人。凭借深厚的贸易渊源、一流的专业人员、高质的配套服务以及语言、时区、法规等方面的优势，伦敦位居世界三大金融中心之列；在证券和外汇交易、海事和航空保险、债券保险和交易、银行间拆借等国际金融市场上均占有重要一席。伦敦有“全球再保险业务技能中心”的美誉，是全球最大的国际保险市场，也是全球最大的外汇市场。

能源市场：英国能源资源丰富，在欧盟国家中居首位，拥有大量的石油和天然气资源，是世界上第五大产天然气国和第八大产油国。煤炭储量十分可观。1981年，英国成为能源净输出国；1989—1999年进行了能源私有化改革，建立了完全开放、充分竞争的电力和燃气市场；天然气取代煤炭成为主要能源形式，大大降低了污染环境气体的排放量；核电进入市场，风能、生物能等可再生能源技术研究开发趋向成熟，改变了单一化石燃料的能源结构。

制造业：英国经济的主要创新驱动力。在全球经济格局变幻、竞争加剧的今天，制造业是英国经济不可或缺的组成，是全英国经济活动和就业机会的重要贡献因素，是引进新产品、新理念的主要创新驱动力。

英国的七项支柱助推其制造业发展。一是宏观经济稳定——产业可持续发展的充要条件；二是投资水平——产业发展良性循环的强心针；三是科研和创新——产业成长的催化剂；四是理想的产业实践经验——持续提升产业竞争力的助推器；五是技能技术和教育——劳动生产率提升的主要驱动力；六是现代化的基础设施——提升产业竞争力的基本保证；七是恰当的市场框架——营造产业发展氛围的强大外力。

英国和欧盟的关系——恰似一江春水向东流

大部分英国人平时并不怎么考虑欧盟的问题，而对诸如度假、美食、足球和文化之类的话题更有兴趣，他们更关注自己的生活质量。

布朗已于2007年6月27日接任布莱尔成为英国下一任首相，与布莱尔不同的是，布朗在对欧盟的关系上，更加谨慎。那么布莱尔之后，英国将会怎么处理与欧盟之间的政治、经济关系呢？

在布朗担任财政大臣的十年里，英国的经济发展取得了很不错的成绩，但是，近几年来欧元区的经济也是一路高歌，欧元作为一种区域性货币表现良好。那么，英镑与欧元区的关系会不会有新的发展？

其实，在政治文化关系上，英国与欧洲大陆的关系也一直是分分合合，聚少离多。独立于欧洲大陆的英国，跟欧洲大陆的关系反而不如与美国的关系更密切，我们又该如何理解英国人对欧洲的心情？

美国将一直是英国的亲密盟友

与布莱尔相比，布朗显得更不愿意接受欧洲一体化，但一般来说，一个新的首相往往会带来新的领导理念，因此布朗会做出一些改变。他仍然会延续英国一贯的谨慎立场，不会像布莱尔那样对欧洲热情且乐观。或许布朗最终会把英国带入欧洲，但现在布朗不会这么做。他更希望英国自身市场运作良好，而不是整体融入欧盟，因为这样可能会给英国的经济发展带来风险。

在英国，很多人认为，美国是英国的亲密盟友，英国应该跟美国保持密切的关系。这两个国家的确有很多共同的历史，他们看世界的方式也是一致的。就这一点来看，英国和其他欧洲国家有很大不同。

在布什之后，一个新的美国总统会带来新的国际问题思路，英国还是会保持跟美国亲密盟友的关系。尽管如此，很多英国人仍然认为布莱尔不应该在美国入侵伊拉克的问题上为美国提供帮助。

布朗在财政部担任职务长达十年之久，没有处理过外交事务，比如，他不怎么了解海湾战争。虽然是政府非常重要的成员，但布朗仍然比较沉默，也成功地保持了低调。即便是在四年之前，大多数英国人都不会相信布朗会成为继布莱尔之后的下一任英国首相。在担任财政职务期间，他能够做到完全不参与伊拉克战争，他说他的任务就是管理英国的经济，处理财政问题，主要是英国内部的问题，他很少花时间考虑外交问题。

两年之前，他才开始比较公开地讨论国际问题，但也主要是与非洲发展有关的，而不是中东问题。因此，虽然他到过伊拉克，还是会维持目前英国的中东政策，不会很快做出改变。

英国人对欧元区持怀疑态度

虽然最近一段时间，欧元区内经济发展形势不错，欧洲央行也做出了加息的举动，欧元逐渐走强。但是，在英国国内，对英镑加入欧元区还是没有出现更多的支持声音。在整个欧元区内，失业问题仍然是最棘手的问题之一，虽然这个问题可能跟欧元没有直接关系，但是跟劳动力市场和社会福利政策等结构性因素有关，这是英国人至今对欧元区持怀疑态度的重要原因。

英国不加入欧元区，主要是因为他想维持自己货币的地位。同时英国人还认为，英国的经济发展势头比欧元区的经济发展要好，它们不愿意在加入欧元区之后冒经济发展放缓的风险。

英国传统上不愿意支持欧洲统一政策，不仅仅在货币经济领域，在其他领域也一样。这部分是传统和历史的原因，部分是外交政策和制度方面的原因。还有一些原因值得注意，即媒体和社会舆论的影响，英国媒体的声音非常强大，它们大都是非常反对欧洲一体化的。

在英国，有很多媒体是为国外人所有的，比如默多克。这些人在英国拥有多家媒体，这些媒体的声音大都是反对欧洲一体化的，这种倾向严重影响着媒体的内容。

当然，也有一些报纸倾向于支持欧洲一体化，但是，没有一张报纸是强烈地支持欧洲一体化的。像《金融时报》、《卫报》等对欧盟持一种混合折中的立场，《经济学家》也持一种折中的态度，不过它的消极声音更多一些，但又不是非常消极，在英国还有比《经济学家》更消极的报纸。这些重要的报纸对人们平日的想法有很大的影响。

社会舆论也有很大的影响，在政府，在国会中，很多人是不支持欧洲一体化的。

很显然，并不是所有英国人对欧盟都是一样的态度。这跟个人因素有关，受较高教育的人、收入较高的人，往往会比较同意欧洲一体化；相反，其他人对欧洲一体化可能就没有这么认可。

不过，英国自身的情况的确与欧洲其他国家有所不同，他有不同的政治文化，在感情上、政治信仰上都有自己的特点。

从制度方面来看，主要是英国国会的结构比较特殊。英国政府的组织形式与欧洲一些国家不同，其内阁由在下院大选中获得多数席位的政党单独组成，内阁只对下院负责。与此相关的是政府的选举系统，这种系统不是按照按政党获得选票的比例分配议席，而是谁获得的选票多谁就拥有全部的议席。这样的选举系统会对政府的结构有很大的影响。

如果执政党处于少数派地位，他就必须考虑其他人的意见和态度，包括反对欧洲一体化的人，这样政府就必须非常谨慎。而在欧洲其他国家，政府是由不同政党组成的，跟英国一党单独组成内阁不同，而且这些政党传统上大都支持欧洲一体化。

从政治和经济两种角度来看，英国与欧洲的关系是不一样的。从经济角度看，英国与欧洲的关系非常密切，欧洲对英国的贸易、投资和旅游有重要意义。在这个角度，英国和欧盟正变得更加密切。然而，从政治的角度看，情况就不同了。当然，在政治上英国对欧盟承担一些法律责任，这与欧盟其他成员国是一样的。但是，英国觉得他跟其他国家在政治文化上是不同的，在群众和政客之间有一种比较鲜明的声音，认为应该停止欧洲一体化，或者减缓其发展速度。因此，在政治上，英国与欧洲仍然保持距离。

深入人心的环保观念

西方有一个很流行的说法：“挣钱在美国，居住在英国。”意思是说，美国商业发达，是一个挣钱的好地方；而英国环境优美，是一个享受生活的好地方。英国环境优美，空气清新，大多得益于英国良好的环境保护，而英国良好的环境保护又在很大程度上得益于英国人有利于生态保护的日常生活习俗。

一个民族的风俗习惯的形成总是以它特有的自然环境为基础，而又反过来影响着它的自然环境。英国是一个小岛国，其土地资源十分有限，工业发展又比较早，因此整个民族就形成了与之相一致的讲究实际、不尚虚华、崇尚科学的风俗习惯；而这种不尚虚华、讲究实际的风俗习惯又反过来影响着这个民族的自然观，进而影响着他们的环境保护意识。可以说，英国民众生活的方方面面的习俗几乎都对环境保护起着积极的作用。

英国人的日常生活习俗与环境保护

饮食习惯与环保

英国民众的饮食习俗对环保起着十分重要的作用。首先，英国民众的饮食不尚浮华。他们一般的正式宴会也不过五六道菜，包括一两道凉菜，两三道热菜（主菜），一道汤，一两道甜点；一般家庭正餐只在晚上，也不过三四道菜，其余为快餐或早餐。快餐一般只有一个汉堡外加一杯咖啡或其他饮料，较奢侈的也只不过是一顿肯德基或麦当劳之类的快餐；早餐则更简单，无非是面包（或麦片类食品）加牛奶，讲究一点的再加上鸡蛋和火腿肠。而且他们的进餐方式是分餐式的，类似于自助餐，各取所需，绝不会取吃不了的食品。这种饮食习俗既卫生健康又利于节约自然资源。加上西餐用刀叉，不太适合用一次性餐具，也很利于环保。

更重要的是，英国人的饮食内容十分有利于野生动植物的保护，有利于环保。首先，英国人忌吃野生动物，一般人只吃家畜家禽的肉，甚至只吃海鱼，连淡水鱼都不吃，英国的湖泊众多，在所有的湖泊江河里均有大群大群的淡水鱼和野鸟，但没有一个英国人会把它们和食物联想在一起，更不会有人去偷猎为食。这种饮食习俗非常有利于野生动物（包括河、湖鱼）的保护。另外，英国人还有个“懒”习惯，一般只吃商店里卖的水果，不愿吃不是农场专门种植出来的水果。街道两旁、山坡洼地，甚至家居花园中生长的果树果子成熟后，一般都会烂熟后落在地下化成肥料或被行人踏成烂泥，英国人一般都不会去问津，更不会有人连果树一块挖走据为私有。再者，英国的人“懒”还有一个好处，他们乐意买加工好的成品，很少买粗加工的或未加工的东西，肉是剔骨切片（块）的，鱼是剔刺切片或已带面托的，蔬菜也是净菜，这样，从食品中剔除出去的东西可以统一处理和利用，既可避免对环境的污染，也节约水源。

英国人吃东西不尚大，买水果、蔬菜或肉禽类均不挑拣大个儿的，而更愿意选个头是自然生长出来的尺寸。在英国市场上很少能见大苹果或香蕉，那里畅销的水果、蔬菜一般都小的，这也从根本上抑制了果农或菜农盲目使用化肥催生水果或蔬菜的热情，抑制了化肥的使用量，很利于环保。

英国人的卫生观也很利于环保。对垃圾有明确的分类，他们对一些化学物质及产品保持着高度的警惕，环卫工人及普通公民都会及时将塑料袋、电池之类有害自然的东西捡拾、收集起来，分类装入垃圾箱，由相关部门统一处理；落叶、枯枝、落果乃至鸟类粪便，如果不影响行人行走，英国人往往不以之为脏，往往听之任之，随它们散落在草坪、树林乃至林中小道上，任其化作肥田之物。这样既节省了清扫的人力，又有利于自然界的能量循环。英国人还有一个有利于环保的观念，即不浪费食品，每餐饭前，信仰基督教的人均会进行饭前祷告，感谢上帝赐予的一餐一饭。这种仪式使英国人形成了一个根深蒂固的观念，即每粒粮食，每一片菜叶均是上帝的赐予，不能浪费。所以，在日常生活中，他们吃饭时仅取自己所需，即便是吃自助餐也不会多拿。如果有剩菜剩饭，他们也会想尽办法，或在后花园建立“鸟站”喂食过往的野鸟，或驱车去附近的湖泊江河，用剩菜剩饭投喂鱼、鸟等动物。这样既避免了剩菜剩饭造成的环境污染，又有利于鱼、鸟等动物的生长，还有利于人们节约粮食蔬菜资源。

穿着习俗与环保

普通英国人在穿着方面也以节俭、方便、实用为宗旨。普通英国人的服装一般由几套夏装外加两件保暖外套组成，从业人士另外再加两三套西装，鞋子一般也只分冬夏两季。所以，在英国人的心中，一般没有衬裤衬衣的概念，也没有冬天穿毛裤或衬裤的习惯。他们夏天穿夏装，春秋天穿夏装外罩保暖外套，冬天穿夏装外罩棉外套，春夏秋冬永远穿单裤或裙子。有些英国人对中国人冬天下身穿好几层“裤子”或内穿毛裤外穿呢裙觉得很可笑，总爱开玩笑地问中国人“今天穿几条裤子?”或“穿了裙子干吗还要穿裤子?”当然，英国人穿衣方面尚简的习惯与他们室内和车内良好的供暖设备有关。但无论怎么讲，他们尚简的习惯节约了大量的布料，节约了许多与衣服制作相关的能源、资源和人力，也减少了与衣服的制作和废弃相关的环境污染。

英国人还有一个十分有利于环保的对待服装的好习俗。英国人往往把自己不再中意或不适合穿的但还能穿着的旧衣服、鞋帽等送到义卖商店，义卖商店统一消毒、整理、出售，所售得钱款用来资助穷苦人。英国人对二手衣服没有多少不好的看法，光顾二手衣服专卖店的人有生活拮据的，也有生活富裕的，他们只要觉得穿着合适、漂亮，就会掏钱买来穿。他们对待二手衣服的这种态度一是因为英国的二手衣服交易很规范，消毒、清洁很彻底。二是因为英国人不会因为某人购买穿着二手衣服而看不起他。他们觉得购买也好，穿着也好，二手衣服没什么不好。三是因为二手衣服店内不乏名牌和高档衣服，而且还有相当大的一部分是服装店内换季淘汰下来的新衣服，但价格比一般服装店内的名牌高档服装和一般新服装便宜好多倍。英国人对旧服装的再利用既节约了大量布料和人力、物力，还节省了处理废弃旧衣物的费用，十分有利于环保。

居住习俗与环保

在居住方面，英国人尚绿不尚大。一般民居是两层或三层的小楼房，总建筑面积一般不超过200平方米，居室、客厅、厨房、餐厅、洗手间、车库均在其内，前后有不小的两块空地，大都用做前后花园，周围是松树或一些灌木，充当围篱，再往里是各式花木，中央部分一般是草坪，有些草坪上也点缀果树之类，而且人们几乎可以在每家每户的后花园中看到小鸟和松鼠的身影。总之，前后花园的空地不会被房主开发成盖房子的房基，因为英国人似乎从没有对房屋大空间的盲目热情。但他们对绿地有着世代相传的热情，往往认为前后花园的绿化是衡量家庭居住条件的一个重要尺度，他们总是以让花园中哪怕一寸土地裸露着为耻，以花园被花草树木全部覆盖为荣。为了做好前后花园的绿化，他们往往花不少的钱财进行购买种苗，施肥打理。英国人在住房方面这种尚绿不尚大的习俗有力地保护了居住区的绿地，有利于居住区的环保。

同时，英国人也不尚新。许多人住的是自己父辈、祖辈甚至曾祖辈留下的房子，他们往往以展示自己房子长长的历史和古色古香的建筑风格为

荣，而且许多富足人家还住在老辈人留下的茅草顶的平房里。许多富足人家的房屋从外部看古朴简陋，但进入其内却十分整洁、现代。而且英国人的住房式样变化非常慢、城乡差别很小，城里人、乡下人住的均是两层英式小别墅式样的房子。在房屋外部式样方面，也几乎没有多少追求时髦和现代风格的趋势，而且他们还有老房扩建和补修的传统，有许多这方面的专利建筑队伍。这一切都有利于老房子的持续利用。当然，英国人对老房子持续几代的利用也与他们住房建筑的高标准和高质量密不可分。总之，英国人在居往方面重实用、不尚新的传统有利于节约与住房建筑各环节相关的人力、资源、资金的消耗，而且避免了因频繁拆弃旧房和建筑新房而造成的建筑垃圾的产生，十分有利于环保。

另外，英国人心理上对隐私的重视也有利于绿地的保护。院落之间的空地是英国人保护隐私的重要手段。如果两栋房舍间的距离过近，他们会感到非常不自在。因此，英国人的房舍与房舍之间有前后花园、左右绿地隔开，而且中间还有绿篱隔断。这些花园和绿地、绿篱为社区提供了很好的绿化。

当然，英国的学校、政府机构、医院、公司办公地点等地方的绿地更大，占的比例更高。我们在英国访问过许多学校，几乎所有学校都像个大花园，所有建筑均掩映在绿树繁花之中，建筑与建筑之间是大片的像农田一样的绿地，从一个建筑到另一个建筑之间大多有数百米的距离。

一个英国人曾经给我们讲了一个小故事：一个澳大利亚男孩到英国后，老是坐卧不宁，觉得自己的一举一动都在邻居的眼皮子底下，因为他觉得在英国房舍与房舍之间的距离比起在澳大利亚小多了（据说在澳大利亚在自己家很难看到邻居家的房舍)。最后，那个英国人总结说：“因为我们的人口密度大，所以我们才很有意识地将房屋面积压缩，尽量节约每一寸土地，将它绿化起来。我们会为哪怕一寸裸露的土壤感到羞愧。”这位英国人的话很能代表许多英国人的环保意识，也很充分地解释了英国绿化如此完美的原因。

英国人出行的心态与环保

英国人出行的心态同样也是尚实用不尚奢华，这种心态对环保有正面影响。英国人几乎每个家庭都拥有私家轿车，有的家庭甚至有几辆，但他们的私车往往仅限于旅游和中小城市间上、下班或由乡村到城市的上、下班使用。一般的长途出差、探亲访友等，他们更乐意选择乘火车。这种做法与英国发达的火车和地铁交通系统及严格的交通管制密不可分。

在英国，铁路几乎连接了所有城市和旅游名胜区，而且英国的火车票价格非常便宜，并且往返票有时比单程票更便宜。更方便的是，英国的火车票不分车次，只要你买了到达某地的火车票，你可在当天在任何时间乘坐任何一列开往那个地方的火车，而且一般开往较大城市和名胜区的火车每隔十几分钟或约半小时便有一趟。因此，在英国乘坐火车非常方便，不用急着赶时间，更不用担心拥挤，而且火车上的环境与服务都很好。在大城市，乘地铁和公共汽车非常方便，每一个车点都有非常明确的路线标识，都提供免费交通图，而且公交和地铁的价格也非常便宜。同时，英国的许多大城市的许多街区都限制私家轿车通行，而且许多大城市向在市区中行驶的私车征收很高的费用，停车场收费也很高，加上英国汽油价格非常昂贵，因此放弃便利又便宜的火车、地铁和公交选择昂贵而又受到种种限制的私家车，这是尚实用不尚奢华的英国人一般不会干的傻事。

当然，如果是去交通不太便利的地区，或举家到外地旅游，或赶时间上、下班，他们还是比较倾向于使用私家车。但总体上说，英国人尚实用不尚奢华（他们压根儿也没多少人把私家车当做奢华的标志）的心态、便利的铁路、地铁和公交设施，以及政府对私家车使用的种种政策，使得私家车的使用频率较低，公交系统和铁路交通系统的使用率较高，这不仅减小了公路的交通压力，也减少了汽车对环境的污染。

更重要的是，英国人在旅游住宿方面也是尚实用而不尚奢华，这种心态也十分有利于环保。英国的旅馆中，大型的、超豪华的并不多，有些五星级的宾馆从规模和外观上看并不多么起眼。在英国，许多宾馆的外观非常像民宅，实际上有些就是由较大的民宅改造而成的，许多饭店都是如此，其规模与较殷实的人家的住宅大小差不多。但英国宾馆的内部设施一应俱全，连最一般的宾馆也会有热水、淋浴盆浴、电吹风、熨衣设备，等等。同时，为数不少的家庭都乐意接纳房客，有长期的，时间可以是半年、三个月或一两年，房客一般是学生或刚参加工作的青年人。房东负责为房客提供房间、家具、烹调用具等，如果达成协议，房东还可提供早餐，当然房租也会相应贵一些。也有短期的，可以是一周或几天，也可以是一两个月，房客一般是出差或旅游的，房东提供旅馆能提供的一切。这类房东实际上把自己的家开成了家庭旅馆。这种出租房和家庭旅馆在城市里十分普遍，在乡村也相当流行，而且一般主、客双方的交易十分规范，已经成为向在外求学、工作、出差、旅游等活动的人们提供住宿的主力军。这种住宿形式充分地利用了居民闲置的住宅空间，有效地遏制了宾馆、饭店的建设规模，对节约土地资源、促进环保等起到了积极的作用。

当然，英国人旅游时还喜欢野营，有的是住自备帐篷，有的是住汽车后面拖的“移动住房”。“移动住房”实际上就是一节车厢，里面卧具、炊具等一应俱全，可供全家人在其中吃、住、生活一段时间。这种野营、“移动住房”等现象也减少了住宾馆、吃饭店的人数，减小了建设宾馆饭店的压力，间接地节约了土地资源。

心灵咖啡屋

最近几年来，英国的经济发展的确很不错，但英国是一个成熟的经济体，服务行业和科技方面的投资都比较大。可以这么说，英国是欧洲发展最好的经济体之一，失业率和通货膨胀率都比较低。人们安居乐业，家家幸福安康，是一个很适宜生活和舒展心灵的国度。

不得不佩服英国人的环保意识，除了衣、食、住、行等方面以外，他们还有许多好的日常生活习俗有利于环保，例如，家具、用具等也有二手商店和二手市场，其经营也很规范，英国人对它们也没有偏见；英国人对纸张十分珍惜，一般会想办法节约用量，连他们使用的贺卡也尽量小型化；他们对绿色的珍惜达到了自私的地步，他们往往把自己又高又粗但已濒死的老树碾为粉末埋在地里肥田却花高价从外国进口纸张等。

其他西方国家的人的日常生活习俗与英国人大同小异，也是尚实用不尚奢华，尚绿不尚大，尚历史不尚新，这恐怕也是整个西方社会环保状况比较好的原因之一吧。环保不是一个短暂的运动，它应是人类一个永恒的生活重心，环保意识绝不是一朝一夕的事情，而应当成为普通人的日常习俗。

与自己和谐，与自然和谐，与他人和谐，与社会和谐，才是真正的和谐。

参考文献

一　中文参考文献

1. ［英］培根著，何新译：《培根随笔选》，上海人民出版社2003年版。

2. ［英］兰姆姐弟改写，萧乾译：《莎士比亚戏剧故事选》，中国青年出版社2005年版。

3. 李也：《培根》，北方妇女儿童出版社2004年版。

4. ［美］弗吉尼娅·菲罗斯著，张放译：《莎士比亚密码》，同心出版社2007年版。

5. ［英］培根：《培根散文集》，对外翻译出版社2005年版。

6. ［英］培根著，何新译：《培根论人生》，陕西师范大学出版社2003年版。

7. ［英］培根著，李瑜青译：《培根经典文存》，上海大学出版社2006年版。

8. ［英］培根著，苏菲译：《培根人生论》，团结出版社2004年版。

9. ［英］培根著，何宗思等译：《培根处世智慧书》，中国国际广播出版社2005年版。

10. 舒风：《培根》，中国少年儿童出版社2003年版。

11. ［英］培根著，张和声译：《培根随笔集》，花城出版社2006年版。

12. ［英］大卫·贝克汉姆：《大卫·贝克汉姆——我的立场》，中国城市出版社2003年版。

13. ［英］贝克汉姆著，张莉译：《我的儿子：贝克汉姆》，译林出版社2006年版。

14. ［英］斯蒂文森编著，胡婷婷译：《小贝辣妹如是说：贝克汉姆

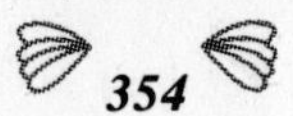

夫妇真情告白》，人民音乐出版社 2003 年版。

15. 司徒佩琪：《贝克汉姆画传》，中国广播电视出版社 2005 年版。

16. ［西］约翰·卡林著，颜强等译：《白天使：贝克汉姆，皇家马德里和全新足球》，湖南文艺出版社 2005 年版。

17. ［英］斯塔福德·希尔德雷德、蒂姆·尤班克：《只有一个贝克汉姆》，译林出版社 2003 年版。

18. ［英］布莱克本著，刘乔译：《伟大的叛逆者：大卫·贝克汉姆》，接力出版社 2004 年版。

19. ［英］贝克汉姆著，陶竹、马道珍译：《学会飞翔：辣妹自传》，译林出版社 2003 年版。

20. 唐亚明：《走进英国大报》，南方日报出版社 2004 年版。

21. 黄玄清：《哈佛情商：世界上最伟大的情商教育》，中国妇女出版社 2006 年版。

22. ［英］史蒂芬·霍金等著，吴忠超译：《时间简史：从大爆炸到黑洞》，湖南科学技术出版社 2006 年版。

23. ［英］史蒂芬·霍金著，吴忠超译：《果壳中的宇宙》，湖南科学技术出版社 2002 年版。

24. 杨建邺：《宇宙之王——轮椅上的霍金》，湖北少年儿童出版社 2003 年版。

25. ［英］阿拉比、杰特森著，陈泽加译：《科学大师》（普及版）上、下卷合订本，上海科学普及出版社 2005 年版。

26. 李杰：《208 个名人的童年故事》，哈尔滨出版社 2005 年版。

27. ［英］麦克沃伊、萨拉特著，张韶萍译：《霍金——世界人物画传》（英汉对照），外语教学与研究出版社 2000 年版。

28. 邢涛、纪江红：《影响世界的 100 位名人的成才故事》外国卷，北京出版社 2005 年版。

29. 潘永祥：《自然科学发展简史》，北京大学出版社 1984 年版。

30. 梅森著，上海外国自然科学哲学著作编译组译：《自然科学史》，上海人民出版社 1977 年版。

31. 赵峥：《探求上帝的秘密？从哥白尼到爱因斯坦》，北京师范大学出版社 1997 年版。

32. 拉塞尔著，徐俊杰译：《迈克尔·法拉第：电磁学的创立者》，陕西师范大学出版社 2004 年版。

33. 卡约里著，戴念祖译：《物理学史》，内蒙古人民出版社 1981 年版。

34. 伽莫夫著，高士圻译：《物理学发展史》，商务印书馆 1981 年版。

35. 李佩珊、许良英主编：《20 世纪科学技术简史》，科学出版社 1999 年版。

36. ［英］布瑞恩·威廉姆斯编写，戴维·艾特拉姆绘图，罗琪译：《点亮世界的人：法拉第和电》，北京少年儿童出版社 2005 年版。

37. 康运海：《法拉第》，中国少年儿童出版社 2003 年版。

38. 禹田编绘：《世界名人故事全知道》，同心出版社 2006 年版。

39. 江晓原主编：《科学史十五讲》，北京大学出版社 2006 年版。

40. ［英］斯迈尔斯著，夏芒译：《品德的力量》（青少年版），海峡文艺出版社 2004 年版。

41. 纪江红主编：《世界上下五千年》第二卷，北京出版社 2005 年版。

42. ［美］格蕾西亚、［英］威尔斯：《莎士比亚》（剑桥文学指南），剑桥大学出版社 2003 年版。

43. 谈瀛洲：《莎评简史》，复旦大学出版社 2005 年版。

44. 宛福成：《莎士比亚与哈姆雷特》，中国少年儿童出版社 2001 年版。

45. 徐葆耕：《西方文学之旅》，河北教育出版社 2003 年版。

46. 傅政：《莎士比亚传记》，浙江少年儿童出版社 2003 年版。

47. 郑春兴：《莎士比亚》，北方妇女儿童出版社 2000 年版。

48. 陈伯通：《莎士比亚》，海天出版社 1999 年版。

49. ［苏］阿尼克斯特：《莎士比亚传》，海燕出版社 2001 年版。

50. ［英］莎士比亚著，萧乾、张愫珩译：《莎士比亚爱情故事》，汕头大学出版社 2004 年版。

51. ［英］兰姆著，王之光、顾季丽译：《莎士比亚戏剧故事》，浙江少年儿童出版社 2004 年版。

52. ［英］莎士比亚著，张锡昌编译：《插图本莎士比亚悲喜剧故

事》，经济日报出版社 2003 年版。

53. ［英］莎士比亚著，刘小玲缩写：《世界名著之旅》，河北教育出版社 2004 年版。

54. 迈克尔·怀特：《牛顿传》，中信出版社、辽宁教育出版社 2004 年版。

55. 董燕：《牛顿》，浙江少儿出版社 2006 年版。

56. 夏凤：《中外名人成才故事》，中国书籍出版社 2001 年版。

57. 田战省著：《牛顿——科学家的故事》，陕西科学技术出版社 2005 年版。

58. 李忠善、徐晓健：《英语故事集锦》上，青岛出版社 2006 年版。

59. ［英］胡珀、卡尼著，三民书局编辑部译：《光的颜色：牛顿的故事》，中国人民大学出版社 2004 年版。

60. 马东丽、谭邦和：《世界名人的故事》，湖北少年儿童出版社 2006 年版。

61. 何桂全：《海外文摘：人物写真卷》，中国旅游出版社 2005 年版。

62. 冠滨漫画工作室编绘：《牛顿》，中国画报出版社 2006 年版。

63. 萧燕编著：《撒切尔夫人》，辽海出版社 1998 年版。

64. 陈乐民：《欧洲文明十五讲》，北京大学出版社 2004 年版。

65. 禹田编绘：《世界历史故事全知道》，同心出版社 2006 年版。

66. 《青年文摘·人物版》编辑部编：《永远都要坐第一排》，中国青年出版社 2005 年版。

67. 陈振明主编：《政府再造：西方“新公共管理运动”述评》，中国人民大学出版社 2003 年版。

68. ［英］萨德·费洛、约翰斯顿编著，陈刚等译：《新自由主义：批判读本》，江苏人民出版社 2006 年版。

69. 曲胜辉、李凡编：《200 个名人的童年故事》外国卷，上海人民美术出版社 2004 年版。

70. 陈乐民：《在中西之间》，中国人民大学出版社 2007 年版。

71. ［英］维克斯、亚罗著，廉晓红等译：《私有化的经济学分析当代资本主义研究》，重庆出版社 2006 年版。

72. 严雪晴、杨剑等编著：《她们，将激励你的一生》，中国画报出版

社 2006 年版。

73. 饶晗编著：《影响世界的名人在童年》，湖南少年儿童出版社 2005 年版。

74. 高宣扬：《罗素传略》，南粤出版社 2006 年版。

75. [英] 罗素著，荷兰译：《罗素快乐智慧书》，中国国际广播出版社 2006 年版。

76. [英] 罗素著，吴凯琳译：《罗素回忆录：来自记忆里的肖像》，希望出版社 2006 年版。

77. [英] 罗素著，赵慧琪译：《罗素自传》第一卷，商务印书馆 2004 年版。

78. [英] 罗素著，陈启伟译：《罗素自传》第二卷，商务印书馆 2003 年版。

79. [英] 罗素著，徐弈春译：《罗素自传》第三卷，商务印书馆 2004 年版。

80. [英] 罗素：《罗素道德哲学》，九州出版社 2004 年版。

81. 刘烨编译：《罗素的智慧》，中国电影出版社 2005 年版。

82. 贾可春：《罗素意义理论研究》，商务印书馆 2005 年版。

83. [英] 罗素著，傅雷译：《幸福之路》，陕西师范大学出版社 2003 年版。

84. [英] 罗素著，马元德译：《西方哲学史》下卷，商务印书馆 2003 年版。

85. [美] 詹姆斯·沃森著，田洺译：《双螺旋——发现 DNA 结构的个人经历》，生活·读书·新知三联书店 2001 年版。

86. [美] 加兰·E. 艾伦著，田洺译：《20 世纪的生命科学史》，复旦大学出版社 2000 年版。

87. [英] 苏珊·奥尔德里奇著，喻富根、李宽钰译：《生命之线——基因与遗传工程》，江苏人民出版社 2000 年版。

88. [美] 萨缪尔著，李斯、马永波译：《爱因斯坦的圣经》，海南出版社 2001 年版。

89. [英] 弗朗西斯·克里克著，汪云九等译：《惊人的假说——灵魂的科学探索》，湖南科学技术出版社 2001 年版。

90. 埃德尔森、徐清平、张延续译：《弗朗西斯·克里克、詹姆斯·沃森：揭示生命遗传的奥秘》，陕西师范大学出版社 2004 年版。

91. 刘钝、王扬：《中国科学与科学革命：李约瑟难题及其相关问题研究论著选》，辽宁教育出版社 2002 年版。

92. 萨顿著，陈恒六等译：《科学史和新人文主义》，华夏出版社 1989 年版。

93. 斯诺著，陈克艰、秦小虎译：《两种文化》，上海科学技术出版社 2003 年版。

94. ［英］克里克著，吕向东、唐孝威译：《狂热的追求：科学发现之我见》，中国科学技术大学出版社 1994 年版。

95. 高全喜：《法律秩序与自由正义——哈耶克的法律与宪政思想》，北京大学出版社 2006 年版。

96. 马永翔：《心智、知识与道德——哈耶克的道德研究及其基础哲学》，生活·读书·新知三联书店 2006 年版。

97. 邓正来：《哈耶克法律哲学的研究》，法律出版社 2004 年版。

98. 王生升：《新自由主义的精神领袖——哈耶克》，江西人民出版社 2005 年版。

99. ［英］哈耶克著，邓正来等译：《法律、立法与自由》第一卷，中国大百科全书出版社 2000 年版。

100. ［英］哈耶克著，冯克利译：《科学的反革命》，译林出版社 2003 年版。

101. ［英］哈耶克著，秋风译：《资本主义与历史学家》，吉林人民出版社 2003 年版。

102. ［德］尼格拉斯·庇巴、［德］维夫赫德·海兹主编，70 年代俱乐部翻译工作室译：《46 位经济学家与 36 本名著》，海南出版社 2003 年版。

103. ［美］斯莱沃斯等著，凌晓东等译：《发现利润区》，中信出版社 2003 年版。

104. ［英］布鲁玛著，刘雪岚、萧萍译：《伏尔泰的椰子：欧洲的英国文化热》，生活·读书·新知三联书店 2007 年版。

105. ［美］普雷斯曼著，陈海燕等译：《思想者的足迹——五十位重要的西方经济学家》，江苏人民出版社 2001 年版。

106. 邓正来：《哈耶克法律哲学的研究》，法律出版社 2004 年版。

107. 王振华：《英国》，社会科学文献出版社 2002 年版。

108. ［英］亨利·詹姆斯：《英国风情》，东方出版社 2003 年版。

109. 王昶、徐正源、杨德林：《阅读英国》，外文出版社 2000 年版。

110. 储安平：《英国风采录》，东方出版社 2004 年版。

111. 吴建平：《英国文化辞典》，中国科学技术大学出版社 2006 年版。

112. 王微萍：《实用英国文化知识 200 问》，重庆大学出版社 2005 年版 。

113. 张菊荣：《 西方文化风情路·英国篇》，西北工业大学出版社 2007 年版。

114. 范中汇：《世界文化概览——英国文化》，团结出版社 2004 年版。

115. ［英］史培克：《英国简史》，上海外语教育出版社 2006 年版。

116. 卢因诚：《雍容不列颠》，中国画报出版社 2006 年版。

117. 李伟：《了解点英国》，内蒙古大学出版社 2007 年版。

118. ［英］威廉帕森著，唐若琨译：《全彩图本人类文化正典——耶稣的故事》，京华出版社 2006 年版。

119. 王之光编译：《了解英国》，世界图书出版公司 1997 年版。

120. 周国强编著：《伦敦风情》，东方出版中心 1998 年版。

121. 江乐兴、周国宝：《世界名校之旅》，中国水利水电出版社 2006 年版。

122. 杨立群：《落脚英国》，北方妇女儿童出版社 1997 年版。

123. 金涛、文有仁主编：《泰晤士河哺育的联合王国：英国》，科学普及出版社 1998 年版。

124. 梁凤鸣、阎瑾：《一本正经英国人》，时事出版社 1997 年版。

125. 陈特安：《欧洲文化思旅》，北京语言大学出版社 1997 年版。

126. 张奎武：《英美概况》，吉林科学技术出版社 1998 年版。

127. 吴延迪：《英国风情录》，东方出版中心 1996 年版。

128. 吴斐编著：《英国社会与文化》，武汉大学出版社 2003 年版。

129. ［英］布鲁玛著，刘雪岚、萧萍译：《伏尔泰的椰子——欧洲的

英国文化热》，生活·读书·新知三联书店 2007 年版。

130. 北京大陆桥时代出版物有限公司编：《英国往事》，重庆出版社 2007 年版。

131. 图仁编：《英国大国细节》，江苏文艺出版社 2006 年版。

132. 若谷编著：《玫瑰花飘香的国度：英国》，中国经济出版社 2003 年版。

133. 吴建平主编：《英国文化辞典》，中国科学技术大学出版社 2006 年版。

134. 日本大宝石出版社编著：《走遍全球：英国》，中国旅游出版社 2002 年版。

135. 新加坡 APA 出版有限公司编，吴江梅等译：《英国》，中国水利水电出版社 2004 年版。

136. ［英］克里斯托弗·萨默维尔著，赵志恒等译：《英国》，辽宁教育出版社 2003 年版。

137. ［英］亨利·詹姆斯著，思齐译：《英国风情》，东方出版社 2005 年版。

138. 高关中：《英国风土大观》，当代世界出版社 2001 年版。

二　英文参考文献

1. Ades, Dawn. *Francis Bacon.* [Exhibition Catalogue, Tate Gallery.] London: Thames and Hudson, 1985.

2. Russell, John. *Francis Bacon.* London: Thames and Hudson, 1993.

15. Sinclair, Andrew. *Francis Bacon: His Life and Violent Times.* New York: Crown, 1993.

3. Sylvester, David. *The Brutality of Fact: Interviews with Francis Bacon.* New York: Thames and Hudson, 1988.

4. Van Alphen, Ernst. *Francis Bacon and the Loss of Self.* Cambridge: Harvard University Press, 1992.

5. Cashmore, Ellis. *Beckham.* Cambridge, UK: Polity, 2002.

6. Kindred, Dave. "Bend It Like Beckham? I don't Think So!" The *Sporting News* 7 July 2003.

7. Nixon, Sean. *Hard Looks: Masculinities, Spectatorship and Contemporary Consumption*, New York: St. Martin's Press, 1996.

8. Beckham, D., *David Beckham* (London: Boxtree, 1999), 48.

9. Blake, B., *New United Legend: A Tribute to David Beckham* (Edinburgh: Mainstream, 1997), 64.

10. Rahman, Mohmin. Is Straight The New Queer? – David Beckham And the Dialectics.

11. "David and Victoria Beckham Arriving at Their Son's Birthday Party". Independent, The (London). Mar 5, 2001. FindArticles. com. 29Apr. 2007. http://findarticles. com/p/articles/mi_ qn4158/is_ 20010305/ai_ n14376484.

12. Matthew Beard "The 10 Rules of Fashion (as decreed by Victoria Beckham)". Independent, The (London). Mar 6, 2006. FindArticles. com. 29Apr. 2007. http://findarticles. com/p/articles/mi _ qn4158/is _ 20060306/ai _ n16184822.

13. Of Celebrity. http://www. strath. ac. uk/Departments/Geography/pdf/GS 419/m%20c%20fame%20becks. pdf.

14. Here One She Made Earlier…Dooyoo.

15. Victoria Beckham – Out Of Your Mind. foreverspice. com.

16. Posh Lip Ring Was 'Fake'. BBC (2001 – 08 – 28).

17. Victoria Beckham-A Mind Of Its Own. foreverspice. com.

18. Beckham: I'm Staying with Label. BBC (2002 – 02 – 17).

19. Posh Parts with Label. BBC (2002 – 06 – 05).

20. Victoria Beckham's Scrapped Album Leaked. Female First (2006 – 09 – 08).

21. MTV News Round – Up 25/05/2004 (2004 – 05 – 25).

22. 1Xtra Celebrates Birthday Presence. BBC (2003 – 08 – 16).

23. Damon Dash used Victoria Beckham. Female First.

24. Victoria Beckham Confident In Spice Girls' Reunion. Softpedia (2005 – 08 – 05).

25. Victoria Beckham Not Quitting Music Business. A Socialite's Life (2004 – 11 – 24).

26. Victoria Beckham Credits Her Figure to Strict Diet, Not Disorder (2006 - 12 - 28).

27. Victoria Beckham Aims for TV Show. BBC (2006 - 08 - 24).

28. Victoria Beckham will Launch Her Own Denim Label. Designer Pai - Nai (2007 - 01 - 16).

29. Learning to Fly. Amazon. co. uk.

30. That Extra Half an Inch: Hair, Heels and Everything In Between. Amazon. co. uk.

31. Hawking, Stephen William, *The Columbia Encyclopedia*, Sixth Edition 2006, Columbia University Press.

32. Sakurai, G., *Stephen Hawking: Understanding the Universe.* New York: Children's Press 1996.

33. Hawking, S. W., *Black Holes and Baby Universes and Other Essays.* New York: Bantam Books, 1993.

34. Barron, T. *The Heros Trail.* New York: Penguin Putnam, 2002.

35. Hawking, Stephen. "A Breif History of Mine." [Online] Available http://www. hawking. org. uk/about/aindex. html.

36. White, Michael and John Gribbin. *Stephen Hawking A Life in Science.* Penguin Books USA Inc., N. Y. 1988.

37. John M. Thomas, *Michael Faraday and the Royal Institution: the Genius of Man and Place*, Adam Hilger, Bristol, 1991.

38. Geoffrey Cantor, *Michael Faraday: Sandemanian and Scientist*, Macmillan, London, 1991.

39. Frank A. J. L. James (editor), Correspondence of Michael Faraday, Volume I (524letters from 1811 - 1831), Institution of Electrical Engineers, London, 1991.

40. Hamilton, James (2002). *Faraday: The Life.* Harper Collins, London.

41. Hamilton, James (2004). *A Life of Discovery: Michael Faraday, Giant of the Scientific Revolution.* Random House, New York.

42. Encyclopedia - William Shakespeare, *The Columbia Electronic Ency-*

clopedia, 6th ed. , Columbia University Press.

43. *The Life and Times of William Shakespeare.* London: Macmillan, 1988.

44. Bergeron, David Moore and Geraldo U. Sousa. *Shakespeare: A Study and Research Guide.* Lawrence, KS: University Press of Kansas, 1995.

45. Champion, L. S. *The Essential Shakespeare: An Annotated Bibliography of Major Modern Studies.* 2nd ed. New York: G. K. Hall, 1993.

46. Wells, Stanley. *Shakespeare: A Bibliographical Guide.* Oxford, England: Clarendon Press; New York: Oxford University Press, 1990.

47. Whalen, F. Richard, *Shakespeare: Who Was He?* Praeger Publishers in 1994.

48. Bates, Jonathon, *The Genius of Shakespeare*, London, Picador, 1997.

49. Kay, Dennis. Shakespeare: His Life, Work, and Era. New York: W. Morrow, 1950. 822. 33 A. R. 6 K23 S527 1992.

51. Kay, Dennis. *William Shakespeare: His Life and Times.* New York: Twayne Publishers, 1995.

52. Palmer, Alan and Veronica Palmer. *Who's Who in Shakespeare's England.* London: Methuen 2000.

53. Encyclopedia-Sir Isaac Newton, *The Columbia Electronic Encyclopedia*, 6th ed. 2007, Columbia University Press.

54. Gleick, James, *Isaac Newton*, Vintage Books USA, 2004.

55. M. J. Osler, ed. , *Rethinking the Scientific Revolution* (Cambridge: CUP, 2000).

56. S. Snobelen, " 'God of Gods, and Lord of Lords': the theology of Isaac Newton's General Scholium to the Principia", Osiris 16 (2001), 169 - 208.

57. L. Stewart, *The Rise of Public Science*, Cambridge and New York: CUP, 1992.

58. L. Stewart, "Seeing through the Scholium: religion and reading Newton in the eighteenth century", History of Science 34 (1996), 123 - 65

17. N. Thrower, ed. , *Standing on the Shoulders of Giants: A Longer View of Newton and Halley* (Berkeley and Los Angeles: University of California Press,

1990) 18. L. Verlet, " 'F = ma' and the Newtonian Revolution: an exit from religion through religion", History of Science 34 (1996), 303 – 346.

59. Laybourn, Keith, Fifty Key *Figures in Twentieth Century British Politics*, Routledge, London, 2002.

60. Thatcher, Margaret Hilda (Roberts), *The Downing Street Years*, New York: Harper Collins, 1993.

61. Young, Hugo and Anne Sloman, *The Thatcher phenomenon*, London: British Broadcasting Corporation, 1986.

62. Kavangah, Dennis, *Thatcherism and British Politics: The End of Consensus*, OUP, 1990.

63. Thompson, Juliet S. and Wayne C. Thompson, *Margaret Thatcher: Prime Minister Indomitable*, Westview Press, 1994, Boulder.

64. Eaden, James and David Renton, *The Communist Party of Great Britain since* 1920, Palgrave, 2002.

65. Royal, Robert, *The Character of Margaret Thatcher*, World and I, Vol. 13, August 1998.

66. Crabtree, Susan and Tiffany Danitz, *The Legacy of Margaret* Thatcher, Insight on the News, Vol. 12, November 18, 1996.

67. Monk Ray, *The Spirit of Solitude*, Jonathan Cape, 1996, London.

68. Monk Ray, *Bertrand Russell: The Ghost of Madness*, Jonathan Cape, 2000, London.

69. Irvine A. D. *Bertrand Russell: Critical Assessments*, 1st Vol. Routledge, 1999, London.

70. Blackwell Kenneth and Harry Ruja, *Bibliography of Bertrand Russell*, London and New York, 1994.

71. Griffin Nicholas, *The Selected Letters of Bertrand Russell*, Routledge, 2001 London.

72. Miah, Sajahan, *Russell's Theory of Perception* (1905 – 1919), Continuum, 2006, London.

73. Potter, Michael K., *Bertrand Russell's Ethics*, Continuum, 2006, London.

74. Francis Crick. Molecular Structure of nucleic acids, *Nature*, 171 (1953): 737 - 138.

75. Watson D. James, The Double Helix: A Personal Account of the Discovery of the Structure of DNA, *Atheneum*, 1980.

76. Crick H. Francis. *What Mad Pursuit: A Personal View of Scientific Discovery*, New York, 1988.

77. Bankston John, Francis Crick and James D. Watson, *Crick and Watson: Pioneers in DNA Research*, Mitchell Lane Publishers, Inc., 2002.

78. Watson, James D. and Andrew Berry, *DNA: the Secret of Life*, New York: Alfred A. Knopf, 2003.

79. Burnett, Nancy and Brad Matsen, *The Shape of Life*, Monterey Bay Aquarium Press and Sea Studios Foundation, 2002.

80. Crick, Francis Harry Compton. *The Columbia Encyclopedia*, Columbia University Press, Sixth Edition 2006.

81. Garrison Roger and Israel Kirzner, "*Friedrich August von Hayek*", New Palgrave, 1987.

82. Gray, *J. Hayek on Liberty*, Oxford, Basil Blackwell, Inc., 1984.

83. Hutchison, T. W. (1981). *The Politics and Philosophy of Economics: Marxians, Keynesians, and Austrians*, New York, New York University Press, chapter 7.

84. "Socialism and War: Essays, Documents, Reviews", The Collected works of F. A. Hayek, Vol. 10, Caldwell, ed., 1997.

85. Hayek A. Friedrich, *Individualism and Economic Order*, Chicago: Henry Regnery, 1972.

86. Cassidy, John, "*The Hayek Century*". *Hoover Digest.* No. 3. 2000.

87. Boettke, Peter, "F. A. Hayek as an Intellectual Historian of Economics". George Mason Working Papers in Economics, 2000.

88. MarkWortham, Hugh Evelyn. *Victorian Eton and Cambridge, Being the Life and Times of Oscar Browning.* London: Barker, 1956.

89. Paxman, Jeremy The English, *A Portrait of A People*, Penguin Group, London, 1998.

90. Barr, Andrew: Drink, *An informal Social History*, London, Bantam Press, 1995.

91. Idries Shah, *Darkest England*, Octagon Press, London, 1987.

92. Idries Shah, *The Englishman's Handbook*, Octagon Press, London, 2000.

93. B. Appleyard, *The Essential Anatomy of Britain*, Hodder & Stoughton, 1992.

94. Paul – Gabriel Bouce (ed), Sexuality in Eighteenth – century Britain, Manchester UP, 1982, Manchester.

95. Bill Bryson, *Notes from a Small Island*, Doubleday, London, 1995.

96. Christie Davies, Permissive Britain, 1975.

97. Pitman Publishing, London Germaine Greer, The Female Eunuch, Farrar Straus & Giroux, 2002.

98. Peter Grosvenor & James McMillan, *The British Genius*, Coronet Books, London, 1974.

99. Richard Hoggart, *The Way We Live Now*, Pimlico, London, 1995.

100. Stephen Mennel, *All Manners Of Food*, Blackwell, 1985.

101. George Mikes, *How to be a Brit*, Penguin, 1984.

102. C. Morris, *The Origins of English Individualism*, Blackwell, Oxford, 1987.

103. George Orwell, "The English People" . 1944; repr. in The *Collected Essays*, *Journalism and Letters of George Orwell*, Vol. 3, ed. by Sonia Orwell & Ian Angus, 1968.

104. John Osmond, *The Divided Kingdom*, Constable, London, 1988.

105. John Robertson, *Morissey In His Own Words*, Omnibus Press, London, NY, Sydney, 1988.

106. Adrian Room, *The A to Z of British Life*, OUP, 1990.